Edition <kes>

Mit der allgegenwärtigen IT ist auch die Bedeutung der Sicherheit von Informationen und IT-Systemen immens gestiegen. Angesichts der komplexen Materie und des schnellen Fortschritts der Informationstechnik benötigen IT-Profis dazu fundiertes und gut aufbereitetes Wissen.

Die Buchreihe Edition <kes> liefert das notwendige Know-how, fördert das Risikobewusstsein und hilft bei der Entwicklung und Umsetzung von Lösungen zur Sicherheit von IT-Systemen und ihrer Umgebung.

Die <kes> – Zeitschrift für Informations-Sicherheit – wird von der DATAKONTEXT GmbH im zweimonatigen Rhythmus veröffentlicht und behandelt alle sicherheitsrelevanten Themen von Audits über Sicherheits-Policies bis hin zu Verschlüsselung und Zugangskontrolle. Außerdem liefert sie Informationen über neue Sicherheits-Hard- und -Software sowie die einschlägige Gesetzgebung zu Multimedia und Datenschutz. Nähere Informationen rund um die Fachzeitschrift finden Sie unter www.kes.info.

Bernhard Barz

Security-System Engineering

Ein Ansatz zu den Grundlagen der Informationssicherheit

Bernhard Barz
Aachen, Deutschland

ISSN 2522-0551　　　　　　ISSN 2522-056X (electronic)
Edition <kes>
ISBN 978-3-658-48458-3　　　ISBN 978-3-658-48459-0 (eBook)
https://doi.org/10.1007/978-3-658-48459-0

Die Deutsche Nationalbibliothek verzeichnet diese Publikation in der Deutschen Nationalbibliografie; detaillierte bibliografische Daten sind im Internet über https://portal.dnb.de abrufbar.

© Der/die Herausgeber bzw. der/die Autor(en), exklusiv lizenziert an Springer Fachmedien Wiesbaden GmbH, ein Teil von Springer Nature 2025

Das Werk einschließlich aller seiner Teile ist urheberrechtlich geschützt. Jede Verwertung, die nicht ausdrücklich vom Urheberrechtsgesetz zugelassen ist, bedarf der vorherigen Zustimmung des Verlags. Das gilt insbesondere für Vervielfältigungen, Bearbeitungen, Übersetzungen, Mikroverfilmungen und die Einspeicherung und Verarbeitung in elektronischen Systemen.
Die Wiedergabe von allgemein beschreibenden Bezeichnungen, Marken, Unternehmensnamen etc. in diesem Werk bedeutet nicht, dass diese frei durch jede Person benutzt werden dürfen. Die Berechtigung zur Benutzung unterliegt, auch ohne gesonderten Hinweis hierzu, den Regeln des Markenrechts. Die Rechte des/der jeweiligen Zeicheninhaber*in sind zu beachten.
Der Verlag, die Autor*innen und die Herausgeber*innen gehen davon aus, dass die Angaben und Informationen in diesem Werk zum Zeitpunkt der Veröffentlichung vollständig und korrekt sind. Weder der Verlag noch die Autor*innen oder die Herausgeber*innen übernehmen, ausdrücklich oder implizit, Gewähr für den Inhalt des Werkes, etwaige Fehler oder Äußerungen. Der Verlag bleibt im Hinblick auf geografische Zuordnungen und Gebietsbezeichnungen in veröffentlichten Karten und Institutionsadressen neutral.

Planung/Lektorat: David Imgrund
Springer Vieweg ist ein Imprint der eingetragenen Gesellschaft Springer Fachmedien Wiesbaden GmbH und ist ein Teil von Springer Nature.
Die Anschrift der Gesellschaft ist: Abraham-Lincoln-Str. 46, 65189 Wiesbaden, Germany

Wenn Sie dieses Produkt entsorgen, geben Sie das Papier bitte zum Recycling.

Interessenkonflikt

Der/die Autor*in hat keine für den Inhalt dieses Manuskripts relevanten Interessenkonflikte.

Inhaltsverzeichnis

1	**Informationssicherheit aus dem Kochbuch**		1
	1.1	Systemische Lücken	2
	1.2	Digitalisierung	3
	1.3	„Faktor Mensch"	4
	1.4	Begriffe und Bedeutungen	5
		1.4.1 Akteure und Aktionen	6
		1.4.2 Ziele und Orientierung	8
		1.4.3 Gefährdungen und (Sicherheits-)Maßnahmen	10
		1.4.4 Risiken und Angemessenheit der Maßnahmen	11
		1.4.5 Wirksamkeit von Maßnahmen (Security *Assurance*)	12
	1.5	Lösungsansatz und Organisation	13
	Literatur		14
2	**Security-System – Security und System**		15
	2.1	Einleitung	15
		2.1.1 Perspektivwechsel	15
		2.1.2 Business und Security	17
		2.1.3 Security-Engineering als Framework	20
		2.1.4 Vorgehensmodell/Arbeitsmodell	21
	2.2	Grundlegende Begriffe	23
		2.2.1 Informationssicherheit	23
		2.2.2 Cybersecurity	23
		2.2.3 Security-Function/Security-Service	24
		2.2.4 Sicherheitsgewinn	24
		2.2.5 Composability & Emergence	24
		2.2.6 Performance & Effectiveness	25
		2.2.7 Resilience	25
		2.2.8 Confidence/Assurance	25
		2.2.9 Trustworthiness	26
		2.2.10 Prinzipien	26
		2.2.11 Security-Posture/*Exposure*-Posture	26

	2.3	System	27
	2.3.1	Grundbegriff System	27
	2.3.2	Hintergrund Systemtheorie	28
	2.3.3	Systemtheorie und Security	29
	2.3.4	Sicherheit als Regelkreis	30
	2.3.5	Exkurs Systemdenken	37
	2.3.6	Arten von Systemkomponenten	39
	2.3.7	Systembildung	40
	2.4	*Security-System* Sichten	44
	2.5	Eigenschaften von *Security-Systems*	50
	2.6	*Security-System*	52
	Literatur		54

3 Security-Systems-Engineering ... 57
   3.1 Engineering Prinzipien/Grundlagen ... 57
   3.2 Engineering-Rahmen im Security-Umfeld ... 70
   3.3 Engineering-Prozesse ... 74
   3.4 Trustworthiness & Assurance ... 78
   Literatur ... 88

4 Business-Kontext ... 89
   4.1 Business KAI ... 93
   Literatur ... 94

5 Security-Kontext ... 95
   5.1 Sicherheitsziele ... 99
   5.2 Security Principles ... 101
   5.3 Security KAI ... 106
   Literatur ... 108

6 Security-Requirements ... 109
   6.1 *Exposure*-Management ... 112
   6.2 *Exposure-Management* Maturity Model ... 124
   6.3 Risiko-Assessment ... 126
   6.4 Observability ... 132
   Literatur ... 145

7 Security-System Model ... 147
   7.1 Defence in Depth ... 151
   7.2 Sicherheitsketten ... 153
   7.3 MBSE – Model-Based *Systems Engineering* ... 159
   7.4 MITRE ATT&CK ... 160
   7.5 Zero Trust ... 163
   7.6 Security-System Maturity Model ... 166
   Literatur ... 168

8 Sicherheitsarchitektur ... 171
- 8.1 Definition und Entwicklung ... 171
- 8.2 Architekturprozesse ... 174
- 8.3 Axiomatic Design ... 180
- 8.4 FAS-Methode ... 184
- 8.5 Frameworks ... 185
- 8.6 Architekturprinzipien ... 188
- 8.7 Gefährder ... 189
- 8.8 Sicherheit durch Mitarbeiter ... 190
- Literatur ... 193

9 Security Controls Management ... 195
- 9.1 *Controls*-Design-Prozess ... 196
- 9.2 Anforderungen an *Controls* ... 198
- 9.3 Auswahl und Ausprägung ... 199
- 9.4 Control-Lücken ... 205
- 9.5 Control Principles ... 212
- Literatur ... 214

10 Security-Systems Management ... 215
- 10.1 Integration des Engineering in ein ISMS ... 218
- 10.2 Potenzielle Herausforderungen ... 219
- 10.3 Potenzielle Vorteile ... 220
- Literatur ... 221

Stichwortverzeichnis ... 223

Abkürzungsverzeichnis

ACS	Allianz für Cyber-Sicherheit
ATT&CK	Adversarial Tactics, Techniques, and Common Knowledge der MITRE Corporation
BCM	Business Continuity Management
bKAI	Business Key Assurance Indicator
BSI	Bundesamt für Sicherheit in der Informationstechnik
CC	Common Criteria
CIA-Triad	Confidentiality, Integrity, Availability
CSF	Cybersecurity Framework (NIST)
DiB	Defense in Breadth
DiD	Defense in Depth
DIE-Ansatz	Distributed, Immutable, Ephemeral
EA	Exposure Assessment
EIA	Exposure Impact Analysis
EU-DSGVO	EU-Datenschutz-Grundverordnung
FMEA	Failure Mode and Effects Analysis
FoM	Figure of Merit
IACS	Industrial Automation and Control System
i.d.R.	in der Regel
IDS	Intrusion Detection System
IoC	Indicator of Compromise
ICS	Industrial Control System
INCOSE	International Council on Systems Engineering
IT	Information Technology
MBSE	Model Based Systems Engineering
MECE	Mutually Exclusive Collectively Exhaustive
NLP	Non Linear Programming
OSA	Open Security Architecture
OT	Operational Technology
OWASP	Open Worldwide Application Security Project

OZG	Onlinezugangsgesetz
PDCA-Zyklus	Plan-Do-Check-Act
PEP	Policy Enforcement Point
PoI	Point of Impact
PEP	Policy Enforcement Point
PZB-Modell	Model nach Prasuraman, Zeithaml, Berry (auch Gap-Modell)
RA	Risk Assessment
RBA	Risk Based Alerting
SABSA	Sherwood Applied Business Security Architecture
S/BOM	Software Bill of Materials
SCM	Swiss Cheese Model
SIEM	Security Information and Event Management
sKAI	Security Key Assurance Indicator
SL	Security Level
SPOS	Single Point of Security
SPOF	Single Point of Failure
SoC	Separation on Concerns
SoS	System of Systems
SSE	Security-System-Engineering
STRIDE	Spoofing, Tampering, Repudiation, Information Disclousure, Elevation of Privilege
SzA	Systeme zur Angriffserkennung
TOGAF	The Open Group Architecture Forum
TSSM	Trustworthy System Status Model
ZTA	Zero Trust Architecture

1 Informationssicherheit aus dem Kochbuch

Meldungen zur Informationssicherheit (vielmehr eigentlich „Informationsunsicherheit") gehen vielfach unmittelbar mit der Angabe von passenden Maßnahmen bzw. „Standard-Methoden der Informationssicherheit" einher. Phishing-Attacken erfordern Awareness-Maßnahmen, DDoS-Angriffe sind mit Filtermaßnahmen „beherrschbar" und Online-Web-Auftritte mit sicheren Konfigurationen der IT-Systeme und Anwendungen. Schon diese Beispiele zeigen einerseits, dass die Welt der Informationssicherheit facettenreich und zum Teil komplex ist und andererseits aber auch, dass es für alle Aufgabenstellungen scheinbar immer passende Lösungen gibt. Dies manifestiert sich in allgemeinen oder auch geschäfts-/branchenspezifischen Zusammenstellungen passender Sicherheitsmaßnahmen zu sogenannten Sicherheitskatalogen oder Sicherheitsprofilen.

Die große Anzahl dieser „Sicherheitskataloge" und „Best-Practice-Empfehlungen" fördert die Denkweise, dass die singuläre Abarbeitung von Sicherheitsempfehlungen bzw. -maßnahmen einen ausreichenden Schutz bietet. Gerade die vorgegebene Präsentation von strukturierten Bausteinen, Themenfeldern, Einzelmaßnahmen oder Maßnahmensets lenkt den Fokus auf schnelles Agieren, verschließt jedoch den Blick für grundlegende Zusammenhänge, das Zusammenwirken sowie Interdependenzen unterschiedlicher Sicherheitsmaßnahmen. Eine zielgerichtete und effektive Ausrichtung der Sicherheitsmaßnahmen bleibt so unter Umständen suboptimal; die als „Performance" und „Effectiveness" gestellten Anforderungen an das Sicherheitsmanagement werden ggf. nicht vollständig erfüllt.

Der technische Wandel und die damit einhergehenden Umbrüche und Geschwindigkeiten in Bereitstellung und Betrieb von IT-Lösungen kann und wird in Sicherheitsstrukturen immer nur mit „Verspätung" behandelt, wenn denn überhaupt Ansätze zur Behandlung erkennbar sind. Dies führt dazu, dass Technologien und IT-Lösungen aus vornehmlich betrieblichen bzw. geschäftlichen Gründen eingesetzt werden, ohne dass damit einhergehende Risiken zur Informationssicherheit erfasst, bewertet und auf ein akzeptables Niveau begrenzt wurden. Hierdurch wird eine Unsicherheit zum „sicheren" Betrieb gefördert, die im Nachhinein ggf. mit aufwendigen, aber nicht effektiven Lösungen „erschlagen" wird. Eine Vorplanung im Sinne einer (Informationssicherheits-)Folgenabschätzung findet nicht statt. Dies scheint jedoch notwendig, um im Spannungsfeld zwischen IT-Funktion – Nutzung – Bedrohungen eine Kompensation fehlender präventiver Maßnahmen durch umfassende und wirksame reaktive Maßnahmen zu erreichen.

Standardwerke bzw. Grundlagenwerke zu Sicherheitsmethoden bzw. Sicherheitsarchitekturen sind oftmals auf „so wird's gemacht" und nicht auf „darum wird es so gemacht" fokussiert. Die unterschiedlichen Modellierungsansätze umspannen zwar technische, organisatorische und prozessuale Aspekte einer Organisation (vgl. BSI IT-Grundschutz-Kompendium), erfassen jedoch die teils tiefe Vernetzung zwischen verschiedenen Akteuren und Systemen an Geschäftsprozessen nur unzureichend.

Aufgabe der Akteure und Verantwortlichen zur Informationssicherheit sollte es sein, die Geschäftsprozesse optimal zu unterstützen sowie – im Bestfall – neue Geschäftsprozesse zu ermöglichen. Dies erfordert jedoch grundlegende Kenntnisse und Anwendung von Konzepten und Methoden, die über die Grundlagenwerke hinausgehen.

Täglich neue Meldungen von Bedrohungen und Sicherheitsereignissen zeigen eine sich permanent ändernde Gefährdungslage. Die Digitalisierung und die damit einhergehende „Always-online-Nutzung" von Diensten jeglicher Art haben auch zu einer Verlagerung der Missbrauchs- und Verbrechenswelt geführt. Verbunden mit der zunehmenden Vernetzung von Systemen und den damit einhergehenden Abhängigkeiten zwischen Unternehmen, Dienstleistern und Lieferanten ergibt sich ein weiteres Feld, welches durch Sicherheitsverantwortliche bei Konzeptionierungen und Strukturierungen von Anforderungen und Lösungsansätzen zu bearbeiten ist.

Beispiele wie der Kaseya-Hack von Juni 2021 führen die Verwundbarkeiten plastisch vor Augen: Ausgenutzt wurde das Vertrauen in Dienstleister/Lieferanten einerseits und die XaaS-Mentalität, d. h. die Auslagerung von Services und Verantwortungen (?) zur „Konzentration auf das Kerngeschäft" andererseits. In Bezug auf die Informationssicherheit sind hierbei jedoch auch deutlich erweiterte Anforderungen verbunden mit einem größeren Abhängig- und Einflussbereich erkennbar.

Zur Verdeutlichung der Anforderungen sowie Erfassung von Aspekten und Themen des *Security-Engineering* werden Beispiele aus dem Tagesbetrieb vertieft.

1.1 Systemische Lücken

Unabhängig vom Umfang identifizierter und/oder umgesetzter Maßnahmen zur Informationssicherheit bestehen Lücken, die in mindestens drei Dimensionen unterteilt werden können. Es gibt erstens eine Lücke zwischen Sicherheitsmaßnahmen aus Best-Practice-Empfehlungen und der Sicherheitslage im Betrieb. Zweitens ist es offensichtlich erforderlich, in Bezug auf die „Reichweite" des zu schützenden Systems eine deutlich umfassendere Sicht einzunehmen. Und drittens besteht ggf. die Lücke zwischen intendierter und tatsächlicher Wirksamkeit einer Maßnahme. Am Beispiel des bereits kurz erwähnten Kaseya-Hack können hierzu einige Aspekte transparenter dargestellt werden.

Beschreibung in Kurzform: Kriminellen ist es gelungen, ein SW-Update zu einem Kaseya-Produkt auf den Download-Seiten von Kasey zu manipulieren. Durch automatischen Download und Verteilmechanismen der direkten Kaseya-Kunden (überwiegend IT-Dienstleister) gelangte das manipulierte Update zu einer Vielzahl von (betreuten) Endkundensystemen, die daraufhin mit einer Ransomware infiziert wurden.

Erkennbar ist, dass die Reichweite der Beteiligten zum ordnungsgemäßen Betrieb der eigenen (IT-)Systeme deutlich erweitert werden muss. Nicht nur Beteiligte an Geschäftsprozessen und Dienstleister, sondern auch Lieferanten-Systeme und -Leistungen haben zunehmende Anteile an der Informationssicherheit des eigenen Betriebs. Systemumfang und Systemgrenzen der Verantwortung sind deutlich erweitert. Die Schutzmechanismen des Herstellers/Lieferanten haben massiven Einfluss auf das eigene Sicherheitsniveau.

Abhängig von der Kritikalität einer Software sind Prozeduren zu Sicherstellung der Unversehrtheit bereitgestellter Leistungen (wie eines SW-Updates) erforderlich. Die bislang geläufige Definition des Begriffs Integrität als Unversehrtheit von Daten ist somit auch auf eine Gesamtsystem-Integrität zu erweitern.

Die Betrachtung von Gefährdungen in Risikoanalysen ist auf betriebliche (geschäftliche) Störungen abzustimmen, eine Fokussierung auf Gefährdungen (ob innen oder außen (Cyber-Gefährdungen)) ist überholt. Der (IT-)Systembetrieb ist aus Geschäftssicht als zuverlässige Basis im Sinne einer „Trusted Operation" auszuprägen.

1.2 Digitalisierung

Deutschland und Europa digitalisiert auf allen Ebenen. Verwaltungen mit Bürgerportalen und Aktivitäten rund um das OZG sind sichtbare Beispiele. Gerade die Entwicklungen, sei es Online-Shopping, sei es das Arbeiten/Arbeitsumfeld mit dem Stichwort „mobiles Arbeiten", zeigen, dass sowohl in den Organisationen als auch zwischen den Organisationen eine Digitalisierungswelle erfolgt.

Darüber hinaus erfolgt die Digitalisierung der Geräte und Objekte; es scheint unumkehrbar so, dass jedes noch so „kleines" Objekt/jeder noch so kleine Alltagsgegenstand, alles, was irgendwie technisch ist, primär über einen Computer gesteuert wird, Daten erzeugt und sich zu smarten Lebensbereichen vernetzt. Die Bandbreite reicht von Smart Watch über Smart Cars zu Smart Cities und vielem mehr.

Damit haben Daten endgültig den Status des „Gegebenen" (Datum = lat. das Gegebene) verlassen und entwickeln sich von einem Gegenstand zur Basis eines Ökosystems. Unterstrichen wird dies durch Vereinbarungen und Entwicklungen innerhalb der EU, die mit dem EU Data Governance Act oder dem EU Data Act einen freien und geregelten Umgang und Handel mit Daten finden.

Zur Bewältigung und zeitnahen Umsetzung von Digitalisierungsaufgaben erfolgt zunehmend eine Kombination aus eigenem Systembetrieb und Bezug von sogenannten XaaS-Serviceleistungen; das X kann beispielsweise als Infrastruktur, Software, Funktion oder auch Service gestaltet sein. Hierdurch vergrößert sich aus Sicherheitssicht das Abhängigkeits- und Einflussfeld jedoch gravierend, da mit dem Einkauf von Dienstleistungen unter Umständen auch der „Einkauf von Security-Problemen" einhergeht.

Grundlagen der Digitalisierung sind neben der Technik eben auch Organisationsformen, Prozesse und handelnde bzw. betroffene Personen. Diese müssen zielorientiert und natürlich auch sicher und datenschutzgerecht organisiert und gestaltet werden. Entsprechend ist eine Architektur bzw. ein Sicherheitsmodell erforderlich, das die Anforderungen, Ziele und Beiträge der einzelnen Komponenten (Ebenen) im Sinne eines integrierten und übergreifenden Systemverbunds abbildet bzw. steuert.

1.3 „Faktor Mensch"

Fast schon mantraartig wird dem „Faktor Mensch" in Bezug auf die Informationssicherheit eine besondere Rolle zugewiesen. So weist der „Bericht zur Cybersicherheit in Nordrhein-Westfalen 2020" [1] aus, dass bis zu 50 % der Cybersicherheitsvorfälle auf Unkenntnis oder Unachtsamkeit zurückzuführen ist. Aus diesem Grund sieht das BSI „den gut geschulten Menschen als Abwehrschirm gegen Cyberangriffe" [2].

Dass Informationssicherheit nicht nur durch Technik erreichbar ist, ist selbstredend. Mehr oder minder alle Best-Practice-Empfehlungen – wie auch das BSI mit dem sogenannten IT-Grundschutz-Kompendium – weisen unterschiedliche Maßnahmenkategorien aus, die unter dem Begriff TOPP – Technische, Organisatorische, Personelle und Prozessuale Maßnahmen zusammengefasst werden können (Tab. 1.1).

Die Maßnahmen gilt es im Kontext von Gefährdungen und Risiken so zu gestalten, dass sie *auch und trotz des möglichen Unvermögens des Nutzers* ein angemessenes Sicherheitsniveau sicherstellen sowie „Fehlhandlungen" tolerieren (Stichwort Resilienz).

Neben den Beiträgen der Nutzer sind hierzu für das Gesamtsystem genauso prominent auch die Rollen, Verantwortungen und „Sicherheitsbeiträge" der Hersteller, Lieferanten, Dienstleister und Betreiber zu gestalten.

Tab. 1.1 TOPP-Maßnahmen

Maßnahmenseite	technischer Anteil (T)	organisatorischer Anteil (O)	personeller Anteil (P)	prozessualer Anteil (P)
Security-Engineering-Seite	Techniken und Methoden des Security Engineering	Organisation (Rollen und Verantwortungen)	Personal (Skill, Know-how etc.)	Prozesse (SIPOC, PDCA etc.)

1.4 Begriffe und Bedeutungen

Schon die Bezeichnung „Sicherheit" und die damit verbundene uneindeutige Interpretation und Verwendung stellt babylonisches Sprachgewirr dar. Geht es um Informationssicherheit – also die Sicherheit der Informationen oder doch um die Sicherheit der Verarbeitung (digitaler Daten); wahlweise mit Fokus auf die Verarbeitung und Verarbeitungssysteme oder eben auf die Daten (sprich die Inhalte der Verarbeitung). Was ist dann mit dem Datenschutz? Sind dann Daten nur „Nutzdaten" oder eben auch Konfigurationsdaten?

Im BSI-Standard 200-1 [3] auf dem das IT-Grundschutz-Kompendium aufbaut, wird Informationssicherheit als umfassender Begriff mit Fokus auf die Verarbeitung der Informationen „mit Informationstechnik, mit Kommunikationstechnik oder auf Papier" beschrieben. Das Aktionsfeld der klassischen IT-Sicherheit wird unter dem Begriff „Cyber-Sicherheit" auf den gesamten Cyber-Raum ausgeweitet" [3]. Der Fokus der Cyber-Sicherheit, so wie ihn die Austauschplattform der ACS-Allianz für Cyber-Sicherheit betreibt, umfasst „Informationen zu aktuellen Bedrohungslagen und praxisnahe Cyber-Sicherheitsmaßnahmen" zum „Schutz der eigenen IT-Infrastruktur" [4]. Die Begriffe IT-Sicherheit, Informationssicherheit und Cyber-Sicherheit zielen also vornehmlich auf die Verarbeitung und die Verarbeitungssysteme. Die Information an sich oder auch die eigentlichen Zwecke und Ziele der Verarbeitung – im Sinne der digitalen Bearbeitung von Aufgaben der Geschäfts- und Arbeitstätigkeiten – werden in der Regel nicht direkt adressiert.

Die Verknüpfung von Information und Verarbeitung ist zumindest aus Verarbeitungsperspektive falsch. In IT-Systemen werden nur Daten verarbeitet, die durch Nullen und Einsen repräsentiert werden. Diese erhalten durch die Zuordnung in Geschäfts- und Arbeitsvorgängen eine inhaltliche Bedeutung als Information. Teilweise wird diese Zuordnung impliziert oder indirekt adressiert, wie beispielsweise der teilweise oder auch vollständige Ausfall der Verarbeitungssysteme einer Organisation aufgrund eines „erfolgreichen Hackerangriffs". Dies macht die umfangreiche Abhängigkeit von funktionierenden IT-Systemen und Anwendungen zwar deutlich, verkennt jedoch weitere Aspekte zum Wert der Information für eine Organisation.

Während mit Cyber-Attacken zunehmend auf die Bedrohungen des Geschäftsbetriebs abgehoben wird, wird IT-Sicherheit bzw. Informationssicherheit auf die Systeme und deren Verarbeitungsprozeduren fokussiert. Zwar sind bei Letzterem auch Gefährdungen des Geschäftsbetriebs ein grundlegender Ausgangspunkt; hier in der Regel jedoch wesentlich „breiter" aufgestellt, in dem beispielsweise auch der „simple" technische Ausfall oder auch die Störung von Versorgungseinrichtungen betrachtet werden. Somit ist es grundlegend erforderlich, Klarheit darüber zu haben, wer oder was abgesichert werden soll.

1.4.1 Akteure und Aktionen

Das Vokabular zur Informationssicherheit, genauer, dem der Cyber-Sicherheit, gleicht einer Kriegsterminologie – es herrsche ein „Cyber-Krieg" mit „Hackern" und „Angreifern" auf der einen Seite, „Opfern" auf der anderen; „Angriffe" hier und „Schaden" dort. Diese Art der bipolaren Attribuierung verkennt, dass es um technische Systeme einerseits und den Betrieb derselben in einem offenen Umfeld andererseits handelt. Nahezu reißerisch – und damit mit Sicherheit falsch! – wird in Bezug auf die Aufrechterhaltung der Informationssicherheit im Kontext von Ransomware, u. a. dem Benutzer der IT-Systeme eine prominente Rolle zugeschrieben. Aussagen wie „die letzte Bastion (zur Sicherheit einer gesamten IT-Landschaft) sitzt 50 cm vor dem Bildschirm" sind grundlegend falsch.

IT-Systeme werden zu definierten Zwecken durch deren Betreiber einem offenen Umfeld ausgesetzt – beispielsweise im Falle von E-Mail-Systemen (als ein Haupt-Einfallstor von Störungen) eben der digitalen Kommunikation. Somit gibt es letztlich drei Handlungsstränge und damit auch mindestens drei Aspekte, zur Gewährleistung eines sicheren Betriebs: a) Sicherstellung und laufende Anpassung der Eigensicherheit der Systeme (echte Resilienz), b) Absicherung des bzw. Schaffung eines ausreichend sicheren System-Betriebsumfelds und c) Vorsorgemaßnahmen bei Störungen des Systembetriebs in Abhängigkeit vom Nutzen/Zweck des Systems (Abb. 1.1).

Zur Verdeutlichung kann der Systembetrieb ggf. mit dem Autoverkehr verglichen werden: Autos werden eigen-sicherer (hierzu gibt es äquivalente Sicherheitsbewertungen wie ASIL (ISO 26262)) und trotzdem ist (hoffentlich) jedem Autofahrer klar, dass mit dem Bewegen des Fahrzeugs im Straßenverkehr das Risiko von Schäden gegeben ist UND vom

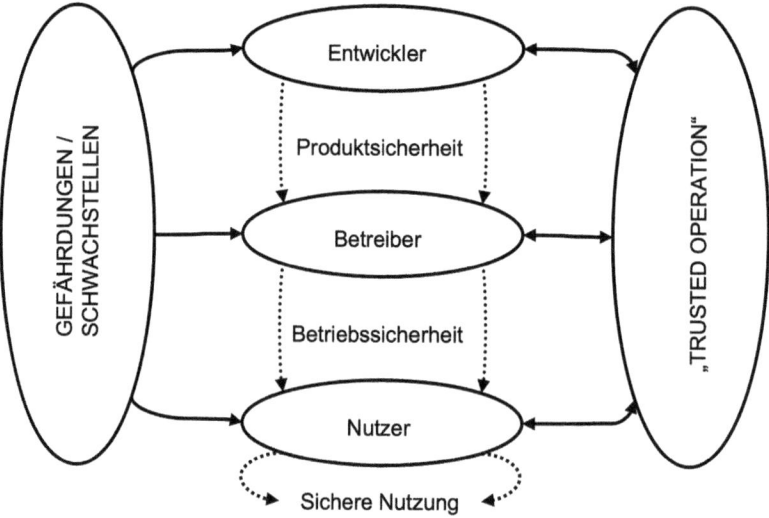

Abb. 1.1 Akteure & Aktionen

1.4 Begriffe und Bedeutungen

Grundsatz her bei der Ermittlung der „Schuld" immer von einem 50:50-Ansatz ausgegangen wird. Jeder Beteiligte im Straßenverkehr ist grundlegend zunächst „Mit-Verursacher" bei Unfällen. Das „Betriebsumfeld Straßenverkehr" wird durch Regeln und Steuerungssysteme geschaffen und Vorsorgemaßnahmen sind in Form von Versicherungen Pflicht.

Damit wird der Benutzer natürlich nicht aus der Pflicht genommen. Um im Bild des Straßenverkehrs zu bleiben, muss der Fahrer eines Autos auf der einen Seite in der Lage sein, dieses ordnungsgemäß zu bedienen und auf der anderen Seite eben jene Regeln des Straßenverkehrs kennen und diese einhalten; andernfalls steigt das Risiko und aus einem Benutzer kann ein Verursacher werden.

Verursacher sind aber längst nicht nur aufseiten des Benutzens zu finden. Ebenso kann ein Verursacher ein Entwickler sein, der im Rahmen der Softwareentwicklung überhaupt erst Sicherheitslücken schafft. Und weiter kann ein Betreiber durch fehlerhafte Konfiguration oder unzureichende Härtung ebenso Angriffspotenziale verursachen.

Die Bemessung des Anteils eines Systembetreibers, an Störungen des Systems – ganz gleich, ob es sich um „Systemversagen" handelt oder eine auf das System einwirkende zufällige oder mutwillige Störung – ist ein wesentliches Element des *Security-Engineering*.

Meldungen über Sicherheitsvorfälle, wie beispielsweise eine durch Ransomware verursachte „Betroffenheit" in einer Verwaltung oder einem Krankenhaus nehmen zu. Das BSI weist in seinen Lageberichten seit Jahren auf eine „angespannt bis kritische" Lage [5] hin. Die Art der Störung, die Streuung der von einer Störung Betroffenen und die den Kriminellen zugeordneten Fähigkeiten und Ziele stellen eine große Bandbreite dar. Diese reicht vom sogenannten digitalen Vandalismus über Erpressungen und gezielter wirtschaftlicher oder politischer Spionage bis zu gesellschaftlicher Meinungsmanipulation.

Dadurch zeigt sich, dass die Kriminalität in der digitalen Welt mindestens genau so komplex ist wie in der analogen – und in jedem Fall komplexer als oft in den Medien dargestellt. Es gibt nicht „den" Angreifer mit „dem" Ziel. Angreifer werden schon seit Längerem differenziert charakterisiert. Von Hobbyisten, auch Skript-Kiddies genannt, mit dem Motiv der Neugierde und des Grenzen-austestens, über (Sicherheits-)Forscher mit einem akademischen Ansatz und oft auch dem Zweck der Profilierung, bis hin zu professionellen Kriminellen (monetäres Motiv), Hacktivisten (politische und gesellschaftliche Motive) oder staatlichen Akteuren (Motiv der Spionage und Destabilisierung). Entsprechend der kriminellen Typen und deren Motive sind auch die Ziele, Angriffsarten und Angriffshäufigkeit differenziert zu betrachten. Beachtung findet diese Differenzierung aber äußerst selten, obwohl es doch in Bezug auf die eigenen Möglichkeiten und Maßnahmen einmal mehr erforderlich ist, die Risiken für die eigene Systemlandschaft realistisch einzuschätzen und die oben skizzierten Handlungsstränge zu verfolgen. Für die Effektivität des Schutzes ist es notwendig zu wissen, wovor genau ein Schutz abgestrebt wird.

1.4.2 Ziele und Orientierung

Informationssicherheit ist seit Jahrzehnten an sogenannten Schutzzielen ausgerichtet. Nicht mehr hinterfragt wird, dass *Schutzmaßnahmen* an der Sicherstellung der Vertraulichkeit, Integrität und Verfügbarkeit von Informationen ausgerichtet sein sollen. Diese auch als CIA – Confidentially, Integrity und Availability – bezeichneten Aspekte bilden die Grundlage vieler Best-Practice-Kataloge zu Sicherheitsmaßnahmen. Zur Anwendung auf die Systeme und den Systembetrieb werden die – ggf. unterschiedlichen – Schutzbedarfsstufen in geeigneter Art und Weise weitergegeben („vererbt"). Diese Sicht „von innen nach außen" findet weiterhin Anwendung, stößt jedoch zunehmend an Grenzen, wobei zwei wesentliche Grenzrichtungen gegeben sind (Abb. 1.2).

Im Rahmen der Digitalisierung und der Online-Zugänglichkeit von Verfahren werden weitere „Schutzaspekte" definiert und teilweise regulatorisch vorgegeben. So ist bei Portalanwendungen gängig, dass der Schutzaspekt Authentizität prominent definiert und zu behandeln ist. Dies ist verständlich und notwendig, da die Identität eines „Online-Antragstellers" zweifelsfrei dem unter Umständen hoheitlichen Verwaltungsvorgang zuordbar sein muss. Sofern jedoch gleichzeitig die Anwendung von Best-Practice-Grundlagenkatalogen gefordert ist, sind Auslegungsunterschiede einerseits und ggf. nicht ausreichend

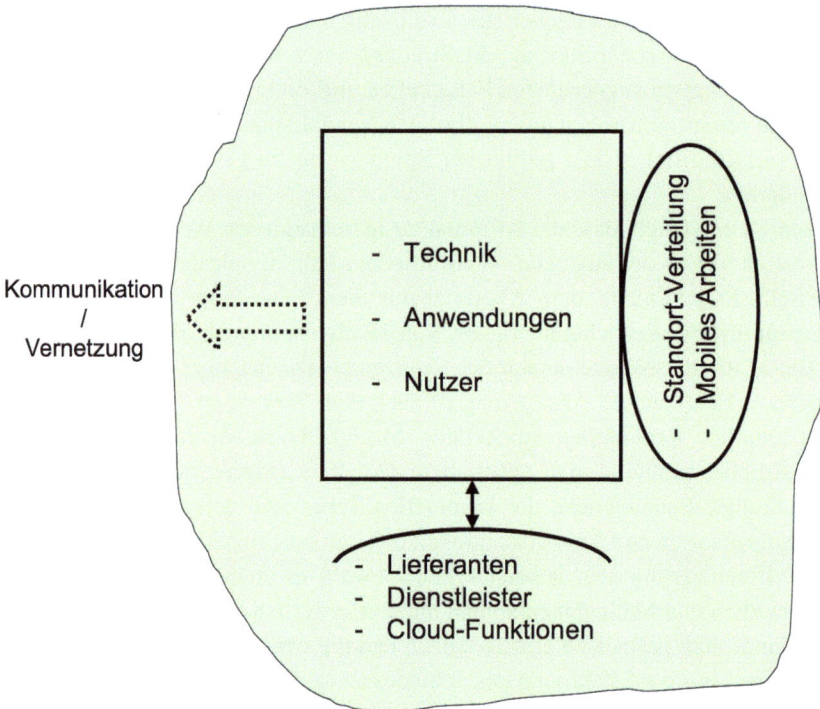

Abb. 1.2 Systemgrenzen

1.4 Begriffe und Bedeutungen

Tab. 1.2 Sicherheitsziele in Best-Practice-Werken

	Verfügbarkeit	Vertraulichkeit	Integrität	Authentizität	Belastbarkeit (Resilience)	weitere
BSI IT-Grundschutz	x	x	x			
Kritische Infrastruktur (KRITIS)	x	x	x	x		
Datenschutz (EU-DSGVO)	x	x	x		x	
Smart Meter – Gateway	x	x	x	x		
weitere						

wirksame Maßnahmen vorprogrammiert (Tab. 1.2). In der Konsequenz werden Sicherheitsrisiken nicht ausreichend erfasst bzw. behandelt.

Eine zweite Grenzrichtung ergibt sich aus den mit dem Betrieb von Systemen verbundenen Risiken.

Das dargestellte Beispiel des Kaseya-Hacks zeigt, dass auch die grundlegenden Sicherheitsaspekte einem inhaltlichen Wandel unterliegen. Der Sicherheitsfall, dass in umfangreichem Maße Systeme von Kunden gestört wurden, weil ein – vorab böswillig manipuliertes Software-Update – automatisiert verteilt und eingespielt wurde, weist auf eine deutlich auszuweitende Interpretation des Begriffs Integrität hin. Ergänzend zur Integrität der in Systemen verarbeiteten Informationen rückt nunmehr die Aufrechterhaltung der Integrität der Systeme selbst in den Blickpunkt. Auch bei den anderen grundlegenden Sicherheitsaspekten (Vertraulichkeit und Verfügbarkeit) ist eine wesentliche inhaltliche Erweiterung der Definition und Auslegung/Anwendung erforderlich. So ist beispielsweise im Kontext von DDoS eine graduelle und keine binäre Verfügbarkeitsfunktion zielführender.

Auf Basis der Sicherheitsaspekte und erstellten Risikoanalysen werden Sicherheitsmaßnahmen ausgewählt, die unter Umständen aufgrund unterschiedlicher Präferenzen und Orientierungen bestimmt werden. Neben der „klassischen" Orientierung an den zu verarbeitenden Informationen (wie bei BSI-Grundschutz) finden sich Best Practices mit einer Bedrohungsorientierung (Threats, bspw. MITRE ACK&CK), einer „Intelligence"-Orientierung (Wissensorientierung, siehe Liska [6]), einer organisationsübergreifenden Orientierung (Joint Security Management, siehe v. Faber [7]) oder auch eine Verarbeitungsorientierung, d. h. zu welchem Zweck werden Daten wie und von wem verarbeitet (bspw. bei DSGVO). All diese Sicherheitsorientierungen haben mehr oder minder ihre Berechtigungen; unklar ist oft jedoch, wann welcher Blickwinkel angemessen und im Sinne der Risikobewertungen zum optimalen Ergebnis führen kann.

1.4.3 Gefährdungen und (Sicherheits-)Maßnahmen

Zur Definition bzw. Anwendung von angemessenen und effektiven Sicherheitsmaßnahmen werden im Allgemeinen in Katalogen und Listen dargestellte Gefährdungen herangezogen. So weist beispielsweise das BSI IT-Grundschutz-Kompendium 2021 [8] insgesamt 47 sogenannte „elementare Gefährdungen" aus. Diese bilden dann die Grundlage für Anforderungen und Sicherheitsmaßnahmen. Doch in dem Maße, in dem die oben genannten Ziele und Orientierungen einzelner Organisationen variieren, ist es auch erforderlich, in teilweise hohem Maße spezifische Gefährdungen oder spezifische Ausprägungen von Gefährdungen zu betrachten. Ein Rückgriff auf Gefährdungskataloge kann hier allenfalls als Orientierung für Gefährdungsmuster bzw. -klassifikationen dienen, sodass hier im Einzelfall Gefährdungen „manuell", d. h. „als kreativer Akt" erfasst bzw. auf die eigene Situation transponiert werden müssen.

Als grundlegende Unzulänglichkeit der Verwendung von Gefährdungskatalogen ist festzuhalten, dass zwar eine Auswahl relevanter Gefährdungen stattfindet, in der Regel jedoch das Maß der Gefährdung – im Sinne einer Abstufung der Ausprägung – nicht ausreichend differenziert wird. Zwar werden für Gefährdungen im Kontext einer Risikoanalyse eine Eintrittswahrscheinlichkeit und ein potenzielles Schadensausmaß definiert, ohne jedoch vorab zu spezifizieren mit welcher Intensität, in welchem Kontext, auf welchen Geltungsbereich oder auch für welche Dauer die Gefährdung zu betrachten ist. So macht es in der Bewertung – und folglich Definition von Maßnahmen – einen Unterschied, ob beispielsweise im Rahmen der Gefährdung „G 0.11 Ausfall oder Störung von Dienstleistern" betrachtet wird, dass die von einem Dienstleister bereitgestellte Software zum Rechnungsabschluss am Ende des Quartals für 14 Tage vollumfänglich ausfällt oder ob ein Internet-Provider für 15 min. einer DDoS-Attacke ausgesetzt ist, die die bereitgestellte Internetanbindung ein Stück weit beeinträchtigt.

Weiterhin ist zu ergänzen, dass die Definition und Anwendung von Gefährdungskatalogen nicht in ausreichend zeitlichem Maße mit den technologischen Entwicklungen einerseits und den ökonomischen/sozialen Entwicklungen andererseits mithalten (kann). Grund hierfür sind u. a. auch die durch die IT-Industrie induzierte Taktung technologischer Umwälzungen (Cloud, Kubernetes etc.).

Schließlich sind trotz gleichlautender Begrifflichkeiten, inhaltlich unterschiedliche Ausprägungen von Gefährdungssichten und somit auch Bewertungen und Maßnahmendefinitionen „naturgemäß" schwer zu erfassen. So haben Gefährdungen zur Informationssicherheit andere Sichten als die zur Cybersicherheit; aber eben auch andere als die zum Datenschutz.

Best-Practice-Sicherheitsmaßnahmen bzw. -Maßnahmenkataloge spiegeln trotz des teilweisen beträchtlichen Umfangs in der Regel den „allgemeinen Konsens" zu Gefährdungen bzw. die aus elementaren Gefährdungen hergeleiteten Sicherheitsmaßnahmen wider. Somit ist es in spezifischen Lagen erforderlich, spezifische Maßnahmen zu finden und anzuwenden. In der Regel werden hier Mechanismen wie

1.4 Begriffe und Bedeutungen

a) die Verschärfung bestehender Maßnahmen (bspw. Ergänzung um eine Authentifizierung mittels zweiten Faktors),

b) die Erhöhung der Wirksamkeit bestehender Maßnahmen (bspw. durch „engmaschigere" Protokollierung, Alarmierung und Reaktion auf Betriebszustände oder auch organisatorische Regelungen) oder

c) die eine Ergänzung um zusätzliche Maßnahmen

angewandt und im weiteren Verlauf bewertet.

Die Fokussierung auf die Ergänzung von Sicherheitsmaßnahmen erfasst und berücksichtigt Wirk- und auch Gefährdungszusammenhänge nicht ausreichend, da in der Regel keine ganzheitlichere Sicht entlang von Sicherheitsketten oder korrespondierenden Maßnahmenbündeln sowie keine Orientierung an Sicherheitsmodellen, Sicherheitsprinzipien und allgemeinen Kenngrößen wie „Sicherheitsgewinn" praktiziert wird.

Insbesondere mit dem Begriff des Sicherheitsgewinns werden einige Grundprobleme der Informationssicherheit deutlich. Es fehlt eine solide Risiko(bewertung)basis, da es keine „Schadensermittlungen" zu Sicherheitsereignissen aller Art gibt. Auch aus den prominent bekannten kriminellen Aktivitäten und Schäden gibt es nur begrenzte Informationen, die zudem hochgradig von individuellen Gegebenheiten der Geschädigten abhängen, womit die Übertragbarkeit auf eigene Gegebenheiten fraglich ist. Weiterhin gibt es keine allgemein anerkannten Methoden zu Kosten-Nutzen-Analysen von Maßnahmen; es fehlen Bemessungsmaßstäbe zur Vorteilhaftigkeit von Maßnahmen. Darüber hinaus werden Sicherheitsmaßnahmen in der Regel als gefährdungsmindernd (mitigierend) in Bezug auf einzelne Gefährdungen ausgesucht (1:1-Zuordnung) und nicht im Sinne einer Sicherheitsfunktion im Kontext einer Sicherheitsarchitektur.

Die vornehmlich vorrangige Ausrichtung an technischen Maßnahmen nach dem „Stand der Technik" [9] versperrt zumindest teilweise den Blick für „Sicherheitsgewinne" der Art von „low hanging fruits".

1.4.4 Risiken und Angemessenheit der Maßnahmen

Das Vorhandensein von Sicherheitskatalogen hat eine fast normative Wirkung darauf, „dass" und „welche" Themen umgesetzt werden müssen, damit ein IT-Betrieb als ausreichend sicher anerkannt ist. Hervorzuheben ist, dass in der Regel nicht konkrete Maßnahmen, sondern Anforderungen und darauf aufbauend Hilfestellungen zu „Erfüllung" der Anforderungen definiert werden. Somit bleibt die Frage- und Aufgabestellung offen, welche konkreten, praktischen Maßnahmen denn angemessen sind.

Ausgangspunkt zur Bestimmung von Maßnahmen ist – als Best-Practice-Prozedur – zunächst eine Risikobewertung für das definierte System. In den (BSI-)Standards ist dies schrittweise definiert: Ausgehend von den zu schützenden Informationen und Geschäftsprozessen sollen alle relevanten Bedrohungen (Gefährdungen) sowie die Schwachstellen, durch welche die Bedrohungen wirken können, ermittelt werden. Danach folgt mit der Bestimmung möglicher Schäden und Auswirkungen der Kern der Risikobewertung [3].

Beiläufig zu vermerken ist hier, dass Schwachstellen (Vulnerabilities) gemäß Glossar „ein sicherheitsrelevanter Fehler eines IT-Systems oder einer Institution" ist, der „in der Konzeption, den verwendeten Algorithmen, der Implementation, der Konfiguration, dem Betrieb sowie der Organisation liegen" kann. Eine weitere Erfassung, Strukturierung und Berücksichtigung oder Dokumentation von Schwachstellen in diesem umfassenden Sinne fehlt jedoch.

Der Übergang zur Ermittlung und Umsetzung von Maßnahmen erfolgt in der BSI-Methodik, indem von elementaren oder spezifischen Gefährdungen in vorgedachter Weise auf „bewährte technische, infrastrukturelle, personelle und organisatorische Basis- und Standard-Anforderungen sowie Anforderungen bei erhöhtem Schutzbedarf zur Absicherung typischer Objekte" übergeleitet wird. Diesen Anforderungen (im BSI als Bausteine mit themenspezifischen Maßnahmen bezeichnet) werden dann Umsetzungshilfen (Guidelines) angeheftet, die Hinweise auf konkretere Maßnahmenmöglichkeiten aufzeigen. Eine grundlegende Reflexion der Angemessenheit von geplanten bzw. umgesetzten Maßnahmen finden in der Regel jedoch nicht statt. Vielmehr erfolgt in Praxi eher eine Angemessenheitsdiskussion über personelle und finanzielle Fragen zur Ressourcenbindung. Hiermit sind mehrere Aspekte und Probleme verbunden.

Im Wortsinn ist angemessen, wenn gemäß eines geeigneten Maßstabs- bzw. Bewertungssystems eine Maßnahme das passende „Gegengewicht" zu einer Gefährdung/Schwachstelle oder einem Risiko darstellt. Als Orientierung sind „übergeordnete und vor allem für beide Seiten gleiche Kriterien" wie ein Sicherheitsaspekt bzw. dessen durch Schutzbedarfsstufen dargestellte Ausprägung heranzuziehen. Da jedoch sowohl die Gefährdungen als auch die Risikoermittlung mit inhärenten Unschärfen und Unzulänglichkeiten versehen sind, kann auch die Angemessenheit nicht genug bestimmt werden.

In gleichem Maße sind finanzielle Bewertungen problematisch, da bewährte Methoden der Allgemeinen Betriebswirtschaftslehre „ins Leere laufen". Wirtschaftlichkeitsrechnungen können zwar den jährlichen Finanzaufwand exakt beziffern, jedoch nicht den schon erwähnten erzielbaren Sicherheitsgewinn. Die Argumentation der Notwendigkeit von Maßnahmen, um dem „Stand-der-Technik" zu genügen, stellt eher eine „Totschlagsmentalität" denn eine Bewertung nach Sicherheitsprinzipien und strukturierten, anerkannten Methoden dar.

1.4.5 Wirksamkeit von Maßnahmen (Security *Assurance*)

Mit der Bestimmung der Angemessenheit von Maßnahmen ist gleichermaßen die Bewertung der Wirksamkeit derselben eng verbunden. Während Angemessenheit auf die Gefährdungen, Schwachstellen und Schutzbedarfe abhebt, erfasst die Wirksamkeit die Effektivität der Maßnahmen – also die unter Optimierungsaspekten beste und wirkungsvollste Lösung. Beide Aspekte können und sollten als komplementäre Eigenschaften verstanden werden.

Die Wirksamkeit einzelner Maßnahmen kann in zwei verschiedenen Dimensionen betrachtet werden. In Bezug auf die Maßnahme an sich ist zu klären, ob der Mechanismus der Maßnahme das gewünschte Ziel vollständig und autark sicherstellen kann. Dies ist bei der Einrichtung von Regeln in einem Firewall-System (Traffic-Steuerung) sicher eher der Fall als die Überwachung eines Systems im Kontext der „optimalen" Behandlung von Sicherheitsvorfällen. Letzteres erfordert neben technischen mindestens auch organisatorische und prozessuale Maßnahmen.

Auf der anderen Seite kann und muss die Wirksamkeit einer oder mehrerer Maßnahmen im Rahmen von Reviews oder Audits erfasst und bewertet werden. Diese Aufgabe ist durchgängig in Best-Practice-Werken definiert, eine Umsetzung im Sinne der Prüfung auf Ebene einzelner Maßnahmen findet in der Regel jedoch nicht statt. Zur Optimierung der Ressourceneinsätze für die Aufrechterhaltung der Informationssicherheit in Gänze stellt dies jedoch eine notwendige Aufgabe dar.

1.5 Lösungsansatz und Organisation

Die dargelegten Themen machen den Wandel und die stetigen Veränderungen zu Begriffen, Methoden, Maßnahmen und der Reichweite zur Informationssicherheit deutlich. Es wird deutlich, dass eine differenziertere und fokussierte Betrachtung von Gefährdungen eine Optimierung von Maßnahmen und Ressourcen schaffen kann. Auch eine zunehmende Vernetzung sowie die Erhöhung der Abhängigkeiten zwischen unterschiedlichen Akteuren bringen Anforderungen mit sich, die eine deutlich ausgeprägtere Ausrichtung auf die übergeordneten Geschäftsziele nach sich ziehen. IT-Systeme und der sichere Betrieb derselben sind im Kontext zunehmender Komplexität und Dynamik von geschäftlichen und technischen Entwicklungen zu gestalten. Darüber hinaus wird Informationssicherheit als emergente Systemeigenschaft betrachtet und mit Begriffen wie *„Trustworthiness"* und „Trust of Operation" attribuiert. Somit erfolgt eine gegenüber der klassischen Zielorientierung deutliche Aufwertung und auch Erwartungshaltung zum Ziel und Zweck von Sicherheitsmaßnahmen, die durch das *Security-Engineering* bewerkstelligt werden können.

Die hierzu gewählte Gliederung zur Vermittlung dieses Themenfeldes ist wie folgt: Im Teil 2 werden die Grundlagen des *Security-Engineering* beschrieben. Ausgehend von grundlegenden Begriffen inkl. eines Verständnisses zum grundlegenden Systembegriff erfolgt eine Darstellung eines allgemeinen *Security-Modells*. Dies dient der weiteren Strukturierung und Erläuterung von Ansätzen zur Sicherheitsarchitektur und damit einhergehenden Gestaltungselementen. Schließlich erfolgen die Zusammenfassung und Darstellung in einem geänderten Managementrahmen, mit dessen Hilfe auch ein zunehmend erforderlicher Nachweis der Anwendung und Wirksamkeit der Sicherheitsmaßnahmen gelingt.

Sodann werden in den Teilen 3 bis 9 die grundlegenden Konzepte und Aktivitäten des *Security-Engineering* dargestellt. Dies beinhaltet u. a. die Abbildung des Engineering-Begriffs auf das Themenfeld Security, die Entwicklung der Begriffe *Trustworthiness* bzw.

Assurance sowie die Anwendung der Engineering-Prozesse vom Anforderungsmanagement bis zum Maßnahmenmanagement. Hierbei wird auf grundlegende Mechanismen, Methoden und Prinzipien fokussiert, die auf eine fundamentierte Entwicklung und Betrachtung von Informationssicherheit abzielen. Zielsetzung ist es, die Gesamtheit von Sicherheitsmaßnahmen als ein eigenständiges, funktionales Sicherheits-System (*Security-System*) aufzufassen, welches mittels Systems-Engineering-Methoden gestaltet, entwickelt und betrieben werden kann. Hierdurch soll die in der Einleitung gewählte Metapher der Kochbuch-Mentalität in eine fundierte, konzeptionelle Arbeitsweise überführt werden.

Im abschließenden Teil 10 wird ein erster Ansatz entwickelt, wie die Engineering-Methoden und -Prozesse als Erweiterung zu bestehenden Sicherheits-Management-Normen integriert werden können.

Literatur

1. Bericht zur Cybersicherheit in Nordrhein-Westfalen 2020, https://www.cybersicherheit.nrw, letzter Abruf 17.12.2021
2. BSI, Sicherheits-Faktor Mensch, https://www.bsi.bund.de/DE/Themen/Unternehmen-und-Organisationen/Informationen-und-Empfehlungen/Empfehlungen-nach-Angriffszielen/Faktor-Mensch/faktor-mensch_node.html, letzter Abruf 17.12.2021
3. BSI, BSI-Standard 200-1: Managementsysteme für Informationssicherheit (ISMS), Stand 15.11.2017
4. Allianz für Cybersicherheit, Informationsmaterial, Broschüre, https://www.allianz-fuer-cybersicherheit.de/SharedDocs/Downloads/Webs/ACS/DE/ACS_Broschuere.pdf?__blob=publicationFile&v=1, letzter Abruf 04.01.2022
5. BSI, Lagebericht 2024, https://www.bsi.bund.de/SharedDocs/Downloads/DE/BSI/Publikationen/Lageberichte/Lagebericht2024.pdf?__blob=publicationFile&v=5, letzter Abruf 24.02.2025
6. Liska A., Building an Intelligence-led security program, Elsevier Inc., 2015
7. V. Faber E., Behnsen W., Joint Security Management: organisationsübergreifend handeln: Mehr Sicherheit im Zeitalter von Cloud-Computing, IT-Dienstleistungen und industrialisierter IT-Produktion, Springer Vieweg, Edition, 2018
8. BSI, IT-Grundschutz-Kompendium (Edition 2021), https://www.bsi.bund.de/DE/Themen/Unternehmen-und-Organisationen/Standards-und-Zertifizierung/IT-Grundschutz/IT-Grundschutz-Kompendium/it-grundschutz-kompendium_node.html, Abruf 17.12.2021
9. TeleTrusT, Handreichung zum „Stand der Technik" technischer und organisatorischer Maßnahmen, IT-Sicherheitsgesetz und Datenschutz, Bundesverband IT-Sicherheit, 2020

Security-System – Security und System 2

2.1 Einleitung

Zum Verständnis der Verbindung zwischen Security und Engineering sind zunächst die hiermit verbundenen Entwicklungen und Bedeutungen klarzustellen. Sodann können mit der Auffassung von Security als Engineering-Disziplin grundlegende Managementansätze und Prinzipien der Security weiterentwickelt und zur Anwendung gebracht werden.

2.1.1 Perspektivwechsel

Der gestiegene und weiter zunehmende Einfluss von Störungen der IT auf geschäftsrelevante Aktivitäten – nicht nur bei Unternehmen aus der IT-Branche –, d. h. die Fähigkeit von Sicherheitsproblemen, -ereignissen und -vorfällen, nahezu alle Geschäftsprozesse zu stören, erfordert eine Änderung der Sichtweise. Die IT als ein Anbieter bedarfsgerechter Services für das Business zu sehen, wird dem Sicherheitsanspruch, der an die IT gestellt werden muss, nicht mehr gerecht. Längst ist der Punkt erreicht, IT als einen Kernprozess im Unternehmen zu sehen, der die geschäftlichen und strategischen Ziele nicht nur unterstützt, sondern vorantreibt.

Derzeit wird vielfach noch vom Alignment zwischen Geschäftsprozessen und IT gesprochen, womit gemeint ist, IT und Geschäftsprozesse gleichermaßen auszurichten. „Gleichermaßen" bedeutet hier, dass noch Parallelitäten gegeben sind, dass also keine vollständige Integration der IT gegeben ist. Dies bedeutet auch, dass die Anwendung von Maßnahmen zur Informationssicherheit auf die IT-Komponenten und -Systeme mehr oder minder angedockt werden; auch hier eher im Sinne eines Zusatzes. In Summe „läuft" die

Informationssicherheit den Geschäftsprozessen somit im günstigsten Fall der Verknüpfung in einer zweiten Abhängigkeitsstufe hinterher. Dies ist zumindest für direkt wirkende Gefährdungen auf die Geschäftsprozesse wie beispielsweise Cyber-Attacken zu spät, nicht wirksam genug und mit deutlichen Risiken verbunden. IT ist nicht mehr nur Zulieferer für Geschäftsprozesse, der seine Dienste in einem internen Leistungsverhältnis anbietet, genauso wenig, wie die Informationssicherheit wiederum ein „Goodie" für die IT ist. Zumindest partiell ist hier eine Änderung der Sichtweise durch eine gleichrangige und integrierte Steuerung von Geschäfts- und Sicherheitsrisiken erforderlich.

Wenn IT also zum Mitgestalter und Treiber von Geschäftsprozessen wird oder diesen gar bildet, ist ein Perspektivwechsel sinnvoll, der Sicherheitsziele und -prinzipien an IT *und* Geschäftsprozesse integriert (Abb. 2.1).

Dazu sind Anforderungen zu definieren, die über die bisherigen Schutzziele hinausgehen bzw. diese neu interpretieren. Als Beispiel ist die Vertrauenswürdigkeit („*Trustworthiness*", s. Abschn. 2.2.9) zu nennen, die in all ihren Facetten mehr in den Fokus rückt. Geschäftsprozesse sind in der digitalen Welt nicht nur von der internen IT abhängig, sondern gleichermaßen von externen IT-Dienstleistern wie Providern oder Hard- und Softwarelieferanten. An diesen Schnittstellen in Richtung Externen geht die Kontrolle verloren – und da wo die Kontrolle auf natürliche Weise verloren geht, muss Vertrauenswürdigkeit beginnen. Heutige Maßnahmen wie Lieferantenbewertungen-, -steuerung und -auditierung bilden lediglich die Grundlage der Vertrauenswürdigkeit. Auf beiden Seiten sind Regeln zu definieren, die auch Sicherheitsnachweise und Sicherheitsaudits umfassen. Vor allem Dienstleister sind hier mehr in der Pflicht, „Vertrauensbeweise" zu kreieren.

Neben Vertrauenswürdigkeit wird beispielsweise auch das Thema Resilienz (s. Abschn. 2.2.7) immer prominenter. Mit Veröffentlichung der EU-DSGVO (Datenschutzgrundverordnung) hat dieses Schutzziel an Popularität gewonnen, ohne aber breiteren Einzug und Beachtung in der Praxis der Informationssicherheit zu erfahren. In diesem Kontext gilt es zu definieren, dass nicht mehr nur ein IT-System belastbar – beispielsweise im Sinne der Fähigkeit der Verarbeitung von übermäßigen Anfragen – sein muss, sondern eben der Geschäftsprozess als solcher trotz äußerer Einflüsse und Störungen in einer gewissen Qualität aufrechterhalten bleiben muss.

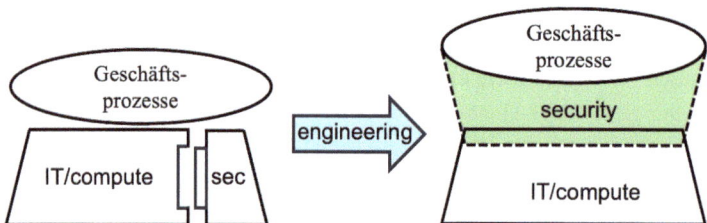

Abb. 2.1 Perspektivwechsel

2.1.2 Business und Security

Zur Transformation an die aktuellen Anforderungen wird ausgehend von einer kurzen historischen Darlegung der Entwicklung der Informationssicherheit und dessen Verhältnis zur Geschäftsentwicklung eine Aktualisierung und Erweiterung grundlegender Begriffe und Sichtweisen entwickelt. Zielsetzung ist es, Grundlagen zur Operationalisierung des Perspektivwechsels weiter auszuprägen.

Entwicklung der Informationssicherheit
Die Nutzung der Informationstechnik für die Geschäftsprozesse (das Business) hat eine weitreichende Historie. In Kürze kann dies in folgenden Schritten nachvollzogen werden, wobei hier der Fokus auf den Stellenwert der Informationssicherheit aus Sicht des „Business" gelegt wird.

Aufgrund der Größe und der erforderlichen Infrastruktur der ersten kommerziellen Computersysteme wurden diese zur Unterstützung zentraler Aufgabenstellungen der Organisation eingesetzt. Diese konnten und mussten von besonders geschulten Mitarbeitern bedient werden, die die Aufgabenstellungen „programmierten" und die Ergebnisse in Form von Papierausdrucken verteilten. Auch wenn der Begriff Informationssicherheit noch nicht geprägt war, kann diese hier auf die physische Sicherheit des Systems und die Vertrauenswürdigkeit der „Bediener" reduziert werden.

In einer nächsten Entwicklungsstufe konnte die Bedienung dezentralisiert werden. Für Mitarbeiter einzelner Organisationseinheiten gab es im zentralen Rechnersystem spezifische Anwendungen. Dies erforderte die Regelung und Zuordnung von Zugriffserlaubnissen und Nutzungskapazitäten. In Verbindung mit der Änderung der Sichtweise auf die mit und im Rechnersystem verarbeiteten Daten wurden erste Methoden und Prinzipien zur Informationssicherheit entwickelt. Ein Meilenstein ist hier das Grundlagenpapier „The Protection of Information in Computer Systems" von J. Saltzer und M. Schroeder aus dem Jahr 1975 [1].

Unter dem Stichwort „Design Principles" sind hier in acht Prinzipien u. a. der Zugriffsschutz auf Informationen sowie grundlegende korrespondierende Softwareanforderungen definiert. Festzuhalten ist, dass die Zugriffe über Bildschirm-Terminals erfolgten, die noch Teil des zentralen Rechnersystems waren; quasi als ausgelagerte Bediensysteme.

Mit der Kommerzialisierung der Personal Computer erfolgte eine Trennung dergestalt, dass nunmehr jedem Mitarbeiter ein Rechnersystem zur Unterstützung der individuellen Aufgabenbewältigung bereitgestellt werden konnte und diese dann zusätzlich auch als Bedienterminals des zentralen Rechnersystems eingesetzt werden konnten. Verbunden hiermit war die Wahrnehmung, dass eine geänderte Sicht auf den Begriff Zugriff erforderlich war – nämlich Zugang und Zugriff – sowie die Erkenntnis, dass für die Organisationen auch Gefährdungen durch unerlaubte Modifikationen von Daten eine Rolle spielen [2]. Mit dem hier fokussierten Begriff Integrität entstand auch der Dreiklang Vertraulichkeit, Integrität und Verfügbarkeit; englisch: CIA-Triad – Confidentiality, Integrity and Availability. Dies markierte den Meilenstein, dass Informationssicherheit von grundlegender Bedeutung für die Geschäftsprozesse (das Business) wurde und die Aufmerksamkeit des Managements haben sollte.

Die weiteren Schritte der zunehmenden internen Gestaltung von Computernetzen (LAN – „Local Area network") sowie die Öffnung und Vernetzung von Organisationen über öffentliche Netze (WAN – „Wide Area Network") ermöglichten, förderten und führten zu einer massiven Vernetzung von Organisationen und damit auch Abhängigkeiten von Geschäftsprozessen zwischen diesen. Informationssicherheit wurde und wird weiterhin aus Managementsicht als eine mit dem Betrieb der IT zu erbringende Aufgabe betrachtet.

Entwicklung von Sicherheitszielen
Die mit dem CIA-Triad definierten Merkmale stellen eine nutzenorientierte (Sicherheits-) Sicht auf die IT-Technik bzw. die Datenverarbeitung dar. Parallel hierzu ist auch eine zielorientierte Sicht auf Sicherheitsmaßnahmen und Methoden möglich, aus der die Objekte und Intentionen hervorgehen.

Mit dem Aufkommen der ersten Ansätze zur gemeinsamen Nutzung der Computer-Ressourcen war es erforderlich, hierzu Regeln und Methoden aufzustellen, wie das „sharen" der Computer-Ressourcen reibungsfrei erfolgen kann. Spätestens mit Saltzer & Schroeder wurde der Blick auf den Zugriff auf die in den Systemen verarbeiteten Daten erweitert [1]. Des Weiteren wurde mit der Einführung der Integrität auf die erlaubten und unerlaubten Veränderungen der Daten abgehoben. Schließlich wurde im Zuge der Öffnung nach außen der Schutz der internen Systeme, Netze und Daten fokussiert. Die derzeitige Lage ist in mehrere Richtungen geprägt: Erstens steht weiterhin der Schutz der öffentlich erreichbaren Systeme im Fokus (Stichwort Cybersicherheit). Zweitens wird im Zuge der Vernetzung eine Vereinheitlichung von Sicherheitsniveaus angestrebt (Stichwort Peer-Security). Drittens sind auch Sicherheitsmaßnahmen virtualisiert worden und werden als „Security Service" definiert und integriert.

Alle Richtungen haben weiterhin Informationssicherheit als Betriebsaufgabe mit dem Objekt Daten bzw. Informationen im Fokus. Die Definitionen zur Informationssicherheit der aktuellen nationalen und internationalen Best-Practice-Rahmenwerke unterstreichen dies:

Im BSI-Standard 200-1, auf dem das IT-Grundschutz-Kompendium aufbaut, wird Informationssicherheit als umfassender Begriff mit Fokus auf die Verarbeitung der Informationen „mit Informationstechnik, mit Kommunikationstechnik oder auf Papier" beschrieben. Das Aktionsfeld der klassischen IT-Sicherheit wird unter dem Begriff ‚Cyber-Sicherheit' auf den gesamten Cyber-Raum ausgeweitet" [3]. Der Fokus der Cybersicherheit, so wie ihn die Austauschplattform der ACS – Allianz für Cyber-Sicherheit – definiert, umfasst „Informationen zu aktuellen Bedrohungslagen und praxisnahe Cyber-Sicherheitsmaßnahmen" zum „Schutz der eigenen IT-Infrastruktur" [4].

In ähnlicher Weise definiert die internationale Norm ISO 27000 Informationssicherheit als die Erhaltung der Vertraulichkeit, Verfügbarkeit und Integrität von Informationen [5].

2.1 Einleitung

Als Ziel eines Informations-Sicherheits-Management-Systems (ISMS) wird in der ISO 27001 die Schaffung von Vertrauen an „Interested Parties" durch eine – den Gefährdungen gegenüber – adäquate Risikobehandlung fokussiert [6].

Da auch das Management der Organisation eine „Interested Party" ist, wird hier zumindest indirekt und einseitig ein Managementkriterium adressiert.

Neue Sicht auf die Informationssicherheit

Der obige Perspektivwechsel hat gezeigt, dass die immer komplexer werdenden Anforderungen eine neue Sicht auf die Informationssicherheit erfordern. Ein Ansatz hierzu ist eine (noch?) konsequentere Ausrichtung der Informationssicherheit an die Sicht der Geschäftsprozesse vorzunehmen. Hiermit verbunden ist jedoch, dass eine Zu- und Einordnung in die Denksysteme der beiden Welten „Business" und „Informationssicherheit" vorgenommen werden muss. Mindestens erforderlich ist hierbei die Definition von Zielen sowie die Verwendung von Zielattributen, die eine Verknüpfung zwischen den beiden Welten sicherstellen. Des Weiteren ist ein gemeinsames Verständnis zu Zielen und Kriterien zur Bestimmung der Erfolgsbeiträge an die Businessziele sinnvoll. Darüber hinaus sind die Ziele mittels wirksamer und methodischer Ansätze in Modelle und Vorgehensweisen der Informationssicherheit zu transformieren. Ausgehend von Governance-Ansätzen sowie von Erkenntnissen aus gravierenden Sicherheitsvorfällen werden derzeit Zielsetzungen an die Informationssicherheit durch Begriffe wie „Confidence/*Assurance*", „Resilience" oder „*Trustworthiness*" gekennzeichnet. Auch der Begriff Integrität wird zunehmend in einem umfassenderen Sinn verwendet (Abb. 2.2).

Aus Sicht des Business wird Informationssicherheit so zu einem steuerbaren Managementelement und erfährt im Umkehrschluss gleichzeitig eine Aufwertung durch

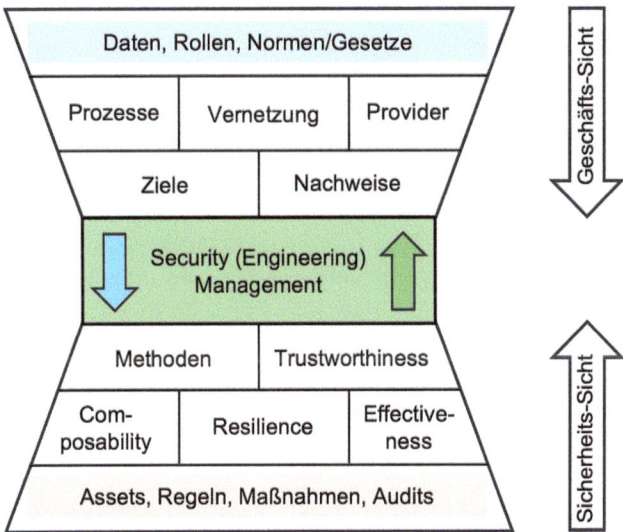

Abb. 2.2 Neues Security-Management

"Anhebung" in den direkten Managementfokus. Neben Unternehmens- und IT-Governance erhebt sich Sicherheits-Governance als weitere, parallele Managementdisziplin. Aus Sicht der Verantwortlichen der Informationssicherheit bedeutet dies eine konsequentere, nach Vorgaben des Managements gesteuerte Erfüllung von Zielen. Hiermit verbunden sind zuvorderst eine erweiterte Verwendung des Begriffs Informationssicherheit,

> „als emergenter Qualitätsfaktor des IT-Betriebs zur Sicherstellung und Schaffung von Geschäftsprozessen"

auf der Grundlage betrieblicher und managementorientierter Sicherheitszielen.

In der Folge sind dann die Methoden und Strukturen des IT-Betriebs so anzupassen, dass auch die Performance und Effektivität der (Betriebs-)Sicherheit als Kenn- und Steuerungsgröße einfließt.

2.1.3 Security-Engineering als Framework

Die englische Bezeichnung *Engineering* bezeichnet das Entwickeln oder konstruieren und stammt von dem lateinischen Wort „ingenium" ab, was so viel bedeutet wie eine „[schöpferische] Begabung", womit ursprünglich auf ein Individuum Bezug genommen wurde [7].

Die Entwicklung und Konstruktion bezieht sich dabei nicht nur auf die Erfindung von Gegenständen, von denen wir umgeben sind, sondern wird insbesondere im modernen Ingenieurwesen in Zusammenhang mit der Entwicklung von Lösungsansätzen, Modellen und Konzepten verstanden.

Längst wird der Begriff aber auch in weiteren technischen/technologischen Feldern verortet und umfasst beispielsweise die Informatik als eine ingenieurwissenschaftliche Fachrichtung.

In der Informationssicherheit ist der Begriff mit dem Zusatz „Social" als „Social-Engineering" (auch „Social-Hacking") geläufig. Diese ursprünglich aus dem Bereich der angewandten Sozialwissenschaft stammende Sicht steht für Techniken zur Beeinflussung von Personen mit Ziel der Erlangung von unberechtigtem Zugriff, Zugang oder Zutritt auf Informationen und Systeme. Mit dem Begriff Security-Engineering wird vielfach ausschließlich eine sichere Software- bzw. (Einzel-)Systementwicklung verstanden.

In diesem Buch wird der Begriff breiter gefasst und orientiert sich an der NIST-Definition, wonach Security-Engineering als spezifische Engineering-Disziplin mittels Prinzipien (Principles), Konzepten und weiterer Methoden eine vollumfängliche Sicht auf die Informationssicherheit und Sicherheitssysteme fasst [8]. Im Gegensatz zum NIST-Ansatz, in dem vornehmlich Anforderungen und Aufgabenstellungen zu verschiedenen Phasen eines Sicherheitsprozesses aufgestellt sind, wird hier auf Methoden, Maßnahmen und Modelle zur Umsetzung/Anwendbarkeit fokussiert. Hierzu werden bisherige Ansätze im Sinne der geänderten Sichtweise ergänzt bzw. entwickelt. In Tab. 2.1 sind hierzu Anpassungen ausgewählter Kernelemente bisheriger Frameworks als Übersicht angegeben.

2.1 Einleitung

Tab. 2.1 Kernelemente zum *Security-Engineering*

	Bisherige Kernelemente	Kernelemente des *Security-Engineering*
Ziel/Schutzobjekt	Schutz der (Verarbeitung von) Informationen	Schutz der Geschäftsprozesse
Managementziele	Stabilität, Beherrschung von Störungen, Vermeidung Datenverlust u. a.	Trustworthiness, Resilience, Assurance u. a.
Schutzziele	Vertraulichkeit, Integrität, Verfügbarkeit u. a.	Vertraulichkeit, Integrität, Verfügbarkeit u. a. (in erweiterter Ausprägung)
Methodischer Ansatz	Anwendung von Sicherheitsmaßnahmen auf IT-Systeme	Life Cycle, Sicherheitsmodelle, Prinzipien, Architektur, Controls-Management
Framework-Ansatz	Abfolge von Arbeitsschritten, Plan-Do-Check-Act-Zyklus	Methoden und Konzepte; Sichten und Rollen; Kontextualisierung

Im Gegensatz zu Framework-Ansätzen, bei denen Abfolgen wie etwa der PDCA-Zyklus (Plan-Do-Check-Act; sog. Deming-Kreis) oder allgemein definierte Abfolgen wie „Problem –> Lösung –> Nachweis" (NIST [8]) verwendet werden, wird hier ein generalisierter Ansatz gewählt. Framework wird hier als Werkzeugkasten verstanden, mit dem Lösungen zu gegebenen Problemstellungen gefunden werden können. Im Detail sind dies Methoden und Konzepte für Detailanalysen, Modelle und Lösungskonzepte zur Entwicklung eines *Security-Systems*. Hervorzuheben ist, dass primär die Blickrichtung umgekehrt wird: Nicht die Auswahl einzelner Sicherheitsmaßnahmen steht im Vordergrund, sondern die **Entwicklung eines Systems,** welches die Sicherheit der Geschäftsprozesse und -systeme ermöglicht (funktionales Security-System).

2.1.4 Vorgehensmodell/Arbeitsmodell

Die Nutzung des *Security-Engineering*-Ansatzes zur Abdeckung der geänderten (Management-)Sicht auf die Informationssicherheit stellt die Sicherheitsverantwortlichen vor neue Herausforderungen.

Sowohl die Denkweise und Sicht als auch die Methoden zur Bestimmung und Steuerung der Sicherheitsmaßnahmen erfordern, dass Informationssicherheit noch einmal grundlegend überdacht wird.

Das Arbeitsmodell hierzu führt zu folgenden Kernelementen, deren Zusammenhang hier kurz skizziert wird (Abb. 2.3).

Begriffssystem
Das *Security-Engineering* bringt eine Reihe neuer Begriffe sowie eine teilweise geänderte Interpretation bekannter Begriffe mit sich. Daher wird im Abschn. 2.2 einige Mühe darauf verwendet, diese zu erläutern und die spezifischen Security-Aspekte herauszustellen.

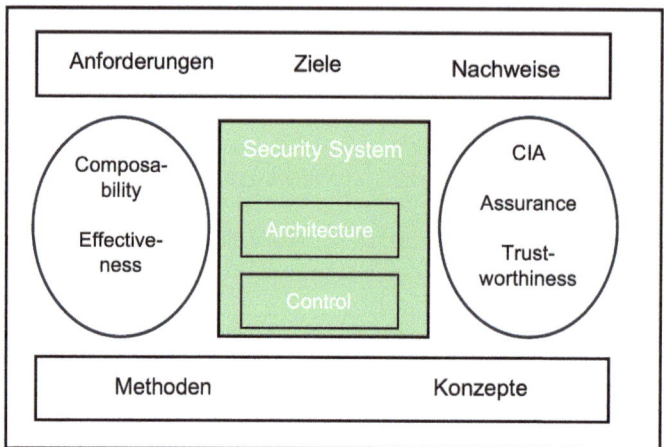

Abb. 2.3 Neues Arbeitsmodell

Sicherheitssystem

An der Schnittstelle zum Management wird Informationssicherheit mit neuen Anforderungen wie *Assurance*, *Resilience* oder *Trustworthiness* belegt. Diese Anforderungen bestimmen gleichsam das Verhalten und die Wirkungsweise der Sicherheitsmaßnahmen; sie können mithin als Ziele/Funktionen der Gesamtheit der Sicherheitsmaßnahmen aufgefasst werden. Da Sicherheitsmaßnahmen sowohl physische, organisatorische, personelle als auch prozessuale Elemente umfassen, ist es sinnvoll, diese Gesamtheit als Sicherheitssystem zusammenzufassen.

Zum Verständnis des Systembegriffs im hier zu verwendenden Kontext erfolgt ab Abschn. 2.3 eine Darstellung und Einordnung ausgehend von der allgemeinen Systemtheorie sowie eine Einordnung und systemtechnische Beschreibung eines Sicherheitssystems (*Security-System*).

Damit zusammenhängend wird in knapper Form auf das „systemische Denken" als Teil des Methodenkoffers eingegangen. Unter Berufung auf Jens Hollmann ist „Systemdenken die Lösung, wenn Komplexität die Herausforderung ist [nach 9]", wodurch ein Verständnis für Abhängigkeiten und gegenseitigen Beeinflussungen von Systemelementen geschaffen wird.

Ergänzend hierzu werden in den Abschn. 2.4 und 2.5 unterschiedliche Sichten auf Sicherheitssysteme vorgestellt.

Sicherheitsarchitektur und Control

Als zentrale Elemente des Sicherheitssystems sind die Sicherheitsarchitektur sowie das Control-Management definiert. Hierzu erfolgt in Kap. 8 ausgehend vom allgemeinen Architekturbegriff eine Entwicklung der Ansätze und Prinzipien zu einer Sicherheitsarchitektur als Engineering-Aufgabe. Das Control-Management in Kap. 9 umfasst das Design, die Anforderungen sowie Prinzipien zur Auswahl und Ausprägung passender Controls.

2.2 Grundlegende Begriffe

Ein grundlegendes Verständnis zu *Security-Engineering* erfordert zunächst Klarheit über das Verständnis und die Verwendung der Begriffe. Mit der nachfolgenden Darstellung der Anforderungen des Managements an die Security kann ein Arbeitsmodell zur Umsetzung dieser in der Security-Arbeit entwickelt werden.

2.2.1 Informationssicherheit

Informationssicherheit im herkömmlichen Sinne umfasst die Vertraulichkeit, Integrität und Verfügbarkeit (engl. CIA-Triad) mit dem Fokus auf Informationen und Systeme. Im erweiterten Sinne werden folgende Erweiterungen genutzt:

Vertraulichkeit
Neben der Vertraulichkeit von Daten/Informationen und Systemen im Sinne, dass nur berechtigte Entitäten hierauf zugreifen dürfen, wird Vertraulichkeit stärker im Sinne von Fehlerfreiheit, Nachvollziehbarkeit und Reproduzierbarkeit der Verarbeitung verstanden. Es gilt also nicht nur, die Vertraulichkeit von Daten sicherzustellen, sondern auch der Verarbeitung (den Verarbeitungsfunktionen) in Systemen und Anwendungen zu vertrauen. Letzteres erfordert unterschiedliche Ansätze und Kriterien, mit denen Vertrauen erfasst und bewertet werden kann.

Integrität
In Ergänzung zur Definition der Integrität als die „Sicherstellung der Korrektheit (Unversehrtheit) von Daten und der korrekten Funktionsweise von Systemen" muss Integrität auch als Sicherstellung der Unversehrtheit im Kontext von Vernetzungen und automatisierten Prozeduren aufgefasst werden. Somit erfolgt eine Erweiterung auf die systemische Integrität aller für die Geschäftsprozesse einer Organisation (Entität) erforderlichen Technik.

Verfügbarkeit
Über die Definition im Sinne der Nutzungsmöglichkeit der Informationen und Systeme in einem ja/nein-Raster ist sowohl eine stärkere Fokussierung auf Geschäftsprozesse als auch eine Abstufung auf Verfügbarkeitslevel erforderlich und sinnvoll.

2.2.2 Cybersecurity

Cybersecurity (Cybersicherheit) wird vielfach als „Erweiterung" der Informationssicherheit auf den „Cyber-Raum" verstanden. Als Cyber-Raum sind die mit den digitalen

Technologien gegebenen vielfältigen und globalen Interaktionsmöglichkeiten zwischen Personen und Organisationen verstanden. Mit *Cybersecurity* werden somit primär Gefährdungen und Reaktionen im Zusammenhang mit der Vernetzung bzw. der Schnittstelle zum Internet verstanden. Vom Wortsinn her entstammt „*cyber*" als Verkürzung von „Cybernetics"; was auf den von Norbert Wiener geprägten Begriff Kybernetics zurückgeht [10]. In diesem allgemeineren Sinn ist *Cybersecurity* insbesondere durch die Methoden im Zusammenhang mit der Steuerung von Sicherheitsmaßnahmen sowie deren Interaktionen zu verstehen.

2.2.3 Security-Function/Security-Service

Als *Function* bzw. Service wird das durch eine Komponente, eine Anwendung oder ein Set von Maßnahmen definierte Regelwerk zu einer Sicherheitsaufgabe bezeichnet. Sicherheitsaufgaben werden hierbei verstanden, als die (abstrahierten) Ziele von Sicherheitsmaßnahmen und -*Controls* im herkömmlichen Sinne. Beispiel sind die „Steuerung des Datenflusses (inkl. Abweisung)" durch Firewall-Regeln, die „Sicherstellung der Berechtigung einer Entität" durch Identifizierungs- und Authentifizierungsmaßnahmen, die „Kontrolle der Netzwerkzugänge" durch ein VPN-System oder auch die „Minderung der Störbeeinflussung" durch Härtung eines IT-Systems.

2.2.4 Sicherheitsgewinn

Vom Grundsatz her ist der Sicherheitsgewinn, die mit einer *Security-Function* bzw. eines *Security-Services* gegebene Erhöhung des Gesamt-Sicherheitsniveaus. Der Sicherheitsgewinn kann durch die Implementierung und den Betrieb neuer *Functions* und *Services* oder durch die Optimierung vorhandener *Functions/Services* entstehen. Eine Optimierung stellt beispielsweise der automatisierte Austausch von Zustandsinformationen zwischen einzelnen *Security-Functions/Security*-Services sowie die damit verbundene automatisierte Anpassung der Wirksamkeit dar.

Einheitliche Maßzahlen zur Bewertung der Höhe des Sicherheitsgewinns sind derzeit nicht gegeben.

2.2.5 Composability & Emergence

Unter „*Composability*" wird ein Design- bzw. Architekturprinzip verstanden. Dies umfasst sowohl die Strukturierung eines Systems aus unterschiedlichen Komponenten, die Beziehungen und Abhängigkeiten zwischen den Komponenten sowie die Abhängigkeit des Gesamtsystems von einzelnen Komponenten im Sinne eines „*Single Point of Security*". Eine große Anzahl von Komponenten führt nicht automatisch zu mehr Sicherheit.

Im Gegenteil wird durch mehr Komponenten unter Umständen die Komplexität so erhöht, sodass die Effektivität (*Effectiveness*) von Sicherheitsmaßnahmen bzw. Maßnahmensets negativ beeinflusst werden [11].

Composability ist eng verwandt mit dem Konzept der *Emergence*. Eine einfache Interpretation der *Emergence* umfasst die Existenz von Systemeigenschaften, die über die Eigenschaften der einzelnen Systemkomponenten hinausgehen. Maßgeblich ist hierzu die Anzahl von Systemkomponenten sowie Art und Umfang der Kopplung zwischen diesen; inkl. – wenn möglich – der Bildung von Rückkopplungen [12]. Beispielhaft kann die Verkettung einzelner *Security-Services* zu einem emergenten Schutz vor *Ransomware* führen.

2.2.6 Performance & Effectiveness

Unter *Performance* wird die Wirksamkeit des Sicherheitsmanagements verstanden. Hierzu zählen u. a. die Bestimmung der optimalen Sicherheitsmaßnahmen in Bezug auf Risiken und Schwachstellen, die wirksame Umsetzung der Maßnahmen (Effectiveness im weiteren Sinne) und die wirksame Überwachung sowie die Reaktion auf Störungen und Einflüsse.

Als *Effectiveness* im engeren Sinne wird die Wirksamkeit einzelner Sicherheitsmaßnahmen bzw. eines Maßnahmensets im Sinne einer Autarkie verstanden; d. h. zu welchem Grad ein intendiertes Sicherheitsziel unter Minimierung des Aufwands erreicht werden kann.

2.2.7 Resilience

Gemäß ISO 22300 [13] ist *Resilience* die Fähigkeit zur Absorbtion oder Adaption an geänderte (Betriebs-)Umgebungen. Maßgeblich zur *Resilience* ist die Flexibilität zur Aufrechterhaltung eines (betrieblichen) Gleichgewichtszustands. DDoS- oder sonstigen Notfallereignisse dürfen weder zu einem vollständigen Zusammenbruch der Geschäftsprozesse noch zu einem Kontrollverlust über Komponenten und Systemen führen.

Neben technisch induzierter Systemänderungen sind insbesondere auch nutzungsinduzierte Systemänderungen wie das „Fehlverhalten von Nutzern/Anwendern" beispielsweise im Umgang mit *Ransomware* im *Resilience*-Kontext zu berücksichtigen. Auch hier muss das System in Gänze einen akzeptablen „Notbetriebszustand" einnehmen und schnellstmöglich wieder in den Normalzustand überführbar sein.

2.2.8 Confidence/Assurance

Während „*Confidence*" als die Annahme – oder den Glauben – aufgefasst wird, DASS Sicherheitsmaßnahmen einen ausreichenden Schutz sicherstellen, wird „*Assurance*" als –

durch möglichst objektive Nachweise – tatsächliche Gegebenheit des Schutzes verstanden. Ein Beispiel sind Nachweise durch Audits oder Testierungen. Grundlegend werden zwei Ausprägungen von *Assurance* unterschieden: *Assurance* im Design bzw. Implementation von Sicherheitsmaßnahmen sowie *Assurance* im Betrieb [14]. Bezogen auf das Ergebnis aus Sicht des Managements ist die Grenze zwischen beiden Ausprägungen nicht immer klar; aber eben auch nicht von höchster Relevanz. *Security-Engineering*, so wie hier dargelegt, umfasst überwiegend das Design bzw. die Implementation.

2.2.9 Trustworthiness

Im engeren Sinne meint „*Trustworthiness*", dass auf die Erfüllung einer Erwartung vertraut wird. Dies stellt einerseits eine Art „Vertrauensvorschuss" dar, wird jedoch andererseits durch den Grad der Erfüllung der Erwartungen relativiert. Aus Business-Sicht kann dies als Gradmesser und Steuerungsgröße zur Bewertung der *Performance* und Effektivität von Sicherheitsmaßnahmen verstanden werden. MITRE stellt in dem Dokument „Cyber Resiliency Design Principles" eine umfassendere Definition auf, in dem die Konzepte „Safety", „Security", „Privacy", „Resilience" und „Reliability" als Dimensionen von „*Trustworthiness*" genannt werden [15].

2.2.10 Prinzipien

Unter Prinzipien werden allgemeine Grundsätze oder Gesetzmäßigkeiten verstanden. Sie können somit einerseits Grundlagen für die „Ableitung" von Handlungen, Maßnahmen oder Regeln darstellen, auch als Axiomatische Prinzipien bezeichnet. Andererseits stellen sie grundlegende Gesetzmäßigkeiten dar, auf die sich Methoden und Erkenntnisse zurückführen lassen. Wesentliches Merkmal beider Sichten ist, dass Prinzipien eher Aktions-/Reaktions**mechanismen** und keine Attribute/Aspekte darstellen.

Im Sicherheitskontext finden Prinzipien Anwendung beim (Architektur-)Design, bei der Auswahl und Definition von Maßnahmen sowie beim Systembetrieb. Besonderes Augenmerk beim *Systems-Engineering* sind Prozeduren zur Prüfung, Bewertung und Anpassung von Prinzipien unterschiedlicher Designebenen, um eine Kohärenz der unterschiedlichen Anwendungsschichten sicher zu stellen (Grundsatz der Prinzipientreue).

2.2.11 Security-Posture/*Exposure*-Posture

Als *Security-Posture* wird der Status und die Wirksamkeit der aktiven Sicherheitsfunktionen (Technik, Organisation, Prozesse und Personal) bezeichnet, die zur Abwehr und Reaktion auf Sicherheitsereignisse gegeben sind.

Die *Exposure-Posture* ist der Teilbereich des Security-Posture, durch den die notwendigen Handlungsfelder (*Security-Concerns*) und deren Ausprägung in Bezug auf Gefährdungslagen der Geschäftsprozesse bestimmt werden.

2.3 System

Der Begriff „System" wird im Kontext der Informationssicherheit mehrdeutig verwendet. An einem Ende definiert beispielsweise ISO/IEC 27000 das „*Information System*" als „*information handling component*", die Applikationen/Anwendungen, Dienste und IT-Assets einschließt [5]. *Handling* ist somit sehr allgemein als jede Art von Verarbeitung von Daten/Informationen aufzufassen.

Eine andere Sicht und Definition von Information (Security) System ist bei TOGAF-The Open Group Architecture Forum und/oder NIST-National Institute of Standards and Technology zu finden.

Bei TOGAF wird ein *System* als „A collection of components organized to accomplish a specific function or set of functions" erfasst [16], während NIST eine Auffassung als „any organized assembly of resources and procedures united and regulated by interaction or interdependence to accomplish a set of specific functions" vertritt [17]. Hier drängt sich eine Fragestellung besonders auf: Welche Mechanismen bewirken die *Regulation* (Steuerung) durch Zusammenwirken oder durch Abhängigkeiten im Detail?

Konkreter wird bei NIST das *Information System* als „A discrete set of information resources organized for the collection, processing, maintenance, use, sharing, dissemination, or disposition of information" definiert [17]. Hier wird einerseits auf eine spezifische Zusammenstellung („discret set of") von Komponenten (und Prozeduren) fokussiert, andererseits auf etwas Aufgaben- und Zweckgebundenes („[…] organized for […]") abgestellt. Mit der in Abschn. 2.1.2 gegebenen Definition wird Informationssicherheit in diesem Buch als ein Qualitätsfaktor aufgefasst, womit eine Abstrahierung als Eigenschaft des *Information System* gegeben ist.

Zur Schaffung von Klarheit über den Systembegriff und die Zuordnung von *Security* als Eigenschaft lohnt der Rückgriff auf allgemeine Grundlagen und die sukzessive Entwicklung im Kontext Informationssicherheit.

2.3.1 Grundbegriff System

Der Begriff „System" entstammt dem Griechischen und bedeutet so viel wie „Zusammensetzung oder Zusammenstellung", womit dem Wortsinn nach eine Verknüpfung von Teilen zu einem Ganzen definiert ist. Schon Aristoteles erkannte und formulierte in der Metaphysik, dass „Das, was aus Bestandteilen so zusammengesetzt ist, dass es ein einheitliches Ganzes bildet – nicht nach Art eines Haufens, sondern wie eine Silbe –; das ist offenbar mehr als bloß die Summe seiner Bestandteile" [18].

Es ist somit nicht das bloße Zusammensetzen, sondern die damit verbundene Schaffung einer Gesamteinheit, die dem Begriff „System" Orientierung gibt. Aus Außensicht entsteht diese Orientierung durch die internen Operationen der Systemelemente; d. h. durch die gerichteten Prozesse und Interaktionen der Systemelemente.

Bei Luhmann heißt es, dass System und Umwelt zwei Seiten einer Medaille sind. Das bedeutet, dass die Beschäftigung mit Systemen immer auch die Beschäftigung mit der „Systemumwelt" ist. Damit wird auch verständlich, dass Systeme „an der Grenze zur Umwelt operieren" [19]. Interaktion mit der Umwelt ist somit fester Bestandteil der Definition und des Betriebs von Systemen. Das Beispiel Medaille zeigt noch weitere – nicht direkt offensichtliche – Eigenschaften, nämlich, dass die zu einem System gehörenden Komponenten für die Gesamteinheit erforderlich sind und dass die Systemkomponenten in einer Abhängigkeit zueinander stehen.

Zusammengefasst kann ein **System** somit grundlegend durch

a) eine innere Ordnung von notwendigen Komponenten,
b) interne, zweckgerichtete Operationen,
c) als von der Umwelt abgegrenztes Gebilde und
d) durch Interaktionen mit der Umwelt

charakterisiert werden. Diese Charakteristika gilt es im Folgenden weiterzuentwickeln.

2.3.2 Hintergrund Systemtheorie

Auf der Suche nach Ansätzen zum Verständnis komplexer Zusammenhänge haben sich seit Anfang des letzten Jahrhunderts Konzepte und Methoden entwickelt, die als Systemtheorie bezeichnet werden. Einer der wesentlichen Wurzeln hierzu ist mit dem Namen Ludwig von Bertalanffy verbunden, der bereits in den späten 1920er-Jahren den Begriff in Bezug auf biologische Systeme prägte. Dies entsprang der Erkenntnis, dass die „üblichen Untersuchungen von einzelnen Teilen und Prozessen keine Informationen über die Koordination der Teile und Prozesse liefert". Daher sei eine neue Untersuchungsmethode erforderlich, die als „Systems Theory" bezeichnet wurde (übersetzt nach [20]). Die Entwicklung und Anwendung des Systemdenkens umfasste im Folgenden sowohl biologische, technische, soziologische und auch mathematische Ansätze, die zur sogenannten „General System Theory" oder der Allgemeinen Systemtheorie kondensiert wurden. Diese abstrahieren und definieren Systeme so, dass sie keine wirklichen Gegenstände, sondern modellhafte Abbildungen der realen Welt sind. Ropohl führt hierzu aus, dass es Systeme nur als menschliche Denkgebilde (gibt), die irgendwelche Sachverhalte der Realität mit systemtheoretischen Kategorien abbilden. Die Abbildung durch Modelle erfolgt durch Kennzeichnung dreier wesentlicher Merkmale:

i. das Abbildungsmerkmal, d. h. Modelle repräsentieren natürliche oder künstliche Objekte,
ii. das Verkürzungsmerkmal, d. h. Modelle erfassen im Allgemeinen nicht alle Eigenschaften der Originale, sondern nur diejenigen, die als „relevant" definiert wurden sowie
iii. das pragmatische Merkmal, d. h. Modelle erfüllen Ersetzungsfunktionen hinsichtlich Subjekte, Zeitzusammenhängen etc.

Als vereinfachte Varianten der Beschreibung von Systemen wurden ursprünglich ein funktionales, ein hierarchisches und ein strukturales Systemkonzept verwendet [21].

Während das funktionale Konzept das System als „black box" behandelt und nur „Systemreaktionen" auf äußere Einwirkungen untersucht, betrachtet das hierarchische Konzept ein System, in dem es quasi immer weiter in Komponenten und Einzelteile „abtaucht" und so die „Verästelungen" des Aufbaus und der Zusammenhänge **ent**deckt.

Das strukturale Konzept schließlich betrachtet die Elemente und Beziehungen zwischen diesen. Eines der Anwendungsgebiete hierzu ist die Regelungstheorie, in der ein System ausgehend – von Zielvorgaben – derart gesteuert wird, dass es auf äußere Einflüsse „ausgleichend" reagiert, um weiterhin die Zielvorgaben einhalten zu können. Nach Vorgabe der Zielgrößen strebt das System also einen permanenten Gleichgewichtszustand an, in dem es abhängig von der Differenz zwischen Soll- und Ist-Zustand reguliert. Gleichgewichtszustände werden auch als „Homöostase" bezeichnet. Der Grundmechanismus, dass eine Regelgröße zurückgeführt wird und in einer Regeleinheit eine (Regelungs-)Aktion bewirkt, definiert Regelung als wirkungsorientierte Beeinflussung.

Die korrekte englische Bezeichnung für Regelung entspricht dem „control", womit im ursprünglichen Sinne *Controls* als Regelungsmechanismen bzw. Regelungsanforderungen zu verstehen sind. Dem entspricht auch die Verallgemeinerung der Regelungstheorie in Gestalt der Kybernetik. N. Wiener wählte diesen Begriff in seinem erstmals 1948 erschienenen Werk, in dem auf die Beschreibung von „control and communication"-Vorgängen in komplexen Systemen fokussiert wird [10]. Den von ihm gewählten Begriff „cybernetics" leitet er aus dem griechischen Wort Kybernetik ab, wo es mit Steuermann übersetzt wird; in unserem Beispiel also dem Regler entspricht. Das in der heutigen Sicherheitswelt verwendete Präfix „cyber" wird im Allgemeinen als Abkürzung von „cybernetics" hergeleitet, sodass im eigentlichen Sinne eher Regelung denn eine Abgrenzung zum Internet zu verstehen ist [22].

2.3.3 Systemtheorie und Security

Die Begriffe System, Cyber und *Controls* sind in vielfältiger Weise auch in der Informationssicherheit zu finden, ohne dass damit eine vollständige oder umfassende Anwendung systemtheoretischer Ansätze verbunden ist. Was fehlt, ist eine durchgängige Ableitung und Entwicklung der Modelle, Methoden und Prozesse der Informationssicherheit aus den Ansätzen der Systemtheorie heraus. Derartige Basisarbeiten können sinnvoll und hilfreich zu einem größeren Grundverständnis beitragen und Informationssicherheit zu einer fundierteren Wissensdisziplin entwickeln.

Erste sehr theoretische Arbeiten finden sich beispielsweise im acatech-Diskussionspapier „Beiträge zu einer Systemtheorie Sicherheit" der Deutschen Akademie der Technikwissenschaften. Hierin werden u. a. mathematisch-formalisierte Ansätze einer Systemtheorie „Sicherheit" vorgestellt [23]. In „A Systems Thinking for Cybersecurity Modeling" beschreibt D. Yan einen weiteren theoretischen Ansatz mit Bezug zur *Cybersecurity* [24]. Ein weiterer populärer Ansatz ist mit dem Akronym STPA – System Theoretic Process Analysis sowie dem daraus entwickelten Security-orientierten STPA-SEC verbunden. STPA basiert auf dem von Leveson entwickelten STAMP – Systems-Theoretic Accident Model and Process [25]. Sowohl STAMP als auch STPA werden in nachfolgenden Kapiteln noch detaillierter vorgestellt.

Mit diesem Buch soll eine Näherung und Verknüpfung zwischen Systemtheorie und Informationssicherheit aus grundlegenden Überlegungen heraus aufgezeigt werden. Am Beispiel eines einfachen Modells einer Systemkomponente der Systemtheorie soll zunächst eine Angleichung und „Übersetzung" des Vokabulars erfolgen. Dies geht nicht, ohne gleichzeitig auch eine Interpretation der Grundbegriffe zu Systemen vorzunehmen, wobei im ersten Schritt ein noch abstrakter Systemrahmen verwendet wird. Dies ist unter Umständen aus Sicht der Informationssicherheit ungewohnt, dient dennoch gleichzeitig einer grundlegenderen Basis zu Sicherheitssystemen. Um zu einem Gesamtsystem zu gelangen, erfolgt anschließend einerseits ein Ansatz zur Differenzierung von Systemkomponenten; schließlich besteht ja ein System aus einer Vielzahl interagierender Elemente. Andererseits sind die Elemente eines Systems in vielfältiger Weise verknüpft, sodass systemtheoretische Verknüpfungsbegriffe vorgestellt und interpretiert werden. Mit diesem aus Grundüberlegungen und theoretischen Grundlagen heraus entwickelten Systembegriff schließt dieses Kapitel. Eine zusammenfassende Beschreibung und Darstellung eines „*Security-Systems*" aus der Brille der Systemtheorie heraus erfolgt dann im nachfolgenden Kapitel.

2.3.4 Sicherheit als Regelkreis

Zur Darstellung der Informationssicherheit aus Sicht der Systemtheorie eignet sich das Grundmodell des Regelkreises. Im Sprachgebrauch der Informationssicherheit wird mit *Control* vielfach – und damit falsch bzw. in einer zu engen Auslegung – eine einzelne Maßnahme bezeichnet. In einer allgemeinen Auslegung ist *Control* die englische Übersetzung der Steuerung bzw. Regelung an sich, die auf ein Objekt angewandt wird und einem oder mehreren Zielen (*Objectivs*) dient. Wesentlich ist, dass damit das Verständnis des Begriffs *Security-Control* weg von einer Einzelmaßnahme bzw. starren Aktion und hin zur Gesamtheit aller Gestaltungs-, Betriebs-, Überwachungs-, Mess- und Lenkungsaktivitäten (d. h. „*Controls*") zur Erreichung des Zielzustandes gelenkt wird.

Eine weitere Implikation dieser Interpretation ist, dass es neben den zu regelnden Betriebsbedingungen oder Status eines Objekts auch eine Abgrenzung zwischen Objekt und „Umwelt" geben muss: Eine unendliche Anzahl von Betriebsbedingungen ist schlicht nicht beherrschbar bzw. regelbar.

Zum initialen Verständnis eines Regelkreises wird initial kurz die Wirkungsweise eines physikalischen Reglers am Beispiel eines alltäglichen Heizungsthermostats beschrieben: Der Durchfluss der Warmwassermenge (als Heizenergie) bestimmt die für einen Raum zur Verfügung stehende Heizleistung. Der Thermostat ist grundlegend auf einen Arbeitspunkt eingestellt, der abhängig von der Raumgröße (Systemeigenschaft) eine definierte Grundwärmeenergie zur Verfügung stellt. Dies entspricht dem Soll-Betriebszustand. Der Arbeitspunkt wird so gewählt, dass die durch den Thermostaten gegebene Bandbreite der Ventilsteuerung (mehr oder weniger Warmwasser) einer ausreichenden Variabilität der Energiezuführung entspricht, um auf Änderungen des Heizbedarfs zu reagieren. Gründe für eine Anpassung der Energiezuführung können beispielsweise durch eine geänderte Systemnutzung (bspw. Tag-/Nachtbetrieb) oder durch Umwelteinflüsse entstehen. Insbesondere bei Umwelteinflüssen ist nochmals zu unterscheiden in solche, die auf den Raum wirken (offene Fenster/Türen) und solchen, die auf die verfügbare Heizenergie als Steuerungsmittel wirken (Absenkung der bereitgestellten Warmwassertemperatur bspw. durch höhere Außentemperaturen).

Als Modell der Regelung (dem Verarbeitungsmodell) wird also grundlegend die Steuerung der dem System bereitgestellten Wärmeenergie um einen definierten Arbeitspunkt herum zugrunde gelegt.

Somit können für den *Regelkreis* folgende Grundaussagen und Eigenschaften festgehalten werden (Abb. 2.4)

a) Der einfache Regelkreis beschreibt eine direkte oder indirekte Beeinflussung einer Systemeigenschaft (hier Raumtemperatur).
b) Der einfache Regelkreis benötigt mindestens eine Vorgabe, einen Regler, ein Stellglied nebst Steuergröße, ein Messglied nebst Regelgröße, die Regelstrecke sowie eine Störgröße.
c) Der einfache Regelkreis hat nur eine einzelne Aufgabe; ist also ein einzelner Kontroller (ein einzelnes *Control*).
d) Auszugleichende Bedingungen haben ihre Ursache sowohl in geänderten Systemzuständen als auch in geänderten Steuerungsgrößen. Letzteres – im Beispiel: die variable, nutzbare Heizenergie – wird aus Gründen der Komplexitätsreduktion hier zunächst nicht betrachtet.
e) Die Arbeitsweise des Reglers in Bezug auf Geschwindigkeit und Ausgleichsverhalten (Reaktionsverhalten) wird als ideal und instantan angesehen.

Für die Belange der Informationssicherheit gilt es zunächst einmal, eine geeignete Zuordnung und Interpretation der Elemente des Regelkreises herzustellen. Als Äquivalent zum

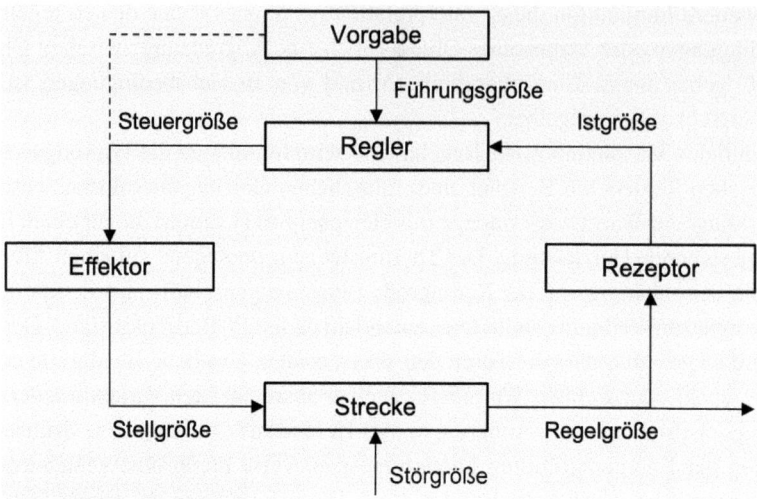

Abb. 2.4 Regelkreise nach Ropohl [21]

Abb. 2.5 Adaption Regelkreis nach Leveson [25]

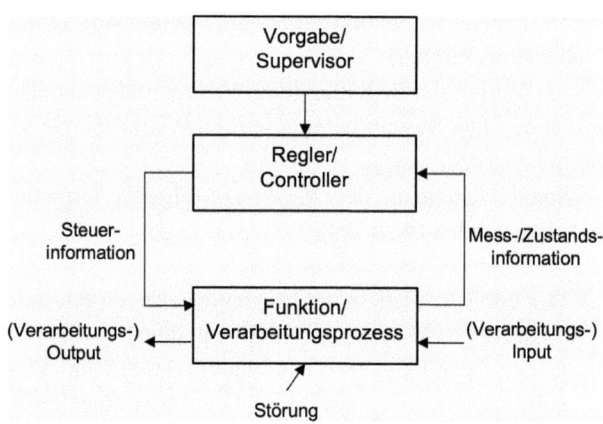

obigen allgemeinen Regelkreis wird auf das von Leveson kombinierte Modell von „Control Loop" und „Process Model" zurückgegriffen (Abb. 2.5).

Auf dieser Basis wird in diesem Buch folgende Interpretation gewählt (Tab. 2.2):

Sollzustand (Verarbeitungsmodell)
Als Sollzustand wird das vorgesehene *Modell der Verarbeitung* von Informationen/Daten in Komponenten bzw. im System und die damit verbundene Zielsetzung verstanden. Aus Sicht der Informationssicherheit ist der Betriebspunkt der Verarbeitung durch eine definierte Ausprägung der *Security-Function* resp. *Security-Service* in Bezug auf negative Sicherheitseinflüsse (Gefährdungen, Störungen etc.) gegeben.

2.3 System

Tab. 2.2 Regelkreis Informationssicherheit

Regelkreis	Übertragung auf Informationssicherheit
Vorgabe	Sollzustand (Verarbeitungsmodell)
Regler (controller)	Systemcontroller
Stellglied und Steuergröße (controlled variables)	Steuerung/Administration
Messglied und Regelgröße (measured variables)	Systemüberwachung
Regelstrecke (controlled process)	Verarbeitungssystem/Funktion (security control)
Störgröße (disturbance)	Einflussgröße
Regelungsgüte	Systemgewinn

Mit Zielsetzung wird hier die Aufrechterhaltung der Sicherheitswirkung (des Sicherheitsgewinns) bzw. der intendierte Anteil einzelner *Functions/Services* am Gesamt-Sicherheitsniveau des Systems verbunden. Darüber hinaus kann mit Zielsetzung auch ein Arbeitspunkt verbunden sein, der beispielsweise einer optimalen Performance-Auslastung von Komponenten zur Sicherstellung befriedigender Antwort-/Reaktionszeiten aus Nutzersicht sicherstellt.

Im Falle einer einzelnen Komponente entspricht dieses „idealisierte" Modell den inhärenten Eigenschaften (dem *Security Design* der Komponente) sowie der administrativen Anpassung an die praktischen Erfordernisse des Gesamtsystems. In diesem Sinne entspricht der Sollzustand dem intendierten Verhalten bzw. der intendierten Arbeitsweise der Komponente/des Systems, d. h. dem funktionalen Verarbeitungsprozess von Input zu Output.

Verarbeitungssystem/Funktion (Regelstrecke)

Der Begriff Verarbeitungssystem unterscheidet gravierend zwischen Komponenten und Systemen: Während bei Komponenten der Output als „automatisierte Verarbeitungsreaktion" in einem datenorientiertem Verarbeitungsmodell zu verstehen ist, entspricht die Verarbeitung im (gesamten) Informationssicherheitssystem der Zielsetzung der Erfüllung der Business-Anforderungen.

Dem Element der Regelstrecke wird in der Informationssicherheit das Sicherheitssystem bzw. die Sicherheitsfunktion(en) gegenübergestellt. Die als Input eintreffenden zu verarbeitenden Daten werden entsprechend der (konfigurierten) Verarbeitungsregeln behandelt. Verarbeitungsregeln können hier sowohl die direkte oder indirekte Beeinflussung der Daten bzw. des Datenflusses repräsentieren. Eine direkte Beeinflussung könnte beispielsweise die Filterung von Daten aufgrund gefundener Schadsoftware oder definierter Regeln einer Firewall sein („niedrige Verarbeitungsebene"), während eine indirekte Beeinflussung beispielsweise eine „vorgeschaltete" Sandboxing-Funktion vor weiterem Zugriff auf eine Anwendung sein („höhere Verarbeitungsebene"). Zu den Begriffen „niedrige" und „hohe" Verarbeitungsebene siehe Abschn. 2.3.6 „Arten von Sicherheitssystemkomponenten".

Systemcontroller (Regler)
Mittels Systemcontroller erfolgt die Anpassung des Ist-Zustands an den Soll-Zustand, d. h. Anpassungen zur Sicherstellung der intendierten Arbeitsweise. Der Systemcontroller bewertet hierzu eingehende IST-Zustandsinformationen in Bezug auf Einflüsse auf den Soll-Zustand. Ist dieser negativ, erfolgen Aktionen zur Angleichung bzw. Anhebung auf das intendierte Niveau.

Aus Sicht der Informationssicherheit werden die mit eingehenden IST-Zustandsdaten einhergehenden Informationen und Auswirkungen von Störgrößen sowohl aus den Protokolldaten der beteiligten Komponenten oder aus externen Informationen abgeleitet. Ein Beispiel mag dies verdeutlichen. Neue Schadsoftware stellt für ein Virenschutzsystem eine Störgröße dar, da die Zielsetzung der Schutzfunktion nicht erreicht werden kann. Die Erkenntnis einer Änderung des Ist-Zustandes erfolgt hierbei in der Regel über Informationen, die entweder vermehrte Störfälle melden (d. h. Viren wurden nicht erkannt und führen zu Betriebsstörungen) oder es liegen aus sonstigen Quellen Informationen zu neuer Schadsoftware vor.

Die Hinzuziehung externer Informationen ist eines der wesentlichen Unterscheidungsmerkmale zum reinen „closed-loop"-Regler. Der Controller ist im Beispiel der Virenvarianten zum Teil nicht in der Lage, eigenständig „nachzuregeln", d. h. auf Störgrößen zu reagieren. Der Umfang des Regelwerks muss permanent angepasst werden.

Zum Umstand notwendiger Anpassungen hebt Leveson unter Bezug auf Conant & Ashby hervor, dass eine enge Kopplung zwischen der Steuerung der Verarbeitungsregeln und dem Modell des Verarbeitungssystems besteht [25]. Der Controller ist bei der Anpassung auf die inhärenten Funktionen und Eigenschaften begrenzt. Bei der Wirksamkeit der Sicherheitsfunktionen sind dies beispielsweise HW/SW-bedingte Kapazitätsgrenzen, die etwa bei DDoS-Situationen zum Vorschein treten. Es können aber auch systemische Grenzen sein, wenn beispielsweise eine implementierte Systemfunktion missbräuchlich verwendet wird, wie beim log4j-Fall (Missbrauch im Sinne von „dual-use-Eigenschaften"; bzw. hier genauer „misuse-Eigenschaften"). Aufgrund der „Natur der Informationssicherheit" als Wechselspiel zwischen intendierten, dynamischen Schad- und Schutzaktionen unterstreicht dies, dass entweder eine permanente Anpassung des Regelwerks oder des Wirkmechanismus von *Security-Functions/Security-Services* erforderlich ist. In Gänze bedeutet Letzteres auch, dass eine Anpassung des (Sicherheits-)Verarbeitungsmodells ggf. mit den Methoden des *Security-Engineering* sinnvoll sein kann.

Steuerung/Administration (Stellglied und Steuergröße)
Die Steuerung der Verarbeitungsfunktion aufgrund abweichender, d. h. nicht erfasster IST-Zustandsinformationen kann im Kontext der Informationssicherheit auf unterschiedlichen Arten erfolgen. Diese unterscheiden sich im Wesentlichen dadurch, ob ein automatisierter oder ein manueller Eingriff erfolgt.

Bei der manuellen Steuerung erfolgt eine Anpassung der Verarbeitungsregeln oder Referenzdaten durch handelnde Personen. Der Controller selbst kann keinen Ausgleich zwischen IST- und Soll-Zustand herbeiführen.

Bei quasi-automatisierten Steuerung erfolgt etwa ein fortlaufendes proaktives „Nachladen" von Referenzdaten (Virenerkennungsmuster, IoC – Indicator of Compromise o. Ä.). Auch diese Steuerung ist nicht durch den Controller selbst initiiert, sondern stellt einen fortlaufenden manuell konfigurierten Eingriff – auf einer „Meta-Betriebsebene" dar.

Eine echte automatisierte Steuerung bedingt, dass im Controller voreingestellte Reaktionen auf quasi undefinierte Betriebszustände gegeben sind. Beispiele reichen von der Sperrung eines *Accounts* nach x-maliger falscher Bereitstellung von Authentisierungsdaten bis zur Umlenkung eingehenden Internetverkehrs auf eine Clearingstelle aufgrund überhöhter, nicht mehr handelbarer Verkehrslast (DDoS, …). Eine derartige Reaktion auf IST-Zustandsinformationen wird teilweise als *„Policy-Driven Security"* bezeichnet.

Systemüberwachung (Messglied und Regelgröße)
Die Erfassung von Abweichungen vom „Soll-Verhalten" erfolgt grundlegend über Zustandsinformationen, die die Verarbeitungskomponenten selbst bereitstellen (bspw. Auslastungen, fehlgeschlagene Anmeldeversuche etc.). Dies erfordert, dass die Erfassung und Protokollierung von Zustandsinformationen mit der Zielsetzung der Verarbeitungsfunktion im Einklang stehen muss. Wie am Beispiel neuer Virenvarianten dargestellt, stößt dies an prinzipielle Grenzen.

Aus Sicht der Informationssicherheit ist der IST-Zustand dadurch gekennzeichnet, dass eine Abweichung vom Soll-Zustand entweder tatsächlich oder potenziell vorliegt. Hierzu können drei Fälle unterschieden werden. Im ersten Fall werden tatsächliche Abweichungen über die Protokollierung der Verarbeitungssysteme selbst erfasst, beispielsweise abweichende Performance-Daten, d. h. *Informationen zu Abweichungen des Ist-Zustandes liegen inhärent vor*.

Die Erfassung tatsächlicher Abweichungen erfolgt im zweiten Fall durch Erfassung und Bewertung „externer" Informationen wie beispielsweise extern gemeldete Virenvorfälle. Als Untervariante hierzu sind potenzielle Abweichungen dadurch gekennzeichnet, dass beispielsweise extern gemeldete Informationen vorliegen, die aktuell noch keine Beeinflussung auf die Sicherheitswirkung genommen haben, deren Nicht-Bearbeitung jedoch „in der Zukunft" zu Sicherheitseinbußen führen können, d. h. *Informationen zu Abweichungen des Ist-Zustandes liegen vor; jedoch nicht durch den Controller selbst*.

Schließlich werden im dritten Fall Informationen zu einem abweichenden IST-Zustand durch externe Maßnahmen wie ein Audit in Form eines Penetrationstests erst gewonnen, d. h. *Informationen zu Abweichungen des Ist-Zustandes werden generiert*.

Im Sinne einer selbstständigen Regelung durch den Controller sind für den zweiten und dritten Fall Optimierungen durch Automatisierung anzustreben.

Einflussgrößen (Störgrößen)
Als Einflussgrößen sind im Kontext der Informationssicherheit alle Einwirkungen auf die Zielwirkung der *Security-Functions/Security-Services* definiert. Dies sind auf technischem, kommunikativem prozessualem oder auf sonstigem Weg herbeigeführte Beeinflussungen, die sich negativ auf das intendierte Gesamt-Sicherheitsniveau auswirken.

Technische Beispiele sind Überlastsituationen wie DDoS etc., entdeckte Schwachstellen, Virenvarianten oder Ramsomware- oder Phishing-Aufkommen.

Im hier verwendeten Kontext sind mit „kommunikativ" die Beeinflussungen zu verstehen, die im Rahmen eines Austauschs von Daten und Inhalten zwischen zwei Entitäten zu einer negativen Beeinflussung einer Seite führen, beispielsweise zwischen einem externen User und einem internen Websystem.

Systemgewinn (Regelungsgüte)

Als Kenngröße physikalischer Regler wird die „Regelgüte" zur Beschreibung des Reaktionsverhaltens eines Reglers auf unterschiedliche Störgrößen herangezogen. Die Regelgüte stellt ein Maß für die optimale Wiederherstellung des Soll-Zustandes dar, womit sowohl die Zeitdauer als auch das Prinzip der Angleichung erfasst ist. Eine mögliche Übertragung auf das Feld der Informationssicherheit wird mit dem Begriff Systemgewinn wie folgt vorgeschlagen:

Zur Erfassung der *zeitlichen Reaktion* (d. h. der Zeitverzögerung auf eine Störung) bietet sich eine Dreiteilung und Abstufung in manueller, quasi-automatischer oder automatischer Reaktion der Security-Function/des Security-Services an. Unter quasi-automatisch können hier beispielsweise Reaktionen auf Basis von vordefinierten Regeln verstanden werden („policy-driven security"). Eine vollständig automatisierte Reaktion stellt beispielsweise die Sperrung von *Accounts* bei n-maligen Fehlversuchen dar.

Als *Angleichungsprinzip* wird das Grundverhalten des Reglers interpretiert. Hier sind im Kontext der Informationssicherheit sehr unterschiedliche Arbeitsweisen denkbar, wie zum Beispiel

a) „do-nothing"
(Ein Virenschutzsystem, welches einer neuen Virenvariante „begegnet", lässt diese durch; eine Erhöhung der Systemlast auf einer Netzwerkkomponente wird bei richtiger Konfiguration mindestens gemeldet („inform").)
b) „best-effort"
(Eine Firewall verarbeitet ein ungewöhnlich hohes Aufkommen von Daten-Traffic bis zur technischen Systemgrenze; ein Programm antwortet mit „Standard-Rückmeldungen", die jedoch eine Missbrauchsmöglichkeit nicht berücksichtigt (log4j?).)
c) „limit"
(Die Sperrung nach n-maligen Fehlversuchen stellt eine Begrenzung der Nutzung dar.)
d) „compensate"
(Automatische Anpassung von Routingbedingungen zur Überleitung des erhöhten Datenaufkommens auf einen DDoS-Mitigation-Provider, d. h. mindestens Ergänzung der Verarbeitungskapazitäten.)

Durch Verknüpfung der unterschiedlichen Stufen von zeitlicher Reaktion und Angleichungsprinzip kann die Größe Sicherheitsgewinn theoretisch gebildet werden. Hierbei stellen die Verknüpfungen von manueller Reaktion und „do-nothing"-Angleichung („manuell" x „do-nothing") sicherlich ein unteres Ende dar. Ein idealisiertes Optimum des Sicherheitsgewinns kann am anderen Ende durch automatisierte Reaktionen verknüpft mit kompensierenden Anpassungen („automatisch" x „compensate") erreicht werden. An dieser Stelle wird auf eine weitergehende Ausprägung und Interpretation aller Verknüpfungsmöglichkeiten verzichtet; die Entwicklung einer einheitlichen Definition übersteigt den Rahmen des Buches.

2.3.5 Exkurs Systemdenken

Die Betrachtung von Systemen als Netzwerk von Elementen ist unmittelbar verknüpft mit alternativen Denkansätzen. Schon früh wurde deutlich, dass das sogenannte lineare Denken in komplexen Systemen nicht anwendbar ist, da sowohl die Anzahl der Verknüpfungen als auch die unterschiedlich geprägten, dynamischen Abhängigkeiten zwischen den Elementen schwer bis gar nicht erfassbar sind. Damit verbunden ist, dass eine vollständige Beschreibung der Systemeigenschaften und des Systemverhaltens – inkl. dem Verständnis zur Emergenz eines Gesamtsystems – nicht gegeben ist.

Mit der Entwicklung der Systemtheorie wurden auf einem höheren Abstraktionsgrad ganzheitliche Beschreibungen von Systemen ermöglicht.

Hierzu wurden Denk- und Lösungsansätze geschaffen, die das lineare Denken durch Berücksichtigung von Abhängigkeiten und Rückkopplungen zwischen Systemelementen erweitern.

Im Folgenden sollen wenige Aspekte des Systemdenkens dargelegt werden (siehe bspw. [26]). Diese sind für die weitere Entwicklung und das weitere Verständnis zu *Security-Systemen* hilfreich.

Wechselwirkungen und Rückkopplungskreise
Komplexe Systeme zeichnen sich dadurch aus, dass zwischen den Elementen unterschiedliche Verbindungen wirksam sind. Bei der vorwärts gerichteten Verknüpfung ist je nach Standpunkt zwischen der Beeinflussung (Element A wirkt auf B) und der Abhängigkeit (B ist von A abhängig) zu unterscheiden. Eine Rückkopplung liegt vor, wenn Element B direkt oder indirekt auf A zurückwirkt. Wird die (Rück-)Kopplung nicht nur physikalisch, sondern auch prozessual verstanden, so können damit im Kontext der Informationssicherheit unterschiedliche Kreisläufe wie beispielsweise regelmäßige Anpassungen und Aktualisierungen an geänderte Umgebungsbedingungen durch Updates oder Patches aufgefasst werden. Der stete Wettlauf zwischen Gefährdungen und Betroffenheit geht ja nur dann positiv aus, wenn Schutzfunktionen adäquat angepasst werden. Neben der Tatsache, dass Anpassungen erfolgen, ist darüber hinaus auch der Zeitraum bis zu einer Anpassung in Abhängigkeit vom Gefährdungsniveau relevant.

In Bezug auf die Art der Beziehung spielen weiterhin der Grad der Wechselwirkung (vollständig oder teilweise), die Proportionalität (linear, exponentiell etc.) sowie die wirkenden Eigenschaften bzw. Merkmale eine Rolle.

Verstärkung und Hemmung

Änderungen der Eingangsgröße können bei einem Systemelement drei unterschiedliche Reaktionen, d. h. Änderungen der Ausgangsgröße hervorrufen.

Beim verstärkenden Verhalten stehen die Größen in einem gleichartigen Verhältnis zueinander.

Bei Änderung der Eingangsgröße erfolgt eine Änderung der Ausgangsgröße in der gleichen Richtung; eine Erhöhung/Absenkung auf der einen Seite führt zu einer Erhöhung/Absenkung auf der anderen.

Eine Änderung der Größen in einem umgekehrten Verhältnis wird als Hemmung bezeichnet. Eine Erhöhung/Absenkung auf der einen Seite führt zu einer Absenkung/Erhöhung auf der anderen. Schließlich wird mit neutralem Verhalten das Ausbleiben einer Reaktion bezeichnet.

Rückkopplung (Reziprozität)

Werden Systemelemente durch Rückkopplungskreise („Feedback-Loop") miteinander gekoppelt, können die verstärkenden oder hemmenden Wirkungen in Bezug auf das Gesamtverhalten dieses Zweiersystems unterschiedliche Auswirkungen haben.

Haben beide Elemente verstärkende Eigenschaften führt dies in diesem Zweiersystem zu einem stetigen Wachstum; eine gegensätzliche Reziprozität führt dagegen zu einem ausgleichenden Gesamtverhalten. Liegt bei beiden Elementen eine hemmende Wirkung vor, dann wird das Gesamtsystem gehemmt.

Rückkopplungen sind im Security-Umfeld auf unterschiedlichen Ebenen möglich:

Auf der Managementebene stellt beispielsweise das bekannte PDCA – Plan-Do-Check-Act eine permanente Rückkopplung mit dem Ziel der stetigen Prozessverbesserung dar.

Innerhalb eines Prozesses ist beispielsweise die Interaktion zwischen einem SIEM – Security Information and Event Management und dem IRT – Incident Response Team eine Rückkopplungsschleife. Ereignismeldungen des SIEM werden durch das IRT analysiert, sodass über eine erforderliche Behebung hinaus eine Verfeinerung der SIEM-Erkennungsregeln erfolgen kann („lessons-learned").

Schließlich können Rückkopplungen auch auf Ebene von Security-Functions/Security-Services erfolgen. Im Zusammenspiel zwischen einem IDS – Intrusion Detection System und einer FW – Firewall kann die Erkennung einer Auffälligkeit durch das IDS zu einer (automatischen) Blockierung des Datenverkehrs durch die FW führen, sodass die Priorisierung des IDS herabgesetzt werden kann. Bei derlei Interaktionen ist selbstredend eine regelmäßige Bereinigung der Blockierungsregeln erforderlich (Regel-Hygiene).

Abhängigkeiten und Systemreaktionen sind auch im Bereich der Interaktion von Personen und Organisationen gegeben. Mit Blick auf die Informationssicherheit ergibt sich ja eine Wechselbeziehung zwischen einem imaginären Angreifer und einer betroffenen Organisation. Zur Beschreibung und Verständnis derartiger Beziehungen ist neben dem dargestellten systemischen Denken auch die Anwendung der Spieltheorie und weitere denkbar.

Ansätze des Systemdenkens führen weiterhin zu einer Betrachtung der Emergenz („Emergence") von *Security-System*en. SABSA argumentiert in einem Blogeintrag, dass „eine reine Fokussierung auf Komponenten keine ausreichende Sicherheit hervorbringt. Nur durch die Einnahme der *System-Engineering*-Sicht, inklusive der Emergenz, besteht eine Chance erfolgreich zu sein" [27]. Das hierbei Emergenz keineswegs nur nachteilig ist, postuliert Shouhuai Xu durch „We argue that emergent behavior is inherent to cybersecurity". Das Gesamtsystem kann Sicherheitseigenschaften aufweisen, die über die Sicherheitsfunktionen von Einzelkomponenten hinausgehen. Dies wird insbesondere für dynamische Sicherheitsaspekte erläutert [28].

2.3.6 Arten von Systemkomponenten

Die mit dem Regelkreis getroffene Analogie zum physikalischen Heizungsthermostat stellt nur eine der möglichen Arten zur Charakterisierung von Systemkomponenten dar. Im Umfeld der Informationssicherheit ist durch die Verknüpfung mit IT-Komponenten der Begriff IT-Sicherheit geprägt. Darüber hinaus werden eine Vielzahl von Orientierungen und Klassifizierungen zur Bestimmung von Systemelementen verwendet, von denen wichtige hier kurz dargestellt werden.

Eine grundlegende Orientierung erfolgt anhand sogenannter Sicherheitsziele, von denen Vertraulichkeit, Integrität und Verfügbarkeit die verbreitetsten sind. Systemkomponenten bzw. deren Funktionen dienen und erfüllen beispielsweise den Zweck, Methoden zur Vertraulichkeit wie beispielsweise 1- oder 2-Faktor-Authentifizierungsverfahren anwendbar und nutzbar zu machen. Während dies eine direkte Einbindung in Verarbeitungsprozesse ist, dienen beispielsweise Logging-Systeme der Vertraulichkeit eher indirekt. Aus Protokolldaten werden erst nach einer Analyse anhand definierter Indikatoren Informationen gebildet, die Rückschlüsse auf mögliche Missbrauchsversuche als Verletzung der Vertraulichkeit ermöglichen.

Die technische Orientierung erfolgt anhand unterschiedlicher Ansätze:

Das BSI-Modell verfolgt u. a. den Ansatz, dass Verarbeitungskomponenten inhärente Sicherheitsfunktionen durch (restriktive) Konfiguration „beigebracht" werden (Komponenten-Sicherheit).

Im abstrakten ISO OSI-7-Schichten-Modell wiederum werden Sicherheitseigenschaften den jeweiligen Inhalten und Übertragungsverfahren der aufeinander aufbauenden Kommunikationsebenen zugeordnet (Kommunikationssicherheit; siehe hierzu bspw. [29]).

Das NIST Framework (NIST SP 800-53) verwendet dagegen die fünf grundlegende Funktionen *Identify, Protect, Detect, Respond* und *Recover* als Fundamente zu einer Ausrichtung an Gefährdungsrisiken (Control-Sicherheit).

Schließlich erfolgt im TOPP-Modell eine operative Ausrichtung auf der Grundlage technischer, organisatorischer, prozessualer und personeller Anteile/Funktionen am Gesamtsystem (Funktionale Sicherheit; [30]).

Neben einer Orientierung ist die Systematisierung der Systemkomponenten gemäß einer Klassifizierung möglich. Hierbei kann zwischen Funktionsklassen und hierarchischen Klassen unterschieden werden:

Bei der Klassifizierung von Komponenten können die Funktionen und Merkmale anhand der Zweckorientierung, d. h. der Fragestellung nach WAS oder WOZU (den Eigenschaften) oder der Wirkweise, d. h. der Fragestellung nach WIE (dem Einfluss) unterschieden werden. So kann die grundlegende Anforderung zum Virenschutz (Eigenschaft) durch eine Prüfung anhand von statischen Virenmustern beim Speichern oder Lesen von Daten oder nach verhaltens- bzw. dynamischen Profilen erfolgen. Während erstere nur bekannte Schadcodes erkennt und unter Umständen Performance-Probleme verursachen, kann letztere ggf. schneller agieren und darüber hinaus auch Klassen von Schadcode absichern.

Zu einer hierarchischen Klassifizierung kann grundlegend zwischen steuernden und ausführenden Komponenten unterschieden werden. Steuernd ist beispielsweise ein AD-System (Active Directory), in dem Sicherheitsprofile in Form von GPO (Group Policy Object) gebildet werden, die dann auf Client-Systeme zur Ausführung verteilt werden. Derartige Mechanismen werden auch als „Constraint Methoden" bezeichnet.

Andererseits ist dies auch bei vertikalen Klassifizierungen unterscheidbar. So kann eine Komponente wie ein SIEM-System (Security Information and Event Management) neue IoC – „Indicator of Compromise" erfassen bzw. bilden und hiermit eine vorgelagerte Komponente wie eine Access-Firewall zur Filterung des Datenverkehrs steuern.

2.3.7 Systembildung

Als System wird grundlegend eine Struktur aus Systemelementen und den Verbindungen zwischen den Elementen verstanden. Bei der systemtheoretischen Betrachtung des Reglers (Controllers) als ein auf die Informationssicherheit anwendbares Systemelement wurde mit dem Soll-Zustand des Reglers das Modell der Verarbeitung verknüpft. Im Kontext des Modells leistet der Regler eine Security-Function bzw. einen Security-Service. Hervorzuheben ist hier nochmals, dass die Funktion zur Sicherstellung einer – von außen vorgegebenen – *Anforderung* in einem definierten *Betriebsumfeld* dient und dass die Funktion einen gegebenen *Arbeitsbereich* hat. Diese Eigenschaften lassen sich generell von einzelnen Systemelementen auf das gesamte System übertragen. Das System als Struktur zwischen Systemelementen (Systemfunktionen) und dazwischenliegenden Verbindungen entspricht somit in Gänze der Gesamtheit aller Anforderungen, die in einem definierten Betriebsumfeld durch das System erfüllt werden sollen. Der Arbeitsbereich wird hierbei ggf. durch die verfügbaren Arbeits- bzw. Regelungsbereiche einzelner Systemkomponenten begrenzt. Der Vorgang der Transformation der Anforderungen in eine Struktur basiert auf Theorien zur Modellbildung, sodass eine tiefer gehende Auseinandersetzung mit den Begriffen und anwendbaren Denkansätzen zu „System & Modell", „Sicherheitsfunktion" und „Verbindungen" sinnvoll ist.

2.3 System

Modelle sind auf theoretischer Ebene durch die Merkmale: Abbildung, Verkürzung und pragmatisches Merkmal (Zweckmäßigkeit) gekennzeichnet. Merkmale beziehen sich hierbei auf das Verhältnis zwischen Modell und Original, da bei komplexen Systemen nur durch die geeignete Vereinfachung ein Verständnis und zielgerichtete Untersuchung ausgewählter Systemeigenschaften möglich wird [21]. Handlungsleitend für die Vereinfachung und damit Grundlage der Modellbildung ist die implizite und/oder explizite Definition der zu untersuchenden Systemeigenschaften. Entscheidend ist hier, dass von einem gegebenen System ausgegangen wird, bei dem durch Modellbildung eine Untersuchung der Systemeigenschaften ermöglicht wird (analytisches Modell). In Anwendungsfällen der Informationssicherheit entspricht die analytische Vorgehensweise der Bestimmung von Sicherheitseigenschaften in Form von Audits, Penetrationstests u. Ä.

Zur Bildung eines Systems anhand von Anforderungen ist es jedoch erforderlich, passende Systemelemente *zu bilden* bzw. Sicherheitseigenschaften auf Systemelemente *aufzuprägen* (konstruktives Modell). Damit definierte Anforderungen zu einer Auswahl geeigneter Systemelementen führen, können die oben genannten Modellmerkmale entsprechend konstruktiv interpretiert bzw. definiert werden. Dies soll an diese Stelle anhand weniger Aspekte zur Systembildung erläutert werden (Abb. 2.6).

Anforderungen

Damit die (Geschäfts-)Anforderungen abgebildet werden können, ist es erforderlich diese zu gliedern bzw. zu strukturieren. Strukturierungen können in einer Hierarchie münden, sodass feingliedrigere Anforderungen besser einzelnen Elementen zugeordnet werden

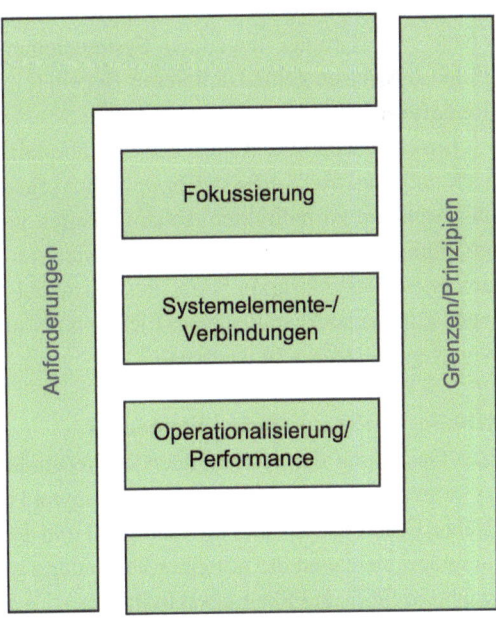

Abb. 2.6 Konstruktive Systemmerkmale

können. Als weitere Dimension der Strukturierung können eine oder mehrere aufgezeigte *Klassifizierungen* von Elementarten herangezogen werden (bspw. Einflussorientierung und Eigenschaftenorientierung).

Die Strukturierung ist nicht zwingend bis auf einzelne Elemente erforderlich; ggf. ist eine Gliederung in Teilsysteme sinnvoll (bspw. ein System zum Malwareschutz über unterschiedliche Systemelemente in Anlehnung an die „Lockheed Kill-Chain"). Sofern sich das Gesamtsystem aus mehreren Teilsystemen zusammensetzt, wird dies auch als System-of-Systems bezeichnet.

Ein wichtiger Bestandteil der Strukturierung ist die Gestaltung der „Außengrenzen" im Sinne der Überleitungen und Verbindungen zu externen Organisationen, Lieferanten und Betriebsstandorten.

Operationalisierung

Die Operationalisierung bildet die Schnittstelle zwischen den funktionalen Anforderungen und dem System aus unterschiedlichen Systemelementen. Diese Transformation umfasst unterschiedliche Herangehensweisen, die sowohl Top-down- als auch Bottom-up-Sichtweisen erfordern und somit eher in wechselseitigen Arbeitsschritten in Form von Design-Kreisläufen denn in einer linearen Entwicklung erfolgt. Details hierzu sind mit dem Begriff und den Methoden zu einem Sicherheitsarchitekturmanagement verbunden.

Zu beachten ist, dass aus Systemsicht Informationssicherheit nicht mit dem Ausfall einzelner Elemente einhergeht, sondern mit der Beeinflussung (Degradation) der Sicherheitseigenschaften bzw. des Sicherheitsniveaus des Gesamtsystems. Ein gebildetes hierarchisches Modell definiert sich in diesem Sinne dadurch, dass die nächst höhere Systemebene, die darunter liegenden Systemelemente überwacht bzw. deren Verhalten und Funktionsweisen gemäß definierter Regeln (einer „Policy") in begrenzten bzw. definierten Reaktionen steuert.

Ein entscheidender Aspekt der Operationalisierung ist die Vermeidung von Lücken, die sich aufgrund nicht erfasster bzw. nicht vorgedachter Systemzustände auftun. Diese sind insbesondere zu indirekten Abhängigkeiten und mangelnder Implementation von Rückkopplungsschleifen zur Verifikation definierter Regeln zu prüfen. (Das mit „fail-safe" bezeichnete Designprinzip betrachtet ja sowohl die Minimierung negativer Auswirkungen von Fehlern und Ausfällen eines Elements als auch Fehler, die durch die Nicht-Wirksamkeit von Regeln verursacht werden).

Abhängigkeiten zwischen Elementen

Zur Gestaltung der systembildenden Verbindungen zwischen den Elementen bzw. Teilsystemen sind die Einzelverbindungen sowohl individuell als auch in Gänze zu betrachten. Neben den Aspekten der Notwendigkeit und der technischen oder prozessualen Ausgestaltungmerkmale sind die mit einer Verbindung geschaffenen gegenseitigen Abhängigkeiten wichtige Prüf- und Planungsaktivitäten.

Darüber hinaus sind über alle Verbindungen Sensitivitätsanalysen im Sinne der Erfassung von „Single Points of Security (SPOS)" zu prüfen. SPOS können hierbei Einzelelemente oder Einzelverbindungen sein, von denen eine große Abhängigkeit auf das Gesamtsystem ausgehen.

Effektivität und Performance
Das Gesamtsystem muss die Sicherheitsfunktionen vollständig und mit möglichst wenig Einfluss auf die Geschäftsprozesse erbringen. Neben technischen Details wie einer möglichst hohen Automatisierung erfordert dies auch eine permanente Überwachung, Messung und Bewertung der Performance. Handlungsleitend sind hierbei Performance-Indikatoren, die entsprechend der hierarchischen Anforderungsstruktur definiert bzw. aggregiert werden.

Die Effektivität des einzelnen Systemelements kann mit der Autarkie der Betriebsweise korreliert werden. So ist ein eingerichteter Firewall-Filter in der Regel autark wirksam, im einfachsten Fall werden Daten durchgelassen oder zurückgewiesen. Die Wirksamkeit eines Virenfilters ist jedoch von der Aktualität der Signaturen oder der konfigurierten Heuristik oder weiterer Aspekte abhängig. Insofern kann die Verkettung gleichartiger, aber unterschiedlich arbeitender Sicherheitselemente eine Möglichkeit zur Erhöhung der Wirksamkeit sein. Alternativ kann die Parallelisierung von Sicherheitsfunktionen entsprechend dem Profil der Beeinflussung – wie die beschriebene „Lockheed Kill-Chain" – mehr Wirkung erzielen.

Schließlich besteht eine weitere Erhöhung der Wirksamkeit dadurch, dass eine Rückkopplung zwischen unterschiedlichen Systemelementen realisiert wird. Dies entspricht beispielsweise der automatisierten Informationsweiter- bzw. Informationsrückgabe von als kompromittiert klassifizierten IP-Adressen aus einem IDS an eine vorgeschaltete Netzwerkkomponente (etwa als IoC-Parameter oder Yara-Rules).

Grenzen und Prinzipien
In der systemtheoretischen Strukturanalyse eines Systems werden Grenzen durch die Anzahl der Teile (der Varietät) und die Anzahl ihrer Relationen (der Komplexität) gekennzeichnet. Beide Bezeichnungen gehen auf Ashby zurück, der mit dem „Gesetz von der erforderlichen Varietät" eine zentrale Regel der Systemtheorie aufgestellt hat [31]. Das Gesetz besagt grundlegend, dass ein System, welches andere Systeme steuert, mindestens die gleiche Varietät haben muss, wie die zu steuernden Zustände des Systems. Übertragen auf unsere Systembetrachtung müsste der Controller zum Ausgleich von Störungen im System mindestens genauso viele Zustände unterscheiden können, wie es unterschiedliche Systemeinflüsse geben kann. Sofern die Zustände eines Systems von störenden (ungewollten) Einflüssen abhängig ist, die nicht alle im Vorhinein bestimmt werden können, ist theoretisch die vollständige Regelung des Systems gar nicht möglich. Es gibt immer Systemzustände, die nicht „geregelt" werden können und somit das System „aus dem Gleichgewicht" bringen können. Dies kann und muss bei der Systembildung berücksichtigt werden; in etwa durch die Berücksichtigung unterschiedlicher Klassifizierungs- und Eigenschaftsmethoden der Systemelemente.

Wie durch die wenigen Aspekte zur Systembildung dargestellt, ergeben sich durchaus unterschiedliche und ggf. auch widersprüchliche Handlungsaktivitäten. Daher ist es unter Umständen hilfreich, einige an der Informationssicherheit ausgerichtete Grundsätze und Grundideen zur Systembildung zu schaffen.

2.4 *Security-System* Sichten

Wie dargestellt, wird der Begriff „System" im Kontext der Informationssicherheit mehrdeutig verwendet. Aus einer – sicher nicht vollständigen – Übersicht von Veröffentlichungen zum Begriff „*Security-System*" im weiteren Sinne sind nachfolgend einige Ansätze in Kurzform beschrieben, um hieraus grundlegende Sichten transparenter zu machen und ggf. spezifische Eigenschaften zu erfassen. Als eine allgemeine Erkenntnis ist schon jetzt festzuhalten, dass eine Einteilung in Klassen sinnvoll scheint, ohne dass dies nach strengen Kriterien begründet wird.

Security-System als Secured-IT-System

Die Regelwerke des BSI verwenden den Begriff Sicherheitssystem in Grundschutz-Standards nicht und im Grundschutz-Kompendium – genauer in einzelnen Bausteinen – exklusiv als Bezeichnung für eine einzelne Hard- oder Softwarekomponente. Dies wird funktional aus der Definition der technischen Anlage abgeleitet:

> IT-Systeme sind technische Anlagen, die der Informationsverarbeitung dienen und eine abgeschlossene Funktionseinheit bilden. Typische IT-Systeme sind Server, Clients, Mobiltelefone, Smartphones, Tablets, IoT-Komponenten, Router, Switches und Firewalls [32].

Insbesondere Firewalls werden explizit als Sicherheitssysteme bezeichnet. In Verbindung mit dem Begriff Cyber ist dies prominenter hervorgehoben, in dem die allgemeinere Kennzeichnung als Sicherheits-Gateways verwendet wird.

Im praktischen Gebrauch der Sicherheitsmethodik gemäß BSI wird eine komprimierte Darstellung der physischen IT-Komponenten und deren Verbindungen (gemäß der Nomenklatur des BSI ist dies ein „IT-Verbund") verwendet. Hierbei ist mit Komprimierung in der Regel die Gruppierung von IT-Systemen mit gleicher Ausprägung (Server, Client etc.) bzw. mit vergleichbaren Sicherheitsanforderungen bezogen auf die Schutzziele Vertraulichkeit, Integrität und Verfügbarkeit (CIA-Triad) gemeint. Den einzelnen Komponenten(-gruppen) dieses Modells werden dann entsprechend der Systemart und der zugeordneten Schutzbedarfsstufen Sicherheitsmaßnahmen zugeordnet, mit denen ein sicherer Betrieb der einzelnen Komponente gewährleisten werden soll. Die definierten Sicherheitsmaßnahmen werden im Allgemeinen als aktueller „Stand der Technik" bezeichnet, auch wenn nicht transparent ist, wie und auf welcher Grundlage die inhaltliche Ausprägung der Maßnahmen erfolgt.

2.4 Security-System Sichten

Über die rein technischen und auf Systemtypen abgestimmten Sicherheitsmaßnahmen hinaus werden Maßnahmen zu Betriebsprozessen definiert. Hier liegt der Fokus auf der Absicherung der Daten und Systeme in den unterschiedlichen Verarbeitungsvorgängen und durch die verschiedenen Verarbeitungsinstanzen.

In Verbindung mit grundlegenden Managementmethoden wie der regelmäßigen Erfassung, Bewertung und Aktualisierung der Angemessenheit der Sicherheitsmaßnahmen über alle Komponenten hinweg, wird ein sicherer Betrieb der IT erreicht.

Festzuhalten ist, dass die Basis die gegebene IT-Systemlandschaft ist, die den Geschäftsprozessen einer Organisation dient. Durch die Sicherheitsmaßnahmen werden die IT-Systeme abgesichert und sicher betrieben, d. h. Sicherheitsfunktionen „angeheftet", was hier unter dem Begriff „Secured-Systems" subsummiert wird.

Security-System als Overlay-System

Weitere Ausprägungen des Begriffs *Security-System* sind mit amerikanischen oder international ausgerichteten Best-Practice-Standards verbunden.

In der ISO/IEC TR 13335-1:1996 als Vorläuferwerk zur ISO/IEC 27001 wurden Modelle zum Verständnis der Aufgaben zum Sicherheitsmanagement beschrieben [33]. Hier werden die Ausprägungen zwischen Sicherheitselementen, Risikomanagement und das Management der Sicherheitsprozesse als wesentliche Modellkomponenten herausgestellt. Diese Modelle wurden am übergeordneten Ziel der „Fähigkeit zur Beibehaltung der Geschäftsprozesse durch Begrenzung der Risiken auf ein akzeptables Niveau" ausgerichtet. Zur Verdeutlichung wird das in Abb. 2.7 dargestellte Beziehungsdiagramm verwendet. Hieraus wird deutlich, dass Bedrohungen (Threats), Risiken, Sicherheitsmaßnahmen (Safeguards) und Schwachstellen (Vulnerabilities) in unterschiedlichen Kombinationen ein Sicherheitssystem repräsentieren können. In Bezug zu einem von außen nach innen ge-

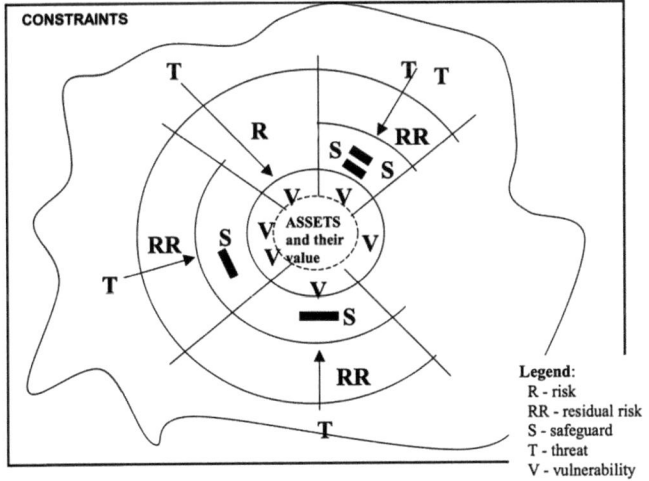

Abb. 2.7 Overlay-System (Quelle: ISO/IEC TR 13335, Fig. 3 [33])

richteten Pfad der Bedrohungen werden Restrisiken als „Risiken **nach** Definition, Implementation und Wirksamkeitsvermutung von Sicherheitsmaßnahmen" betrachtet. Darüber hinaus ist auch festzuhalten, dass einzelne Sicherheitsmaßnahmen gegen eine oder mehrere Bedrohungen wirken können.

Ebenso wird deutlich, dass nur dann Risiken bestehen, wenn Gefährdungen gegen Schwachstellen wirken. Die wirft automatisch die Frage auf, ob und in welchem Umfang „vorsorgliche" Sicherheitsmaßnahmen unter Kosten-Nutzen-Aspekten und betrieblicher Stabilität und Effektivität vertretbar sind. In Bezug auf das Mantra „Patch as Patch can" erfolgt hier derzeit ein Umdenken.

Das *Security-System* des ISO/IEC TR 13335-1 umfasst die Elemente: Assets, Threats, Vulnerabilities, Impacts, Risks, Safeguards, Residual Risks und Constraints. Zu vermerken ist, dass unter Safeguards grundlegend Schutzmechanismen gegen Bedrohungen, Begrenzungen des Einflusses von Ereignissen sowie Recovery-Prozeduren betrachtet wurden und generell als eine von der IT-Ebene abgesetzte Struktur gedeutet wurden. Safeguards sollten die Sicherheitsfunktionen: Detektion, Abschreckung (Deterrence), Prävention, Begrenzung, Korrektur, Wiederherstellung, Monitoring und Awareness bedienen. Constraints waren eher als Unternehmen-Rahmenbedingungen denn als Rahmen zur Effektivität oder Performance von Sicherheitsmaßnahmen zu verstehen.

Festzuhalten ist, dass mit diesem Übersichtswerk ein funktionales *Security-System* definiert wurde, dessen Sicherheitsmaßnahmen am Schutz von Sicherheitszielen ausgerichtet war, was als „loss of ... – *Assessment*" deklariert war. Interessanterweise waren in diesem Frühwerk neben den CIA-Zielen (Vertraulichkeit, Integrität und Verfügbarkeit) auch die Ziele Accountability, Authenticity und Reliability explizit hervorgehoben, die so oder in leicht abgewandelter Ausrichtung derzeit wieder mehr Aufmerksamkeit und Berücksichtigung erfahren.

Das amerikanische Standardwerk NIST SP 800-53 (Revision 5) ist definiert als systematischer Ansatz zur Veröffentlichung eines Sets von „Security and Privacy Safeguarding Measures" für alle Arten von „Computing Plattforms" [34]. Ziel ist die Stärkung der Resistenz gegen Attacken, die Begrenzung von Schaden und die Erhöhung der Resilienz der Systeme. Die Auswahl der für eine Organisation „passenden" Sicherheitsmaßnahmen („*Controls*") ist als separater Prozess definiert, der beispielsweise risikoorientiert sein kann. Festzuhalten ist, dass die Sicherheitsmaßnahmen sowohl als Beschreibung von Schutzmethoden betrachtet werden und als auch mit der Eigenschaft Schutzfähigkeit („Protection Capability") verbunden werden. Beides ist auf die Sicherheitsziele und Schutzanforderungen der Organisation abzustimmen. Der Ansatz des Werks ist somit auch hier eine von der IT-Technik entkoppelte Anwendung von Maßnahmensets zur Erhaltung definierter Schutzziele.

In ähnlich abstrakter Art werden im ISO/IEC 27001 Management-Standard auf Basis einer Risikoanalyse angemessene Sicherheitsmaßnahmen (in der englischen Fassung: „Control Objectives" und „*Controls*") bestimmt [35]. Sicherheitsmaßnahmen („*Controls*") sind dann auf die als „Information Handling Component" verstandenen Informationssysteme anzuwenden.

Die genannten Ansätze können als funktionale Ansätze verstanden werden, die zwar technikunabhängig definiert werden, schlussendlich aber auf die Informationssysteme der Geschäftsprozesse angewandt werden. Zur begrifflichen Unterscheidung der Ansätze werden die hier verwendeten – technisch unabhängigen – Systemansätze als „Overlay-System" zusammengefasst.

Security-System **im Blickwinkel der techno-sozialen Entwicklung**
Ein gänzlich anderer Ansatz wird in der ISO/IEC TS 27100:2020 gewählt [36]. Diese „Technical Specification" fokussiert auf die Sicherheit im Cyberspace, der als „Interconnected Digital Environment" definiert ist. Betrachtet werden die Interaktionen zwischen den Cyberspace-Entitäten, d. h. Interaktionen in Form von Austausch und Teilen („sharen") von Informationen. Verbunden mit den Interaktionen ist der Blickwinkel einer gemeinsamen Verantwortung im Umgang mit „Cybersecurity-Incidents".

Der Cyberspace stellt mit dieser Sicht den Systembegriff auf eine Ebene mit sozialen Systemen. Entitäten können dem System beitreten oder es verlassen; sie können anonym auftreten und agieren. Insbesondere umschließt das System gleichzeitig die Guten wie die Bösen; letztere sind nicht mehr lokalisierbar, sondern agieren beliebig „im Raum". Im Unterschied zu Sozialsystemen, die durch das System und seine Umwelt differenziert werden, ist der Cyberspace quasi grenzenlos.

Zur Verdeutlichung der Unterschiede zu Information Systems und Information Management Systems wird für den Cyberspace konsequenterweise ein „Layered Model"-Ansatz vorgestellt, durch und in dem die unterschiedlichen Interaktionen dargestellt werden können. Vorgeschlagen wird ein dreistufiges Modell bestehend aus einer physikalischen, einer digitalen und einer als „Anthropogenic Layer" bezeichneten Ebene. Während letztere die verschiedenen Akteure und Organisationen im Cyberspace repräsentiert, erfasst die digitale Ebene die Kommunikation und den Informations-/Datenfluss zwischen diesen.

Neben dem Aspekt, dass hierdurch systemtechnische Abstrahierungen vorgenommen werden, können hiermit auch die Einflüsse auf die verschiedenen technologischen Entwicklungen dargestellt werden. Jede neue oder geänderte Technologie der physikalischen Ebene (bspw. zu Cloud-Netzen) führt zu Änderungen des Nutzen-, Arbeits- bzw. Kommunikationsverhaltens auf der Anthropogenic-Ebene.

Die Sicherheit als *Cybersecurity* wird zwar grundlegend mit den Funktionen gemäß NIST SP 800-53 (Identify, Protect, Detect, Respond und Recover) verknüpft; diese fokussieren hier jedoch auf sogenannte „Area of Concern" (hier: Handlungsfelder) zur Interkonnektivität. Hier sind dann Sicherheitsziele wie Stabilität und Kontinuität des Gesamtsystems im Lichte der gegenseitigen Abhängigkeit relevant. Jede Entität muss beispielsweise einerseits den eigenen Anteil an der Stabilität steuern; andererseits sind aber übergeordnete Mechanismen wie gegenseitiges Vertrauen und Integrität zu erfassen und zu beachten.

Das „Layered Model" eignet sich grundlegend auch zur Darstellung der Interaktionen, die beispielsweise mit einer *Malware-Attacke* einhergehen. Ausgehend von einer Aktion innerhalb des Anthropogenic Layer erfolgt eine einerseits missbräuchliche Ausnutzung bestehender Verbindungen und Funktionen zur korrespondierenden digitalen und physischen Ebene. Andererseits werden neue Verbindungen aufgebaut, die ursprünglich nicht von der Zielentität genutzt werden. Initial führt ein Schutzansatz dieser Interaktionen aus Security-Sicht zu einer Absicherung der Knoten und Funktionen der Intra- und Inter-Layer-Verbindungen, welche in der Gesamtheit das *Security-System* des Cyberspace repräsentieren können.

Security-System im Blickwinkel der „Angreifer"
Die im vorigen Abschnitt genannten Interaktionen innerhalb des Anthropogenic Layer bilden die grundlegende Facette des techno-sozialen Blickwinkels auf das *Security-System*. Diese Interaktionen sind sowohl die positiven Kommunikations- und Datenaustauschprozesse der Digitalisierung der Geschäftsprozesse, aber eben auch deren negative Seite. Mit und durch die Digitalisierung hat sich ein breites Spektrum von kriminellen Aktivitäten von Datendiebstahl, Betriebsstörungen bis hin zu Störungen der öffentlichen Ordnung und Gefährdungen für Leib und Leben etabliert. Diese kriminellen Aktivitäten manifestieren sich in Begriffen wie Angreifer („Attacker") und Verteidiger („Defender") oder vielfach auch „Cyber-War". Um hier Schlüsse für die Gestaltung und den Betrieb des *Security-Systems* zu ziehen, ist jedoch ein genaueres Hinschauen sinnvoll. Dies soll anhand der folgenden Grundaspekte erfolgen.

Grundlegend für den propagierten Dualismus „Attacker" und „Defender" ist zunächst festzuhalten, dass keine direkten Interaktionen zwischen zwei Person stattfinden. Vielmehr ist der Angreifer die Person, die unter Zuhilfenahme technischer Systeme über allgemeine oder ggf. auch private Kommunikationssysteme und Kommunikationsmittel mit dem „Ziel-System" interagiert. Interaktionsobjekte sind die technischen und personellen Entitäten, die das Geschäftssystem inkl. *Security-System* sowie die Organisation des „Ziel-Systems" bilden. Der „Defender" ist für das Gros der Aktionen des „Attacker" zunächst im Hintergrund. Der Defender agiert primär, in dem er für das Ziel-System direkt und indirekt wirkende Hürden implementiert hat.

Die hierbei bestehende Vielfalt der Ziele – als Kommunikations- und Datenschnittstellen, einzelne Komponenten und deren prozessuale Nutzung, stellt das grundlegende Dilemma des „Defender" dar; es besteht eine „Erfolgs-/Verhinderungs-Asymmetrie": Während der „Attacker" nur ein Ziel ausnutzen muss – initial also nur eine Schwachstelle – muss der „Defender" sowohl technische als auch personelle Ziele schützen bzw. resilient gegen Cyberattacken konfigurieren und betreiben. Die Wahrscheinlichkeit, dass dies gelingt, ist auch davon abhängig, dass klar ist, was den „Attacker" motiviert und mit welchen Ressourcen er agiert.

Zu „Attacker" oder Hacker gibt es jedoch weder eine einheitliche Typ-Definition noch eine einheitliche Motivationskategorisierung. Während Ron Anderson etwa zwischen Spionen („Spies"), Gaunern („Crooks"), Forschenden („Geeks") und dem nicht zu fassenden Rest („The swamp") unterscheidet [37], kommen Chng et al. in einer Literaturübersicht auf elf (11) unterschiedliche Typen, die von Insider, Professionals, Students bis Nation-States Hacker eine große Bandbreite abdecken [38]. Bekannt sind etwa auch Versuche zwischen Guten, Bösen, Helfenden etc. zu unterscheiden, die mithilfe von Hutfarben Red-Hat, Blue-Hat, Yellow-Hat etc. gekennzeichnet werden (siehe hierzu [39]). In Anwendung und Ergänzung der mit Hutfarben verbundenen Aktions- und Verantwortlichkeitsbereichen kann die Sicht der Angreifer durch drei wesentliche Aspekte skizziert werden:

Die technischen und personellen Kommunikations- und Daten **schnittstellen** stellen die notwendigen Voraussetzungen zu einer Interaktion des Angreifers mit dem (Security-)System dar. Die (Security-)System-Architektur mit ihren Komponenten und Intraaktionspfaden bildet in Verbindung mit gegebenen Software-, Konfigurations- oder sonstigen physischen oder logischen Schwachstellen das **potenzielle Unsicherheitsfeld** des Angreifers. Bewegungen und Aktionen innerhalb dieses Unsicherheitsfeldes werden durch implementierte Erkennungs-, Überwachungs- und sonstiger **Enttarnungs- bzw. Verhinderungsmaßnahmen** eingeschränkt oder gar unterbunden. Ansatzpunkte für ein effektives *Security-System* sind somit die Minimierung der Schnittstellen bzw. des potenziellen Unsicherheitsfeldes sowie die Maximierung der Enttarnungs- bzw. Verhinderungsmaßnahmen.

Security-System im Blickwinkel der Sicherheitsereignisse

Auf der Grundlage der Systemtheorie wurde im Jahr 2004 mit dem „System-Theoretic Accident Model and Processes (STAMP)" ein Modell mit einer geänderten Sichtweise auf Unfälle und Schadensereignisse vorgestellt [25].

Ausgehend von der Komplexität der Ursachenermittlung großer Unfälle und Katastrophen wie beispielsweise dem Challenger-Unglück wird argumentiert, dass eine lineare Ursachenanalyse deutliche Grenzen zur Erklärung sowie zur Ableitung von Verbesserungen und Ansätzen zur Vermeidung einer künftigen Wiederholung erfährt. Linearen Modellen, zu denen auch das Swiss-Cheese-Modell gezählt wird, werden eine Reihe systematischer bzw. inhärenter Mängel zugeordnet. Diese umfassen u. a. indirekte Interaktionen zwischen Komponenten, (Software-)Designmängel oder auch die mangelnde Anpassung des Systembetriebs an gestiegene Risiken.

Ein wesentlicher Aspekt des vorgeschlagenen, neuen Ansatzes ist, dass Sicherheit und Sicherheitsereignisse (originär auf „safety" fokussiert) als „Control-Problem" definiert wird. Die Aufgabe des Controllers ist die Durchsetzung und Überwachung von Eigenschaften von Komponenten. Im Sinne einer weiten Auslegung des Control-Begriffs zielt dies u. a. sowohl auf physische funktionale Komponentenmerkmale als auch auf Betriebs- und Überwachungsprozesse. Der Beitrag zur Systemsicherheit drückt sich dann durch die Sicherstellung der korrekten Arbeitsweise in definierten Grenzen aus; Leveson bezeichnet dies als „Enforcement of Constraints" (deutsch in etwa: Durchsetzung von Rahmenbedingungen). Folglich entstehen Fehlereignisse durch Schwächen und Lücken in der Durchsetzung der *Constraints*. Hierfür wird eine Klassifikation dargelegt, die sowohl bei der Fehleranalyse als auch bei der Bestimmung von Vermeidungsmaßnahmen angewandt werden kann. Zu beachten ist, dass ein Gesamtsystem, welches aus einer Vielzahl verbundener, interagierender Einzelkomponenten besteht, eine äquivalente Struktur von Kon-

Tab. 2.3 STAMP

Fehlerklasse	Kontrollfehler	Bemerkung
Kontroll-Design-Schwächen	Koordinationslücken	Ursachen hierfür können in widersprüchlichen und auf Prozessebene nicht eindeutigen Definitionen des Aktionsradius eines Kontrollers liegen (bspw. n:m – Beziehung zwischen Kontroller und Komponenten)
	Durchsetzungslücken	Kontrollen werden nicht angemessen an die – auch zeitliche – Entwicklung der Kontrollobjekte angepasst
	Anpassungslücken	Änderungen an Teilsystemen werden nicht ausreichend in über-, unter- oder sonst wie abhängigen anderen Teilsystemen berücksichtigt
Schwächen der Kontrollausführung	Zeitlücken	Zeitlücken können bspw. die Zeit zwischen Auslöser und Auswirkung (Erkennungszeit) sowie die Zeit zwischen Erkennung und Wirksamkeit von Reaktionen (Reaktionszeit) betreffen

trollern erfordert. Im Kontext der Durchsetzung von *Constraints* wird bei STAMP hierbei von einem hierarchischen Modell ausgegangen.

Erste Beispiele für Schwächen und Fehler des Kontrollprozesses sind eigens mit Blick auf (Informations-)Sicherheitsaspekte in Tab. 2.3 (STAMP) angegeben.

Ein *Security-System* unter einem Ereignis-Blickwinkel wie STAMP besteht somit in der Gestaltung und dem Betrieb eines hierarchischen Prozessmodells, in dem die Betriebseigenschaften der unterschiedlichen Kontroller im Sinne von *Constraints* gesteuert werden. Das *Security-System* ist somit grundlegend funktional, (sicherheits-)zielorientiert und gedanklich von der physikalischen IT-Ebene entkoppelt.

2.5 Eigenschaften von *Security-Systems*

Die ausgewählten Beispiele der Sichtweisen auf ein *Security-System* zeigen, dass hierunter überwiegend kein Verständnis als eigenständiges System vorliegt. In der Praxis erfolgt in einem mehr oder minder starken Maße die Orientierung an der technischen Systemumgebung der Geschäfts-(IT-)Landschaft, ohne dass die Eigenständigkeit des *Security-Systems* sichtbar wird. Somit fehlt die Transparenz, welche Komponenten und Funktionen der technischen Systemumgebung in welchem Maße zur Sicherheit beitragen oder für diese erforderlich sind. Dies führt damit auch zu einer Intransparenz erforderlicher Ressourcen sowie Investitions- und laufende Aufwendungen zur Aufrechterhaltung und Betrieb des *Security-Systems*. Schließlich bedeutet dies auch, dass die mit der Verwendung von Begriffen wie Emergenz, Sicherheitsgewinn, Resilience etc. propagierten Sicherheitszuschreibung zu Systemen und Konzepten nebulös bleibt.

2.5 Eigenschaften von *Security-Systems*

Tab. 2.4 Eigenschaften eines *Security-Systems*

Zweck	Funktion	Assets/Design
Absenkung der Gefährdungsein- und -auswirkungen (adequatly secure)	Transformation: „Loss of … "-> Requirements	Isolierte und integrierte „Security-Functions" und „Security-Services"
Fokus: Ingredienzen der Geschäftsprozesse (Zugang/ Zugriff, Austausch, Verarbeitung)	Operationalisierung	Bildung themenorientierter SoS (Systems of System)
Beherrschung der „Loss of …."-Bedingungen		Steuerungsfähigkeit
		Prinzipienorientierung

Aus den Darlegungen der vorangegangenen Kapitel wird im Folgenden eine initiale thesenorientierte Beschreibung der Eigenschaften eines *Security-Systems* abgeleitet (Tab. 2.4).

Zweckorientierung

Das *Security-System* dient dem Schutz der Geschäftsprozesse, in dem Gefährdungsein- und -auswirkungen auf ein vertretbares Niveau abgesenkt werden. Damit einhergehend ist die Erfassung und Fokussierung auf die Ingredienzen der Geschäftsprozesse (Zugang/Zugriff, Austausch und Verarbeitung von Daten im weiten Sinne).

Der Schutz der Geschäftsprozesse dient der Vermeidung von Störungen und Ereignissen, wie dem Verlust der Nutzbarkeit und Kontrollierbarkeit der Prozessabläufe, -objekte, -assets inkl. des Verlusts von Daten und Ressourcen. Diese sogenannten „Loss-of-Bedingungen" sind die Maßstäbe zur Begrenzung bzw. Vermeidung von Ein- bzw. Auswirkungen von Gefährdungen.

Funktionen

Zur Funktion des *Security-Systems* müssen die geschäftsorientierten „Loss-of-Bedingungen" in Sicherheitsziele und -anforderungen transformiert und operationalisiert werden. Operationalisierung bedeutet hier die Bereitstellung und den Betrieb von *Security-Functions* und *Security-Services* in einer Sicherheitsarchitektur.

Assets/Design

Security-Functions und *Security-Services* können durch eigenständige (isolierte) oder durch in Geschäfts-Assets integrierte Komponenten gebildet werden.

Eine thematische Zusammenfassung von Funktionen und Services stellt ein Teil-*Security-System* dar. Teilsysteme können beispielsweise ein Access-Modell, Kommunikations-Modell oder ein Asset-Modell repräsentieren.

Das *Security-System* als die Gesamtheit der Funktionen und Services in einer Sicherheitsarchitektur entspricht dem Sicherheitsmodell der „Loss-of-Bedingungen".

Das *Security-System* erfordert einen strukturierten, logischen und an allgemeinen Design-, Funktions- und Managementprinzipien orientierten Aufbau und Betrieb. Steuerungs-, Umsetzungs- und Kontrollfunktionen müssen eindeutige Beziehungen (in Form einer Hierarchie) haben (*Security Control*).

Grundlegende Prinzipien sind u. a. die Vermeidung/Minimierung der Abhängigkeit von einzelnen Funktionen und Services, der Erhalt der Steuerungsfähigkeit der Sicherheitsfunktionen/-komponenten unabhängig vom System- bzw. Gefährdungszustand, die externe Überwachung der Systemzustände kritischer Komponenten oder die Fokussierung auf „Misuse-Cases".

Umwelt

Die Abgrenzung des *Security-Systems* zur Umwelt entfolgt durch Zuweisung von Verantwortungsbereichen entsprechend der Funktionsherrschaft über Sicherheitskomponenten.

Grenzen/Management

Die Validierung der Sicherheit ist nicht oder nur begrenzt a priori möglich. Funktionen und Services sind einerseits an Gefährdungen gebunden, welche andererseits jedoch nur begrenzt vorhersehbar sind. Dieses führt zur Konsequenz, dass Sicherheit eine ständig zu steuernde Balance zwischen Ein- und Auswirkungen von Gefährdungen und *Security-Functions* und *Security-Services* bedarf. Ein *Security-System* bedarf eines Risiko- und Sicherheitsmanagements. Damit verbunden ist die Notwendigkeit zur Etablierung von Detektions- und reaktiven Sicherheitsfunktionen.

Das Management des *Security-Systems* ist als eigenständige Disziplin mit spezifischen Methoden, Prinzipien, Prozessen und Werkzeugen gestaltet. Aufgrund der Zweckorientierung ist eine enge Kopplung zum Management der Geschäftsprozesse erforderlich, die durch Ziele, Anforderungen und Nachweise bestimmt ist. Hierarchisch betrachtet ist das *Security-System*-Management eine weitere Disziplin des Unternehmensmanagements.

2.6 *Security-System*

Aus den Ausführungen der vorangegangenen Kapitel kann ein erstes Bild eines *Security-Systems* mit einem eigenständigen System-Verständnis skizziert werden. Hierzu erfolgt die Verknüpfung der theoretischen Grundlage des *Controller*-gesteuerten Regelmodells mit den Grundmodelleigenschaften, sodass die Struktur und der Systemcharakter deutlicher hervortreten. Nach Kenntnis des Autors ist diese Interpretation bislang in der Literatur allenfalls ansatzweise dargestellt, sodass hier erstmals eine ganzheitlichere Darstellung unter *Engineering*-Aspekten entwickelt werden kann (Abb. 2.8).

Der Zweck des *Security-Systems* ist es, Störungen und unerwünschte Beeinflussungen auf die Geschäftsprozesse der Organisation zu verhindern. Geschäftsprozesse können

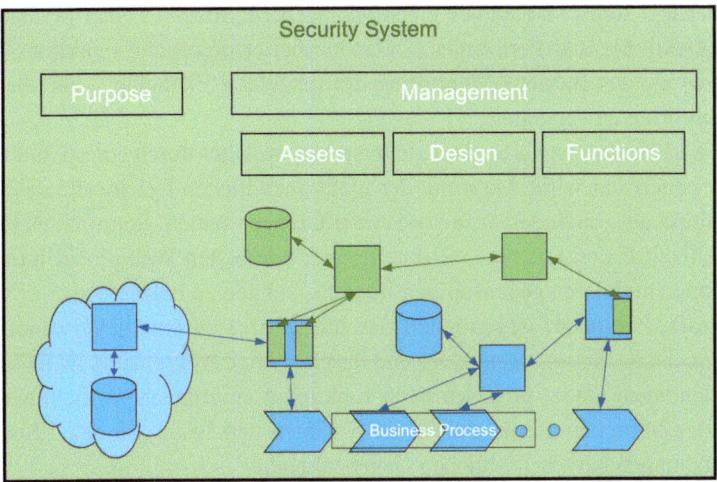

Abb. 2.8 Eigenständiges Security-System

hierzu durch Austauschprozeduren zwischen unterschiedlichen internen und externen Entitäten mittels unterschiedlicher technischer und nicht technischer Kommunikationsformen abstrahiert werden. Die Struktur und Wirkungsweise des *Security-Systems* muss daher die mit den Austauschprozeduren verbundenen Gefährdungen und Risiken erfassen und angemessene Sicherheitsmaßnahmen steuern. Hierbei sind primär die Austausch**methoden** und Austausch**inhalte** handlungsleitend; die genutzten Medien und Techniken nehmen eine untergeordnete Dimension ein. Aus zweckorientierter Sicht kann ein *Security-System* somit als System verstanden werden, welches direkt oder indirekt auf die verschiedenen Austauschebenen einwirkt. Die dem *Security-System* zuordbaren Steuerungsstrukturen und Steuerungselemente stellen gedanklich eine funktionale Sicht dar, die einzig an die Vorgaben und Anforderungen der Geschäftsprozesse gekoppelt ist. Operierende physische Elemente sind eigenständig oder durch Elemente der Geschäftsprozesse genutzte Komponenten.

Elemente mit direkt oder indirekt wirkenden Sicherheitsfunktionen stellen den Kern des *Security-Systems* dar. Die für die Steuerung und Umsetzung der Sicherheitsfunktionen erforderlichen Verbindungen zwischen der Ebene der Geschäftssysteme und des *Security-Systems* erfolgen in der Regel über bzw. aus dedizierten Systemelementen, die dann einen „administrativen Sicherheitsbereich" bilden. Zur Gewährleistung eines Mindestmaßes an Sicherheit muss sowohl der Ausfall von administrativen Sicherheitsbereichen als auch der der Verbindungen zum Kernbereich bedacht werden. Dies führt zu einer weiteren Eigenschaft von *Security-System*en, die als Eigensicherheit bezeichnet wird.

Der strukturelle und funktionale Aufbau des definierten *Security-Systems* kann nicht als statisches Gebilde aufgefasst werden, das innerhalb gegebener Grenzen wirksam ist. Aufgrund der Dynamik der Entwicklung von Geschäftsprozessen sowie der unterlagerten Technologien ist eine permanente Prüfung und Anpassung erforderlich. Das *Security-*

System unterliegt somit im Rahmen eines Managementprozesses einer permanenten Prüfung der Effektivität und Performance. Das hierbei erforderliche Funktions-Monitoring ist – anderes als das Betriebs-Monitoring der einzelnen Elemente – als übergreifendes Systemmonitoring zu verstehen.

Ein *Security-System* ist als System zu verstehen, welches durch einen Controller beeinflusst bzw. beherrscht wird. Aufgrund der nicht unendlichen Reichweite des Controllers (Varietät) muss also auch das *Security-System* Grenzen haben. Somit ist es erforderlich, den Umweltbegriff des *Security-Systems* in einer vernetzten Welt global interagierender Organisationen und deren gegenseitigen Beeinflussungen zu beleuchten.

Der Begriff „Perimeter" ist bezüglich Geschäftsprozessen zwar in Verwendung, verliert aber zunehmend an Kontur. Eine klare und durchgängige Abgrenzung ist in heutigen Geschäftsbeziehungen weder physisch noch funktional auszumachen. Vielmehr entspricht die vielfältige Vernetzung mit „externen" Systemen und Instanzen dem „Stand der Geschäftsbeziehungen bzw. betrieblichen Gegebenheiten".

Die Übertragung auf die Grenzen des *Security-Systems* führt zum Dilemma einer – wie auch immer – gearteten erforderlichen Differenzierung, um den eigenen Steuerungs- und Handlungsbereich vom externen, „umweltbedingten Beeinflussungsbereich" zu unterscheiden.

Mit der Fokussierung auf Interaktionen als Quellen der Beeinflussungen erscheint in einem ersten Ansatz eine „enge" und eine „weite" Abgrenzung zum möglichen Umfang der Beeinflussung zielführend:

Eine **enge Umwelt** kann definiert werden, als die ausschließlich in der eigenen Organisation implementierten Steuerungselemente und -struktur. Verbindungen nach „außen" werden an den Austausch-Schnittstellen im Sinne eines Grenzpunktes kontrolliert (klassischer Perimeterschutz).

Unter einer **weiten Umwelt** könnten alle physischen und logischen Verbindungen der Organisation verstanden werden. Dies führt zu einer Erfassung, Bewertung und auch Steuerung der gegenseitigen Abhängigkeiten, sodass zwischen dem *Security-System* jeder Organisation Überschneidungen der Einflussbereiche ggf. in unterschiedlichen Ausprägungen auszubilden sind. Dies kann beispielsweise durch Maßnahmen zu einer organisationsübergreifenden Vertrauensstruktur mithilfe verbindlicher technischer und organisatorischer Vorgaben realisiert werden.

Literatur

1. Saltzer, J., Schroeder, M., The Protection of Information in Computer Systems, Forth ACM Symposium, 1975
2. Clark, D., Wilson, D., A comparison of Commercial and Military Computer Security Policies, IEEE, 1987
3. BSI, BSI-Standard 200-1: Managementsysteme für Informationssicherheit (ISMS), Stand 15.11.2017

Literatur

4. Allianz für Cybersicherheit, Informationsmaterial, Broschüre, https://www.allianz-fuer-cybersicherheit.de/SharedDocs/Downloads/Webs/ACS/DE/ACS_Broschuere.pdf?__blob=publicationFile&v=1, Abruf 04.01.2022
5. ISO/IEC 27000, Information security management systems, Overview and vocabulary, Second edition 2012-12-01
6. DIN EN ISO/IEC 27001, Informationssicherheit, Cybersicherheit und Datenschutz – Informationssicherheitsmanagementsysteme – Anforderungen, Deutsche Fassung EN ISO/IEC 27001: 2023
7. „engineering", Duden online, https://www.duden.de/rechtschreibung/Engineering, letzter Abruf 25.02.2025
8. NIST Special Publication NIST SP 800-160v1r1, Engineering Trustworthy Secure Systems, Volume 1, November 2022
9. Permantier, M. et al., Werte wirken – Strategie, Marke und Kultur mit Werten entwickeln, Vahlen, 2021
10. Wiener N., Cybernetics or Control and Communication in the Animal and the Machine, second edition, Quid Pro, LLC, 2013
11. Neumann P., Principled Assuredly Trustworthy Composable Architectures, https://www.csl.sri.com/users/neumann/chats4.pdf, letzter Abruf 25.02.2025
12. Emergence, https://www.sebokwiki.org/wiki/Emergence, letzter Abruf 25.02.2025
13. ISO 22300, Security and resilience – Vocabulary, 3rd Edition, 2021-02
14. NIST SP 800-12 Rev. 1, An Introduction to Information Security, June 2017
15. MITRE, D. Bodeau, R. Graubert, Cyber Resiliency Design Principles, Selective Use Throughout the Lifecycle and in Conjunction with Related Disciplines, January 2017
16. TOGAF Definition System, https://pubs.opengroup.org/architecture/togaf91-doc/arch/apdxa.html , letzter Abruf 25.02.2025
17. NIST SP 800-53 Rev. 5, Security and Privacy *Controls* for Information Systems and Organizations, Sept. 2020
18. Aristoteles, nach Ropohl G., Allgemeine Systemtheorie, Einführung in transdisziplinäres Denken, edition sigma, Berlin, 2012, S. 25
19. Berghaus, M., Luhmann leicht gemacht, UTB Böhlau Verlag, 2011
20. Bertalanffy, nach von Dettlaff, L., The History and Status of General Systems Theory, The Academy of Management Journal, Vol. 15, No. 4 1972
21. Ropohl G., Allgemeine Systemtheorie, Einführung in transdisziplinäres Denken, edition sigma, 2012
22. Siehe bspw.: Warum sprechen eigentlich alle von „Cyber"? Wo das Wort herkommt und was es bedeutet, Südkurier, Abruf: https://www.suedkurier.de/ueberregional/wissenschaft/Warum-sprechen-eigentlich-alle-von-Cyber-Wo-das-Wort-herkommt-und-was-es-bedeutet;art1350069,8854775 letzter Abruf, 01.03.2025
23. acatech DISKUSSION, Beiträge zu einer Systemtheorie Sicherheit, www.acatech.de/publikationen, Abruf: 09.01.2019
24. Yan D., A Systems Thinking for Cybersecurity Modeling", arXiv: 2001.05734v1
25. Leveson N., A New Accident Model for Engineering Safer Systems, Safety Science, Vol. 42, No. 4, April 2004, pp. 237–270
26. O'Connor, J. & McDermott, I. *Systemisches Denken verstehen & nutzen* (VAK Verlags GmbH, Kirchzarten bei Freiburg, 1998).
27. SABSA, The Attributer's Blog – Emergent, https://sabsa.org/the-attributers-blog-emergent/, Abruf 23.03.2023
28. Xu S., Emergent Behaivor in Cybersecurity, arXiv:1502.05102v, 18 Feb 2015

29. SANS, Understanding Security Using the OSI Model, https://www.sans.org/white-papers/377/, letzter Abruf 04.03.2025
30. Barz B., Praxis des Risikomanagements – Datenschutz im öffentlichen Sektor, IT-Sicherheit, Sonderheft Öffentlicher Dienst, 2014
31. Ashbysches Gesetz, https://de.wikipedia.org/wiki/Ashbysches_Gesetz, letzter Aufruf 05.03.2025
32. BSI, IT-Grundschutz-Kompendium, Glossar, Stand Februar 2021
33. ISO/IEC TR 13335-1:1996-12, Teil 1: Konzepte und Modelle für IT-Sicherheit, zurückgezogen
34. NIST SP 800-53 Rev. 5, Security and Privacy *Controls* for Information Systems and Organizations, https://csrc.nist.gov/pubs/sp/800/53/r5/upd1/final, letzter Abruf: 06.03.2025
35. ISO/IEC 27001:2022-10, Informationssicherheit, Cybersicherheit und Datenschutz – Informationssicherheitsmanagementsysteme – Anforderungen (ISO/IEC 27001:2022); Deutsche Fassung EN ISO/IEC 27001:2023
36. ISO/IEC TS 27100:2020, Information technology – Cybersecurity – Overview and concept
37. Anderson R., *Security-Engineering*, A Guide to Building Dependable Distributed Systems, Third Edition, John Wiley & Sons, Inc. Indianapolis, Indiana
38. Chng S., Yu Lu H., Kumar A. et al., Hacker types, motivations and strategies: A comprehensive framework, Computers in Human Behaivor Reports 5 (2022), ELSEVIER Ltd.
39. April C. Wright, Orange is the new Purple, BlackHat USA 2017, https://www.blackhat.com/docs/us-17/wednesday/us-17-Wright-Orange-Is-The-New-Purple-wp.pdf, letzter Abruf 06.03.2025

3 Security-Systems-Engineering

Der Begriff *Security-System-Engineering* (nachfolgend auch als SSE abgekürzt) assoziiert die Verknüpfung der Teile Security, System und Engineering. Nachdem in den vorherigen Kapiteln der Systembegriff beleuchtet und grundlegende Aspekte eines *Security-Systems* dargestellt wurden, wird nun mit dem Begriff *Engineering* eine weitere Dimension zugefügt. Selbstredend ist *Engineering* jedoch keine weitere Ausprägung oder Eigenschaft eines Systems, sondern der Ansatz ingenieurmäßiger Methoden auf Entwicklung, Konstruktion, Betrieb, Test und Verbesserung von *Security-Systems* anzuwenden.

Eine Grundlage zum *Engineering* ist die Anwendung unterschiedlicher Theorien und wissenschaftliche Methoden auf Problemstellungen, sodass eine praktikable (und möglichst auch wirtschaftliche) Lösung entsteht. Um hier „gewinnbringend" und erfolgreich zu sein, ist es erforderlich, die Problemstellung zu verstehen bzw. so zu interpretieren, dass Modelle und Methoden angewandt werden können. Ausgehend von Details zu *Engineering*-Grundlagen und *Engineering*-Rahmendefinitionen werden hier Prozesse und Methoden des *Engineering* in einen Zusammenhang zu *Security-Systems* gebracht. Der Fokus liegt grundlegend auf dem *Security-System* als eigenständiges physisches und logisches System, welches die Geschäftsprozesse und deren erforderlichen Geschäftssysteme absichert.

3.1 Engineering Prinzipien/Grundlagen

„*Security-Engineering is about building systems* to remain dependable in the face of malice, error, or mischance." Dieser Satz dient Ross Anderson als Einleitung in ein über 1000 Seiten umfassendes Werk zum Thema [2]. Anderson bezieht sich hier auf die Gefährdungen durch beabsichtige oder unbeabsichtigte Ereignisse. Das System soll im Lichte dieser Gefährdungen weiterhin zuverlässig seine Funktion erfüllen.

In differenter Weise wird *Security-Engineering* in Wikipedia beschrieben als „process of incorporating *security Controls into an information system* so that the *Controls* become an integral part of the system's operational capabilities. It is similar to other *Systems-Engineering* activities in that its primary motivation is to support the delivery of Engineering solutions that satisfy pre-defined functional and user requirements, but it has the added dimension of preventing misuse and malicious behavior. Those constraints and restrictions are often asserted as a security policy" [3].

Schon diese beiden Erläuterungen zeigen, dass auch bei *Security-Engineering* nicht ganz klar ist, ob es um die Erschaffung *von Security-Systems* als Ganzes oder um die Integration von Security *in* (Informations-)Systeme geht. Beide Beschreibungen rufen darüber hinaus naturgemäß eine ganze Reihe von Fragen auf, auf die im Folgenden eingegangen wird. Beispiele sind: Wie wird die Zielsetzung eines „dependable System" im Konstruktionsprozess eingeprägt? Wie flexibel ist das Konstruktionsergebnis im Wandel der Geschäfts- und Technologieentwicklung? In welchen Prozessschritten erfolgt die Auswahl von *Controls* und ggf. deren Ausprägung? Gibt es auch „Cyber *Security-Engineering*"? ... und was ist dann das Mehr an „cyber"?

Den beiden Beschreibungen können jedoch auch schon ein paar grundlegende Aspekte zum Verständnis des *Engineering* entnommen werden. Da wäre einerseits der Aspekt der Errichtung: Gebaut werden kann nur, wenn eine Vorstellung zum Ergebnis gegeben ist, d. h. es müssen primär Ziele zum Sinn, Zweck bzw. Nutzen des Ergebnisses definiert sein. Basis dieser sind unter Umständen auch nicht funktional definierte Ziele des Geschäftsbetriebs. Erforderlich ist, dass Ziele so in Anforderungen transformiert werden, dass einerseits abgeleitet wird, welche Funktionen und Services zur Zielerreichung erforderlich sind (Nutzersicht) und andererseits ein Konstruktionsprozess umgesetzt werden kann, der die Anforderungen „materialisiert" bzw. „funktionalisiert".

Das Ergebnis ist dann ein zusammenwirkendes Konstrukt von *Controls*, Komponenten und/oder allgemeiner *Security-Functions* und *Security-Services*, welches die Anforderungen wirksam und performant bewerkstelligen. Der (Engineering-)Prozess dazwischen ist es also, in dem die zu den Anforderungen passenden Komponenten ausgesucht und unter Beachtung ihrer spezifischen Eigenschaften sowie unter Beachtung der Randbedingungen – in Bezug auf Interaktionen und Abhängigkeiten zwischen Komponenten – zusammengefügt werden.

Security-Engineering ist also der Prozess der Transformation der (Geschäfts-)Anforderungen in *Security-Functions* und *Security-Services*.

Andererseits wird mit „remain dependable" auch zum Ausdruck gebracht, dass das *Security-System* eine Erwartungshaltung erfüllen muss. Diese in der jüngsten Vergangenheit auch als „*Trustworthiness*" bezeichnete Eigenschaft steht im Lichte tatsächlich wirksamer Gefährdungen und dem Grad der Auswirkungen auf den Geschäftsbetrieb permanent auf dem Prüfstand. *Trustworthiness* muss also permanent nachgewiesen werden. Das *Security-Engineering* umfasst in einem ersten allgemeinen Bild also auch beide Prozessrichtungen (Abb. 3.1).

3.1 Engineering Prinzipien/Grundlagen

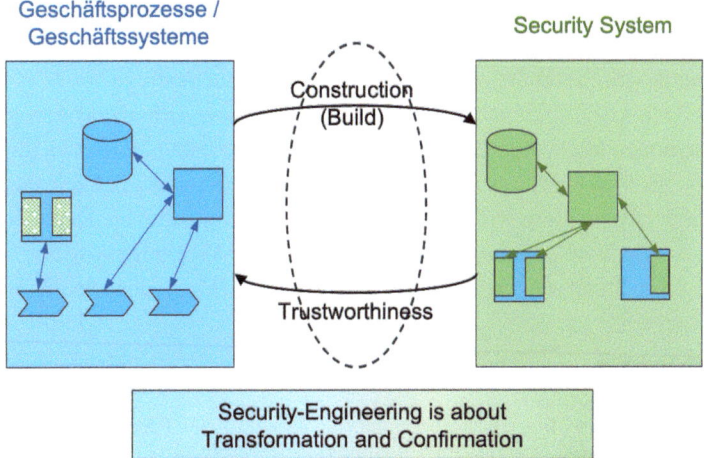

Abb. 3.1 Definition Security-Engineering

Zu vermerken ist auch, dass in der Wikipedia-Definition der Begriff „*Systems-Engineering*" verwendet wird. Das zusätzliche kleine „s" stellt ein gravierendes Unterscheidungsmerkmal zum „System-Engineering" dar. Gemeint ist, dass mit *System-Engineering* die Anwendung ingenieurgeprägter Verfahren zur Konstruktion und zum Betrieb eines (techn.) Systems erfolgt, wozu ein hohes Fachwissen zur Art des Systems erforderlich ist. Dem gegenüber wird unter *Systems-Engineering* ein fachdisziplin-übergreifender Ansatz verstanden, in dem Prinzipien, Konzepte und Methoden zur Realisierung von „engineered systems" zusammengefasst und strukturiert werden. Das *Systems-Engineering* stellt somit in gewisser Hinsicht den methodischen und prozessualen Werkzeugkasten (ein Framework) zum *Engineering* eines *Security-Systems* bereit.

Als Basis eines allgemeinen Verständnisses zum *Systems-Engineering* hat sich die internationale Norm ISO/IEC/IEEE 15288 [4] etabliert. Die Norm besteht im Wesentlichen aus zwei Teilen. Einerseits werden in Kap. 5 grundlegende Konzepte und Hinweise zu ihrer Anwendung definiert. Bestandteile sind u. a. Definitionen und Erläuterungen zu Systemen, Organisation, Life Cycle. Andererseits sind in Kap. 6 die „System life cycle processes" beschrieben, die sich in Agreement-, projekt-organisatorische, technisch-management- und technische Prozesse untergliedern.

Im Folgenden werden die in der Norm definierten Konzepte und Prozesse für den Umfang dieses Buches teilweise referenziert; hierbei jedoch in einen Kontext zum Thema Informationssicherheit gestellt. Eine tiefer gehende Betrachtung einzelner Normaspekte und deren Anwendbarkeit erfolgt nicht. Das „Engineered System" ist somit hier mit dem *Security-System* gleichzusetzen, welches als physisch/funktionales Gebilde zur Sicherstellung der Geschäftsprozesse im Lichte von Sicherheitsanforderungen verstanden wird.

Methoden

Wie erwähnt, wendet das *Systems-Engineering* zur Bewerkstelligung der Transformation von (Geschäfts-)Anforderungen zu *Security-Functions* und *Security-Services* unterschiedliche Methoden und Prozesse an. Das aus dem Griechischen stammende Wort Methode bedeutet so viel wie „Weg zu etwas hin" oder auch die „Art und Weise eines Vorgehens". Damit wird Methode im hiesigen Kontext als eine Abfolge von Handlungs- oder allgemeiner Aktionsschritten verstanden, um eine definierte Aufgabenstellung zu bewerkstelligen. Methoden können unterschiedliche Detailtiefen haben, wie etwa die Ermittlung eines Risikos als Verknüpfungsvorschrift von Eintrittswahrscheinlichkeit und Schadenshöhe oder die Übertragung von Schutzbedarfsanforderungen von Daten auf Systeme durch Anwendung von „Aggregations- und allgemein Vererbungsvorschriften" gemäß BSI-Grundschutz-Standard. Damit wird deutlich, dass Methoden das WIE eines Vorgehens fokussieren.

Prozesse

Eng verknüpft mit dem Begriff Methode ist das Konzept des Prozesses. Im Allgemeinen wird Prozess verstanden als Abfolge von Aktivitäten, um aus einem Input einen Output zu generieren. Damit fokussieren Prozesse in stärkerem Maße auf die Ziele und somit auf das WAS eines Vorgehens. Der aus dem lateinischen stammende Begriff „Procedere" wird im Allgemeinen in einer großen Bandbreite – und damit sehr unscharf – verwendet. Ein Procedere kann sich auf einen sichtbaren oder nachvollziehbaren Ablauf/Verlauf oder auf abstraktere Vorgänge in Sinne der Entwicklung beziehen.

Im Kontext der Transformation von Anforderungen zu einem *Security-System* kann Prozess hier als „Problemlösungsprozess" verstanden werden. Damit wird deutlich, dass sowohl eine (zu definierende) Aufgabenstellung gegeben sein muss, als auch eine Orientierung und Prüfbarkeit, in dem das Prozessergebnis an den Anforderungen gemessen wird. Problemlösungsprozesse sind immer rekursive Prozesse. Ein auch im Security-Management bekannter Prozess ist der sogenannte PDCA-Zyklus nach Deming. In diesem wird eine Lösung oder ein Lösungsansatz in der Entwicklungsrichtung methodisch geplant (Plan) und umgesetzt (Do), um in der Validierungs- und Verifikationsrichtung geprüft (Check) und verbessert zu werden (Act).

Im technischen Umfeld hat sich mit dem V-Modell ein Standard etabliert, welcher als VDI/VDE Empfehlung 2206 auch in der Entwicklung cyber-physischer Systeme zur Anwendung kommt [5]. Im V-Modell (Abb. 3.2) sind sowohl die einzelnen Phasen des Entwicklungsprozesses als auch die Kontroll- und Korrekturpunkte und -phasen einleuchtend dargestellt. Durch die Darstellung als „V" werden korrespondierende Phasen gegenübergestellt, so beispielsweise auf oberer Ebene die (beginnende) Erhebung und Definition von Anforderungen und die abschließende Validierung – und damit der Prüfung der Umsetzung der Anforderungen.

In einem übertragenen Sinn kann die Breite der nach oben offenen Darstellung des „V" als mögliche Lücke zwischen Anforderungen und System (Ergebnis) interpretiert werden. Ziel des Entwicklungsprozesses ist es, diese Lücke im besten Fall vollständig zu schließen.

Die Engineering-Prozesse zu einem *Security-System* stellen sich als komplexe Aufgabenstellung mit einer Vielzahl an Detailthemen und Beteiligten/Stakeholder dar. Damit diese in einer strukturierten und nachvollziehbaren Art und Weise bearbeitet werden kön-

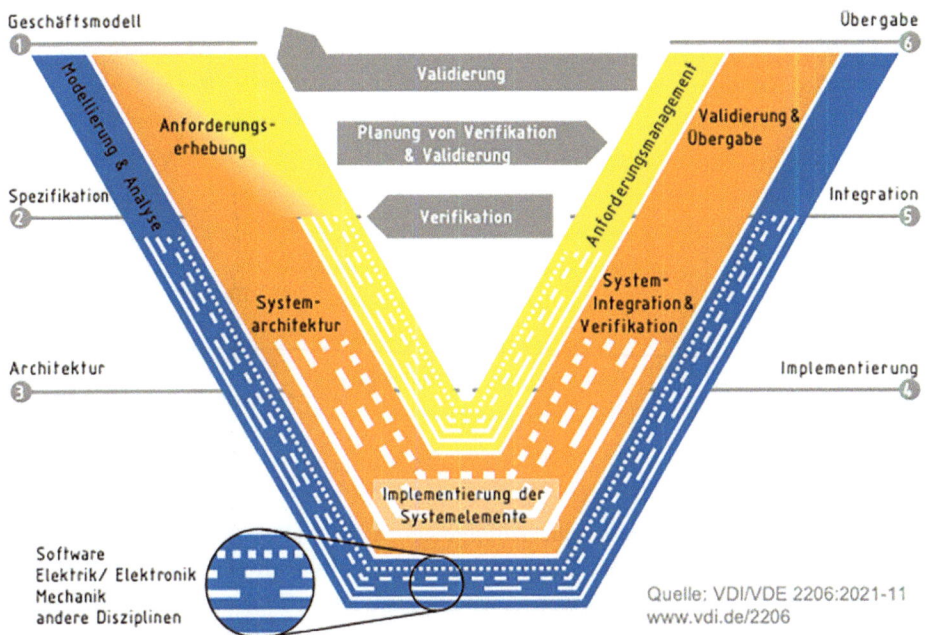

Abb. 3.2 V-Modell nach VDI/VDE 2206 [5]

nen, ist es hilfreich, eine übergreifende und übergeordnete Struktur und Kernaufgaben zu entwickeln. Diese sind im Kontext des *Systems-Engineering* in der Norm ISO/IEC/IEEE 15288 als Life-Cycle-Prozesse bekannt, die wie folgt gegliedert werden können.

Ausgangspunkt der Arbeiten ist die Kenntnis und Formulierung der **Bedarfe und Ziele** aus Geschäftssicht. Das *Security-System* als Ergebnis der Engineering-Prozesse muss diese Anforderungen erfüllen bzw. sicherstellen. Dies kann als **funktionale/physische Struktur** der Systemkomponenten mit einer optimierten Integration in die für die Geschäftsprozesse notwendigen Komponenten und Strukturen erfasst werden. Äquivalent zu den Leistungserstellungs- sowie Betriebsprozessen der Geschäftsprozesse muss auch das *Security-System* **betrieben** werden. Hiermit sind sowohl die Maßnahmen zur Aufrechterhaltung der Betriebsfähigkeit der Systemkomponenten als auch die nichttechnischen Maßnahmen zu verstehen, die als *Security-Functions* und *Security-Services* ein Bestandteil des *Security-Systems* sind.

Der Übergang zwischen Anforderungen und funktionaler/physikalischer Struktur des *Security-Systems* ist unter Umständen nicht in einem einzelnen Schritt zu bewerkstelligen. Insbesondere zur Sicherstellung der Kommunikation mit den Stakeholdern als auch zur Verifikation und Validierung des Ergebnisses an den Anforderungen kann es sinnvoll sein, sogenannte **funktionale Architekturmodelle** als gemeinsame Kommunikationsbasis zu definieren.

Werden diese vier Kernthemen des Life Cycle in einen Kontext gebracht, so bietet sich die Darstellung als Dreieck (Abb. 3.3) an. Durch die Kennzeichnung mittels Pfeilen wird

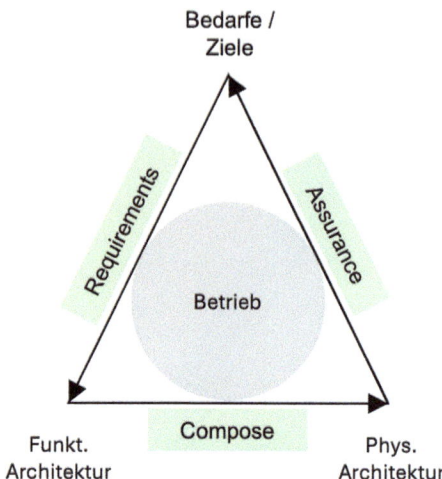

Abb. 3.3 Kernstruktur Security-Engineering

unterstrichen, dass die Themen in einer Abfolge stehen, die auch als genereller *Engineering-Prozess* bezeichnet werden kann. Die Stellung des Betriebs als Kreis in der Mitte verdeutlicht, dass alle Kernthemen über einen integrierten operativen Zusammenhang miteinander verbunden sind und laufend an der Operationalisierbarkeit zu messen sind.

Mit der Darstellung der Kernthemen können weiterhin auch zentrale Prinzipien bzw. Prozesse als Entwicklungen von einem Thema zum nächsten grundlegend geordnet werden. Grundlage allen Handelns ist die zielorientierte Definition und Dokumentation der Bedarfe. Alle Bedarfe als Anforderungen („Requirements") sind so zu definieren, dass diese in eine funktionale Architektur überführt werden können. Aufgrund der Vielfalt der Anforderungen ist eine Strukturierung und Priorisierung erforderlich, welches im Engineering-Kontext als „Separation of Concerns" (hier: Gliederung in Handlungsfelder) bezeichnet wird. Ist ein logisches Konstrukt der funktionalen Architektur entwickelt worden, besteht der nächste Schritt in der Überführung in eine funktionale/physikalische Architektur. Hiermit verbunden ist die Identifizierung einzelner Systemkomponenten und derer Struktur, welches als Aspekt der „composability" subsummiert wird. Schließlich gilt es, die physikalische Struktur und das damit zusammenhängende Betriebskonzept an den Anforderungen zu spiegeln. Dies erfolgt in Form der Prüfung der Vollständigkeit und Wirksamkeit der Umsetzungsmaßnahmen (Verifikation) sowie der Prüfung der Erfüllung aller Anforderungen (Validierung). Die einzelnen Kernprinzipien werden im Folgenden etwas eingehender beleuchtet.

Zielorientierung

Ziel des Engineering-Prozesses ist es, ein *Security-System* zu schaffen, das auf die Sicherheitsanforderungen des Geschäfts zugeschnitten ist und als eigenständiges, funktionales System betrieben wird. Darüber hinaus müssen die *Security-Functions* und *Security-Services* des *Security-Systems* in die Prozesse des Geschäftsbetriebs integriert werden. Die Begriffe Zuschnitt und Integration sind durch die Engineering-Prozesse in Einklang zu

3.1 Engineering Prinzipien/Grundlagen

bringen und durch strukturelle und operationale Maßnahmen als System zu definieren. Das System als Ergebnis hat somit neben der Dimension der Problemlösung parallel auch Aspekte einer Optimierung.

Wird das *Security-System* „vom Ende her gedacht", kann die Engineering-Aufgabe als Schaffung eines Konstruktes gesehen werden, welches für die Security-Anforderungen eines definierten (Geschäfts-)Systems unterschiedliche *Controls*, Komponenten oder Funktionen in einem optimalen Zusammenwirken zu einem Gesamtsystem verknüpft. Unter der Randbedingung der Erfüllung aller Anforderungen kann hieraus eine Zielfunktion als Optimierungsaufgabe entwickelt werden, die mit technischen und/oder betriebswirtschaftlichen Methoden durch einen einzelnen Kennwert repräsentiert werden kann. In einer vereinfachten Sichtweise kann dies wie folgt dargelegt werden:

Das Funktionieren des *Security-Systems* auch unter nachteiligen Bedingungen kann – auch mathematisch – als Sicherheitsfunktion interpretiert werden. Diese stellt die Optimierungsfunktion in Abhängigkeit unterschiedlich ausgeprägter Betriebsbedingungen dar, die als „Security-Perfomance" (nachfolgend auch secPerf) bezeichnet werden soll (Abb. 3.4).

Im einfachsten Fall wäre das Gesamtsystem von einer einzelnen Bedingung, beispielsweise dem Nichteintreten eines einzelnen Schadensereignisses/-ereignistypes als

$$\text{secPerf}(S) = f(bx.a) \tag{3.1}$$

zu bezeichnen, wobei **bx.a als ein möglicher Zustand** der **Bedingung Bx** verstanden werden kann. Bedingung kann hier als Zustand/Status einer *Security-Function* bzw. eines *Security-Services* erfasst werden wie beispielsweise die Erkennung von Phishing-Mails durch einen Spam-Filter.

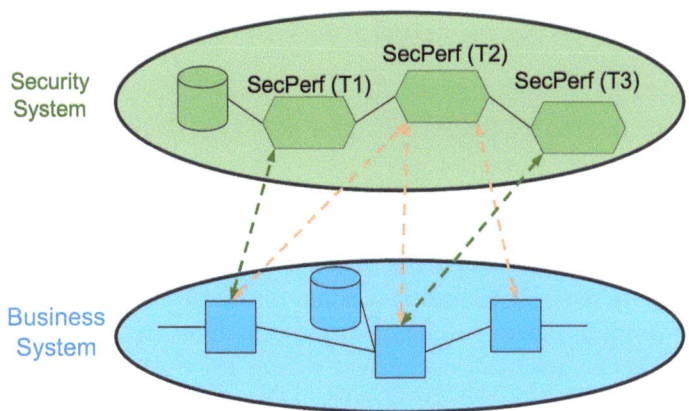

SecPerf (S) = ⊗ (SecPerf(T1), SecPerf(T2), SecPerf(T3))

Abb. 3.4 Security Performance Function

Im Allgemeinen beruht eine Schadensereignis jedoch auf mehreren zu überwindenden konsekutiven und/oder parallelen Hürden, die hier als (Schadens-)**Bedingungen** aufgefasst werden. Bei einer Ransomware sind dies die durch einzelne *Security-Functions/Security-Services* wie Spam-Filter, Malwareschutz, Code-Ausführungsschutz, Berechtigungen, C2-Filter intendierte Schutzmechanismen. Jede *Security-Functions* bzw. *Security-Services* wird vereinfacht als **Bedingung B1, B2, B3** usw. bezeichnet, die unterschiedliche Zustände im laufenden Betrieb bzw. in Bezug auf ein Ereignis haben kann. So kann beispielsweise der Spam-Filter (Bedingung B1) eine Datei als Spam deklarieren oder auch nicht, was bedeutet, dass der Spam-Filter den Sicherheitszustand „sicher = Zustand a" oder „unsicher = Zustand b" deklarieren kann. Der Zustand der einzelnen *Security-Function*/des einzelnen *Security-Services* „Spam-Filter" kann somit als b1.a oder b1.b definiert werden; also als allgemeine Notation dann bx.i für „i" unterschiedliche Zustände.

Als erste Verallgemeinerung der Sicherheitsfunktion kann diese als Funktion in Abhängigkeit von mehreren Bedingungen bzw. deren Zuständen mit

$$\mathrm{secPerf}(S) = f(b1.i, b2.j, b3.k, \ldots bN.n) \tag{3.2}$$

erfasst werden.

Dieser lineare Ansatz kann und wird unter Umständen weiter „verkompliziert", wenn sich die jeweiligen Bedingungszustände gegenseitig beeinflussen und Abhängigkeiten aufweisen.

Es ist leicht einsehbar, dass in einem Gesamtsystem die Anzahl der Bedingungen sehr groß werden kann, sodass eine Gliederung des Gesamtsystems in Teilsysteme sinnvoll erscheint. In der Literatur wird die Verknüpfung von Teilsystemen zu einem Gesamtsystem als „SoS – System of Systems" bezeichnet. Neben der grundsätzlichen Gliederung in Teilsysteme erfolgt in der Regel zusätzlich eine Unterscheidung zwischen funktionalen und sogenannten unterstützenden Systemen. Somit kann die Sicherheitsfunktion des Gesamtsystems durch eine Verknüpfung der durch Teilsysteme gebildeten Teilfunktionen dargestellt werden; in etwa

$$\mathrm{secPerf}(S) = \otimes (\mathrm{secPerf}(T1), \mathrm{secPerf}(T2), \mathrm{SecPerf}(T3), \ldots) \tag{3.3}$$

Der Verknüpfungsoperator $\otimes$ kann hierbei unterschiedliche Kriterien ausdrücken, beispielsweise die Sensibilität des Teilsystems nach Schutzbedarfen, die Gefährdungsexponiertheit oder die Kritikalität in Bezug auf einen Geschäftsprozess.

Festzuhalten ist, dass die Sicherheitsfunktion des Gesamtsystems sowohl als Eigenschaft (quasi das Kenndatum des Systems) sowie auch als Optimierungsmaßstab und damit auch Bewertungsmaßstab interpretiert werden kann. Als Verallgemeinerung der Optimierungsaufgabe sind neben der Sicherheitsfunktion mindestens die Kosten sowie der Einfluss auf die Nutzbarkeit der Geschäftssysteme („Usability Impact") als Optimierungsparameter zu berücksichtigen. In Teilen der Literatur wird der resultierende Gesamtfaktor aus allen Einflussparametern als „(security) Figure of Merit (FoM)"; teilweise auch als „Security Scorecard" bezeichnet [6]. Zur Umsetzung der Optimierungsaufgabe schlägt S. Belur eine gewichtete Verknüpfung der Optimierungsparameter vor. Die Gewichtsfaktoren der einzelnen Parameter sind als Rahmenparameter zu definieren; dies ist äquivalent zu Kategorisierungen bei einem Risiko-*Assessment*.

Als mögliche Optimierungsverfahren werden drei Methoden genannt:

a) Unter der Annahme, dass für eine Aufgabenstellung nur wenige unterschiedliche, realistische Lösungen gebildet werden können, kann ein Optimum durch Aufzählung, Bewertung und Vergleich (Rangfolge) gebildet werden. Die Darstellung kann in Form einer Bewertungsmatrix einfach und nachvollziehbar erfolgen.
b) Als Alternative hierzu schlägt Suh [7] im Rahmen eines axiomatisch genannten Ansatzes zur Transformation von Anforderungen auf ein Systemdesign ein „Information Axiom" vor. Für eine definierte Klasse von Transformationseigenschaften wird über eine Interpretation der aus der Informationstheorie bekannte logarithmischen Funktion zum Informationsgehalt ein Bewertungsansatz unterschiedlicher Designausprägungen definiert.
c) Als dritte Variante kommen bei einer großen Menge zu erwartender Lösungsszenarien oder auch bei dynamischer Verknüpfung der Optimierungsparameter ggf. Standard-Optimierungsverfahren wie NLP (Non Linear Programming), Monte-Carlo-Verfahren u. a. in Betracht. Der hiermit verbundene Aufwand übersteigt jedoch ggf. den Mehrwert einer größeren Entscheidungssicherheit.

Aufgrund der Dynamik und Entwicklung der Gefährdungen wird der *„Security-Function"* darüber hinaus auch eine zeitliche Komponente angeheftet; nämlich die Berücksichtigung im „System Life Cycle" resp. des Life Cycle der Systemelemente.

Requirements Engineering
Grundlage im Kontext des *System-Engineering* ist die Definition und Abstimmung der Anforderungen (Requirements) in unterschiedlichen Engineering-Prozessen. Der Stellenwert eineindeutiger Anforderungen kann nicht hoch genug gestellt werden; schließlich gilt auch hier die Weisheit: „Ein klar formuliertes Problem ist schon halb gelöst" (nach Charles Kettering). Die Aufgabe der Aufnahme und Formulierung von Requirements beginnt mit der Erfassung der Business-Anforderungen, die sich aus den Geschäftszwecken und Bedarfen („Needs") des (Geschäfts-)Systems bzw. der Geschäftsprozesse ergeben. Diese müssen dann in *Security-Requirements* „übersetzt" werden, sodass daraufhin das *Security-System* in Architektur, Komponenten und Funktionen entwickelt werden können. Alle mit der Aufnahme und „Übersetzung" zusammenhängenden Tätigkeiten werden im Systems-Engineering als „Transformation" bezeichnet. Im Rahmen des Systems-Engineering sind somit sowohl einzelne, kontextspezifische Transformationen (bspw. Geschäftsbedarfe in „Business-Requirements") als auch solche zwischen abhängigen Kontexten (von Geschäfts- zu Security-Requirements) durchzuführen. Zur Minimierung von Informationsverlusten und fehleranfälligen Interpretationsspielräumen sind grundlegende

Kenntnisse zu Definitionen, Hilfestellungen und Umsetzungsprozessen hilfreich. An dieser Stelle wird zunächst auf klare und eindeutige Formulierung von Requirements abgestellt und nicht auf die Analyse und Erfassung kontextspezifischer Inhalte. Ausgenommen hiervon ist der Hinweis, dass bei der Definition der Anforderungen zwischen funktionalen und nicht-funktionalen Anforderungen unterschieden werden kann. Funktionale Anforderungen sind meist direkt erfassbar, da sie in der Regel mit der operativen Nutzung, d. h. den „use-cases" zu Geschäftsprozessen einhergehen. Dem gegenüber sind nicht-funktionale Anforderungen mit einem definitorischen Mehraufwand verbunden. So kann etwa der Bedarf eines „performanten Systems" mit der Definition von Antwortzeiten an der Benutzerschnittstelle oder auch mit der Definition von Input-Output-Operationen pro Sekunde (IOPS) eines Verarbeitungssystems einhergehen.

Definition
Requirements (Anforderungen) sind definiert als Aussagen („Statements"), die Bedarfe („Needs") sowie deren Bedingungen („Conditions") und Einschränkungen („Constraints") übersetzen oder beschreiben.

Zunächst einmal werden Bedarfe und Anforderungen unterschieden und miteinander in Beziehung gebracht. Während mit *Bedarf* in der Regel die Erwartung in Bezug auf die Performance und/oder die Qualität eines Systems ausgedrückt wird, umfasst die *Anforderung* detaillierter die Definition von Eigenschaften, Verhaltensweisen, Funktionen etc. Dies bedeutet auch, dass mit Anforderungen eine Orientierung auf die praktische Umsetzungsfähigkeit erfolgt, in dem der Lösungsraum eingegrenzt wird. Nur so wird aus dem Bedarf der Bereitstellung von Geschäftsservices die Definition der Verfügbarkeit; orientiert an Betriebszeiten und Wiederherstellungszeiten im Fehlerfall.

Im Kontext der Begriffsverwendung aus Best Practices und Zertifizierungsanforderungen werden Bedarfe und Anforderungen nicht immer einheitlich verwendet. An dieser Stelle wird der Bedarf mit dem Modalverb „should" und die Anforderung mit dem Modalverb „shall" verknüpft.

Nicht explizit ist in der genannten Definition erwähnt, dass Requirements einen Bezug zu einer Entität bzw. einem Objekt haben müssen. In der allgemeinen Definition werden als Entität u. a. (Teil-)Systeme, Services, Funktionen oder auch Prozesse bezeichnet. Damit verbunden ist unmittelbar, dass Requirements unterschiedliche Abstraktionsebenen umfassen, die dann in den Umsetzungsprozessen bis auf einzelne Systemkomponenten und -funktionen heruntergebrochen werden. So kann die Anforderung zur Sicherstellung einer durchgängigen 24/7-Nutzungsmöglichkeit eines Geschäftsservices schnell dazu führen, dass alle Systemkomponenten redundant ausgelegt und betrieben werden müssen.

Requirements umfassen weiterhin die Bestandteile Bedingung („condition") und Einschränkung („constraint"). Als Bedingungen werden Ausprägungen verstanden, die sich auf Verknüpfungen mit zeitlichen, inhaltlichen oder räumlichen Aspekten beziehen; beispielsweise die ausschließliche Verwendung von 2-Faktor-Authentisierungsverfahren bei Zugang aus unsicheren Netzen. Diese sind von reinen Randbedingungen zu differenzieren, die grundlegende Anforderungen wie etwa die Orientierung an BSI-Standards o. Ä. um-

3.1 Engineering Prinzipien/Grundlagen

fassen. Dem gegenüber sind Einschränkungen unmittelbarer auf Entitäten wirksam, in dem Grenzen oder auch Regulierungen definiert sind; beispielsweise keine Verwendung anonymisierter Zugänge.

Die Transformation und Definition klarer und eineindeutiger Beschreibungen von Bedarfen und Anforderungen werden mit der Anwendung und Umsetzung charakteristischer Merkmale verbunden. Maßgebliche Arbeiten in Bezug auf das Systems-Engineering wurden hierzu von Ryan und Wheatcraft durchgeführt, die die sogenannten „Well-formed"-Eigenschaften definiert haben [8]. Hiernach ist bei der Transformation zu erfassen, dass

- Anforderungen für ein oder mehrere Bedarfe **notwendig** sind, sodass die Gesamtheit aller Anforderungen die mögliche Lösung repräsentieren,
- jede Anforderung die Umsetzung jeweils eigenständiger (**singularer**) Aspekte der Bedarfe ausdrückt,
- jede Anforderungsbeschreibung **konform** zu einem definierten, einheitlichen Satz- und Deklarationsmuster ist,
- jede Anforderung **angemessen** detailliert für die jeweilige Abstraktionsebene ist sowie
- jede Anforderung den Bedarf **korrekt** widerspiegelt und somit die Umsetzung der Anforderung den bzw. die Bedarfe erfüllt.

Weitere Eigenschaften, die mit der Klarheit und Eindeutigkeit einhergehen sind:

- Die Anforderungen müssen in Bezug auf Intention und erwartete Ergebnisse **eineindeutig** (unambiguous) sein.
- Anforderungen müssen die Bedarfe **vollständig** beschreiben.
- Die Umsetzung der Anforderung muss im Rahmen der definierten (Rahmen-)Bedingungen **umsetzbar** (feasible) sein.
- Anforderungen müssen **nachweisbar** (verifiable) sein.

Ergänzend zu diesen Eigenschaften einzelner Anforderungen ist selbstredend, dass die Gesamtheit aller Anforderungen alle Aspekte der Bedarfe erfassen und berücksichtigen müssen. Neben der Vollständigkeit der Anforderungen ist hiermit als wichtige Eigenschaft die Widerspruchsfreiheit „über alle Anforderungen" verbunden.

Wie die Eigenschaft der Nachweisbarkeit bereits impliziert, umfasst das Requirements-Engineering auch die Basis zur Prüfung und Sicherstellung der gewünschten Bedarfe, d. h., dass der aus Geschäftssicht erwartete Nutzen auch erfüllt wird. Hierzu werden in der Regel Parameter wie SLA (Service Level), KPI (Key Performance Indicator) oder sonst wie bezeichnete Maß- bzw. Nachweisgrößen definiert. Aus Engineering-Sicht werden hierbei die Begriffe Verifikation und Validierung verwendet und von ihrer Bedeutung her klar unterschieden (siehe unten). Beide Aspekte sind innerhalb der unterschiedlichen Transformationsprozesse sowie letztlich über alle Prozesse relevant und regelmäßig zu reflektieren.

Separation of Concerns

Unter Engineering-Aspekten sind die Bearbeitung von Teilsystemen („SoS – System of Systems") und die damit verbundene Modularisierung der Gesamtaufgabe ein hilfreiches Instrument zu Bearbeitung komplexer Aufgabenstellungen.

Als Modularisierungskonzept ist in der Softwareentwicklung seit Langem das von E. Dijkstra eingeführte Prinzip der „Separation of Concerns (SoC)" bekannt. In seinem 1974 veröffentlichten Essay zur Rolle des wissenschaftlichen Denkens in der Softwareentwicklung (im Original: „On the role of scientific thought" [9]) beschreibt er – frei übersetzt – SoC als „die einzige verfügbare Technik zur Ordnung (und Ausrichtung) der Gedanken zu einer Aufgabenstellung". Wird „Concern" hier so verstanden, dass damit ein – abgrenzbares – Anliegen, Interesse oder ein Aufgabenaspekt gemeint ist, so ermöglicht die Anwendung des Prinzips die Entwicklung von (Software-)Modulen, die einerseits eine definierte Aufgabe erfüllen und andererseits durch definierte Schnittstellen zu anderen Modulen verbunden sind und somit prinzipiell mehrfach referenziert werden können. In Bezug auf ein *Security-System* kann die Modularisierung als Separierung von Anforderungsbereichen mit realen oder logischen Schnittstellen bzw. Überschneidungen zwischen einzelnen Bereichen interpretiert werden. Auch hier kann es ein resultierendes Ziel sein, einzelne Verfahren und Methoden, d. h. *Security-Functions* und *Security-Services* zur Sicherstellung der Anforderungen möglichst in vielfältigen Anwendungsszenarien einzusetzen.

Nicht beantwortet wird durch Dijkstra die Frage, wie und durch welche Verfahren oder nach welchen Kriterien eine passende Modularisierung bewerkstelligt werden kann und gleichzeitig die Gesamtaufgabe durch das Zusammenwirken aller Module sichergestellt bleibt. Denkbar sind hier unterschiedliche Ansätze, wie beispielsweise eine Korrelation zu den in Abschn. 2.3 dargestellten unterschiedlichen Kategorisierungsansätzen von Systemkomponenten. An dieser Stelle sollen exemplarisch drei Ansätze benannt werden:

- Eine Orientierung kann entsprechend den Anforderungen nach Schutzzielen und Schutzbedarfen erfolgen, d. h. den unterschiedlichen Ausprägungen der CIA-Triad für unterschiedliche Anforderungen von (Teil-)Anwendungen/Geschäftsprozesse. So ist es möglich, Module zur Sicherstellung einzelner Schutzziele auszuprägen, beispielsweise ein Berechtigungsmanagement zur Vertraulichkeit oder Redundanzmechanismen zur Verfügbarkeit.
- Eine Orientierung kann an generellen Sicherheitsprinzipien erfolgen; beispielsweise den acht Design Principles nach Saltzer und Schroeder: Economy of Mechanism, Fail Safe Defaults, Complete Mediation, Open Design, Separation of Privilege, Least Privilege, Least Common Mechanism und Psychological Acceptability [10]. Neumann bezeichnet diese und weitere Prinzipien als vorteilhafte Orientierung, wobei hier eher von unterschiedlichen Sichten zur Bewertung einer bestehenden Architektur ausgegangen wird [11]
- Eine Orientierung kann an den Anforderungen zu „Loss of ... -Bedingungen" (gem. Abschn. 2.5) geknüpft sein. Diese Sicht hat den Vorteil der direkten An- und Verknüp-

fung mit den Sichten der Stakeholder der Geschäfts-Assets und Geschäftsprozesse (und damit eine direktere zweckgebundene Orientierung). Die mögliche Ableitung von *Security-Functions* und *Security-Services* kann durch Risikoabwägung und Zuhilfenahme von Best-Practice-Ansätzen erfolgen.

Composability
Composability umfasst alle Aufgaben und Aspekte zur Verknüpfung aller Systemkomponenten, Teilsystemen und Teilfunktionen zum *Security-System*. Mit der Zielorientierung zur Sicherstellung aller Anforderungen aller Stakeholder sind mit diesen Design- und Architekturaufgaben mindestens folgende Teilaspekte verbunden:

- Schaffung sicherer Systemkomponenten für die separat betrachteten („gelösten") Anforderungen der *Security-Concerns*.
- Design und Entwicklung der Architektur des *Security-Systems*. Dies bedingt bzw. geht mit der Anwendung von definierten/abgestimmten Architekturprinzipien einher. Hierbei ist eine zyklische Erfassung, Bewertung und Entscheidung zur Optimierung der (Geschäfts-)Risiken handlungsleitend. Letztlich ist zu entscheiden, wann „genug Sicherheit" implementiert ist, d. h. wann der Sicherheitsnutzen durch zusätzliche Maßnahmen nicht mehr im Verhältnis zum Aufwand getragen wird.
- Optimierung der Realisation von *Security-Functions* und *Security-Services* als separierte Assets oder als Teil der Geschäfts-Assets (wirtschaftlichen und betriebliches Optimum).
- Sicherstellung, dass die Verknüpfung von *Security-Functions* und *Security-Services* zu einem sicheren Gesamtsystem führt. Durch die entstehende Komplexität des Gesamtsystems ist dies verbunden mit der Fragestellung, dass alle Kombinationen von Systemzuständen in einer Datenfluss- oder Zugriffskette ausreichend sicher ist.
- Umsetzung aller Geschäfts- und daraus abgeleiteten Sicherheitsanforderungen in der Architektur sowie Realisation aller Nachweismöglichkeiten aus Security- und Geschäftssicht.

Aus der Aufzählung der Teilaspekte ist ersichtlich, dass dies initial einen iterativen Prozess voraussetzt.

Weiterhin erfordern wesentliche Änderungen der Anforderungen und Betriebsweisen der Geschäftsprozesse eine mehr oder minder vollständige Prüfung aller *Security-Functions* und *Security-Services* und ihrer Schnittstellen.

Verifikation/Validierung
Wie schon im V-Modell kurz dargestellt ist das Engineering-Ergebnis in rekursiver Art und Weise auf Übereinstimmung mit den Anforderungen zu prüfen. Hierbei sind jedoch die beiden Methoden Verifikation und Validierung grundlegend zu unterscheiden. Beiden ist gemein, dass sie darauf beruhen, durch objektive Prüfvorgänge Belege für die Bestätigung bzw. Nicht-Bestätigung von Eigenschaften zu finden. Objektive Prüfungen werden

auch als Audit bezeichnet, zu denen im Bereich Informationssicherheit diverse Methoden definiert sind; beispielsweise interne und externe Audits in Verbindung mit der Prüfung der Zertifizierungsfähigkeit zu Management-Standards, Common Criteria und andere.

Unter Verifikation wird im Allgemeinen „die Bestätigung, dass spezifizierte Anforderungen erfüllt sind" verstanden. Verifiziert (lat. für „zur Wahrheit machen") wird somit, ob Anforderungen inhaltlich richtig umgesetzt sind. Dies erfolgt durch Erhebung von Systemverhalten und -funktionen und Vergleich und Bewertung anhand definierter Kriterien oder Verhaltensbeschreibungen. Als Beispiel können die Messung und Bestätigung geforderter Antwortzeiten aus Sicht eines Benutzers sein. Im Sinne von Sicherheitsstandards wird dies auch als „Performance-Audits" bezeichnet.

Die Bestätigung erfolgt gemäß dem Prinzip „Works as designed", d. h., das System wurde gemäß den Anforderungen richtig gebaut und wird hiermit übereinstimmend richtig betrieben. Hierzu ist festzuhalten, dass beim Engineering-Prozess Anforderungen mehrfach transformiert wurden. Aus Geschäftsanforderungen wurden Sicherheitsanforderungen definiert, die dann in einer funktionalen/physischen Architektur umgesetzt wurden. Demzufolge ist immer festzulegen, welche Anforderungen zu Verifikation herangezogen werden.

Als Validierung (lat. „kräftig, gültig") wird die Prüfung und Bestätigung verstanden, dass die realisierte Architektur den Bedarfen genügt, d. h. im Wortsinn „kräftig genug ist". Das Prinzip lautet also hier „Works as intended", d. h. alle Anforderungen sind in der richtigen Art und Weise zweckdienlich umgesetzt. Die richtige Art und Weise entspricht in Sicherheitsstandards den Effectiveness-Audits. Nur durch diese Prüfung wird in letzter Konsequenz ein Vertrauen und damit das *„Trustworthiness"* zwischen Security und Business hergestellt bzw. gestützt.

Die Definition der Anforderungen und Kriterien zur Verifikation und Validierung des Engineering-Ergebnisses sind als Bestandteil unterschiedlicher Anforderungsdokumente festzulegen.

3.2 Engineering-Rahmen im Security-Umfeld

Der Mangel an systematischen Engineering-Ansätzen mit Fokus auf Informationssicherheit führte in eine Zusammenarbeit zwischen NSIT, NSA, MITRE und Herstellern im Jahr 2016 zur Entwicklung und Veröffentlichung des zweibändigen Werkes NIST SP 800-160 Vol.1/2 „System *Security-Engineering*". Vorgestellt wurden Überlegungen („Considerations") zum Engineering von Trustworthy Secure Systems, die u. a. der Weiterentwicklung von Methoden, Prinzipien, Konzepten und Aktivitäten als Anwendungsbereich- bzw. Wissensdisziplin zum *Security-Engineering* dienen sollte. Das Werk versteht sich explizit nicht als Anwendungsleitfaden, sondern eher als Werkzeugkasten, der einer „Engineering Organization" zur zweckgebundenen Umsetzung angeboten wird. Ein *Security-System* wird hier als „Design Problem" wahrgenommen, welchem durch geeignete methodische Ansätze begegnet werden kann. Beide Bände wurden im Jahr 2022 als überarbeitete Releases veröffentlicht.

3.2 Engineering-Rahmen im Security-Umfeld

Damit einher wurde die inhaltliche Ausrichtung geändert. Die derzeitigen Titel der Werke sind: NIST SP 800-160v1r1 „Engineering Trustworthy Secure Systems" [12] und NIST SP 800-160v2r1 „Developing Cyber-Resilient Systems" [13]. Die Werke bieten einen guten Einstieg in das Themenfeld und sollen in Teilen verwendet werden.

Zum Verständnis des *Security-Engineering* sind die hier verwendenden Begriffe „Security" und „Assets" in einer weiten Interpretation definiert:

Security ist die Abwesenheit von Bedingungen und Zuständen des Systems, die zu einem Verlust von Assets mit nicht zu akzeptierenden Konsequenzen führen können. Die hier vorherrschende Haltung ist durch die Vermeidung des Verlusts geprägt, d. h. Aufgabe des Engineering ist die Schaffung und der Betrieb eines *Security-Systems*, welches mögliche ‚loss of-Zustände' der Geschäftsprozesse auf ein akzeptables Niveau reduziert.

Assets sind hierbei als alle Werte zu verstehen, die der Erlangung organisationaler und geschäftsorientierter Ziele dienen. Dies sind sowohl physikalische Assets wie Hardware- oder Softwarekomponenten als auch virtuelle Assets wie Daten oder Reputation. Da Assets somit sehr weit interpretiert werden können und damit unter Umständen die unterschiedlichen Sichtweisen nicht transparent werden, ist sinnvollerweise zwischen Geschäfts-Assets und *Security-System*-Assets zu unterscheiden. Dies wird folgend auch mit bAsset (Business/Geschäft) und sAsset (*Security-System*) kenntlich gemacht. Ein *Security-System* ist folglich eines, welches unter definierten Um- und Zuständen Sicherheit gewährleistet, d. h. die Sicherheit der bAssets sicherstellen soll. Da die Anforderungen an die Sicherheit durch die Geschäftsziele definiert sind, werden hiermit auch die zu akzeptierenden Konsequenzen bestimmt. Die Balance zwischen Systemsicherheit und akzeptierten Konsequenzen wird als „adequately secure" bezeichnet. Angestrebt wird somit nicht die „absolute Sicherheit", sondern die in Relation zu den bAssets angemessene. Hervorzuheben ist, dass Security im Rahmen dieses Werkes als „Asset-Oriented Security" interpretiert wird.

NIST definiert System-*Security-Engineering* als „specialty engineering discipline of *Systems-Engineering* that applies scientific, mathematical, engineering, and measurement principles, concepts, and methods to coordinate, orchestrate, and direct the activities of various *Security-Engineering* specialties and other contributing engineering specialties to provide a fully integrated, system-level perspective of system security".

Diese Definition lässt offen, was bzw. welches System als System-Level betrachtet wird. Denkbar ist, dass Security über das gesamte System der Geschäfts-Assets gelegt wird, d. h. Sicherheitseigenschaften der Geschäfts-Assets darstellt. Alternativ ist auch die Interpretation möglich, dass Security auf einer (eigenständigen) Ebene als *Security-System* definiert ist, die mit der Ebene der Geschäftssysteme interagiert. Im vorliegenden Buch wird die alternative Interpretation zugrunde gelegt. Ziel des Engineering ist es hier, Security als eigenständiges und abgrenzbares System von Komponenten und Interaktionen zu betrachten, welches die Schutzanforderungen der Geschäftsprozesse und -assets sicherstellt. Hierzu wird der Terminus „*Security-System*" als System zur Sicherstellung der Security verwendet.

Ausgangspunkt zum Engineering ist die Darstellung Abb. 3.1, dass Anforderungen des Geschäftsbetriebs in die Errichtung eines *Security-Systems* münden, welches andererseits Nach-

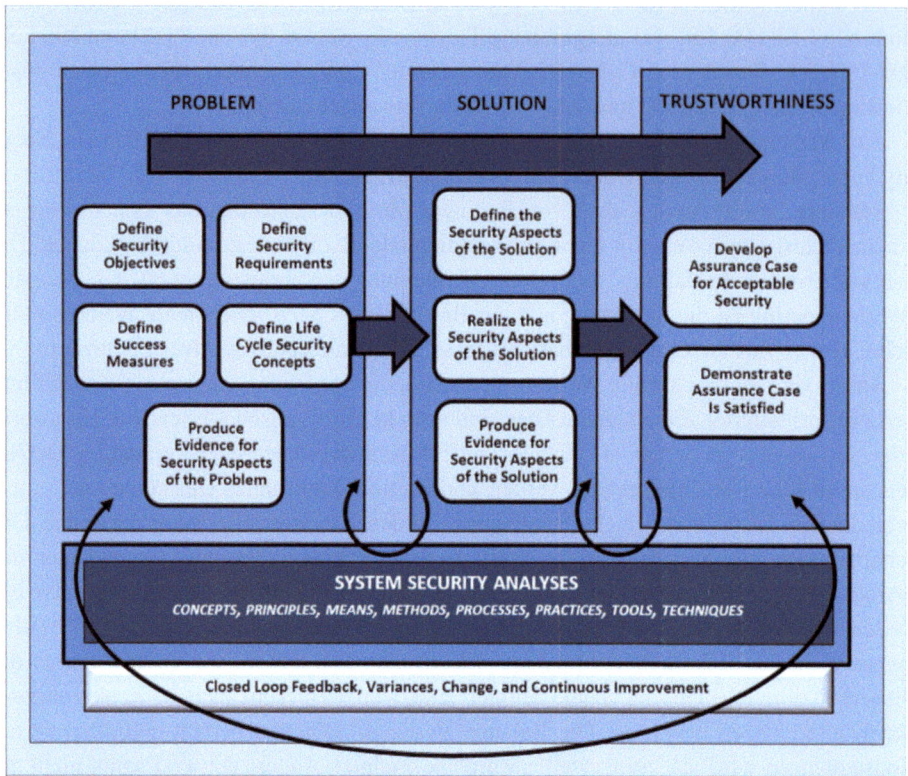

Abb. 3.5 Engineering-Framework nach NIST [13]

weise zur Erfüllung der Anforderungen liefern muss. Dieser Transformationsprozess soll zunächst sukzessive verfeinert werden, sodass eine Struktur von Arbeitsaufgaben gegeben ist.

Als Framework der Engineering-Prozesse verwendet NIST ein grobes Modell, welches im Kern die drei Themenbereiche Problem, Solution und *Trustworthiness* adressiert (Abb. 3.5).

Jeder Themenbereich beinhaltet „Key Activities", welche die jeweiligen Engineering-Aufgaben thematisch bündeln.

Der **Problemkontext** umfasst die Anforderungen und Rahmenbedingungen aus Geschäftssicht sowie die „Übersetzung" in Sicherheitsanforderungen. Aktivitäten dieses Bereiches umspannen funktionale und nicht-funktionale Anforderungen aus Geschäftssicht wie beispielsweise

- Definitionen und Akzeptanzgrenzen einzelner „Loss-of-Bedingungen",
- Definition und Grenzen zu Risiko- und Kosten-Nutzen-Bewertungen,
- Definition und Vorgaben zum „adequately secure"-Rahmen,
- Kriterien zur Bewertung der Performance und Effektivität der Sicherheitsmaßnahmen.

Ergänzend hierzu sind Vorgaben und Bedingungen zu definieren, die den Sicherheitsrahmen abstecken. Dies umfasst beispielsweise Sicherheitsziele, Best-Practice-Vorgaben und Weiteres.

Mit den Aktivitäten des Problemkontextes wird somit das klare und einheitliche Verständnis der Aufgabenstellung und der Rahmenbedingungen zwischen allen Stakeholdern – insbesondere also den Verantwortlichen der Geschäftsprozesse und der Sicherheitsprozesse – geschaffen.

Im **Solution-Kontext** erfolgt die Transformation der Anforderungen in das Design des *Security-Systems*. Basis hierzu sind die aus den Geschäftsanforderungen abgeleiteten Sicherheitsanforderungen. Der Umfang der Aktivitäten umspannt die funktionale und physische Architektur sowie die damit einhergehenden operativen Maßnahmen. Alle Festlegungen sind regelmäßig (iterativ) an den Geschäftsanforderungen zu spiegeln, sodass die permanente Zweck- und Nutzenorientierung erfasst und bewertet wird. Dies umfasst auch die Bewertung der mit Lösungsansätzen gegebenen Auswirkungen und „Rest-Risiken" auf die Geschäftsprozesse.

Schließlich werden im *Trustworthiness*-**Kontext** diejenigen Aufgaben umgesetzt, die der Demonstration und dem Nachweis dienen, dass die Geschäftsanforderungen – im Umfeld der Sicherheitsgefährdungen – erfüllt werden. Hierzu wird auf auditierbare Artefakte (ggf. als „*Assurance* Cases") zurückgegriffen, die als Bestätigung von Sicherheitseigenschaften dienen.

Alle drei Kontexte fußen auf einer gemeinsamen Basis, die als „System Security Analyses" bezeichnet wird. Hierunter werden die Konzepte, Methoden und Prinzipien verstanden, die bei der Umsetzung der „Key Activities" zur Anwendung kommen. Ziel der Analyse ist die Erfassung einzelner Key Activities aus Sicherheitssicht, d. h. letztlich die laufende Bewertung und Angleichung der technischen und operativen Auswirkungen der Planungen im Sinne einer Machbarkeits- und Nutzenanalyse.

Weitere Elemente des Frameworks sind die Anwendung von Feedback- und Verbesserungsschleifen innerhalb und zwischen Themenbereichen. Dies verdeutlicht auch, dass das Framework nicht als sukzessive Bearbeitung von Aufgaben, sondern grundlegend als iteratives Framework zu verstehen ist.

Neben dem groben Framework stellt NIST sogenannte System-Life-Cycle-Prozesse vor. Hierzu erfolgt ein Rückgriff auf den ISO/IEC/IEEE 15288 Standard. ISO/IEC/IEEE 15288 ist ein generischer Standard, in dem ausgehend vom Modell des System Life Cycle verschiedene Prozesse definiert/betrachtet werden, die innerhalb des Life Cycle einmalig bzw. auch mehrfach durchlaufen werden (Abb. 3.6). Ausprägungen können beispielsweise bei der initialen Entwicklung, beim Betrieb, bei der Modifizierung etc. zur Anwendung kommen. Zur Übersicht sind die vielfältigen Themen in vier Prozessfamilien kategorisiert, wovon hier die Kategorien „Agreement Processes" und „Technical Processes" eine hohe Relevanz zu Engineering-Prozessen aufweisen. Die weiteren „Organizational project-enabling Processes" und „Technical Management Processes" werden aus diesem Grund hier nicht betrachtet.

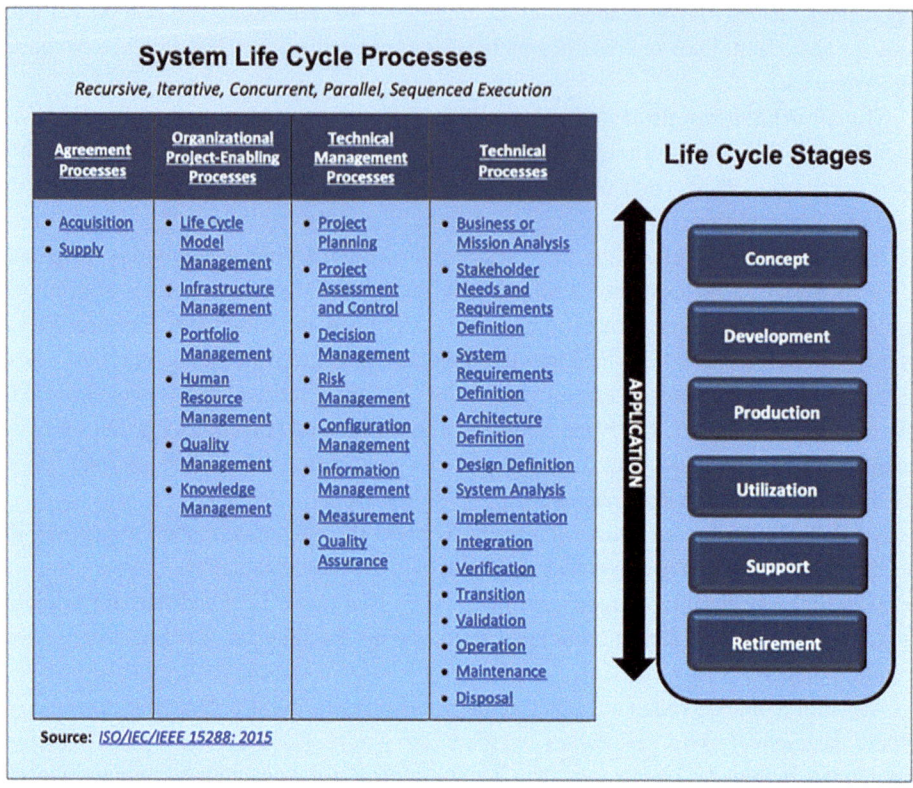

Abb. 3.6 Life-Cycle-Prozesse nach NIST [13]

Der Nutzen der NIST SP 800-160 ist, dass jeder Life-Cycle-Prozess aus dem Blickwinkel der Informationssicherheit betrachtet wurde. Zu jedem Life-Cycle-Prozess wird hierzu eine Zweckbestimmung, erwartete Prozessergebnisse im Kontext des System-*Security-Engineering* sowie die mit dem Prozess verbundenen System-*Security-Engineering*-Aufgaben und -Tätigkeiten („Key Activities") angegeben. Eine direkte Anwendung ist jedoch nicht möglich, da die im NIST Framework dargestellten *Key Activities* sowie die Prozesse des System Life Cycle in generischer Natur dargestellt werden. Gemäß Standard obliegt dem System-Engineer, die passenden Methoden herauszusuchen und passend anzuwenden.

3.3 Engineering-Prozesse

Auf Basis des groben Frameworks und der System-Life-Cycle-Prozesse des NIST SP 800-160 wird in diesem Buch eine primär auf die Errichtung und den Betrieb eines *Security-Systems* fokussierte Vorgehens- und Anwendungsweise vorgestellt. Betriebs-

3.3 Engineering-Prozesse

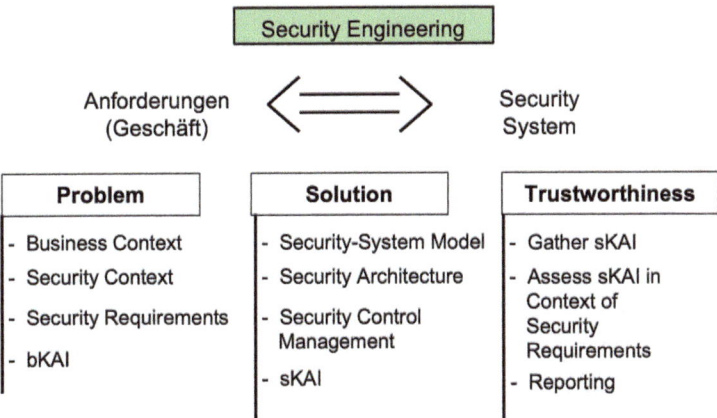

Abb. 3.7 Security-System-Engineering

themen werden nur in dem Maße beleuchtet, in dem hieraus Informationen und Nachweise zur Darstellung von *Trustworthiness*-Aspekten tangiert werden. Vernachlässigt werden projektorientierte, administrative und sonstige für den Betrieb erforderlichen Themen, wie erforderliches Betriebspersonal und deren Schulungs-/Wissens-Lernkurve. Auch die Einbeziehung von Lieferanten (Supply Management) wird im ersten Schritt vernachlässigt. Ziel ist es, die interessierten Life-Cycle-Prozesse detaillierter auszuprägen und eine Verknüpfung zu den „Standard-Sicherheits-Best-Practices" herzustellen.

In Anlehnung an das NIST Framework wird hierzu der präferierte Kontext innerhalb der einzelnen Bereiche gemäß Abb. 3.7 gewählt und die Schwerpunkte innerhalb der einzelnen Bereiche wie nachfolgend dargestellt verstanden.

Die Reduzierung des Frameworks auf die ausgewählten Details wird hier – in Anlehnung an die allgemeine Begriffsverwendung im Kontext von Projekten – mit dem Begriff „Tailoring" verbunden.

Problem

Da der Geschäftsbetrieb und der Sicherheitsbetrieb unterschiedliche „Sprachen" sprechen, besteht die erste Aufgabe darin, die Geschäftsanforderungen in Sicherheitsanforderungen zu „übersetzen".

Im Prozess *Business-Kontext* erfolgt hierzu zunächst eine klare Definition der relevanten Geschäftsfelder, die Sicherheitsanforderungen stellen, sei es beispielsweise ein Web-Shop oder ein Unternehmenssystem.

Parallel hierzu sind im Prozess *Security-Kontext* die allgemeinen Sicherheitsanforderungen zu bestimmen, also die aus Geschäftssicht erforderlichen und angemessenen Ziele und Rahmen als Sicherheitsvorgaben und/oder Sicherheitsprinzipien.

Der Kern der Aufgaben des Problembereiches ist dann die Her- bzw. Ableitung der spezifischen Sicherheitsanforderungen im Prozess *Security-Requirements*. Dieser Prozess muss die Sicht der Geschäfts- und der Sicherheitsverantwortlichen gleichermaßen widerspiegeln.

Nicht zu vernachlässigen ist, schon im Problemkontext auf die Bewertungsmaßstäbe und Indikatoren zur Erfüllung der Business-Anforderungen durch das *Security-System* einzugehen. Diese werden hier als bKAI – business Key *Assurance* Indicator im gleichnamigen Prozess bezeichnet.

Solution
Aufbauend auf den *Security-Requirements* und den *bKAI* erfolgt die Konzeptionierung des *Security-Systems*. Die tatsächliche Umsetzung und der reale operative Betrieb stehen – in dem hier betrachteten Kontext – nicht im Vordergrund. Sehr wohl werden jedoch technische Umsetzungsmöglichkeiten betrachtet.

Die *Security-System*-Konzeptionierung beginnt mit dem Prozess *Security Model*, in dem eine grobe Struktur eines *Security-Systems* im Rahmen der *Security-Requirements* adressiert wird. Da das *Security-System* als eine von der IT-Landschaft losgelöste Struktur darstellt, sind als relevante Elemente die *Security-Functions* und *Security-Services* in einem Modell zu bestimmen. Im Ergebnis wird hieraus das *Architekturmodell* des *Security-Systems* bestimmt.

Sodann erfolgt eine iterative Verfeinerung, in dem im Prozess *Security Control Management* die Anforderungen und Prinzipien zur Bestimmung der *Security Controls* definiert und in das Security-Modell integriert werden. Iterationen können beispielsweise dadurch entstehen, dass notwendige unterstützende Systemelemente hinzukommen, die ihrerseits neue Schwachstellen durch weitere Schnittstellen mit sich bringen.

Sofern eine stabile Fassung des *Security-Systems* besteht, ist im Prozess *sKAI* ein Mess-und Nachweissystem zu konzipieren, in dem den bKAI geeignete erfassbare sKAI (*Security-System* – KAI) zugeordnet werden.

Trustworthiness/Assurance
Zum Nachweis, dass das *Security-System* den Business-Anforderungen genügt, sind die sKAI im laufenden Betrieb zu erheben und zu sammeln.

In regelmäßigen Zeiträumen sind diese dann im Rahmen des Prozesses *Assessment KAI* gemeinschaftlich zwischen Geschäfts- und Security-Verantwortlichen im Kontext der Sicherheitsanforderungen, insbesondere der Sicherheitsgefährdungen zu bewerten. Dies kann dann in einen Bericht münden, in dem auch Ziele und Verbesserungen zur Entwicklung des *Security-Systems* vereinbart werden sollten/müssen (Prozess: *Reporting*).

Eine Gegenüberstellung dieser *Security-Engineering*-Prozesse mit den Prozessen der ISO/IEC(IEEE 15288 macht deutlich, dass hierdurch – bis auf die Details zur Quality *Assurance* sowie Festlegungen zu *Assurance* and Quality Characteristics – die Kernprozesse der ISO/IEC/IEEE 15288 darstellt werden (Abb. 3.8)

Die Abfolge der Teilprozesse muss nicht und kann in der Regel nicht linear durchgeführt werden. Erforderlich ist in der Regel eine rekursive und auch iterative Umsetzung von Teilaufgaben der einzelnen Prozesse. Als Vorgehensmodell innerhalb der Prozessbzw. Systementwicklung wird die iterative Vorgehensweise vielfach mittels des „Twin-Peaks"-Modell dargestellt. Dies veranschaulicht eine stufenweise Verfeinerung von zwei

3.3 Engineering-Prozesse

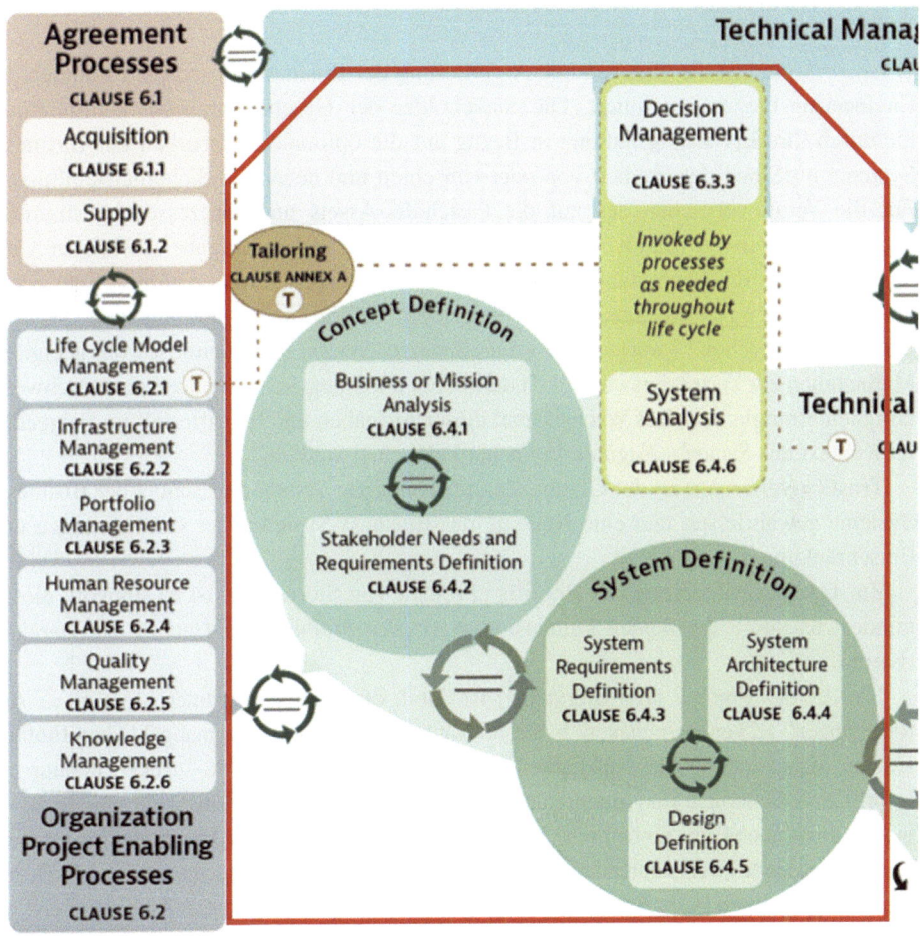

Abb. 3.8 Security-Engineering-Prozesse nach ISO/IEC/IEEE 15288 [4]

oder mehr abhängigen Prozessgrößen oder Kriterien, wie beispielsweise die iterative Entwicklung der Umsetzung zwischen Anforderungen und Architektur.

Vorgehensmodelle sind deutlich von weiteren im *Systems-Engineering* zur Anwendung kommenden Modellen abzugrenzen. Insbesondere aus dem Softwareentwicklungsbereich erfolgt zunehmend eine Transformation und Anwendung von modell-basierten Darstellungen und Dokumentationen. Diese als MBSE – Model-Based *Systems-Engineering* bezeichneten Methoden haben das Ziel, sowohl die Verständlichkeit und gemeinsame Sprache zwischen den Akteuren der *Systems-Engineering*-Prozesse sicherzustellen, als auch unterschiedliche Aspekte des Systems – wie beispielsweise Struktur/Architektur, Anforderungen und Systemverhalten/Systemfunktionen – und deren Schnittstellen und Abhängigkeiten darzustellen (siehe hierzu auch Abschn. 7.3).

3.4 Trustworthiness & Assurance

Trustworthiness ist als eine zentrale Anforderung der Business-Systeme im Rahmen der Engineering-Prozesse definiert. Die Stakeholder der Geschäftsprozesse kennzeichnen hierdurch ihre Erwartungshaltung in Bezug auf die optimale Nutzbarkeit der Business-Systeme im Sinne der Freiheit von unerwünschten und negativen Sicherheitseinflüssen. Für die Verantwortlichen des auf die Geschäfts-Assets und -prozesse abgestimmten *Security-Systems* ist damit die fortlaufende betriebliche Aufgabe verbunden, die Vertrauenswürdigkeit permanent „unter Beweis" zu stellen. *Trustworthiness* fußt somit auf betrieblichen Nachweisen, was mit dem Begriff „*Assurance*" – im Sinne von „Vertrauenswürdigkeit geben" – verknüpft ist. Das *Security-System* muss somit sowohl geeignete Maßnahmen zur Vertrauenswürdigkeit definieren und integrieren, als auch eine Nachweisfähigkeit ermöglichen. Das Wechselspiel dieser Aufgaben und Begriffe soll im Folgenden im Kontext des *Security-Engineering* näher beleuchtet werden.

Trust (= Vertrauen) ist der Glaube, dass das *Security-System* den Schutz der Business-Systeme gewährleistet und eine Nutzung der Business-Systeme frei von Störungen und Einschränkungen möglich ist.

Zur Operationalisierung des Begriffs „Freiheit von Störungen" ist es sinnvoll, diesen mindestens durch die beiden Dimensionen *Art der Freiheit* und *Umfang* zu charakterisieren.

Die *Art der Freiheit* (von Störungen) ist durch die bereits benannten „loss of … Anforderungen" zu kennzeichnen, d. h. auf relevante Themenfelder, die maßgeblichen Einfluss auf die Sicherstellung der Nutzbarkeit der Geschäftssysteme haben. In der Literatur zur Informationssicherheit und damit auch in der Entwicklung zu Informationssicherheitsmethoden ist noch keine einheitliche Zusammenstellung einheitlicher Themenfelder gegeben. Zudem werden teilweise unterschiedliche Interpretationen der Inhalte verwendet. Mit Bezug auf die allgemeinen Betrachtungen von Neumann zu vertrauenswürdigen Architekturen [14] sowie die auf *Security-Systems* fokussierten Empfehlungen der NIST SP 800-160 sind folgende Themenschwerpunkte im Umfeld des *Security-Engineering* zielführend:

Der Begriff **Safety** wird im Allgemeinen als Vermeidung von (Betriebs-)Bedingungen eines Systems verstanden, die zu einer Beeinträchtigung von Leben und Gesundheit führen können. Es liegt somit eine auf die Auswirkung von Ereignissen und Bedingungen fokussierte Sicht vor. Umgebungsbeeinflussende Beeinträchtigungen können direkter oder auch indirekter Natur sein.

Im Kontext von Systemen der Informationssicherheit werden Safety-Anforderungen in der Regel mit physikalischen Infrastrukturen wie beispielsweise Systeme für (Industrie-)Steuerungsanlagen verbunden. Insbesondere vor dem Hintergrund von Ramsomware wird klar, dass eine enge Verknüpfung zwischen Security und Safety besteht.

Als elementares Prinzip zur Definition und Operationalisierung in Systemarchitekturen ist Safety mit (der Vermeidung) von SPOF – Single Point of Failures verknüpft.

Konkreter wird Safety als Thema zu Notfallkonzepten (bzw. BCM – Business Continuity Management) herausgestellt; beispielsweise in der Norm ISO 22301, die u. a. die Aus-

3.4 Trustworthiness & Assurance

wirkungen von Störungen und Notfällen auf verbundene Unternehmen und Netzwerke behandelt. In diesem Sinne ist Safety immer auch mit Lieferketten (Supply Chains) verknüpft.

Security umfasst die Systemeigenschaften, die mit dem Schutz der Daten und Informationen einhergehen. Grundlegend werden hier die Sicherstellung der Vertraulichkeit, Integrität und Verfügbarkeit (CIA-Triad) verstanden, was eine Teilung der Sicht auf die hiermit verbundenen technischen Systeme *zur Verarbeitung, zum Transport und zur Speicherung* der Daten sowie die unterstützenden Verhaltensweisen und Regelungen *zur Nutzung* der Informationen umfasst. Die Schutzanforderungen zielen darauf ab, dass Verarbeitungen und insbesondere Änderungen nur in intendierter bzw. freigegebener Art und Weise erfolgen. Darüber hinaus erfolgt als Systemeigenschaft eine Begriffserweiterung auf die systemische Integrität eingesetzten Technik.

Mit **Reliability** wird die Eigenschaft eines Systems erfasst, unter definierten Randbedingungen zuverlässig und gemäß Anforderungen zu funktionieren. Definierte Randbedingungen sind solche, die im Rahmen des *Requirement-Engineering* beispielsweise als Last-, Antwortzeit- oder sonstige Reaktionsparameter definiert wurden. Zuverlässig ist ein System dann, wenn keine Daten verloren gehen, die Ver- und Bearbeitungsprozesse ordnungsgemäß ablaufen und nachvollziehbar sind.

Wie bereits beschrieben umfasst **Resilience** die Fähigkeit zur Absorption sowie auch Adaption an geänderte (Betriebs-)Umgebungen. Hiermit wird primär auf von außen einwirkende Ereignisse abgehoben, die Abweichungen vom Normalbetrieb darstellen. Während DDoS-Ereignisse noch einigermaßen vorhersehbar sind, sind beispielsweise Ransomware-Ereignisse aufgrund der Varianz und Entwicklung der Methoden schwieriger zu erfassen. Passende Sicherheitsmaßnahmen und *Assurance*-Methoden zielen eher auf eine Minimierung, denn einer Vermeidung von Einflüssen auf die Systemnutzbarkeit ab.

Der *Umfang* zu „Loss of ... Eigenschaften" kann als qualitative Abstufung von Anforderungen einerseits sowie als Abstufungen erreichbarer „Vermeidungsstufen" andererseits betrachtet werden. Vermeidungsstufen können hier als Gradmesser qualitativer und ggf. quantitativer Auswirkungen eines nicht erzielbaren bzw. nicht erzielten Schutzumfangs des Geschäftsbetriebs betrachtet werden. Im weiteren Sinne spiegeln Vermeidungsstufen damit die Wirksamkeit des *Security-Systems* wider.

Durch qualitative Abstufungen kann der Zweck und Nutzen des Systems gebührend berücksichtigt bzw. ausgedrückt werden. Als eine Möglichkeit von Abstufung haben sich „*Assurance* Level" etabliert bzw. in unterschiedlichen Kontexten herausgebildet. Ein bekannter Vertreter ist die für Produktzertifizierungen verwendete ISO/IEC 15408; besser bekannt als CC – Common Criteria. Einen anderen weit gefassten Ansatz verfolgt das Industrial Internet Consortium mit dem TSSM-Trustworthy System Status Model. Hier erfolgen Abstufungen auf unterschiedlich schwere Auswirkungen auf den Betriebszustand und werden in der Reihenfolge normal, unterbrochen, geschädigt, desaströs bis ruiniert gestaffelt.

Vertrauensnehmer, d. h. die Empfänger des Trusts sind die Verantwortlichen des Geschäftsbetriebs, die „Vertrauen in den sicheren Betrieb der Business-Systeme setzen" und damit im engeren Sinne eine Erwartungshaltung einnehmen.

Mit dem in der Soziologie verankerten Begriff Erwartung ist in der Regel eine Annahme über das Handeln und Verhalten in Relation zwischen Personen, Personengruppen oder sonstigen Entitäten bezeichnet. Die Relation kann hier durch zwei Richtungen ausgedrückt werden: Entweder wird erwartet bzw. „definiert, was der Andere tun sollte" oder es wird „gemutmaßt, was der Andere" tun würde. Beide Male ist implizit oder explizit bewusst, dass der eigene Standpunkt oder das eigene Verhalten als Referenz angesetzt ist.

Erwartungen unterliegen der unterschiedlichen Interpretation der Beteiligten, sodass es erforderlich ist, einen Rahmen zur Beschreibung der Erwartungen zu definieren. Selbstredende Grundlage ist, dass nur geäußerte („stated") Erwartungen erfasst werden können und diese schriftlich zu fixieren sind. Weiterhin ist einleuchtend, dass möglichst eineindeutige Beschreibungen der Erwartungen zu bilden sind. Eine durch einzelne Worte und Begriffe geführte Umschreibung von Eigenschaften ist nicht zielführend. Sinnvoll ist es, Erwartungen durch Terme auszudrücken, mittels derer einem *Objekt* eine *Eigenschaft* unter Verwendung von *Modalverben (können, sollen, müssen)* zugeordnet wird. Eindeutigkeit ergibt sich daraus, dass sowohl Eigenschaft als auch die Modalverben grundlegend definiert und einheitlich verwendet werden. So kann (und wird) beispielsweise das Verb „muss (shall)" als eine unabdingbare Anforderung, während das „soll (should)" als Forderung verstanden wird, deren Zielsetzung mit einer nachvollziehbaren Begründung kompensiert oder entfallen kann.

Luoma-aho und Olkkone [15] unterscheiden Erwartungen im technischen Umfeld inhaltlich, typologisch in vier Arten, die sowohl eine gestaffelte funktionale wie auch individuelle Sicht darstellen können:

- „Information-based Expectations" basieren auf dem Stand des Wissens („what is known"). Sie können somit präzise und realistisch formuliert und durch Verweise auf nachvollziehbare Informationsquellen belegt werden. Unstimmigkeiten beruhen in der Regel darauf, dass unterschiedliche Quellen als Grundlage verwendet werden bzw. dass die Relevanz von Quellen unterschiedlich bewertet werden.
- „Value-based Expectation" werden auch als „ideal" oder „should" Expectations bezeichnet. Sie sind manchmal unrealistisch und schwer zu erfüllen. *Value-based Expectations* können als Essenz gegebener Informationen des IST-Standes aufgefasst werden, aus denen eine gemeinsame Sicht der Entwicklung basierend auf dem Stand der Technik geschaffen wird.
- „Experienced-based Expectations" werden als „vergleichend" oder auch als Minimum-Toleranz-Erwartungen bezeichnet. Sie beruhen auf direkten und indirekten positiven oder negativen Erfahrungen, wodurch unter Umständen Schwierigkeiten bei der Findung einer gemeinsamen Basis entstehen.
- „Personal interested-based Expectations" stellen die persönlichen Zielsetzungen für Erwartungen dar. Ähnlich wie erfahrungsgeleitete Erwartungen kann es schwierig sein, wenn keine realistische Basis gefunden wird.

Der Kontext Informationssicherheit des *System-Engineering* stellt die Definition realistischer bzw. realisierbarer Erwartungen vor Herausforderungen. Die mit der Entwicklung

3.4 Trustworthiness & Assurance

von Gefährdungen und Gefährdungslagen einhergehenden Unabwägbarkeiten lassen eine rein Informations-basierte Betrachtungsweise des IST-Stands nicht zu. Umso sinnvoller scheint eine werte- und zielbasierende Herangehensweise mit einer fundierten Entwicklung einer gemeinsamen Perspektive zu sein.

In der zielbasierenden Herangehensweise kann die Erwartung bzw. das Erwartungsmanagement auch als Teil der zu optimierenden Sicherheitsfunktion(en) verstanden werden. Die Erwartungshaltung wird maximal erfüllt, wenn die (zeitlich) maximale störungsfreie und funktional einwandfreie Nutzung der Business-Systeme gegeben ist.

Aus Engineering-Sicht besteht damit die Anforderung, die Erwartungshaltung fassbar zu machen, d. h. die Erwartung muss so durch Kennwerte und Kriterien repräsentiert werden, dass eine Bestimmung und Umsetzung geeigneter Maßnahmen möglich, eine Messung und Bewertung durchführbar und eine Kommunikation zwischen den Akteuren vollzogen werden kann. Erst die Operationalisierung der Erwartungshaltung bildet dann die eigentliche Basis zum Vertrauen in das *Security-System*, welche als *Trustworthiness* bezeichnet wird. *Trustworthiness* ist also keine direkt messbare Funktion/Eigenschaft des Systems, sondern kann – äquivalent zur Definition von Sicherheit – als „emergente" Eigenschaft des *Security-Systems* aufgefasst werden.

Während *Trustworthiness* mit der Erfüllung der Erwartungshaltung gegenüber Stakeholdern definiert, werden mit dem Begriff der *Assurance* im engeren Sinne die Vorgänge zur Erfassung und Zusammenstellung geeigneter Nachweise, Belege oder Indizien subsummiert. NIST definiert *Assurance* in diesem Sinne folgerichtig als die Schaffung der Basis für „ein berechtigtes Vertrauen (Justified Confidence)" [1]. Damit dies gelingen kann, müssen im Rahmen der Engineering-Prozesse Aufgaben und Maßnahmen definiert und umgesetzt werden (Abb. 3.9). Zum Verständnis ist klarzustellen, dass *Assurance* nicht inhärent mit Best-Practice-Maßnahmen gegeben ist. Im Vergleich mit dem klassischen Audit in einem Security-Management-System erfordert *Assurance* vielmehr eine höhere und klarere Bindung & Verknüpfung an die Business-Anforderungen.

Mit den Aspekten Definition, Operationalisierung, Erfassung und letztlich auch Bewertung (sowie ggf. Anpassung) der Methoden und Maßnahmen zum *Assurance* wird ein klas-

Abb. 3.9 Trustworthiness & Assurance

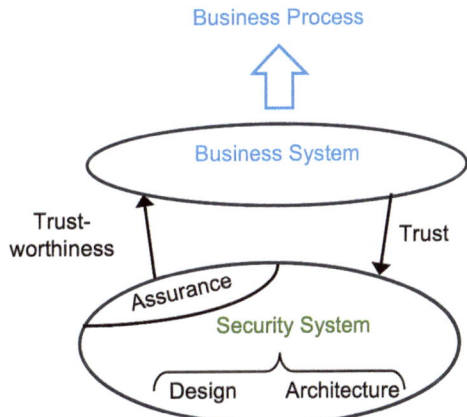

sisches Managementmodell abgebildet, sodass von einem *Assurance*-Management gesprochen werden kann und sollte. Dies verdeutlicht auch, dass es sich um einen iterativen Prozess handelt, in dem bestehende und auch neue Business-Anforderungen mit der erfassten Wirksamkeit bestehender Maßnahmen abgeglichen und Maßnahmen und Ziele zur Optimierung abgestimmt werden. Im Vergleich zum „klassischen" Informationssicherheitsmanagement stellt ein derartiger *Assurance*-orientierter Ansatz die Ein- und Auswirkungen der Geschäftsprozesse noch einmal deutlicher in den Vordergrund und ist ggf. geeignet, der Fokussierung auf Sicherheitsgefährdungen einen prominenteren Blickwinkel zuzuordnen.

Allgemeine *Assurance*-Hinweise
Eine umfassende Untersuchung der bestehenden und erforderlichen Entwicklungen zu *Assurance*-Aspekten inklusive Cyber-Physical-Systemen haben Shukla et al. [16] in einer systematischen Literatur/Best-Practice-Sichtung erstellt. Sie attestieren bestehenden Methoden vielerlei Lücken und kommen zum Schluss, dass fortgeschrittenere *Assurance*-Prozesse und -Methoden zu entwickeln sind, um den erforderlichen *Assurance*-Grad durch Organisationen zu entwickeln. Insbesondere heben sie hervor, dass es an Grundlagen zu Spezifikationen, Umsetzungen, Automatisierungen und zeitnahen Bewertungen fehlt.

Nicht betrachtet wurde durch Shukla et al. der im Jahr 2005 erstmals veröffentlichte ISO/IEC TR 15443, Teil 1-3 [17]. Der Technische Report soll bei der Auswahl angemessener *Assurance*-Methoden im Rahmen der Spezifikation, Entwicklung und Betrieb von Sicherheitsprodukten und -diensten unterstützen. In diesem Zusammenhang wird auch mit dem Missverständnis aufgeräumt, dass *Assurance* automatisch mit der Strenge bzw. der Ausprägung von Sicherheitsmaßnahmen einhergeht. Als *Assurance*-Methoden werden viele Best-Practice-Methoden erfasst und entsprechend der Verwendbarkeit/dem Einsatz in einem der Life-Cycle-Phasen Design, Integration, Transition und Operation kategorisiert. Darüber hinaus erfolgt eine Kennzeichnung, ob die Methoden auf ein Produkt/System/Service, einen Prozess oder die Betriebsumgebung abzielt. Der Report weist beispielsweise den Normen und Empfehlungen zum ISMS Informations-Sicherheits-Management-Systemen eine ausschließliche Prozessorientierung im Betrieb zu.

Sowohl das BSI Grundschutz-Kompendium als auch die Normfamilie ISO/IEC 2700x weisen *Assurance*-Aspekte oder *Assurance*-Anforderungen nicht explizit aus. Es wird indirekt auf Verbesserungen des ISMS eingegangen, die mit der Erfassung und Bewertung der Performance und Effektivität definierter Maßnahmen und Prozesse einhergehen.

In der Übersicht zu Sicherheits-*Controls* weist die NIST Empfehlung SP 800-53r5 im Anhang C allen *Controls* die Eigenschaft „Assurance" als Indikator zu, womit ein Beitrag zur Vertrauenswürdigkeit gegeben ist oder erreicht werden kann [18]. Auch hier fehlt jedoch die Brücke zu den oben definierten Anforderungsbereichen aus Sicht der Geschäftsprozesse.

ature*Assurance*-Anforderungen
Definition bzw. Anforderungen an das *Assurance* sind ein Teil des *Requirements-Engineering*. Heranzuziehen wären somit Geschäftsanforderungen, Richtlinien, Stakeholder-Interessen

3.4 Trustworthiness & Assurance

und weitere Vorgaben. Dies bedeutet, dass in Bezug auf die oben genannten Anforderungsbereiche und dem Systemkontext alle relevanten Anforderungen (vollständig und korrekt) systematisch erfasst werden müssen.

Im Kontext komplexer Systeme weist Neumann [11] eine solche systematische und systemtechnische Herangehensweise zur Bestimmung der Anforderungen aus. Grundlegend ordnet er komplexen Systemen die Attribute „composable" und „composability" zu, die wie folgt zu verstehen sind. Ein System ist „composable", in dem es aus der Zusammensetzung einzelner Komponenten gebildet wird, sodass das Gesamtsystem die Eigenschaften der Komponenten quasi eingeprägt bekommt. Sofern also für die einzelne (funktional betrachtete) Komponente der Nachweis der vollständigen Umsetzung von Anforderungen erbracht werden kann, gilt dieser damit für das Gesamtsystem. Zu beachten ist, dass in einem *Security-System* mit Komponenten die Instanzen verstanden werden, die die erforderlichen Sicherheitsfunktionen bilden. Diese sind strikt von den Geschäft-Assets zu trennen, die durch die Komponenten geschützt werden sollen.

Wie schon an anderer Stelle dargelegt, sind *Security* und auch *Safety* sogenannte emergente Eigenschaften des Gesamtsystems, die nicht ausschließlich einzelnen Komponenten zugeordnet werden können. Dies wird mit dem Begriff „compositionality" gekennzeichnet, der ausdrückt, dass komplexe Eigenschaften durch die Bestimmung/Benennung von Teil-Eigenschaften einerseits und der Regeln zur Kombination/Verknüpfung der Teil-Eigenschaften andererseits erfasst werden können. Neumann prägt somit das sogenannte „Frege Prinzip" auf das *Assurance*-Feld aus. Als praktisches Beispiel kann der aktuelle Zero-Trust-Ansatz herangezogen werden. Hier wird der Compositionality-Gedanke quasi umgedreht, in dem eine Stärkung des Vertrauens durch Auflösung der Verkettung von Authentifizierungen propagiert wird.

Damit *Assurance*-Anforderungen und Bestimmungen im Kontext der Komplexität von Systemen strukturiert und beherrschbar bleiben, plädiert Neumann auf die Anwendung von *Trustworthiness*-Prinzipien. Zu vermerken ist, dass Neumann einen besonderen Fokus auf die Entwicklung von Systemen gelegt hat, sodass die insgesamt aufgeführten 27 Prinzipien zum Großteil Methoden zum Architekturdesign darstellen. Der Auszug in Tab. 3.1 spiegelt Prinzipien wider, die im Security-Engineering-Umfeld angewandt werden können. Diese können dann vielfach auch so interpretiert werden, dass sie der Vereinfachung der Analyse von *Assurance*-Nachweisen dienen.

Der Benefit in der Verwendung der Eigenschaften „composability" und „compositionality" liegt in der zweiseitigen Sicht der Umsetzung. Aus Sicht der Anforderungen ist es sinnvoll, diese so zu zergliedern, dass im Endeffekt eine eindeutige Verknüpfung mit möglichen Nachweisen gegeben ist, d. h. der *Assurance*-Nachweis korrekt erfasst, bewertet und bestenfalls direkt einer Anforderung zugeordnet werden kann. Aus Sicht der Nachweisführung ist es umgekehrt möglich, unterschiedliche Nachweise in nachvollziehbarer und vereinbarter Art und Weise so zu verknüpfen, dass hiermit auch indirekt formulierte Anforderungen bedient werden können. Die Kombination und Zuordnung von Anforderungen und Nachweisen wird in Teilen der Literatur auch als „*Assurance* Case" bezeichnet.

Tab. 3.1 Prinzipien nach Neumann (Auszug) und Anwendung auf Security-System [11]

Prinzip	Beschreibung	Assurance-Aspekt für Security-Systems
Fail-safe defaults	Deny access until explicitly authorized	Jeder Verarbeitungsvorgang ist mit einer (nachweisbaren) Erlaubnis verbunden.
Separation of privileges	Use separate privileges or even multiparty authorization to reduce misplaced trust.	Verarbeitungsvorgänge sind Personen und Entitäten (eindeutig) zuordbar.
Minimize what must be trustworthy	Poorly designed systems may have a sense of abstraction, but typically do not provide encapsulation within each module – which often leads to vulnerabilities.	Die Struktur von Sicherheitskomponenten und -funktionen ist durch klare, eindeutige Hierarchie-Stufen ausgeprägt.
Layered and compositional assurance	Proctection should be distributed to where it is most needed, and should reflect the semantics of the objects being protected.	Schutzmechanismen sind an die Bedürfnisse der (Geschäfts-)Objekte im jeweils erforderlichen Umfang ausgerichtet.
Sound authentication	Non bypassable authentication should be applicable to users, processes, procedures, and in general to any active entity or object.	Authentisierungs- (und Autorisierungs-)Verfahren sind auf Eineindeutigkeit ausgerichtet. Nur so sind Nachweise (oben) „belastbar".
Sound authorization and access control	Authorizations must be correctly and appropriately allocated, and nonsubvertible.	siehe vor.
Administrative controllability	The facilities by which systems and networks are administered must be well designed, understandable, well documented, and sufficiently easy to use without inordinate risks.	Administration und Funktion von Sicherheitskomponenten sind soweit möglich zu separieren.

Die Definition der Methoden zur Gliederung der Anforderungen, die Definition von Anforderungen an Zielen sowie die Anforderungen an Nachweise inkl. Kriterien zur Zuordnung von ggf. kombinierten Nachweisen zu Anforderungen stellen die Grundlage der weiteren Operationalisierung dar. Im Kontext eines *Assurance-Managements* entsprechen diese Definitionen und Anforderungen dem Inhalt der *Assurance-Policy*.

Umsetzung/Operationalisierung
Die Operationalisierung der Erwartungshaltung zielt auf die Definition der Architektur und den Betrieb der den Anforderungen entsprechenden technischen Ausprägung. Grundlage hierfür ist die Durchführung einer Risikoanalyse, in der mögliche Einflüsse auf die Business-Anforderungen bewertet und passende Maßnahmen (Komponenten) definiert werden. Zu diesem mehrstufigen Verfahren sind folgende Teilaufgaben zu nennen:

3.4 Trustworthiness & Assurance

a) Business-Anforderungen müssen zur richtigen Fokussierung nach Kritikalität, d. h. der Abhängigkeit der Geschäftsprozesse von Systemen und Funktionen kategorisiert werden. Im Ergebnis steht eine Übersicht der „business-kritischen Systeme und Funktionen".

b) Mit der Bestimmung der Kritikalität erfolgt zeitgleich die Bestimmung der *Assurance*-Bewertungsmaßstäbe. Hierzu sind die „Loss of … Eigenschaften" im Sinne mess- und bewertbarer (*Assurance*-)Ziele sowie Bewertungsgrößen auf den Systembetrieb zu übertragen. Zur Schaffung transparenter und verständlicher Definitionen kann dies auch in Form der erwähnten „*Assurance*-Cases" gestaltet werden. Die Bewertungsgrößen stellen somit die „KAI – Key *Assurance* Indicator" dar.

c) Die möglichen Einflüsse auf die Anforderungen müssen als Risikoanalyse erfasst und bewertet werden. Durch den Fokus auf Geschäftsprozesse im Sinne der „Loss of … Eigenschaften" sind hier sowohl technische als auch betrieblich-operative Einflüsse relevant. Der Risikoanalyse muss somit eine umfassende „EIA-*Exposure* Impact Analysis" anstelle der klassischen Analyse gemäß allgemeiner bzw. Grundgefährdungen vorausgehen.

d) Die Bewertung der *Exposure-Impacts* ist – selbstredend – an den Konsequenzen der Nichterfüllung der Anforderungen für die Business-Prozesse auszurichten.
Wie in jeder Risikoanalyse ist die Erfassung der Auftretenswahrscheinlichkeit und die der Schadenshöhe in n-stufigen Klassen schwerlich abzuschätzen.
Die mit „harten" Zuordnungen zu abgestuften Klassen einhergehende Darstellung eines Risikowertes blendet die damit gegebene grundsätzliche Unsicherheit aus. Daher kann es sinnvoll sein, die Unsicherheit der Zuordnungen selbst als weitere Parameter einfließen zu lassen und somit den Risikowert mit einer „Schwankungsbreite" zu versehen. Hierzu können Ansätze wie eine Monte-Carlo-Methode ggf. geeignete Werkzeuge sein.

e) Maßnahmen zur Minderung von Risiken adressieren unterschiedliche Themenfelder zur Architektur und zum Betrieb des *Security-Systems*. Im Allgemeinen können diese mindestens in folgende Kategorien unterteilt werden:
   a. *Assurance* durch Design/Architektur und Struktur
   Die Architektur und Struktur des *Security-Systems* wird in der Regel in einem iterativen Prozess definiert. Innerhalb der Iterationsstufen erfolgt eine Fokussierung, d. h. Prüfung und Anwendung einzelner der oben genannten allgemeinen Prinzipien sowie grundlegender Prinzipien zur Architekturgestaltung.
   b. *Assurance* durch ordnungsgemäßen Betrieb
   Maßnahmen zum ordnungsgemäßen Betrieb zeichnen sich u. a. dadurch aus, dass Assets, Funktionen und deren Zusammenwirken dokumentiert, regelmäßig und ad hoc auf aktuelle Konfigurationsstände gebracht, umfassend überwacht und Störungen vorgedacht und somit im Ereignisfall schnell behoben werden.
   c. *Assurance* durch Resilience-Tests
   Die Angemessenheit und Wirksamkeit definierter Maßnahmen – und damit die Sicherstellung definierter Systemeigenschaften – ist durch regelmäßige Tests zu prüfen, zu bewerten und ggf. anzupassen. Wesentliche Ausprägungen sind Über-

lastungen beispielsweise von Kommunikationsknoten oder auch die Verknappung von Ressourcen wie beispielsweise die Reduktion der System-Performance von zentralen Assets und Funktionen.

d. *Assurance* durch Reliability-Management
Maßnahmen zum Nachweis der *Assurance*-Eigenschaften umfassen die Sammlung, Bewertung und Strukturierung aller operativen Merkmale und Ereignisse, die zu einem Review der *Exposure-Impact-Analysis* erforderlich sind. Durch ein sogenanntes „Evidence based Audit" werden die Annahmen und Schlussfolgerungen der Analyse mit den in Praxi gegebenen Ereignissen und deren unterlagerten Methoden abgeglichen. Zur Strukturierung des Abgleichs können die genannten *Assurance-Cases* dienen.

Eine der wesentlichen Qualitätsparameter des *Assurance*-Managements ist die laufende Prüfung der Sicherheitsmaßnahmen vor dem Hintergrund sich ändernder Gefährdungs- und Betriebslagen. Das dem *Assurance*-Management innewohnende Sicherheitsmodell muss permanent neu „austariert werden", d. h. regelmäßig die Balance zwischen „mutmaßlicher" (oder auch „Veneer-Security") und „belegter" Sicherheit geprüft und optimiert werden.

Lücken/Fallstricke
Die Operationalisierung der Erwartungshaltung zu einem störungsfreien und funktional einwandfreien Betrieb der Business-Systeme erfordert eine umfassende Interaktion und Kommunikation zwischen den beteiligten Parteien.

Aber auch wenn eine Interaktion erfolgt, sind auch hier vielfältige Fallstricke und Fehlerquellen zu überwinden. Diese können sich in einer nach dem sogenannten GAP-Modell (nach den Entwicklern Parasuraman, Zeithaml und Berry auch als PZB-Modell bekannt) Reihe von Interaktionspunkten manifestieren [19]. Das Gap-Modell fokussiert auf die Lücken zwischen kundenseitig erwarteter und wahrgenommener Dienstleistungsqualität und benennt fünf strategische Qualitätslücken. Diese können aus der hier betrachteten *Security-Engineering*-Sicht wie folgt interpretiert werden (Abb. 3.10):

a) Die Erwartung der Geschäftsseite wird durch die Verantwortlichen des *Security-Systems* falsch eingeschätzt. Diese als „Knowledge Gap" bezeichnete Lücke stellt quasi die fehlerhafte Grundeinstellung der *Security-System*-Seite dar. Die Geschäftsseite wird ggf. nicht mit ihren individuellen und spezifischen Erwartungen wahrgenommen. Erforderlich ist eine ausreichende Beharrung der Geschäftsseite und/oder eine offene und kundenorientierte Klärung der *Security-System*-Seite.

b) Die „Policy Gap" bezeichnet Lücken in der Fixierung der wahrgenommenen Erwartungen aus Sicht der *Security-System*-Seite und den daraus abgeleiteten Vorgaben zur Architektur, zum Design bzw. zum operativen Betrieb. Hier sind Klärungen im Rahmen von Review-Runden (Qualitätssicherungen) erforderlich; setzen jedoch voraus, dass auch die Geschäftsseite ausreichende Kenntnisse von *Security-Systemen* „mitbringt".

3.4 Trustworthiness & Assurance

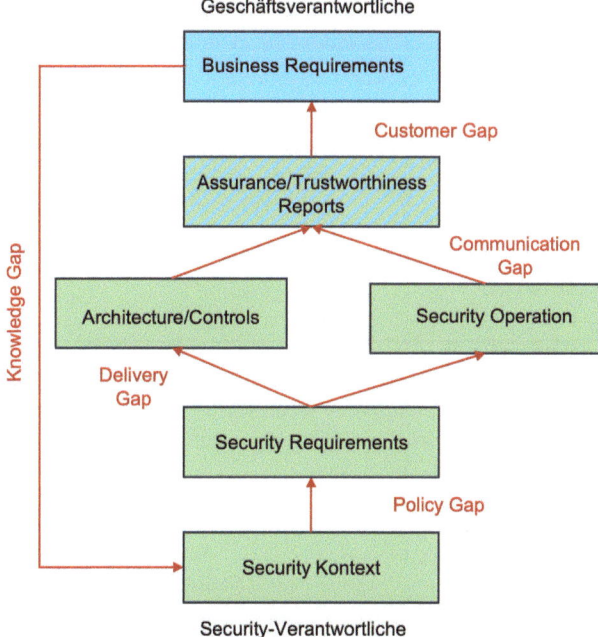

Abb. 3.10 GAP-Modell in Anlehnung an Parasuramen [19]

c) Mit „Delivery Gap" ist die Lücke zwischen den definierten (Qualitäts-)Standards für *Security-Systems* und den in der Realität erbrachten (bereitgestellten) Maßnahmen und Leistungen definiert. Die Verantwortlichen für die Leistungserbringung können diese rein internen Lücken durch interne Audits und (selbst-)kritische Auswertung von Kunden-Audits aus beispielsweise Review-Runden erfassen und Optimierungsmaßnahmen initiieren.

d) Eine der massiven Lücken lässt sich auf das „Communication Gap" zurückführen. Durch eine kundenabgewandte Kommunikation über die Erwartungen einerseits und eine im internen Service-Kontext verwendete Kommunikationsform andererseits entstehen Lücken, die bei den Akteuren der Geschäftsseite nicht selten als „nicht eingehaltene Kundenversprechen" wahrgenommen werden. Ein möglicher Ansatz ist eine möglichst exakte Fixierung und Dokumentation der Erwartungen; auch wenn dies initial mehr Aufwand generiert.

e) In der Zusammenfassung erzeugen die genannten Fallen eine intern auf der Geschäftsseite wahrgenommene Lücke („Customer Gap").

Das GAP-Modell dient der Bewusstmachung, Erfassung und Qualitätsverbesserung der Überleitung von Erwartungen in Ergebnisse im Kontext der Servicebeziehung zwischen Stakeholder und Dienstleister. Es kann damit als „Meta-Rahmenwerk" zu einer erfolgreichen und transparenten Arbeitsbasis zwischen allen Beteiligten beitragen.

Ausblick

Die Schaffung von *Trustworthiness* durch ein *Assurance*-Management ist eine deutliche Erweiterung der Haltung „Sicherheit ist gegeben, weil Best-Practice-Maßnahmen gegeben oder definiert sind". Die Fokussierung auf die Geschäftsprozesse ermöglicht durch belegte und belegbare Nachweise eine kosten-, ressourcen- und qualitätsoptimierte Steuerung der „richtigen und ausreichenden" Maßnahmen.

Literatur

1. NIST SP 800-160v1r1 fpd, June 2022
2. Anderson R., *Security-Engineering*, A Guide to Building Dependable Distributed Systems, Third Edition, John Wiley & Sons, Inc. Indianapolis, Indiana
3. *Security-Engineering*, Wikipedia, https://en.wikipedia.org/wiki/Security_engineering, letzter Abruf 07.03.2025
4. ISO/IEC/IEEE 15288:2023, Systems and software engineering – System life cycle Processes
5. VDI/VDE 2206, https://www.vdi.de/richtlinien/programme-zu-vdi-richtlinien/vdi-2206, letzter Abruf 07.03.2025
6. Belur S., Gloster J., Mathematical Model for Security Effectiveness Figure of Merit and Its Optimization, Proceedings of SPIE – The International Society for Optical Engineering, March 2008
7. Suh, Axiomatic design, https://de.wikipedia.org/wiki/Axiomatic_Design, letzter Abruf: 01.08.2023
8. Ryan M, Wheatcraft L, On a Cohesive Set of Requirements Engineering Terms, *Systems-Engineering*, May 2017
9. Dijkstra E.W. On the role of scientific thought, 30.08.1974; Abruf: https://www.cs.utexas.edu/users/EWD/transcriptions/EWD04xx/EWD447.html, 07.07.2022
10. Saltzer, J., Schroeder, M., The Protection of Information in Computer Systems, Forth ACM Symposium, 1975
11. Neumann, P. , Principled Assuredly Trustworthy Composable Architecture, …, Kap. 3.3
12. NIST SP 800-160 Vol. 1 Rev. 1, Engineering Trustworthy Secure Systems, https://csrc.nist.gov/pubs/sp/800/160/v1/r1/final, letzter Abruf 07.03.2025
13. NIST SP 800-160 Vol. 2 Rev. 1, Developing Cyber-Resilient Systems: A Systems *Security-Engineering* Approach, https://csrc.nist.gov/pubs/sp/800/160/v2/r1/final, letzter Abruf 07.03.2025
14. Neumann P., Principled Assuredly Trustworthy Composable Architectures, https://www.csl.sri.com/users/neumann/chats4.pdf, letzter Abruf 25.02.2025
15. Luoma-aho, V. & Olkkone, L. Expectation managment In (ed. Carroll, C. E.) The SAGE Encyclopedia of Corporate Reputation, SAGE Publications Inc, Thousand Oaks (2016).
16. Shukla, Ankur et al.: System security *Assurance*: a systematic literature review; Elsevier, 2022
17. ISO/IEC TR 15443-1_3, Information technology – Security techniques – Security *Assurance* framework
18. NIST SP 800-53 Rev. 5, Security and Privacy *Controls* for Information Systems and Organizations, https://csrc.nist.gov/pubs/sp/800/53/r5/upd1/final, letzter Abruf 09.03.2025
19. Wikipedia zu GAP-Modell; https://de.wikipedia.org/wiki/Gap-Modell; letzter Abruf 09.03.2025

Business-Kontext 4

Als Business-Kontext wird die Betriebs- und Systemumgebung aus Sicht der Geschäftsanforderungen erfasst. Dies stellt somit die oberste Ebene der Anforderungen dar, in der der Zweck und die geschäftlichen Anforderungen des Geschäftssystems und die Anforderungen an den Geschäftsbetrieb beschrieben sind.

Die Definition des Business-Kontextes leitet sich aus den ISO/IEC/IEEE 15288 bzw NIST SP 800-160-Systemprozessen „Business or Mission Analysis Process" und „Stakeholder Needs and Requirement Definition" ab [1, 2]. Im Detail erfolgt hier die Beschreibung des Umfangs und der Grenzen des zu betrachtenden Geschäfts- und Systemumfeldes aus Sicht der Organisation, beteiligter Stakeholder und deren Anteile an der Wertschöpfung des Geschäftsprozesses, Verteilung und Integrationstiefe an Verarbeitungsprozeduren sowie Kommunikations-/Verarbeitungsschnittstellen. Im Einzelnen können folgende Aufgaben und Ergebnisse identifiziert werden:

a) Geschäftliche Zielsetzung zu Tätigkeiten und angestrebten Fähigkeiten („Capabilities") wie Digitalisierung der Kundenkommunikation, Aufbau und Betrieb eines Web-Shops etc.
Hinweis: Hilfestellungen zur Ermittlung/Dokumentation der *Business-Capabilities* sind beispielsweise bei LeanIX in Form einer „Capability Map" bzw. Hilfestellungen zur Modellierung zu finden [3].

b) Definition des „äußeren" Betriebsumfelds und damit zusammenhängender allgemeiner, rechtlicher und/oder vertraglicher Bestimmungen, die Ein- und Auswirkungen auf den Security-Kontext haben. Dies umfasst die je nach Geschäftskontext offensichtlichen Pflichten wie beispielsweise Nachweise zur Umsetzung eines IKS (Internes Kontroll-System) oder bankenspezifische Anforderungen (SOX, PCI-DSS etc.), KRITIS-Klassifizierungen etc.

c) Definition der internen Organisation, in dem sowohl die Aufbau- als auch die Ablauforganisation und damit Kompetenz- und Verantwortungsbereiche, aber auch Wertschöpfungsbereiche wie Produktentwicklung, -marketing und Vertrieb, produktnahe Leistungen, ggf. Produktbetrieb sowie unterstützende – in der Regel nicht unmittelbar operative – Bereiche definiert werden.

d) Definition der Wertschöpfungskette(n) zu Geschäftsprozessen inkl. der Grenzen der Verantwortung und mindestens erforderliche (primäre) Schnittstellen zu Partnern, Suppliern und Providern. Zur Beschreibung desselben folgen diese dem allgemeinen Prozessverständnis als Kette zwischen Akteur => Artefakte => Aktivitäten, woraus sich Definitionen wie beispielsweise „Wer liefert wann welche Informationen und Daten" sowie „Wie, wo und mit welchen Tools und Systemen werden diese verarbeitet und weitergegeben" ergeben. Ergänzend hierzu sind auch die erforderlichen Fähigkeiten und das Geschäfts-/Betriebs- bzw. Prozesswissen zu nennen.

e) Definition der mindestens für die Zielsetzung erforderlichen (primären) Assets zur Umsetzung der Wertschöpfung.

Dies umfasst sowohl Daten und Informationen, anwendungsspezifische Komponenten und Systeme, Kommunikations- und Datenverbindungen als auch Infrastrukturen. Sofern Festlegungen hinsichtlich anwendungsspezifischer Produkte vorgegeben sind, sind diese anzugeben, um in weiteren Schritten Strategien betreffender Hersteller und Lieferanten einbeziehen zu können.

f) (Grundlegende) Betriebsbedingungen
Während sich die in a) bis e) genannten Aufgaben mit den funktionalen, d. h. den erwarteten nutzungsspezifischen Funktionen und Systemanteilen befassen, sind zur Vervollständigung des geschäftlichen Anforderungsprofils auch Vorgaben zur Nutzungsqualität, d. h. sogenannte nicht-funktionale Anforderungen und Eigenschaften zu definieren. Hierzu zählen u. a. die Bestimmung der materiellen und immateriellen Werte der Assets, die Definition der Rechte und Berechtigungen der Akteure (Kompetenzen) sowie technische Anforderungen wie Nutzungszeiten, Antwortzeitverhalten, Minimum-, Regel- und Maximum-Performance-Daten.

g) Rechtliche Vorgaben
Hierzu zählen alle relevanten Compliance-Vorgaben, sofern sie nicht schon im Kontext des Betriebsumfelds bestimmt sind. Wesentliche sind transnationale und nationale Datenschutzanforderungen, Vertraulichkeits- und Geheimhaltungsanforderungen.

Die mit a) bis g) gegebenen Definitionen und Informationen werden in Anlehnung an ISO/IEC/IEEE 15288 als **SoI – System of Interest** bezeichnet.

Die Schnittstelle zum *Security-System* bzw. zum Security-Kontext bilden die Definitionen und Festlegungen zu den „Loss of … Bedingungen". Erst mit dem Bewusstsein und der Benennung dieser ist eine gemeinsame Basis zur Schaffung eines passenden *Security-Systems* möglich.

Aus Sicht des Geschäftsbetriebs wird „Loss" allgemein als Verlust der Nutzungsfähigkeit und Verlust der Kontrollierbarkeit der (Geschäfts-)Abläufe, Artefakte und Assets definiert. Aus technischer Sicht verwendet NIST SP 800-160 eine Definition in Anlehnung an Merriam Webster als

> „Loss is the experience of having an asset taken away or destroyed or the failure to keep or to continue to have an asset in a desired state or form [2]."

Zur Bestimmung der Loss-Bedingungen fokussiert NIST auf einzelne Assets, auf die die Durchführung und Betrachtung der in Abb. 4.1 dargestellten Themenfelder anzuwenden ist. In diesem Kontext werden Assets als Asset-Klassen, Assets-Typen oder einzelne Assets verstanden. Mit dieser Fokussierung verfolgt NIST das Ziel, einer möglichst klaren und eindeutigen Erhebung spezifischer Anforderungen sowie Zuordnung und Steuerung von Schutzmaßnahmen.

Die Relevanz der einzelnen Themenfelder ist wie folgt:

Als **„Context of Loss"** wird die Betrachtung der Rahmenumstände verstanden, in denen die Analyse und Bewertung des Assets erfolgt. Dies kann sowohl den Einsatz in einem definierten Wertschöpfungsprozess als auch in Verknüpfungen und Beziehungen mit anderen Assets verstanden werden. Letzteres erfasst somit auch die Schnittstellen zwischen Wertschöpfungsprozessen bzw. allgemein auch den gesamten geschäftlichen Kontext. In besonderem Maße weist NIST auf den Asset-Life-Cycle in Relation zum System-

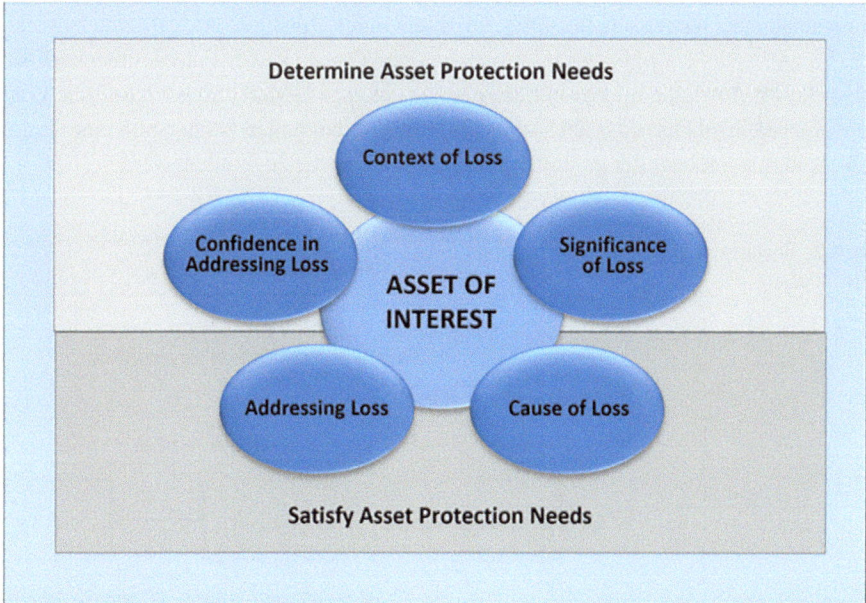

Abb. 4.1 Assets of Interesst nach NIST [2]

Life-Cycle hin. Ein Asset in der Entwicklung hat unter Umständen eine andere Wertigkeit als Assets im Produktivbetrieb.

Die **„Significance of Loss"** ergibt sich aus geschäftlicher Sicht aus der Wertigkeit eines Assets als Bestandteil der Wertschöpfungsketten bzw. der Geschäftsziele. Kriterien zur Bewertung sind beispielsweise Wiederherstellungsaufwände, Verfügbarkeiten, Integrität und weitere. Bei der Bewertung der Significance ist klar nicht auf die Gründe des Verlusts abzustellen; es kommt allein auf die Relevanz und die Abhängigkeit der Prozesse vom betrachteten Asset an.

Gründe für Verluste sind dem Feld **„Cause of Loss"** zuzuordnen. Hier ergibt sich ein großes Feld von Einflussmöglichkeiten, die zu einem Verlust führen können. Zu beantworten ist hier die Frage „*Was* kann zu einem Verlust führen", womit im Wesentlichen technische, manuelle/menschliche oder natürliche Beeinflussungen und Gründe zu betrachten sind.

Die Felder **„Addressing Loss"** und **„Confidence in Addressing Loss"** zielen auf Maßnahmen zur Sicherstellung, dass Loss-Zustände vermieden, verhindert oder in ihren Auswirkungen minimiert werden. Äquivalent zu den Gründen für Verluste werden hier technische und manuelle/menschliche Maßnahmen adressiert. Ergänzend sind jedoch auch organisatorische und prozessuale Maßnahmen zu nennen, durch die die Organisation die Verantwortung und Effektivität und Effizienz von Maßnahmen sichergestellt.

Der Zusammenhang zwischen der geschäftlichen und der technischen Sicht ist in NIST nicht fokussiert. Daher soll hier eine mögliche Verknüpfung und Sicht dargestellt werden. Hierzu wird eine abstrakte Darstellung einer Wertschöpfungskette bestehend aus Akteuren, Artefakten und Aktivitäten herangezogen. Dies erfolgt aus der Grundüberlegung, dass Akteure Artefakte bei Aktivitäten benutzen, um damit unterschiedliche Aufgaben zu bewerkstelligen. So verwendet ein Manager Informationen und Daten in einer Entscheidungsmatrix zur geschäftlichen Ausrichtung oder ein Mitarbeiter eine per E-Mail erhaltene Information, um eine Aufgabe einzuleiten oder abzuschließen. Loss-Bedingungen können nun einzelnen Teilen, Verknüpfungen oder der gesamten Wertschöpfungskette zugeordnet werden (Abb. 4.2).

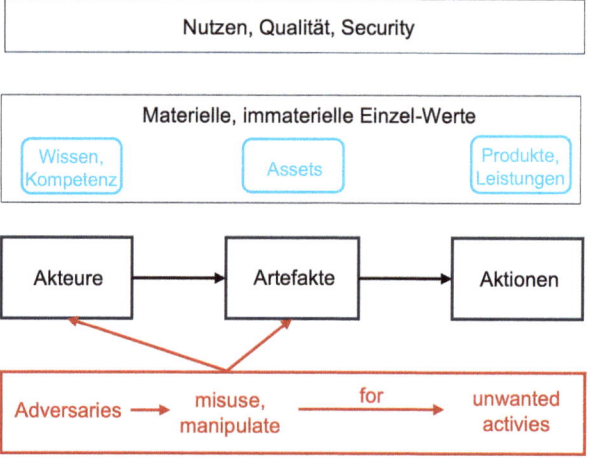

Abb. 4.2 Security in der Wertschöpfung

Der einzelne Teil besitzt einen materiellen oder immateriellen Wert, dessen exklusive Nutzbarkeit geschäftsrelevant ist. Der Akteur hat Wissen und Kompetenzen zur Ausführung der Wertschöpfungsaktivitäten in der erforderlichen Qualität. Das einzelne Artefakt hat einen (Wieder-)Herstellungswert und die Aktivität hat beispielsweise eine organisationsspezifische Besonderheit (ein Geschäftsgeheimnis). Verknüpfungen ergeben dann einen Nutzen, wenn beispielsweise ein bestimmter Akteur in einem definierten Umfang Berechtigung und Zugriffsmöglichkeiten zur Nutzung wertiger Artefakte besitzt. Und schließlich hat die gesamte Wertschöpfungskette ggf. eine schützenswerte Abfolge oder Zusammensetzung im Kontext der Geschäftsinhalte.

Ergänzend können die Grundaktivitäten zur Absicherung der geschäftlichen Wertschöpfungskette dargestellt werden. Akteure sind hier die als „Adversavies" bezeichneten Gefährder, die nicht gewünschte Aktivitäten ausführen, indem Akteure und Artefakte manipuliert oder zweckentfremdet werden.

4.1 Business KAI

Die bKAI – Business Key *Assurance* Indicator(en) dienen als Parameter zur Bewertung, dass die Anforderungen hinsichtlich des Geschäftsbetriebs erfüllt werden. Somit ist zunächst nochmals klarzustellen, dass bKAI **nicht** mit der Erfassung und Bewertung der „üblichen" Ausprägungen der Sicherheitskriterien CIA-Triad o. Ä. zu beschreiben sind.

Grundlage zur Definition der bKAI sind im Detail die Anforderungen der „Loss-of-Bedingungen", die jedoch in den Rahmen des *Assurance*-Modells zu stellen sind. Somit können zur Bestimmung der bKAI folgende Schritte skizziert werden.

Die Verantwortlichen des Geschäftsbetriebs legen ihre *Assurance*-Grundhaltung in einer entsprechenden *Assurance*-Policy fest. Bestandteil der Policy sind auch die Festlegung der Ausprägungen der zu Anwendung kommenden *Assurance*-Methoden (Design/Architektur, ordnungsgemäßer Betrieb, Resilience-Test bzw. Reliability-Management; siehe auch Abschn. 3.4). Hiermit wird implizit auch der Umfang der proaktiven und reaktiven technischen und organisatorischen Vorleistungen, d. h. Investitionen und Ressourcen festgelegt.

Des Weiteren sind die Kritikalität der einzelnen Geschäftsprozesse bzw. deren Minimum-Performance und -Nutzbarkeit festzulegen. Dies dient dann als Basis zur Festlegung von Maßnahmen, die die *Assurance* direkt bzw. indirekt transparent machen sowie zur Bestimmung möglicher Gefährdungen, die die *Assurance* negativ beeinflussen.

Mit den definierten Bestandteilen der abstrakten Wertschöpfungskette sowie den grundlegenden Prinzipien der Nutzungsfähigkeit und Kontrollierbarkeit der Geschäftsprozesse kann zur Ermittlung der *Assurance*-Indikatoren ein zweistufiges Verfahren wie folgt herangezogen werden:

a) Ermittlung der Einflüsse auf die Bestandteile der Wertschöpfungskette
b) Ableitung der passenden bKAI

Tab. 4.1 Ausprägung Business-KAI (Beispiele)

Bestandteil Wertschöpfungskette	mögl. Einflüsse auf Nutzungsfähigkeit u. Kontrollierbarkeit	mögl. bKAI
Akteur	- Offenlegung geschützter Capabilities - Manipulation der Identität - Manipulation der Berechtigungen	- Die Identität der Akteure ist jederzeit manipulationssicher - Handlungen sind zu jedem Zeitpunkt transparent und berechtigt
Assets/Artefakt	- Wegfall der Verfügbarkeit - Inhaltliche Manipulation/Beeinflussung der Nutzbarkeit	- Assets/Artefakte unterliegen einer Inferenzprävention
Aktion	- Beeinflussung der Vernetzung/Abhängigkeiten zwischen (internen und externen) Assets	- Die „Durchlaufzeit" des Geschäftsprozesses (-teils) GP abc beträgt max. xx sec.

Eine beispielhafte Ausprägung der bKAI ist in Tab. 4.1 dargestellt.

Literatur

1. ISO/IEC/IEEE 15288:2023, Systems and software engineering – System life cycle Processes
2. NIST SP 800-160 Vol. 1 Rev. 1, Engineering Trustworthy Secure Systems, https://csrc.nist.gov/pubs/sp/800/160/v1/r1/final, letzter Abruf 07.03.2025
3. LeanIX, https://docs-eam.leanix.net/docs/business-capabilities-modeling, letzter Abruf 09.03.2025

Security-Kontext 5

Im Security-Kontext wird der Rahmen zur Transformation der Anforderungen und Vorgaben des Business-Kontextes in das *Security-System* gespannt. Als Transformation wird hierbei der Prozess der Erfassung der Problem- bzw. Aufgabenstellung aus unterschiedlichen Sicherheitsblickwinkeln, der Definition und des Designs der passenden Architektur, der Maßgaben zur Bestimmung der Security-*Controls* in passenden Wirksamkeitsausprägungen sowie der Ziele und Maßnahmen zur nachweislichen Erfüllung aller Anforderungen verstanden. Die hierzu erforderlichen Klärungen und Definitionen können grob in einen grundlegenden Teil und in einen darauf aufbauenden (sicherheits-) spezifischen Teil gegliedert werden.

Als grundlegenden Teil gilt es, die Rahmenbedingungen für das Management und die Steuerung des *Security-Systems* zu definieren. Die strukturierte Vorgehensweise wird im Allgemeinen als Governance bezeichnet, also in diesem Kontext als **Security-Governance**. Dieses stellt aus Sicht der Geschäftsverantwortlichen eine Detaillierung der allgemeinen organisatorischen Governance-Vorgaben dar. Eine Hilfestellung zu *Security-Governance*-Aufgaben und Zielen stellt die ISO 27014 „Governance of Information Security" dar [1]. In der Fassung von Dezember 2020 sind hier sowohl Zielsetzungen (Objectivs) als auch grundlegende Prozesse benannt. Mit dem hier fokussierten Transformationsprozess können die *Objectivs* wie folgt interpretiert bzw. anhand beispielhafter, grundlegender Klärungen erfasst werden:

Objective 1: Establish integrated comprehensive entity-wide information security
Die Sicherheit der Geschäfts-Assets und Geschäftsprozesse wird vollständig und organisationsweit verstanden. Hierzu sind Verantwortliche, Verantwortungsbereiche und Entscheidungsprozesse durch das Top-Management zu definieren. Durch den Vollständigkeitsanspruch ist nicht ausgeschlossen, dass eine Priorisierung für kritische Geschäfts-Assets vorgenommen und bevorzugt sichergestellt wird.

Die Transformation zum Sicherheitssystem muss alle Geschäftsaspekte erfassen, ggf. Geschäftsschwerpunkte definieren sowie organisatorische Details (Zuständigkeiten, Verantwortungsdefinitionen) regeln.

Objective 2: Make decisions using a risk-based approach
Entscheidungen zur Informationssicherheit sollen anhand obligatorischer Compliance-Anforderungen sowie risikoorientierter Bewertungen getroffen werden. Das sicherheitsorientierte Risikomanagement ist vollständig in das Unternehmens-Risikomanagement integriert bzw. aus diesem abgeleitet.

Transformationsaufgaben umfassen somit

a) die Definition von Vorgaben zu Risiko-*Assessment*s (Klassifizierungen, Risikobehandlungsstrategien). Neben der Methodik des Risiko-*Assessment*s gemäß organisationaler, nationaler oder internationaler Best Practices sind insbesondere Gefährdungs-, Klassifizierungen und Risikostrategien (sog. Risikoappetit) relevant. Details hierzu werden im Abschn. 6.3 „Risiko-*Assessment*" sowie darüber hinaus in Kap. 9 „Security *Controls* Management" behandelt.
b) Festlegungen/Vorgaben zur Bestimmung und Entscheidung von Wirtschaftlichkeitsbestimmungen für Sicherheitsmaßnahmen.

Objective 3: Set the direction of acquisition
Der Einfluss von Informationssicherheitsrisiken ist als integraler Prozessbestandteil bei allen geschäftlichen Tätigkeiten zu berücksichtigen. Dies umfasst insbesondere technische Aspekte wie neue Technologien, aber auch prozessuale und organisatorische Aspekte wie Outsourcing-Maßnahmen oder auch die Kooperation oder Integration von Service-Providern. Das Top-Management muss hierzu die generelle Strategie und Ziele bereitstellen.

Als Bestandteil der Transformation erfolgt ein permanenter Abgleich der geschäftlichen (Sicherheits-)Ausrichtung mit der zu entwickelnden Informationssicherheits-Policy. Die Unternehmensziele sind auf Sicherheitsziele und Sicherheitsfunktionen als Rahmen zur Anwendung von Best Practices zu übertragen. Dies wird durch generelle Festlegungen zu Sicherheitsprinzipien und ggf. anzuwendender Sicherheitsmodelle detailliert.

Objective 4: Ensure conformance with internal and external requirements
Alle Sicherheitsmaßnahmen und -Prozesse sind an den Anforderungen aller „Interested Parties" (Stakeholder) auszurichten. Die Konformität ist durch interne sowie ggf. externe Prozesse und Audits nachzuweisen.

Transformationsartefakte sind

a) die Geschäftsanforderungen (Business-Kontext) und
b) die Bestimmung anzuwendender allgemeiner sowie spezifischer rechtlicher Vorgaben wie beispielsweise ob und in welcher Ausprägung das BSI-Gesetz oder auch anwendungs- und geschäftsspezifische sowie zertifizierungsorientierte Vorgaben.

Objective 5: Foster a security-positive culture

Zur erfolgreichen Umsetzung der Informationssicherheit ist die Unterstützung und übergeordnete Steuerung durch das Top-Management erforderlich.

Als Transformationsaspekt wird dies auch durch Festlegungen und Prozesse zur Steuerung und Transparenz in Bezug auf den (Gegen-)Wert von Investitionen zur Informationssicherheit unterstützt.

Objective 6: Ensure the security performance meets current and future requirements of the entity

Der gewählte bzw. implementierte Ansatz des *Security-Systems* ist regelmäßig in Bezug auf Effizienz und Effektivität zu bewerten sowie einem kontinuierlichen Anpassungsprozess an Geschäftsentwicklungen zu unterziehen.

In der Transformation erfolgen hierzu Festlegungen zu *Assurance*-Maßnahmen mit den damit zusammenhängenden Audit- und Report-Prozessen. Zielsetzung ist hier die regelmäßige Angleichung an die Geschäftsstrategie und organisatorische Ziele, d. h. die Übereinstimmung und passende Ausprägung der Informationssicherheit an die Geschäftsprozesse. Die Effizienz und Effektivität der Sicherheitsprozesse an sich ist hier insofern erfasst, als dass die eingesetzten Ressourcen zur Informationssicherheit im Verhältnis zum Geschäftsnutzen betrachtet werden.

Während die in den einzelnen Zielsetzungen (objectives) bereits benannten Prozesse operativer Natur sind, unterliegen die Zielsetzungen ihrerseits einem kontinuierlichen Anpassungsprozess in Bezug auf Effizienz und Effektivität, d. h. der Inhalte und Ausrichtung. Dieser sogenannte „Information-Security-Governance-Prozess" besteht aus den vier Teilprozessen:

i. „Evaluate", d. h. Bewertung und ggf. Anpassung der Zielsetzungen (an den geschäftlichen Strategien)
ii. „Direct", d. h. Steuerung der Ressourcen, Verantwortungen, Prioritäten und Ziele
iii. „Monitor", d. h. Definition und Erfassung effektiver Kontrollinformationen zur anschließenden Bewertung
iv. „Communicate", d. h. Austausch aller Informationen, Anforderungen und Zielsetzungen mit allen relevanten Stakeholdern

Die Gleichartigkeit der vier Teilprozesse mit den bekannten PDCA (Plan-Do-Check-Act) ist aufgrund der Universalität des PDCA nicht verwunderlich. Allerdings sei hier darauf verwiesen, dass Security-Governance im engeren Sinn die Ausrichtung des Sicherheitsmanagements an die Geschäftsziele und -strategien fokussiert und nicht die inhaltliche Gestaltung der Prozesse eines ISMS.

Zur Festlegung der Ausrichtung der Sicherheitsziele und Sicherheitsfunktionen als Rahmen zur Anwendung von Best Practices ist eine kurze Reflexion von Sicherheitsblickwinkeln, deren Ziele und deren Ergebnisse sinnvoll sind. Die Kenntnis der verschiedenen

Blickwinkel ermöglicht es beiden Seiten, die Anforderungen eindeutig zu strukturieren. Synonym werden Sicherheitsblickwinkel auch als „x-zentrierte Sichten" bezeichnet:

Grundlage der „Standard-Best-Practices" ist regelmäßig eine „**daten-/informationszentrierte Sicht (data-centric)**". Hierbei wird die Abhängigkeit von und der Schutzbedarf der Daten/Informationen in den Vordergrund gestellt. Anforderungen und Schutzmaßnahmen fokussieren primär auf die Daten/Informationen selbst; Beispiele sind Zugriffsrechte oder Verschlüsselung. Erst in einer nachfolgenden Betrachtung werden die Anforderungen und Schutzmaßnahmen an Verarbeitungsentitäten sowie der Betrieb bzw. die Betriebsumgebung hieraus abgeleitet.

Im Gegensatz zur inhaltlichen Fokussierung der Datenzentrierung wird bei der „**assetzentrierten Sicht (asset-centric)**" der Fokus auf die Sicherheit der Komponenten und Systeme des Geschäftssystems gelegt. Hiermit werden im Allgemeinen Systeme zur Steuerung von Anlagen im industriellen Umfeld, also sogenannte ICS – Industrial Control Systems erfasst. Diese verarbeiten auch Daten, dies jedoch in einem deutlich geringeren Umfang. Schutzmaßnahmen zielen primär auf die Integrität der physischen Systeme sowie die der programmierten Regelungs- und Steuerungsprozeduren. Im Kontext eines ordnungsgemäßen Betriebs von Rechenzentren ergibt sich eine asset-zentrierte Sicht beispielsweise in den Anlagen der Automation der Infrastruktursysteme, etwa bei Kälteanlagen.

Die anhaltende Präsenz von (erfolgreichen) Cyber-Attacken hat zu einer „**bedrohungsorientierten Sicht (threat-centric)**" auf die – in aller Regel – Grenzen und Schnittstellen des Geschäftssystems geführt. Hierbei ist zu vergegenwärtigen, dass Schnittstellen von zwei Seiten betrachtet werden müssen. Neben der Sicht von außen, d. h. auf Gefährdungen, die von außen auf die Systeme und Prozesse einwirken, ist auch die Sicht von innen einzunehmen, d. h. die Gefährdungen, die durch die Vernetzung der Geschäfts-Assets und -prozesse mit dem Umfeld entstehen. Die unterschiedenen Blickrichtungen werden auch als outside-in und inside-out bezeichnet. Zu den Zielen gehört die Erkennung von und Reaktion auf Anomalien in Datenflüssen zur Sicherstellung der Betriebs- und Kommunikationsfähigkeit genauso wie technische und organisatorische Maßnahmen zur Integration externer Serviceleistungen und Prozessen. Neben technologischen Maßnahmen wie die Aus- und Bewertung großer Mengen von Protokolldaten sind reaktive Schutzmaßnahmen prägend.

Alle Sichten implizieren in der Regel eine „**risikoorientierte Sicht (risk-centric)**" zur Definition der passenden Schutzmaßnahmen sowie zunehmend auch zur Steuerung der Ressourcen im operativen Betrieb (bspw. Risk-Based-*Vulnerability*-Management). Hierbei erfolgt somit keine Sicht auf schützenswerte Objekte und Artefakte, sondern auf die Effizienz und Effektivität von Schutzmaßnahmen und Aktivitäten.

Die Liste der „zentrierten Sichten" ist in Teilen der Literatur noch differenzierter behandelt. Festzuhalten ist an dieser Stelle, dass die unterschiedlichen Sichten auf unterschiedliche Bereiche und Funktionen des Geschäftssystems bzw. der Geschäftsprozesse fokussieren. Eine exklusive Anwendung einer einzelnen Ausprägung ist weder sinnvoll noch vollständig.

5.1 Sicherheitsziele

Als weitere grundlegende Aufgabe im Rahmen des Security Governments besteht die Notwendigkeit, Businessziele in Sicherheitsziele „zu übersetzen". Hierdurch wird ein einheitliches Verständnis und die Orientierung zur Entwicklung und Betrieb des *Security-Systems* gewährleistet. Darüber hinaus bilden Sicherheitsziele damit die Grundlage zur Erfassung und Bewertung des Sicherheitsniveaus im Sinne der genannten Aspekte *Trustworthiness* und *Assurance*.

Aufgrund der vielfachen unterschiedlichen Verwendung soll zur Klarstellung zunächst kurz auf Zusammenhänge bzw. Unterschiede zwischen den Begriffen Sicherheitsziel, Sicherheitsaspekt und Sicherheitsprinzip eingegangen werden.

Sicherheitsziele (im Englischen „**Objectivs**") benennen das Ergebnis bzw. die Richtung zur Schaffung/Design und zum Betrieb des *Security-Systems*. Durch Sicherheitsziele können Maßnahmen und Prozesse in Bezug auf den Beitrag zur Zielerreichung gewertet werden. Durch die gleichzeitige Funktion als Messgröße (Maßstabe zur Zielerreichung) sind Sicherheitsziele somit im Wesentlichen mit den Begriffen Effektivität und (indirekt) Effizienz verknüpft.

Zur Konkretisierung und Anwendung der Sicherheitsziele auf Sicherheitsmaßnahmen ist eine Zuordnung anhand von **Sicherheitsaspekten** erforderlich. Mit Sicherheitsaspekten werden sowohl Schwerpunkte als auch die Wirkungsrichtung von (Sicherheits-)Maßnahmen und Prozessen ausgeprägt. Die mehrfach genannten CIA-Triad (Vertraulichkeit, Integrität, Verfügbarkeit) stellen gleichartig zu Zuverlässigkeit, Resilienz, Performance u. a. in diesem Sinne Sicherheitsaspekte dar. In neueren Ansätzen werden die datenzentrierten Aspekte verstärkt um Aspekte hinsichtlich der datenverarbeitenden Infrastrukturen ergänzt. So etwa wird mit dem **DIE-Ansatz** (Distributed, Immutable, Ephemeral) auf Einflüsse wie DDoS und Ramsomware-Einwirkungen und daraus erforderliche Sichten wie Netzsegmentierungen und verteilte Datenhaltung eingegangen. Grundlegende Zielsetzung ist die Minimierung der Recover-Aufwendungen bei einem gravierenden Sicherheitsereignis (siehe bspw. [2]).

Während also Sicherheitsziele die Richtung angeben, d. h. vorgeben „WAS soll erreicht werden", geben Sicherheitsaspekte die Schwerpunkte/Ausprägungen, d. h. das „WODURCH", vor. Die vollständige Beschreibung eines Sicherheitsziels umfasst eine Verknüpfung dergestalt, dass

- eine Eigenschaft/Zielgröße (Erfassung, Schutz, Verhinderung, Vermeidung, Erfassung, Erkennung etc.),
- eines physischen oder logischen Sicherheitsobjekts (Asset, Entity, Prozess) in Bezug auf
- einen Sicherheitsaspekt (Ausfall, Vollständigkeit, Korrektheit, Performance etc.)
- sowie eine definierte Ausprägung desselben (immer, bei Bedarf, in einem Minimumumfang etc.)

verknüpft werden.

Zur Vollständigkeit soll an dieser Stelle der Begriff Sicherheitsprinzip genannt werden. Hierunter werden Grundsätze verstanden, die Handlungs- und Entscheidungskriterien zur Auswahl und Ausprägung von (Sicherheits-)Funktionen, Maßnahmen und Prozessen dienen (Details hierzu im Folgekapitel).

Die Grundlage für Sicherheitsziele bilden die im Business-Kontext definierten „Loss-of-Bedingungen", d. h. die Fokussierung sowie der (zulässige) Grad der Beeinträchtigung der Geschäftsabläufe, -artefakte und -assets. Diese Anforderungen bilden die Grundlage für das *Security-System* und damit eine Seite der Schnittstelle zwischen Geschäfts- und Sicherheitsverantwortlichen. Seitens der Sicherheitsverantwortlichen gilt es hierzu äquivalente Sicherheitsziele zu definieren. Auf Basis der in NIST SP800-160 vorgestellten konzeptionellen Ansätze zu Loss-Control-Zielen kann eine Umformulierung und Transformation beispielhaft gemäß Abb. 5.1 umgesetzt werden.

Die Loss-Anforderungen fokussieren hier auf die in Geschäftsprozessen relevanten Bestandteile mit technischem Bezug zum *Security-System*. Ein Asset-Verlust in diesem Sinne bedeutet zunächst einmal den Verlust der Funktionsfähigkeit des Assets, d. h. ein Ausfall oder eine gravierende Störung. Mit Asset/Artefakt-Missbrauch ist somit die nicht beabsichtigte Nutzung von Rechten, Systemen, Netzen, Funktionen oder Diensten verbunden. Auch Performance-Störung bezieht sich hier auf die Geschäftsprozesse, welche durch Beeinträchtigungen beteiligter Komponenten und Entitäten hervorgerufen werden kann. Demzufolge wird beispielsweise mit dem Ausfall von Kommunikationspfaden ein Bezug zu Services externer Provider bzw. Geschäftspartner erfasst.

Während mit den **Loss**-Bedingungen die Beeinflussungsmöglichkeiten auf die Geschäftsprozesse dargestellt werden, stellen die Loss-**Control**-Begriffe eine Aggregation als Handlungsfelder zur Gegensteuerung dar. Gleichzeitig sind die Control-Felder Ausgangspunkte für die Sicherheitsziele, in dem Control als „Sicherstellung der Verfügungsgewalt über" die unterschiedlichen Aspekte interpretiert werden.

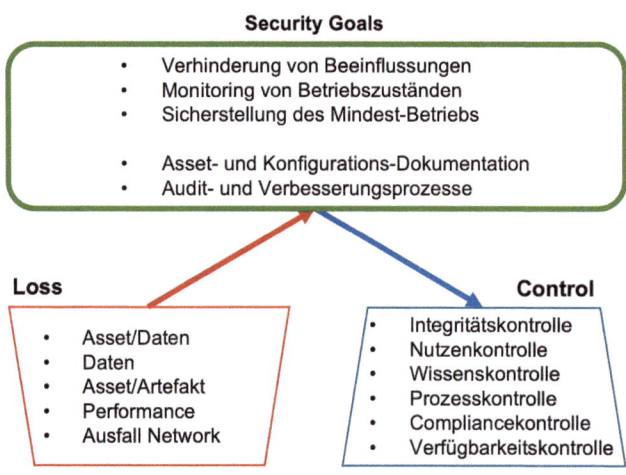

Abb. 5.1 Security Goals

Auch die Ableitung der Sicherheitsziele erfolgt hier nur beispielhaft. Zu vermerken ist jedoch, dass eine Unterteilung in primäre und unterstützende Sicherheitsziele vorgenommen wurde. Während die primären Sicherheitsziele einen direkten Bezug zu den Control-Feldern haben, werden mit den unterstützenden Sicherheitszielen Grundlagen zur effektiven Umsetzung der primären Sicherheitsziele erfasst.

5.2 Security Principles

Unter Prinzipien werden im Allgemeinen Grundsätze verstanden, die als Ausgangspunkt für weitere Aktionen bzw. weiteres Handeln zur Auswahl und Ausprägung von (Sicherheits-)Funktionen, Maßnahmen und Prozessen dienen. In der Informationssicherheit werden Prinzipien herangezogen, um einen Rahmen zum Design, zur Definition von Maßnahmen und zum Betrieb von Systemen zu bilden. Unklar bleiben jedoch in der Regel die Grundlagen, Erkenntnisse und Überlegungen, die zur Ausprägung eines Prinzips herangezogen werden. Daher ist ein grobes Verständnis zum Stand der allgemeinen Grundlagen und Kriterien zum Wesen und zur Bildung von Prinzipien hilfreich. Hierbei wird der Begriff des Systems, wie bereits dargestellt, in einem generellen Sinn verstanden.

D. Rousseau geht in seinem Ansatz zu „A Framework for Understanding Systems Principles and Methods" [3] der Frage allgemeiner Prinzipien nach, die unterschiedlichen Systemdisziplinen (Philosophie, Science, Engineering und Practice) gemein sind bzw. zugrunde liegen. Ausgangspunkt hierfür ist, dass es lt. Rousseau keine Grundlage, d. h. keine allgemein anerkannte Struktur von Prinzipien gibt, um Systeme weiter zu entwickeln. Es gibt derzeit keine wissenschaftliche Disziplin („System Science"), die eine generelle Systemtheorie (im Sinne von Bertalanffy) begründet bzw. entwickelt. Daher gibt es auch für das *Systems-Engineering* derzeit nur eine mehr oder minder große Menge heuristischer Prinzipien, die weder strukturiert noch allgemein anerkannt sind. Ein Grund hierfür ist u. a. das Fehlen von generellen „Systems Principles", die Rousseau wie folgt definiert:

Systems Principles werden definiert als grundlegende Regeln, Ideen, Vermutungen oder Erkenntnisse über die Natur bzw. die Arbeitsweise von Systemen. Systems Principles sollen Entscheidungen und Maßnahmen bzw. Arbeitsweisen und Methoden im systemischen Kontext unterstützen.

Rousseau selber schlägt drei generelle „Scientific Systems Principles" vor, die jedoch (noch) nicht allgemein anerkannt sind. Benannt ist das Prinzip der „Uniformität der Natur", welches besagt, dass ein einmal gefundenes Gesetz zumindest in der irdischen Natur überall gleichermaßen gilt. Des Weiteren wird mit dem Prinzip der „Perpetuität der Substancen" erfasst, dass die Summe aller Substanzen und Energien konstant ist. Schließlich erfasst das Ursachenprinzip, dass alles eine Ursache hat/haben muss.

Zum Verständnis von *Systems Science* ist es nach Rousseau erforderlich, sowohl die Natur, d. h. die Eigentümlichkeit als auch den Fokus von Systems Science zu verstehen.

Für Rousseau können Eigentümlichkeit und Fokus aus der Komplexitätshierarchie von Systemen hergeleitet und durch drei wesentliche Charakteristika beschrieben werden:

i. Im Minimum muss eine solche *Systeme-Science*-Wissenschaft Konzepte und Prinzipien beinhalten,
   a. die Systeme von Nicht-Systemen unterscheidbar macht (nach Luhmann aber auch ein System von der Umwelt abgrenzbar macht),
   b. die es ermöglichen, Systeme bzw. Instanzen von Systemen in der realen Welt zu identifizieren sowie
   c. das Verhalten und Potenzial eines Systems zu erklären bzw. vorherzusagen.
ii. Ausgehend von der Beobachtung, dass es in der Natur in verschiedenen Wissensdisziplinen gleichartige Phänomene gibt (bspw. eine Trichterform von Stürmen oder auch bei Blumen oder Galaxien), lässt sich schließen, dass dies Lösungen komplexer Designprobleme sind. Zumindest einige *Systems Science Principles* müssen also transdisziplinär gültig sein.
iii. Da die transdisziplinären Beobachtungen unabhängig voneinander entstanden sind, muss es etwas wie einen Meta-Mechanismus geben, d. h. *Systems Science Principles*, die einen übergeordneten Charakter haben. Rousseau verknüpft dies mit dem Begriff Emergenz.

Ausgehend von diesen allgemeinen *Principles* ist es möglich und erforderlich, diese auf die Disziplin des *Systems-Engineering* sowie der hier behandelten Ausprägung des *Security-Systems-Engineering* abzuleiten. Grundlagen und Quellen zur Umsetzung dieser Aufgabe finden sich partiell sowohl bei SEBoK – Systems-Engineering Body of Knowledge [4], bei INCOSE [5] (dem International Council on *Systems-Engineering*) als auch in der ISO Norm 15288 [6].

Im Kontext des *Systems-Engineering* wurde von SEBoK eine Übersicht über anwendbare *Systems Principles* in der Dokumentation „Principles of Systems Thinking" dargestellt. Mit Fokus auf das System <u>Security-Engineering</u> sind in Tab. 5.1 die wesentlichen Prinzipien wiedergegeben und erläutert (eigene Kurzdarstellung) sowie der Anwendungsbezug auf das *Security-Engineering* dargestellt.

Hier wird teilweise der Aspekt hervorgehoben, dass die Prinzipien des *Systems-Engineering* den Handlungs- und Wissensrahmen sowie Methoden und Regeln zur Bearbeitung praktischer Engineering-Problemstellungen bilden. Als Beispiel aus dem Bereich *Security-Engineering* kann angeführt werden, dass zum Schutz von Daten der Zugriff auf dieselben zu steuern ist. Die praktische Umsetzung dieses („Grund-")Prinzips kann dann beispielsweise darin münden, dass an der Schnittstelle aus externen Netzen eine Identifizierung, Authentisierung und Autorisierung erfolgt; welches in dem („operativen") Prinzip der „Annahme, dass alle externen Zugänge unsicher sind", kodifiziert ist.

Anzumerken ist, dass mit „Zugriff" schon eine Ausprägung eines übergeordneten Prinzips verbunden sein kann; beispielsweise das generelle Prinzip der strukturierten, geordneten Verarbeitung von Daten zur Sicherstellung der Integrität und damit des Werterhalts von (elektronischen) Daten.

5.2 Security Principles

Tab. 5.1 Principles of systems thinking nach SeBOK [4]

Prinzip	Bedeutung	Anwendung auf Security-Engineering
Abstraction	Zur Problemlösung ist eine Fokussierung auf essenzielle Charakteristika wichtig	Die essenziellen Charakteristika des Security-Systems sind durch die Business-Requirements definiert
Boundary	Das System ist vom Umfeld abzugrenzen	Als „enges" System sind alle Komponenten des internen Systems aufzufassen. Das „vollständige" System umfasst alle vernetzten Entitäten (Organisationen, Provider, Lieferanten), die für den Geschäftsbetrieb erforderlich sind
Holism	Das System ist Einheit und nicht als Ansammlung von Teilen aufzufassen	Sicherheitseigenschaften werden durch das Zusammenwirken aller Komponenten gebildet
Interaction	Eigenschaften, Fähigkeiten und das Systemverhalten werden durch das Zusammenwirken seiner Teile bestimmt	siehe Holism
Network (Netzwerk)	Die Topologie des Systems die Basis für das Zusammenwirken und die dynamischen Interaktionen als Systemverhalten	Die Sicherheitseigenschaften werden im Wesentlichen durch die logische Struktur und die Interaktionen der Sicherheitsfunktionen bestimmt
Separation of Concerns	Zur Lösung eines umfangreichen Problems ist eine Aufteilung in Teilprobleme bzw. Concerns sinnvoll	Zum Design des Security-Systems erfolgt eine Aggregation und Lösung der Requirements gemäß dem Prinzip „Separation of Concerns"
Views	Unterschiedliche Sichten in Bezug auf Systemaspekte oder Concerns sind essenziell zur Lösung des komplexen Problems	siehe Separation of Concerns

Insofern können (security) Engineering Principles in einer gestaffelten Art und Weise strukturiert werden. Die Strukturierung kann ausgehend von generellen (allgemeingültigen) Prinzipien, gemäß unterschiedlicher Systemaspekte erfolgen. Im Beispiel in der Stufe 1 eine Staffelung nach Schutzzielen, indem Zugriffsschutz als Teilziel der Vertraulichkeit zugeordnet wird. Im Weiteren dann die Umsetzung in der „Teil-Disziplin" Netzwerkarchitektur. Insofern stellt jede weitere Stufe eine Detaillierung bzw. Spezialisierung dar, die mit Teildisziplinen bzw. *Concerns* einhergeht.

Im Sinne der allgemeinen Systemtheorie ist anzumerken, dass Prinzipien einer Detailstufe als Ausprägung der grundlegenderen (darunter liegenden) Stufe gebildet und aufgefasst werden (Detaillierungspfad). Darüber hinaus jedoch kann auch eine Rückkopplung aus Detail-Stufen auf Grundlagen-Stufen erfolgen (Generalisierungspfad); beispielsweise dann, wenn durch Öffnung der Netzwerke aufgrund der Ausprägung von Homeoffice-Strukturen, die Risikoorientierung nunmehr auch „externe" Sicherheitsmaßnahmen umfassen muss.

Aus der Abbildung wird auch deutlich, dass die generellen Prinzipien nicht unbedingt technischer Natur sein müssen. Der Ausgangspunkt für das *Security-Engineering* sind Geschäftstätigkeiten, die durch digitale Systeme unterstützt werden bzw. als digitale Geschäftstätigkeiten definiert sind. Die grundlegenden Prinzipien fokussieren daher auf die Geschäfts-Assets; die ja als Entitäten, Daten und Prozesse identifiziert worden sind.

Bildung von Prinzipien
Die Bildung von Prinzipien kann als Erkenntnisprozess aufgefasst werden. Hierunter fallen als Varianten die

- praktische Erfahrung (Heuristiken),
- Funktionsmodelle (Verallgemeinerungen) oder auch
- theoretische Herleitungen.

Mit den Begriffen der Logik sind theoretische Herleitungen mit den als Induktion und Deduktion bekannten Verfahren verknüpft. Weniger bekannt ist, dass mit **Abduktion** ein weiterer Erkenntnisprozess definiert ist, der sowohl zur Bildung als auch zur Validierung von Prinzipien genutzt werden kann. Unter Abduktion wird der Prozess verstanden, dass zunächst aus einer Beobachtung eine Hypothese gebildet oder verifiziert wird. Diese dient dann im Folgenden dazu, neue Erkenntnisse zu gewinnen oder bestehende Erkenntnisse zu erweitern oder anzupassen.

In einer verallgemeinerten Form kann der Prozess zur Bildung und Validierung/Anpassung von Prinzipien gemäß des in Abb. 5.2 dargestellten Bildungsprozesses erfolgen. Dargestellt ist hier der Ablauf der induktiven Bildung eines „Root-Cause-Prinzips". Ein wichtiger Schritt zu einer Generalisierung als Prinzip ist die Validierung, dass grundlegende Aspekte nicht schon in bestehenden Prinzipien verankert sind. Aufgrund der Allgemeingültigkeit von Prinzipien besteht ein „Anspruch" auf Universalität, d. h. es sollen keine redundanten Aussagen gebildet werden.

Der ans Ende gesetzte Prozessschritt der Verifizierung verdeutlicht, dass die Allgemeingültigkeit den zusätzlichen Aspekt erfüllen muss, auf unterschiedliche, artgleiche Problemstellungen erfolgreich angewandt werden konnten.

Zur eigentlichen Beschreibung von Prinzipien sind sowohl grundlegende Eigenschaften als auch inhaltliche Charakteristika zu berücksichtigen. Als grundlegende Eigenschaften zählen folgende:

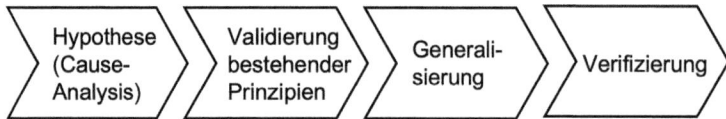

Abb. 5.2 Bildungsprozess „Principles"

5.2 Security Principles

i. Verständlichkeit/Anwendbarkeit: Der Sinn und die Bedeutung des Prinzips sind unmittelbar erfassbar und anwendbar.
ii. Widerspruchsfreiheit: Das Prinzip ist in sich widerspruchsfrei und nicht tautologisch.
iii. Langlebigkeit: Das Prinzip hat eine grundsätzliche, mindestens disziplin-inhärente Gültigkeit.
iv. Vollständigkeit: Das Prinzip ist innerhalb des definierten Kontextes auf alle Problemstellungen anwendbar.

Die inhaltlichen Eigenschaften sind vom jeweiligen System-Kontext abhängig. *Systems-Engineering* Principles werden verstanden als ausgeprägte/spezialisierte und kontextualisierte Instanzen der allgemeinen *Systems Principles*.

Zum Thema *Security-Principles* können aus der Literatur eine fast nicht mehr zu überschauende Anzahl von Hinweisen gefunden werden. Übersichtsquellen sind beispielsweise der Sandia-Report zu „Secure Architektur Principles" [7], die NIST-Empfehlungen SP 800-27 (veraltet) [8], NIST SP 800-160 [9] und weitere. Für die Zwecke des *Security-Systems-Engineering* wurden diese gesichtet, geclustert sowie in einem ersten Schritt in vier Kategorien gegliedert. Diese sind

a) **systemübergreifende Prinzipien**, d. h. grundlegende Vorgaben und Ansätze zur Gestaltung und Entwicklung von *Security-Systems*. Somit stellen diese eine Ergänzung der obigen Ausprägungen der *Systems Principles* dar. Eine weitergehende Beschreibung wird nachfolgend behandelt.
b) **Prinzipien zur Systemarchitektur**, d. h. solche, die zur Definition, funktionalen Ausprägung und Struktur/Vernetzung der Komponenten zum Gesamtsystem dienen. Eine weitergehende Beschreibung erfolgt im Kapitel Sicherheitsarchitektur (Kap. 8).
c) **Prinzipien zur Auswahl von Sicherheitsmaßnahmen**, d. h. Hilfestellungen zur Auswahl für den ordnungsgemäßen und zielorientierten Betrieb des *Security-Systems*. Diese werden im Kapitel Security *Control* Management (Kap. 9) beschrieben.
d) **Prinzipien zum Betrieb des *Security-Systems***, d. h. alle Orientierungen, die zur Definition und Umsetzung von Maßnahmen und Prozessen dienen, die dem ordnungsgemäßen operativen Betrieb der technischen Infrastruktur adressieren. Diese sind ebenfalls Bestandteil des Kapitels Security *Control* Management (Kap. 9).

Selbstredend ist festzuhalten, dass für das *Security-System* in Gänze alle Kategorien bedient werden müssen. Hierbei ist sowohl eine passende Kohärenz zwischen den Kategorien gemäß den Anforderungen sowie eine ausreichende Ausprägung innerhalb der Kategorien herzustellen.

Als wesentliche **systemübergreifende Prinzipien** können folgende herangezogen werden (in Klammern wird eine Verbindung zu den Prinzipien aus NIST SP 800-160 angegeben):

i. Grundsatz der Prinzipientreue (E.5)
Als grundlegende Eigenschaft ist hierunter zu verstehen, dass die definierten Prinzipien anzuwenden sind; die Nichtanwendung ist als Ausnahmeregelung transparent darzustellen.
ii. Schutz der Geschäftsprozesse (E.3, E.15)
Zum Schutz der Geschäftsprozesse ist eine Fokussierung auf die Bestandteile derselben, d. h. beteiligte Assets, Artefakte und interne und externe Abläufe erforderlich. Alle Schutzmaßnahmen unterliegen dem risikoorientierten Kosten-Nutzen-Ansatz in Abhängigkeit von Wirksamkeitsanforderungen der Schutzfunktionen.
iii. Sichtbarkeit der Systemzustände, Anomalieerkennung und Steuerungsfähigkeit (E.1, E.4, E.5, E.8, E.18)
Die Transparenz der Systemzustände ermöglicht eine zeitnahe Anomalieerkennung. Sowohl die Erkennung, die implementierten Schutzmaßnahmen und die Reaktion auf Anomalien sichern die durchgängige Steuerungsfähigkeit.
iv. Prinzip von Defence-in-depth (E.9, E.11)
Die Verwendung von Sicherheitsebenen erhöht den Aufwand, den ein Angreifer benötigt, um sich unbefugten Zugang zu einem System oder einer Anwendung zu verschaffen. Die Schutzmaßnahmen sind so aufzubauen und zu betreiben, dass bei Ausfall einer Ebene eine Sicherheitsverletzung durch weitere Schutzebenen verhindert wird.
v. Kerckhoffs Prinzip (Anlehnung)
Das System darf keine personelle oder prozessuale Geheimhaltung erfordern. Alle Sicherheitsverfahren und -methoden hängen nicht von Geheimhaltungen einzelner Personen oder Prozesse ab. Informationssicherheit ist kein Arkan-System.
vi. Kontrollierte Sicherheit (E.5)
Sicherheits-Kurzschlüsse sind dadurch zu vermeiden, dass alle Sicherheitsmaßnahmen im Zusammenhang betrachtet werden. Sowohl die Vernetzung und als auch die gegenseitige Abhängigkeit sind im Sinne des Systemdenkens zu prüfen. Die Wirksamkeit und die Funktion von Sicherheitskomponenten werden stets von außen kontrolliert und geschützt. Ein PEP – Policy Enforcement Point kann sich nicht selbst schützen und überwachen.

5.3 Security KAI

Security KAI – Key *Assurance* Indicator (sKAI) dienen dem Nachweis, dass das *Security-System* den Anforderungen der Geschäftsprozesse entspricht. Sie zielen somit auf sicherheitsspezifische Geschäftsaspekte, die durch die Loss-of-Rahmenbedingungen erfasst

5.3 Security KAI

werden. Aus Sicht der Geschäftsverantwortlichen stellen die Nachweise die Grundlage für die benannten *Assurance-* und *Trustworthiness*-Aspekte dar.

Die ISO 15288 beschreibt zum *Assurance*-Prozess, dass als Grundlage zu den Nachweisen sogenannte *Assurance*-Cases definiert werden [6]. Für die hier behandelten *Security-Engineering*-Prozesse bilden die „Loss-of-Bedingungen" den Kern ab und werden als Grundlage der *Assurance-Cases* verwendet.

Für die Verantwortlichen des *Security-Systems* besteht die Aufgabe, die sKAI mit den Stakeholdern abzustimmen, diese im Systemdesign und Systembetrieb umzusetzen, regelmäßig zu erfassen sowie als Report oder Auditdokument den Stakeholdern zur Verfügung zu stellen. Inhalt und Umfang der Nachweisdokumente sowie zeitliche Vorgaben zur Bereitstellung und gemeinsamer Bewertung sind im Rahmen der grundsätzlichen Engineering-Prozesse abzustimmen.

Vor dem Hintergrund, dass Security Objectivs (Kapitelanfang) und Security Goals (Abschn. 5.1) aus den allgemeinen und den Geschäftsanforderungen entwickelt wurden – d. h. die „Loss-of-Bedingungen" in ausreichendem Maße adressieren – können diese als Grundlage zur Herleitung der Security KAI herangezogen werden. Hierbei ist insbesondere sicherzustellen, dass die sKAI eine möglichst direkte Verbindung zu den Geschäftsanforderungen schaffen. In der nachfolgenden Tabs. 5.2 und 5.3 sind hierzu Beispiele aufgeführt.

Tab. 5.2 sKAI Handlungsfelder (Objectives)

Objective	sKAI (Beispiele)
Establish integrated comprehensive entity-wide information security	- Nachweis der vollständigen Dokumentation aller relevanten Assets, Artefakte und Entitäten in Sicherheits-Policies
Make decisions using a risk-based approach	- Risiko-Assessments sind dokumentiert - Störungen lassen sich auf unangemessene Risikoeinschätzungen zurückführen
Set the direction of acquisition	- Nachweis der Berücksichtigung von Sicherheitsaspekten in Geschäftstätigkeiten (Sicherheits-Risiko-Assessment)
Ensure conformance with internal and external requirements	- Nachweis zu Assurance-Audits - Nachweis der Erfassung und strukturierte Umsetzung von Conformance-Abweichungen
Foster a security-positive culture	- Sicherheitsaspekte sind nachweislich in allen Geschäftsprozessen integriert
Ensure the security performance meets current and future requirements of the entity	- Geschäfts- und Sicherheitsziele sind nachweislich in regelmäßigen Abständen synchronisiert - Definierte Sicherheitsziele werden strukturiert und dokumentiert umgesetzt

Tab. 5.3 Ziele (Goals)

Security-Goal	sKAI (Beispiele)
Verhinderung des Auftretens von „Loss of"-Zuständen	- Geschäftsprozesse werden durch Incidents nicht beeinträchtigt - Incidents werden bearbeitet, dokumentiert und bewertet
Begrenzung des Umfangs oder der Auswirkung von „Loss of"-Zuständen	- wie vor - Die Steuerungsfähigkeit aller Systemkomponenten ist sichergestellt
Monitoring von Missbrauchs-/System- oder sonstigen Betriebszuständen	- Incidents werden innerhalb definierter Zeiten erfasst und alarmiert. - Zu kritischen Incidents sind vollständige, aktuelle Responsepläne inkl. (autom.) Sofortmaßnahmen definiert
Sicherstellung des Mindest- und Notbetriebs	- Die Mindest-Performance der Geschäftsprozesse ist bei allen Systemzuständen gegeben
Wiederherstellung der physischen und logischen Artefakte und Servicezustände	- Incidents führen nicht zum Verlust von Artefakten - Die Integrität aller Artefakte und Systemzustände ist uneingeschränkt gegeben
Sicherstellung der Vollständigkeit und Aktualität von Asset- und Konfigurationsinformationen	- Nachweis der Vollständigkeit und Aktualität - Nachweis der Effizienz und der Effektivität der Asset- und Konfigurations-Life-Cycle-Prozesse

Literatur

1. ISO/IEC 27014:2020-12; „Governance von Informationssicherheit";
2. Copado, https://www.copado.com/devops-hub/blog/making-die-model-security-vs-the-cia-security-triad-complementary-not-competitive, letzter Abruf, 24.06.2023
3. Rousseau D.; A Framework for Understanding Systems Principles and Methods; Insight, 2018
4. SEBoK, Systems Engineering Principles, https://sebokwiki.org/wiki/Systems_Engineering_Principles, letzter Abruf 09.03.2025
5. INCOSE, Systems Engineering Principles, https://www.incose.org/publications/products/se-principles, letzter Abruf 09.03.2025
6. ISO/IEC/IEEE 15288:2023, Systems and software engineering – System life cycle Processes
7. SANDIA REPORT, A Survey of Secure Architectural Principles, Sandia National Laboratories, 2015
8. NIST SP 800-27 Rev. A, Engineering Principles for Information Security (A Baseline for Achieving Security) ==> Übergegangen in SP 800-160
9. NIST SP 800-160 Vol. 1 Rev. 1, Engineering Trustworthy Secure Systems, https://csrc.nist.gov/pubs/sp/800/160/v1/r1/final, letzter Abruf 07.03.2025

Security-Requirements 6

Requirements (Anforderungen) sind gemäß ISO/IEC 15288 Statements (Aussagen), die Bedarfe (needs) sowie deren Bedingungen und Einschränkungen übersetzen oder beschreiben [1]. Im Kontext des *Security-Engineering* entsprechen Bedarfe den gewünschten Funktionen, Eigenschaften und Verhaltensweisen des *Security-Systems*. Zielsetzung des *Security-Requirements* ist also, die Business-Anforderungen in klare und (ein-)eindeutige Sicherheitsanforderungen zu übersetzen. Dies impliziert mindestens folgende Teilaspekte:

- Die Business-Anforderungen müssen zu einem gemeinsamen Verständnis zwischen den Akteuren führen. Dies beinhaltet auch, dass zu wichtigen Details der Grund und das Zustandekommen von Anforderungen nachvollziehbar sein müssen.
- Anforderungen müssen vollständig und widerspruchsfrei sein.
- Anforderungen müssen relevant (notwendig) sein.
- Anforderungen beschreiben die Funktion und Eigenschaften sowie deren Bedingungen und Einschränkungen.
- Anforderungen müssen dokumentiert und deren Umsetzung nachweisbar sein.

Der Security-Requirement-Prozess gliedert sich nach ISO/IEC 15288 in vier Teilaufgaben:

Initial ist eine **Vorbereitungsaufgabe**, in der wesentlich der Systemumfang, das Systemumfeld sowie Sicherheitsaspekte aus den Business-Prozessen identifiziert und definiert werden. Als grobe Struktur sind die internen und externen Schnittstellen, Kommunikations- und Datenstrukturen sowie grundlegende Betriebsbedingungen und -vorgaben zu erfassen. Folgenden Aspekten sollte hierbei eine besondere Aufmerksamkeit zuteilwerden:

i. Die Systembeschreibung sollte die Voraussetzungen zur effektiven Anwendung und Umsetzung von Betriebsprozessen schaffen. Dies zielt zur durchgängigen Steuerung und Bewertung geschäftskritischer Prozesse u. a. auf ein umfassendes Asset- sowie ein Configuration-Management ab.
ii. Erforderlich ist eine Übersicht der Partnerstruktur inkl. der Anforderungen und Möglichkeiten zu Bewertung und Sicherstellung eines ausreichenden Peer-to-Peer-Sicherheitsniveaus.

    Hierzu sind u. a. die für den jeweiligen Partner gültige lokale Rechtsprechung und hoheitliche Eingriffsmöglichkeiten in Datenverarbeitungsvorgänge relevant.
iii. Definition von Eigenschaften des *Security-Systems* wie Resilience, Zuverlässigkeit, Wartbarkeit etc.

    Eine Basis zur Definition können die Sicherheitsprinzipien sein, die mittelbar und unmittelbar auf die Architektur des *Security-Systems* einwirken. Beispiele sind Redundanz, Fail-safe, (kein) Single-Point-of-Security etc. (siehe Abschn. 5.2 für weitere Details)
iv. Definition grundlegender Betriebsdetails und Methoden zur Ausprägung
    - der Identifikations- und Authentifizierung von Entitäten („perimeter-based", „asset-based", ZTA etc.),
    - der Bewertung und Behandlung der Sicherheitsrisiken auf Basis von Gefährdungs-, Schwachstellen-, Anomalien, „*Vulnerability*"-Ansätze (genereller „*Exposure*"-Management-Ansatz; siehe nachfolgende Kapitel)
    - Art und Umfang der Betriebsüberwachung mittels Protokollierung, externer/interner Pen-Tests etc.

Im Sinne der Systemorientierung sind Betriebsdetails grundlegend unter Aspekten wie Ursache-Wirkungs-Mechanismen, gegenseitige Abhängigkeiten und Beeinflussungen und ganzheitlichem Denken zu definieren. Als Beispiel sei angemerkt, dass oftmals davon ausgegangen wird, dass mit einem Patch betroffener Systeme eine Gefährdung beseitigt ist. Das ist jedoch zu kurz gedacht, da *Security* immer auch den „allgemeinen Schutz" im Blick haben muss. Mit und durch einen Patch können Folgeaktivitäten in unterschiedlichen Sicherheitsbereichen erforderlich sein, damit die Wirkmechanismen der zugrunde liegenden Gefährdungen in präventive Maßnahmen und Prozesse berücksichtigt wird. Hervorzuheben wären hier das Protokollierungs- und Überwachungs- bzw. Logdatenmanagement. Eine mögliche Metapher hierzu ist: Neben der Brandbekämpfung (Patchmanagement) muss es immer auch präventiven Brandschutz geben. acatech stellt in dem Diskussionspapier „Beiträge zu einer Systemtheorie Sicherheit" der Deutschen Akademie der Technikwissenschaften [2] hierzu ein generisches Risikogenese-Modell auf Basis eines Petri-Netzes vor und verweist im Text explizit auf diesen Umstand.

Kernaufgaben des *Requirement*-Prozesses sind die Erhebung und die Analyse der erforderlichen Systemfunktionen.

Wesentliche Ziele der **Erhebungsphas**e sind

6 Security-Requirements

a. die strukturierte und vollständige Erhebung erforderlicher *Security-Functions* und *Security-Services*,
b. deren Ausprägungen im Sinne der Charakterisierung der Sicherheitsaspekte hinsichtlich erforderlicher Mechanismenstärke (Stärke der *Security-Functions* und Security-Services),
c. die Erfassung der Abhängigkeiten zwischen *Security-Functions* und *Security-Services*

Neben den Business-Anforderungen sind in der Erhebungsphase auch die betrieblichen und Umfeld-Bedingungen abzudecken. Wie bereits definiert, wird hierzu ein umfassender „*Exposure*-Management-Ansatz" vorgeschlagen (nächstes Kapitel).

Korrespondierend hierzu stehen in der **Analysephase** die Ziele

d. Prüfung und Sicherstellung der Angemessenheit und Vollständigkeit der Erfassung aller Anforderungen,
e. Erfassung der Implementierungs- bzw. Umsetzungsvoraussetzungen zu einer optimalen Wirksamkeit der *Security-Functions* und *Security-Services* sowie
f. die vollständige Erfassung der Restrisiken im Vordergrund.

Die Arbeiten und Prozesse zur Erreichung der Ziele der Analysephase stellen eine weit definierte Risikobewertung dar; diese wird im Abschn. 6.3 vorgestellt.

Den Rahmen des *Requirement*-Prozesses bilden **Management-Aktivitäten**, in denen die Umsetzung von Dokumentations-, Freigabe- und regelmäßige Review-Arbeiten zur Sicherstellung eines strukturierten und dokumentierten Abstimmungsverfahrens zwischen den Verantwortlichen dargelegt wird (vierter Teilprozess). Dies wird hier nicht weiter behandelt.

Mit Blick auf Sicherheit- und *Trustworthiness*-Aspekte definiert NIST SP800-160 weitere Ziele und Aspekte des *System-Requirements*-Prozesses [3]. Relevant für die Kernaufgaben sind hier insbesondere die Betrachtung der System-Schnittstellen, Funktionen und Grenzen der möglichen Lösung, die Erfassung – erforderlicher – unterstützender Systeme und Leistungen zu den Sicherheits-Systemfunktionen sowie die Sicherstellung der Nachvollziehbarkeit, dass die Sicherheitsaspekte mit den Rahmenbedingungen der Geschäftsanforderungen im Einklang sind. Letzteres stellt als *Trustworthiness*-Aspekt noch einmal den besonderen Fokus des *Security-Systems* dar.

Zur Darstellung der Anforderungen sind unterschiedliche Ansätze bekannt und im Einsatz. Als eine Ordnungsdimension wird zwischen funktionalen und nicht-funktionalen Anforderungen unterschieden. Im Security-Kontext bildet die Unterscheidung einen Übergang zu weiteren Prozessschritten. Funktionale Anforderungen werden teilweise direkt in Komponenten und Elemente der Systemarchitektur umgesetzt; beispielsweise in einem Identifizierungs- und Authentifizierungsdienst. Nicht-funktionale Anforderungen stellen hierzu korrespondierend die Ausprägung der zu realisierenden *Security-Functions* und *Security-Services* dar, also beispielsweise das Ausmaß der Identifikationsnachweise zur Authentifizierung für sensible oder kritische Assets.

Funktionale und nicht-funktionale Anforderungen können durch logische und physische Darstellungsschichten ergänzt werden.

Aus generischer Sicht unterscheidet NIST in SP 800-160 die Ordnungsdimensionen Struktur und Funktion. Hierbei werden als strukturelle Anforderungen die Eigenschaften des Sicherheitssystems definiert, die in der Sicherheitsarchitektur manifestiert werden. Aufbauend hierauf werden durch die funktionalen Anforderungen die Eigenschaften definiert, die die aktiven Sicherheitsaspekte in Form von integrierten Sicherheitsmechanismen und zusammenwirkenden Sicherheitsmaßnahmen bzw. implementierten Sicherheitsmodellen widerspiegeln.

Im Prozess zur Definition der Sicherheitsanforderungen können grundlegend zwei unterschiedliche Sichten eingenommen werden. Diese spiegeln den Umstand wider, dass die Definition und der Betrieb von Sicherheitsmaßnahmen prinzipiell nicht vollständig sein kann. Eine hundertprozentige Sicherheit kann nicht erreicht werden. Sicherheitsmaßnahmen stellen somit einen Balance-Zustand dar, der die Bedarfe der Geschäftsprozesse mit den Sicherheitsgefährdungen in einem Gleichgewicht hält.

Demzufolge kann einerseits eine primäre *Gefährdungssicht* eingenommen werden. Hierbei kann die Balance zwischen Gefährdungen und (gegebenen) Sicherheitsmaßnahmen oder – synonym – Schwachstellen des Systems als von außen bestimmtes bzw. getriebenes Einflussmodell interpretiert werden. Zur Definition von Sicherheitsanforderungen wird ausgehend von einer Gefährdungsübersicht eine in der Regel risikobasierte Analyse der (System-)Schwachstellen durchgeführt und Maßnahmen zur Begrenzung („Mitigation") der Gefährdungen definiert.

Die hierzu gegensätzliche Sicht kann als Sicherheitsbedarfssicht bezeichnet werden. Hierbei gilt es eine Balance zwischen (gewünschten) Sicherheitszuständen und wirksamen Sicherheitsmaßnahmen aus Systemsicht herzustellen. Also eher ein „von innen" getriebenes Gestaltungs- und Betriebsmodell.

Als Balanceakt bedingen und beeinflussen sich beide Sichten, sodass ein ständiges Wechselspiel in Abhängigkeit von äußeren (Gefährdungs-)Einflüssen, technologischen und geschäftlichen Entwicklungen besteht.

6.1 *Exposure*-Management

Zur Definition spezifischer *Security-Functions* und *Security-Services* und deren Ausprägungen sind neben den geschäftsspezifischen Sicherheitsanforderungen die mit dem Systemumfeld und der Betriebsweise einhergehenden Sicherheitsgefährdungen zu erfassen. Das *Exposure-Management* verfolgt den Ansatz einer umfassenden, vorwärts gerichteten Erfassung erforderlicher *Security-Functions* und *Security-Services* im Kontext des Geschäftsbetriebs dar. Es stellt somit das Gegenteil zur klassisch „rückwärts" gerichteten Operationalisierung vordefinierter Sicherheitsmaßnahmen aus Best-Practice-Katalogen dar. Das Ziel ist, eine angepasste und für die Geschäftsentscheidungen nachvollziehbare Grundlage für angemessene *Security-Functions* und *Security-Services* und deren Ausprägungen, d. h. einem verknüpften „Business Alignment" zu schaffen.

In Bezug zur „Attack Surface", die allgemein durch von außen ausnutzbare Schwachstellen und Mechanismen verstanden wird, welche zum unberechtigten Zugang auf Netzwerke und Zugriff auf Daten verwendet werden („Angreifer-Sicht"), sollen durch das *Exposure-Management* alle (negativen) Einflussmöglichkeiten auf den Geschäftsbetrieb erfasst werden. Das *Exposure-Management* soll somit über die „Internet Facing Assets" hinausgehen und *ganz im Sinne des MECE-Prinzips („Mutually Exclusive, Collectively Exhaustive")* die Erfassung aller unterscheidbaren Einflüsse ermöglichen. Neben dieser Outside-in-Sicht ist somit auch eine Inside-out-Sicht der notwendigen Verbindungen zu anderen Systemen, Lieferanten, Services zu nennen. Darüber hinaus sind neben „physikalischen und logischen" Verbindungen auch funktionale Schwächen, sei es in Prozessen, Prozeduren oder Hilfsmittel zum ordnungsgemäßen Betrieb, zu nennen. Hiermit sind u. a. auch Gefährdungen aus nicht definierten oder nicht ordnungsgemäßen betriebenen Prozessen verstanden, sodass eine unsichere und nicht ausreichend dokumentierte Konfiguration gegeben ist oder die eindeutige, strikte Vergabe und Kontrolle von Berechtigungsvergaben und -nutzungen nicht eingehalten wird.

In einer Studie zum Thema „Visability and Attack Surface" mit mehr als 450 Rückmeldungen schreibt SANS [4], dass Lücken zur Wahrnehmung einer realistischen Sicherheitslage bestehen. Diese bestehen aufgrund einer Überschätzung der etablierten Sicherheitsmaßnahmen der Organisation („Overconfidence in Defenses") kombiniert mit der mangelnden Sichtbarkeit, welche Gefährdungen in welchem Umfang auf die Organisation bzw. die Geschäfts-Assets einwirken. Somit ist ein umfassenderer und objektivierter Blick erforderlich, der mindestens die Kategorien

- externe Verbindungen (unabhängig vom Verbindungstyp),
- Remote User (unabhängig von Einzelpersonen oder remote angeschlossenen externen Netzwerken),
- Datenaustausch mit Externen (unabhängig davon, ob es sich um Kunden, Lieferanten, Updateservices o. Ä. handelt) sowie
- IT und OT (d. h. sowohl die primären Geschäfts-Assets als auch die Betriebs-Assets)

impliziert.

Als Managementsystem muss das *Exposure-Management* sowohl initiale als auch regelmäßige Prüfungen und Risiko-*Assessment*s umfassen, mindestens jedoch bei Inbetriebnahme neuer Systeme, Anwendungen oder (Netzwerk-)Verbindungen. Darüber hinaus sind auch Außerbetriebnahmen einzubeziehen, da sowohl In- als auch Außerbetriebnahmen nicht nur Änderungen von *Exposure*-Zielen, sondern auch eine Änderung von *Exposure*-Pfaden nach sich ziehen können.

Korrespondierend unterstreicht Gartner im Vorhersagedokument 2023, dass Unternehmen sich von dem reinen Gefährdungsmanagement zu einem Gefährdungs-*Exposure-Management* entwickeln müssen [5]. Als Gründe hierfür wird angegeben, dass

a) mehr und mehr kritische Daten durch oder von externen Partnern verarbeitet werden,
b) Fernarbeitsplätze zu wenig abgesichert sind,
c) darüber hinaus, dass das *Exposure-Management* über das reine Software-Schwachstellenmanagement hinausgeht sowie
d) die beständige Erweiterung zu Cloud-Services das Arbeitsverhalten und damit auch die *Attack-Surface* grundlegend verändert hat.

Diese Punkte unterstreichen, dass mit der Expansion des eigenen Netzwerkes und Vernetzung zwischen Geschäftsnetzwerken weitere direkte und indirekte Gefährdungen und Einflusswege entstanden sind. Aus Systemsicht ist festzuhalten, dass nicht nur einzelne Systemkomponenten wie ein Fernarbeitsplatz oder Teilsysteme wie die „Integration" von Cloud-Services abzusichern sind, sondern durch die Erweiterung der Geschäftsnetzwerke Verschiebungen, Änderungen der Interaktionen und Datenflüsse sowie geänderte Abhängigkeiten zwischen den Systemkomponenten und Teilsystemen entstehen. In Gänze werden nicht nur neue Systemkomponenten vernetzt, sondern Aus- und Rückwirkungen auf die bestehende Systemstruktur ausgelöst, da neben einer geänderten Sicherheitsarchitektur auch Geschäftsprozesse im Sinne von Datenflüssen und damit Verkettungen oder Ausprägungen von Sicherheitsfunktionen verändert werden. So können beispielsweise mit (Daten-)Verarbeitungen von Partnern gravierende Änderungen hinsichtlich der Identifikation und Authentifizierung von Nutzern und Akteuren einhergehen.

Die Erfassung von Aus- und Rückwirkungen stellt klassisch den Kern von *Assessment*s dar. Im Kontext des *Exposure-Managements* ist somit das *Exposure-Assessment* der Kern zur Erfassung der Sicherheitsfunktionen im Rahmen von grundlegenden, statischen und dynamischen Betriebsbedingungen der Geschäftsprozesse. Im Einklang mit allgemeinen Ansätzen (bspw. PASTA – Process for Attack Simulation and Threat Analysis) zur Durchführung von *Assessment*s können für das *Exposure-Assessment* folgende Schritte definiert werden:

a) **Definition der Ziele des *Exposure*-Assessments**

Ziel des *Exposure-Assessments* (kurz EA) ist die Erfassung, Bewertung und Darstellung des *Exposure*-Status des gesamten oder anteiligen Geschäftssystems. Ausgehend von Gefährdungs- und Beeinflussungsmöglichkeiten wird die Basis zur Bestimmung angemessener *Security-Functions* und *Security-Services* des *Security-Systems* gelegt, die an den Anforderungen der Geschäftsprozesse ausgerichtet sind. Im *Assessment* erfolgt die Identifikation und Bewertung maßgeblicher Beeinflussungsfelder, die als *Exposure*-Felder bezeichnet werden. *Exposure*-Felder umfassen hierbei im Kern die drei Komponenten „Entry Points" – „*Exposure* Pfade" – „*Exposure* Ziele". Das Ergebnis des *Assessment*s ist eine Übersicht und Darstellung des *Exposure*-Status, der durch den sicherheitstechnischen Fokus den Rahmen und Inhalte der erforderlichen „Security Posture" ausweist.

b) Definition des Betrachtungsbereiches

Der Betrachtungsbereich kann das gesamte oder einen Anteil des Geschäftssystems oder der Geschäftsprozesse umfassen. Entsprechend dieser Ausprägung ist initial eine Erfassung des Betrachtungsbereiches als das „System of Interest (SoI)" erforderlich. Im „Threat Modeling Process" von OWASP [6] und anderen Veröffentlichungen wird dieser Teilschritt als „Decomposition" des Systems bezeichnet. *Decomposition* bezeichnet die stufenweise Gliederung des Systems, beispielsweise anhand von Datenfluss-Diagrammen. Neben der funktionalen und/oder physischen (Abgrenzungs-)Sicht kann mittels einzelner „Use Cases" ergänzend auch eine logische Abgrenzung bewerkstelligt werden.

Die Definition des Betrachtungsbereiches muss die nachfolgende Erfassung und Bewertung von Gefährdungen ermöglichen. Somit muss die Beschreibung des Betrachtungsbereiches mindestens folgende Informationen und Artefakte umfassen:

- beteiligter Assets und ihr Funktionen sowie Kommunikationsverbindungen inkl. -protokolle zu externen und internen Systemen,
- beteiligter Akteure sowie deren Identifikationsvarianten und Access-Berechtigungen,
- relevante Geschäftsprozessabläufe inkl. Datenverarbeitungen (Ein- und Austrittsstellen und Übertragungen im Sinne von Datenflüssen sowie (Zwischen-)Speicherungen), ggf. in Form von Use Cases oder Business-Flow-Diagrammen,
- Relevante „Unterstützungs"-Prozesse zur Ermöglichung der Geschäftsprozesse (u. a. Rollen- und Rechtesteuerung, Protokollierung und Nachvollziehbarkeit der Geschäftsaktionen) sowie
- Anforderungen hinsichtlich Sicherheitseigenschaften wie beispielsweise Integrität oder Resilienz-Grad bzw. als „Loss of"-Vermeidungseigenschaften.

c) Definition/Auswahl von Quellen der Bedrohungen

Die Ermittlung möglicher Gefährdungen ist alles andere als trivial. Natürlich liegt es nahe, hier Kataloge wie die elementaren Gefährdungen des BSI-Grundschutzes heranzuziehen oder alternativ Gefährdungen aus der Beschreibung von virtuellen oder real erfolgten „Angriffsabläufen" mittels MITRE ATT&CK-Profilen zu extrahieren. Unklar bleibt jedoch, ob diese auf die spezifischen Geschäftsprozesse in der erforderlichen Feinheit zutreffen oder ob nach dem Prinzip eines allgemeinen Verständnisses von Gefährdungen, den Anforderungen vordergründig genüge getan wird. Als Grundlage des *Assurance*-Managements gilt es jedoch auch hier, eine „mutmaßliche" Sicherheit („Veneer-Security") möglichst auf solide Grundlagen zu stellen. Ein möglicher Ansatz hierzu ist mit dem Konzept der *„Misuse Cases"* gegeben. In ihrem grundlegenden Artikel aus dem Jahre 2001 haben Sindre und Opdahl gezeigt, dass die Herleitung von Sicherheitsanforderungen aus den *Use Cases* der Geschäftsprozesse mit wenigen Ergänzungen modellhaft begonnen werden kann [7]. Aktionen in *Use-Case*-Diagrammen, also initiale Beschreibungen der Geschäftsprozesse, werden in Bezug auf eine Negierung oder einen Missbrauch der ursprünglichen Intention untersucht und bewertet. In einem weiteren Schritt können dann Minderungsmaßnahmen („Mitigationen") resp. *Security-Requirements* abgeleitet werden [8]. Der besondere Aspekt des Konzepts von Sindre/Opdahl liegt in der Integration in Modellierungssprachen wie UML. Zareen et al. haben äquivalent eine Integration in BPMN dokumentiert [9].

Der Zusammenhang zwischen *Business-Requirements* und *Security-Requirements* ist dadurch herstellbar, dass die definierten „Loss of"-Bedingungen als Misuse Cases interpretiert werden können. Ein „Loss of-xyz" soll ja „nicht eintreten", d. h. hier werden „Negativ-Anforderungen" definiert. In Bezug auf Sicherheitsanforderungen gilt es somit, die erforderlichen Bedingungen, Voraussetzungen oder Eigenschaften zum Eintreten der Negativ-Anforderung zu bestimmen und Einflussmöglichkeiten durch Minderungsmaßnahmen zu ermitteln und einer Risikobewertung zu unterziehen. Als systemische Eigenschaft geht die Betrachtung von *Misuse Cases* mit der Änderung der Sicht auf gefährdende Handlungs- und Verhaltensaspekte von Akteuren und Aktionen und somit auf gefährdete Daten und Assets einher.

Das *Misuse-Case*-Konzept stellt nicht alle möglichen Gefährdungen dar, da sowohl die Ableitung aus *Business-Requirements* als auch die Erfassung in Modellierungssprachen mit Fallstricken und Schwächen behaftet sind. In einem Fall ist die Erfassung der *Misuse Cases* von Erfahrungen und Analysefähigkeiten abhängig, im anderen Fall kann die reine Betrachtung der „Loss of"-Bedingungen zu einer Ausblendung weiterer relevanter und realer Gefährdungen führen.

In der Literatur sind allgemeine Ansätze zur Erfassung von Bedrohungen zur Informationssicherheit bekannt, die sowohl allgemeine oder spezifische Ausprägungen haben. Zu nennen sind beispielsweise der von Fa. Microsoft entwickelte generische STRIDE-Ansatz [10], die risikozentrierte Methode PASTA [11] oder die datenzentrierte Gefährdungsmodellierungsmethode gem. NIST SP 800-154 [12]. Aufgrund der generischen Anwendungsmöglichkeit ist der STRIDE-Ansatz trotz der Erstveröffentlichung im Jahr 1999 weiterhin verbreitet. STRIDE ist das Akronym für folgende generisch anwendbaren Bedrohungskategorien:

1. **Spoofing** umfasst die unberechtigte Annahme und Verwendung von Identitätsinformationen.
2. **Tampering** bezieht sich auf die nicht autorisierte Manipulation von Daten (und Systemen).
3. **Repudiation** betrachtet die Nachweismöglichkeit unerlaubter Handlungen.
4. **Information disclosure** umfasst die Offenlegung von Informationen für Entitäten, die hierzu keine Berechtigung haben.
5. **Elevation of privilege** ist die u. a. systemweite, unberechtigte Erhöhung von Rechten mit weitreichendem Manipulationspotenzial.

Die STRIDE-Kategorien können weiterhin als Ausgangspunkt und Stellvertreter zur Erfassung von Bedrohungen verwendet werden. Die im STRIDE-Ansatz inhärent gegebene Fokussierung auf eine Architektur mit wenigen Schnittstellen zu öffentlichen Netzen (Internet, Geschäftsnetzen) ist jedoch nicht mehr zeitgemäß. Die zunehmende Vernetzung der Geschäftssysteme einerseits sowie der hohe Automatisierungsgrad betrieblicher Prozesse andererseits ist durch die genannten Kategorien nicht vollständig erfasst. Auch die Ausführung legaler Handlungen durch Benutzer bzw. der Missbrauch legaler Systemkomponenten und Systemanwendungen ist nicht erfasst, sodass nach Ansicht des Autors eine Ergänzung um folgende Aspekte sinnvoll ist:

6. **Peer-Influence** umfasst den Missbrauch der Vertrauenswürdigkeit von beteiligten Dienstleistern und Geschäftspartnern (indirekte Gefährdungen)
7. **Automation Threat** umfasst die nicht ausreichende Sicherheit bei der Umsetzung automatisierter Prozesse (bspw. Update- oder Konfigurationsprozesse)
8. **Dual-Misuse** betrachtet die Ausnutzung und ggf. Erweiterung des Einsatzbereiches „legaler" Anwendungen und (Software-)Funktionen
9. **Unintended actions** umfasst alle Arten von bewussten/unbewussten Handlungen von Benutzern.

Die Erfassung möglicher Gefährdungsquellen ist der erste Schritt zur Selektion relevanter Ausgangspunkte für erforderliche *Security-Functions* und *Security-Services*. Aus Sicht des *Security-Engineering* geht es auch darum, mögliche Gefährdungslagen zu untersuchen, um neue Methoden bzw. neue Gefährdungsprinzipien zu erfassen. Hierdurch wird ein Beitrag zur strategischen Ausrichtung (Design, Architektur, Betriebsprinzipien) des *Security-Systems* geleistet.

d) **Wirkung der Bedrohungen (*Exposure-Vectors*)**

Mit der Verwendung des Begriffs Vektor werden im Sicherheitskontext mögliche Pfade zur unerlaubten bzw. nicht erwünschten Einflussnahme (durch externe Akteure) verstanden. Hiermit werden Methoden und Werkzeuge differenziert, die als Vorgehensprozedur zur Schaffung eines spezifischen Zugangs bzw. Zugriffs auf Netzwerke, Daten oder Entitäten dienen sollen. Der „*Exposure-Vector*" definiert somit primär die Sicht des externen Akteurs. Dem gegenüber wird mit dem Begriff „*Exposure-Surface*" die Summe alle Schwächen und Fehler eines Systems bezeichnet, die durch bekannte oder auch (noch) unbekannte *Exposure-Vectors* missbraucht werden können.

Das Potenzial zur Wirksamkeit eines *Exposure-Vectors* ergibt sich letztendlich durch die konstruktive Komplexität des Systems sowie durch die permanente Interaktion des Systems bzw. der Systemnutzer in einem sich permanent wandelnden Betriebsumfeld. Die zunehmende Vernetzung der Organisationen sowie die damit zusammenhängende Verteilung von Verantwortungen für Daten, Assets und betriebliche Prozesse unterstreicht diese Sicht. Die gegebene Komplexität und Volatilität wird durch den Begriff *Exposure* erfasst, indem „*Exposure*" als „das grundlegende Ausgesetztsein (des Systems) an wechselnde, beeinträchtigende Betriebsbedingungen" und mit „*Exposure*-flaw" allgemein die „Schwächung von Sicherheitsmaßnahmen unter nachteiligen Bedingungen" verstanden wird.

Zum Wesen der Bedrohungen gehört es, dass in der Regel der Startpunkt und der eigentliche Wirkpunkt bzw. das Ziel der Gefährdung nicht zusammenfallen. Das unberechtigte Erlangen von Identifikations- und Authentifizierungsinformationen aufgrund einer unzureichenden Absicherung von Identifikationssystemen ist möglicherweise nur der „Einstieg" zu einer Daten- oder Systemmanipulation. Damit Letzteres ausgeführt werden kann, ist unter Umständen eine Reihe von Voraussetzungen und Hindernissen zu überwinden. Als einfaches Modell können diese durch folgende Eigenschaften beschrieben werden:

- Wissen: Das *Exposure*-Ziel ist bekannt oder kann bestimmt werden.
- Weg: Die physische und/oder logische (Daten-)Verbindung zum *Exposure*-Ziel ist bekannt oder kann bestimmt werden.
- Lokation: Der eigene physische/logische Standort innerhalb des Systems ist dem Gefährder bekannt oder kann ermittelt bzw. geändert werden.
- Autorisierung: Die Identifikations- und/oder Autorisierungsberechtigungen des Gefährders zum Zugang und Zugriff auf das *Exposure*-Ziel sind gegeben oder können angepasst werden.
- Maskierung: Der Gefährder kann die unerlaubten Handlungen verschleiern oder die rechtzeitige Aufdeckung durch installierte Sicherheitsmechanismen manipulieren.

Aus Gefährder- wie auch aus Sicherheitssicht eröffnen sich durch die damit gegebene Darstellungsmöglichkeit unterschiedliche Schutzansätze.

Als mögliche Darstellung hierfür kann aus Systemsicht ein einfaches Modell zu Veranschaulichung dienen (Abb. 6.1). Ausgehend von einem *Exposure-Entry-Point* erfolgt eine physische, logische oder funktionale Verkettung zu einer *Exposure-Destination*, welche auch als „Point of Impact (POI)" bezeichnet werden kann. Mit Verkettung wird hier verstanden, dass in der Regel unterschiedliche Aktionen erforderlich sind, um die für das *Exposure*-Ziel passenden und ausreichenden Eigenschaften zu erreichen. Erst wenn diese gegeben sind, kann ein *Exposure* wirksam sein, d. h. die Bedrohung wird materialisiert.

Werden die oben genannten Eigenschaften mathematisch aufgefasst und als n-Tupel notiert, so entspricht die schrittweise Wandlung von der ursprünglichen Ausprägung der Eigenschaften am *Exposure-Entry-Point* bis zur erforderlichen Ausprägung am *Exposure*-Ziel einer unter Umständen mehrfachen Transformation (Abb. 6.1). Beispiele hierfür sind die Eskalation und damit der Wechsel von Rechten (bspw. von Client- zu Adminrechten) oder auch der Wechsel der Lokation (bspw. von einem remote zu einem lokalen Client). Anzahl und Art der Transformationen können somit zur Definition von Sicherheitsfunktionen herangezogen werden, indem auf unterschiedliche Aspekte wie beispielsweise der Grad der Exponiertheit, die (lokale) Sicherheitsumgebung, der Grad der Konnektivität

6.1 Exposure-Management

Abb. 6.1 Exposure-Path

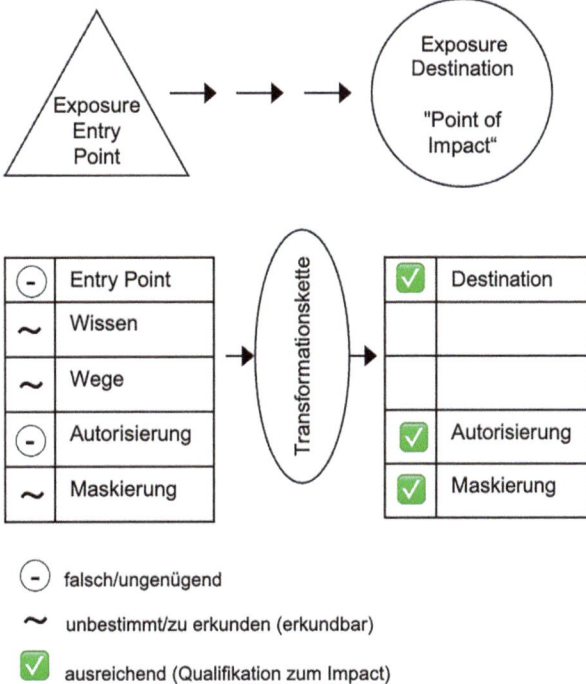

geschützt werden. In Gänze erfolgen die Ausprägungen hierzu in Abhängigkeit vom Grad der Abhängigkeit der GP von (einzelnen) Assets sowie der Kritikalität der verarbeiteten bzw. zu verarbeitenden Daten.

Mit der Gegebenheit, dass ein Pfad als Verkettung von Maßnahmen und Methoden (Verkettung von Vektoren) aufgefasst wird, folgt in Teilen der Literatur eine Verknüpfung zwischen *Exposure-Management* und Perkolationstheorie. Hierzu werden die theoretischen Ansätze zur Beschreibung von Übergängen zur Bewertung von Wirkmechanismen und Definition von Schutzmaßnahmen herangezogen (bspw. [13]). Eine denkbare Erweiterung ergibt sich aus der Frage, ob die Möglichkeiten der Transformation auch zur Bestimmung und Beeinflussung der Resilience aufgefasst werden können. Wenn Transformationen durch Systemfunktionen und Prozesse verhindert werden, kann ein *Exposure* nicht materialisieren, das System ist resilient.

e) **Impact** *Assessment*

Sind die Übersicht der relevanten Bedrohungen und ggf. mögliche *Exposure-Vectors* – und damit Transformationsanforderungen zu wirksamen Bedrohungen – bekannt, kann eine Impact-Analyse durchgeführt werden. Zielsetzung ist es hierbei, den Einfluss einer Bedrohung auf die Geschäftsprozesse zu analysieren und zu bewerten, um im weiteren Schritt mögliche Maßnahmen zur Eingrenzung des Einflusses vorzunehmen.

Hierzu erfolgt im Sinne des Risikomanagements eine Bewertung der Wahrscheinlichkeit für das Eintreten einer Bedrohung und der Auswirkungen/Kosten für die Organisation.

Die Auswirkungen/Kosten für die Organisation bestimmen sich durch die Aufwände zur Rückführung in einen stabilen, regulären System- und Betriebszustand.

Das Ziel der Sicherheitsfunktionen ist die Minimierung des Impacts, was aus Systemsicht mit der Maximierung der Resilienz des Systems im Gleichgewicht steht.

Neuere Ansätze zur Bestimmung der Wahrscheinlichkeit und des Impacts von Bedrohungen im Sicherheitskontext greifen die unterschiedlichen, genannten Aspekte auf und verwenden Methoden wie die Bayessche Methode, die FMEA-Fehler-Möglichkeits- und Einfluss-Methode oder die Event-Tree-Methode. Weitergehende Informationen hierzu sind im Abschn. 6.3 dargelegt.

f) **Definition möglicher Mitigations-Funktionen**

Die Bestimmung der Mitigations-Funktionen ist nicht identisch mit der Bestimmung (konkreter) Sicherheitsmaßnahmen. Aus Systemsicht erfolgt mit der Bestimmung der Mitigations-Funktionen die Definition von Anforderungen und Zielen an die Sicherheitsprozesse und Sicherheitsmaßnahmen. In diesem Sinne beschreiben Mitigations-Funktionen die taktischen Elemente, um Bedrohungen entgegenzuwirken, zu vermeiden oder zu mindern. Demzufolge stehen die Effektivität und Wirkung auf die Bedrohungseigenschaften im Vordergrund. In der Literatur werden Bedrohungen mit „Threats" und dem Wissen dazu gleichgesetzt, d. h. der sogenannte „Threat-Intelligence". Als Teil der Bildung von *Threat-Intelligence* wird die *Threat-Analysis* hervorgehoben, die jedoch in der Regel nicht beschreibt, woran insbesondere neue Bedrohungen und deren Einflussmechanismen erkannt werden. Dabei sind Ansätze wie die „Fault-Tree-Analysis" oder auch Methoden wie die FMEA (Failure Mode and Effects Analysis) gegeben und anwendbar. Die reaktive und proaktive Erfassung und Bewertung möglicher Bedrohungen hängen aus Sicht des Autors grundlegend mit den Ansätzen zum systemischen Denken zusammen. Für die hier verfolgten Zwecke ist eine mögliche Orientierung an folgenden Fragestellungen hilfreich:

- Welches Asset ist involviert?
  (physisches, nicht-physisches Asset)
- Welche Aktivität liegt der Bedrohung zugrunde?
  (Besitznahme, Änderung etc.)
- Warum ist die Bedrohung wirksam?
  (unzureichende Kontrolle und Steuerung von Prozessen, mangelnde Sanktionsfähigkeit etc.)
- Welche Haltung und Einstellung verhindern die Erkennung?
  (unzureichende Bösgläubigkeit/Negation von Vorgängen und Absichten, mangelnde Fokussierung etc.)

Zielsetzung ist die Erkennung von Mustern und Mechanismen, die zu möglichen Lösungsansätzen führen. Äquivalent zu den grundlegenden Sicherheitsprinzipien können die Mitigations-Funktionen aus den Lösungsansätzen und Prinzipien zu einem „Secure System Design" (aus NIST SP800-160, Anhang E) abgeleitet werden. Beispiele im Kontext der oben betrachteten und erweiterten STRIDE-Bedrohungen sind (Referenz zu NIST-Prinzipien in Klammern):

i. Steuerung von Berechtigungen (E.10, E.16, E.30)
   Die Steuerung der Berechtigungszuordnung und -eigenschaften sind entsprechend dem Identitätswert und der Zuordnungsart umzusetzen; Identitätskonzentrationen sind zu vermeiden. Verwendung und Änderungen von Identitäten/Berechtigungen werden gemäß erforderlicher Nachweisanforderungen kontrolliert.

ii. Strukturierung von Daten und Systemen (E.13, E.14, E.17, E.27)
   Daten und Systeme werden – entsprechend dem Schutzbedarf – nach physischen, logischen und funktionalen Aspekten strukturiert und gestaffelt. Die Kontrolle und Steuerung von Zugriffen und Verarbeitungen erfassen auch die Erkennung und Eingriffsmöglichkeiten bei Missbrauchsversuchen.

iii. Datenflüsse und Verarbeitungen
   Datenflüsse, Verarbeitungsvorgänge und beteiligte Entitäten werden entsprechend den Anforderungen der Geschäftsprozesse konfiguriert, betrieben und überwacht.

iv. Minimierung von Störungen (E.2, E.7, E.12, E.20, E.21, E.23, E.24, E.25, E.26, E.27, E.28)
   Die Struktur und der Betrieb des *Security-Systems* sind auf den Erhalt der Betriebs- und Steuerungsfähigkeit sowie der Minimierung von Störungen der Geschäftsprozesse ausgelegt. Alle Komponenten des Systems sind auf Eigensicherheit im Sinne der Erfassung, Alarmierung und Beherrschbarkeit von Störeinflüssen optimiert.

v. Vernetzung (E. 20, E.21)
   Der Steuerungs- und Überwachungsumfang für den Datenaustausch und Verarbeitungsumfang mit angeschlossenen und integrierten Systemen und Netzen entspricht der Integrationstiefe sowie dem potenziellen negativen Einflussgrad auf die Geschäftsprozesse.

vi. Automatisierung (E.22)
   Der Umfang der Steuerung und Überwachung der Automatisierungsprozesse erfolgt entsprechend der Automatisierungstiefe sowie des Auswirkungspotenzials von Betriebsstörungen.

vii. Fehlertoleranz
   Die Systemsicherheit ist tolerant gegenüber definierten (manuellen) Fehlern der Benutzer. Massenverarbeitungen und -zugriffe einzelner Entitäten auf Systemressourcen werden erfasst und gesteuert.

Mit der Definition der Mitigations-Funktionen verfolgt das *Exposure-Management* als Teilaufgabe des *Security-Engineering* auch die Zielsetzung, eine Balance zwischen Bedrohungen und Sicherheitsmaßnahmen herzustellen. Aus Effektivitätsgründen erfolgt jedoch hier eine Fokussierung auf die jeweiligen unterlagerten bzw. überlagerten Prinzipien. Dies schafft einerseits einen Rahmen und Fokussierung auf Wirksamkeit und Wirtschaftlichkeit von Maßnahmen, birgt jedoch auch die Gefahr, dass Bedrohungen mit neuen Methoden nicht oder nicht rechtzeitig erfasst werden. Dies unterstreicht einmal mehr, das *Exposure-Assessment* in regelmäßigen Abständen zu aktualisieren.

g) Prüfung aus Vollständigkeit der Funktionen

Die Prüfung der Vollständigkeit der Funktionen stellt ein paradoxes Unterfangen dar. Einerseits ist es erforderlich, alle geschäftlichen und betrieblichen Anforderungen zu erfassen und die Funktionen so zu definieren, dass die sicherheitstechnischen Aspekte und „Concerns" in weiteren Schritten in konkrete Maßnahmen ausgeprägt werden können. Da dies nicht vollumfänglich möglich ist, sind die Funktionen so allgemein zu fassen, dass Interpretations- und Anwendungsmöglichkeiten für sich entwickelnde Anforderungen und Gefährdungslagen gegeben sind. Dies ist jedoch nicht ohne Grenzen möglich, die die Nicht-Anwendungsmöglichkeit bzw. als Extremfall die Falsifikation der Funktion aufzeigen. Es gilt auch hier die Grundregel: so konkret wie nötig, so flexibel wie möglich. Aus Sicht des Systems-Engineering sind die Funktionen an allgemeine Kriterien zu orientieren, die es ermöglichen, die Vollständigkeit und Angemessenheit überprüfbar und nachvollziehbar zu definieren. Dies kann durch die Berücksichtigung und Prüfung grundlegender Funktionseigenschaften unterstützt werden, die auch hier mit dem Akronym SMART beschrieben werden können. Während die SMART-Formel im Allgemeinen für Spezifisch (Specific), Messbar (Measurable), Erreichbar (Achievable), Relevant (Relevant) und Zeitgebunden (Time-bounded) in Bezug auf Unternehmens- oder persönlichen Zielen steht, bietet sich für den Systems-Engineering-Kontext folgende Ausprägung an:

Spezifisch (Specific)
Funktionen spiegeln die Geschäfts- und (Sicherheits-)Betriebsanforderungen wider, d. h. sie sind mit einzelnen oder mehreren Anforderungen verknüpft und auf diese zurückführbar. Zudem müssen sie – auf die Anforderungen bezogen – inhaltlich angemessen und zielgerichtet sein.

Messbar (Measurable)
Funktionen sind messbar, sofern mittels quantitativer und qualitativer Merkmale, im Rahmen von Sicherheits-Audits die Effektivität und Effizienz erfasst und bewertet werden kann. Hierzu zählt auch, dass die Merkmale eindeutig im Sinne der klaren Orientierung auf Anforderungen definiert sein müssen.

Erreichbar (Achievable)
Die Erreichbarkeit der Funktionen ist – neben betriebswirtschaftlichen Eigenschaften – durch die Anwendbarkeit und Durchsetzungsfähigkeit gekennzeichnet. Durchsetzungsfähigkeit ist hierbei als Balance zwischen erforderlicher und minimalistischer Beeinträchtigung der Geschäftsprozesse aufzufassen.

Relevanz (Relevant)
Unter Relevanz ist einerseits die Spezifizität und damit auch die Nicht-Anwendbarkeit bzw. nicht Gültigkeit der Funktion zu verstehen und zu definieren. Andererseits ist die Relevanz einer Funktion durch die Angemessenheit im Sinne der Risikoorientierung gekennzeichnet.

Zeitgebunden (Time-bound)
Unter Zeitgebundenheit im Kontext des *Systems-Engineering* ist die Dauerhaftigkeit der Anwendung und Gültigkeit der Funktion zu verstehen. Diese wird im Rahmen der Effektivität- und Effizienzprüfungen erfasst und kann somit als isolierte Eigenschaft bewertet werden.

h) **Abgrenzung *Exposure*-Management und *Vulnerability*-Management**

Mit der oben definierten ganzheitlichen Sicht wird deutlich, dass das *Exposure-Management* über Aktivitäten wie ein P*en-Testing/Vulnerability-Management* hinausgeht. Das *Vulnerability-Management* zielt reaktiv darauf ab, bekannte Lücken in Systemkomponenten zu identifizieren, zu bewerten und zu schließen bzw. in gleichartiger Weise auf (öffentliche) Schwachstellenmeldungen zu reagieren. Im proaktiven *Vulnerability-Management* werden Systeme entlang Best Practices wie beispielsweise Top-10-Maßnahmen des OWASP (Open Web Application Security Project) konfiguriert und betrieben. In diesem Sinne ist *Vulnerability-Management* als Teil der Operationalisierung des *Exposure-Managements* aufzufassen. Als zusätzlichen Aspekt der Unterscheidung zwischen proaktivem und reaktivem *Vulnerability-Management* ist die Abkehr vom reinen, unreflektierten Aktualisieren und Patchen von Software unter dem Stichwort „patch-as-patch-can" zu benennen. Aus Ressourcen- und Effektivitätsgründen erfolgt zunehmend ein risikoorientiertes Patchmanagement, bei dem mögliche Auswirkungen (Impacts) auf den Geschäftsbetrieb handlungsleitend sind. Auch dies setzt voraus, dass *Exposure*-Quellen, -Pfade und -Ziele bekannt und bewertet sind.

Äquivalent hierzu ist auch *Penetration-Testing* eine Mitigations-Funktion als Ergebnis des *Exposure-Managements*. Ein Aspekt des *Penetration-Testings* kann als Prüfung/Audit des *Vulnerability*-Managements aufgefasst werden, da geprüft wird, ob Schwachstellen ausgenutzt werden können.

Die Elemente Gefährdungsprinzipien, *Exposure*-Pfade, Risiko-Pfade und Mitigations-Funktionen stellen den Kern des *Requirements-Engineering* aus *Systems-Engineering*-Sicht dar. Alle Teilschritte sind zu dokumentieren; sie stellen gleichermaßen auch die Grundlage des Sicherheitskonzepts zum *Security-System* dar. Die Elemente können/müssen als „Assets des *Security-Systems*" dokumentiert werden.

Während die Anwendung auf das gesamte *Security-System* eine quasistatische Definition von Mitigations-Funktionen darstellt, ist mit der instantanen Bewertung von CERT-, SIEM- oder Sicherheitsmeldungen eine kongruente Nutzung im Tagesbetrieb gegeben. Bei entsprechend angepasster Dokumentation bildet die Summe aller instantanen Bewertungen einen Teil des Inputs für das regelmäßige Review des Sicherheitskonzepts.

Im Sicherheitskontext sind die Begriffe *Vulnerability* und *Exposure* im Allgemeinen durch das von der MITRE Corporation gepflegte Nummerierungssystem mit dem Kürzel CVE-jjjj-xxxx (Common Vulnerabilities and *Exposure*s) bekannt. Hierbei wird eine *Vulnerability* in der Regel auf einen logischen oder physikalischen Fehler einer Software, Hardware oder Funktion referenziert und ist aus Systemsicht somit „komponenteninhärent". Der Begriff *Exposure* wird im CVE zur Erfassung systemspezifischer Fehler und Schwächen benutzt, die im Zusammenhang mit der *Vulnerability* stehen. *Exposure* bezieht sich hier auf unzureichende Konfigurationen, nicht ausreichend gesicherte Schnittstellen oder auch zu schwach gewählte Sicherheitsfunktionen (bspw. Passworte). Die Definition im Sinne des CVE macht auch deutlich, dass auf die Systemkomponenten und nicht auf die Geschäftsprozesse fokussiert wird, welche im *Exposure-Management* im Vordergrund stehen.

Unscharf ist abschließend die Zuordnung prozessorientierter Themen, wie beispielsweise automatisierte Software-Updates in einer *Supply-Chain*. Da es sich hierbei um automatisierte Konfigurationsänderungen handelt, ist eine Zuordnung zum Themenfeld *Exposure* sinnvoll und unterstreicht den oben gewählten generellen *Exposure*-Ansatz.

6.2 *Exposure-Management* Maturity Model

Die Entwicklung zu einem umfassenden *Exposure-Management* kann als stufenweiser Prozess aufgefasst werden. Zur Erfassung des damit verbundenen Reifegrades kann auch für das *Exposure-Management* ein Reifegradmodell zugrunde gelegt werden. Zielsetzung hierbei ist die Bewertung des jeweiligen Stands der Anwendung sowie Definition weiterer Entwicklungsziele. Als ein mögliches Reifegradmodell wird hier das in Abb. 6.2 EMMM – Exposure-Management Maturity Model dargestellten Entwicklungsschritte vorgeschlagen.

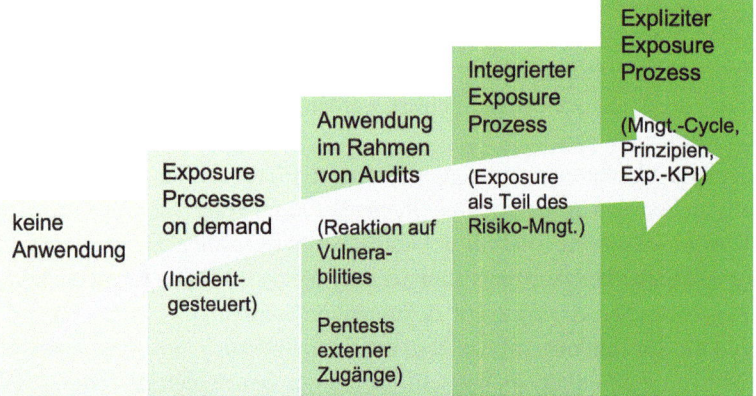

Abb. 6.2 Exposure-Management Maturity Model

Die einzelnen Stufen folgen einer kontinuierlichen Entwicklung und sind wie folgt zu interpretieren:

Stufe 0: kein EM

Ein *Exposure-Management* ist nicht gegeben. Sowohl Incident- als auch operative Prozesse wie Patch-Management werden ohne Analyse von Ursachen und möglichen Abhilfemaßnahmen durchgeführt.

Stufe 1: EM on demand
Aktivitäten zur Erfassung von Bedrohungen, möglichen grundlegenden Ursachen und möglichen generalisierten Abhilfemaßnahmen finden im Rahmen der Incident-(nach-) Bearbeitung statt. Die Umsetzung auf dieser Stufe erfolgt durch operative Einheiten; eine Managementorientierung fehlt.

Stufe 2: EM im Rahmen von Audits
Sowohl Incidents- als auch Schwachstellenmeldungen werden als Quelle zur Erfassung und Bewertung von Bedrohungen genutzt. Darüber hinaus finden (regelmäßige) Pen-Tests statt, die exponierte Systeme und Anwendungen auf bekannte Gefährdungen hin untersuchen und bewerten.
Aufgrund des eingeschränkten Fokus, der unter Umständen mit dem Nachweis von Sicherheitsmaßnahmen gegenüber Externen (Kunden, Behörden) einhergeht, kann dies als bedingt regelmäßig bezeichnet werden.

Stufe 3: EM als integraler Bestandteil der Sicherheitskonzeption
In diesem Schritt erfolgt die Anwendung des *Exposure-Managements* als *Exposure-Assessment* im Rahmen der Bewertung allgemeiner Bedrohungen und der folgenden Definition sowie Umsetzung von Sicherheitsmaßnahmen. Der Fokus ist hier auf das Sicherheitssystem im Rahmen der Systemarchitektur für die Geschäftssysteme gerichtet. Auf dieser Stufe erfolgt der Einstieg in die Themen *Threat-Intelligence* und Systemisches Denken.

Stufe 4: Vollständiger EM-Prozess
Mit der vollständigen Umsetzung des *Exposure-Managements* erfolgt eine grundlegende Ausrichtung an den Geschäftsprozessen; insbesondere mit der Erfassung von Geschäftsanforderungen und Definition korrespondierender Sicherheitsanforderungen. Die Sicherheitskonzeption wird auf dieser Stufe als generisches Konzept beschrieben. Anforderungen werden als generelle Prinzipien oder Mitigations-Funktionen beschrieben. Darüber hinaus werden *Performance-Indikatoren* gebildet und regelmäßig erfasst und bewertet.

Das *Exposure-Management* integriert sich auf dieser Stufe nahtlos in allgemeine Managementsysteme zur Informationssicherheit wie beispielsweise dem ISMS nach ISO/IEC 27001 oder BSI IT-Grundschutz.

6.3 Risiko-Assessment

Das Risikomanagement ist als zentrales Element zur Informationssicherheit definiert. Risikobetrachtungen erfolgen in unterschiedlichen Kontexten wie Bedrohungs- und Gefährdungsanalyse, Prüfung/Definition von Schutzanforderungen im ISMS Informations-Sicherheits-Management-System, BCM Business-Continuity-Management, Kosten-Nutzen-Analyse von Abhilfemaßnahmen etc. Somit wird deutlich, dass dem Risikomanagement in Abhängigkeit von der Aufgabenstellung und Zielsetzung sowie der Entscheider und Adressaten mehrere Aufgaben und Bedeutungen zugewiesen werden. Um hier nachvollziehbare und akzeptable Ergebnisse innerhalb einer Organisation zu erzielen, sind mindestens folgende Rahmenbedingungen zu schaffen:

- einheitliche Prozesse, Methoden und Verantwortlichkeiten
  (Einbettung der Informationssicherheitsrisiken in das organisatorische Risikomanagement)
- definierte Identifikations- und Analysemethoden
  (Konsistenz der Ergebnisse)
- einheitliche bzw. abgestimmte Kriterien zur Bewertung
- definierte Vorgaben zur Risikobehandlung und weiterer Aktionen
  (Behandlungsoptionen, Bewertung von Abhilfemaßnahmen etc.)
- Integration in regulatorische oder compliant-spezifische Vorgaben

Diese Rahmenbedingungen sind der Ausgangspunkt des Risikomanagementprozesses, der im Kern aus den Phasen Rahmenbedingungen, Risiko-*Assessment* und Risikobehandlung gebildet wird. Darüber hinaus sind die Kontrolle der Umsetzung sowie die regelmäßigen Prüfung der Wirksamkeit und Angemessenheit der definierten/umgesetzten Maßnahmen grundlegende Bestandteile des Managementprozesses. Die Kommunikations- und Konsultationsaktionen mit den Adressaten und Entscheidern „runden" den Managementprozess ab (siehe Abb. 6.3).

Die zentrale Aufgabe des Risiko-*Assessments* umfasst die Identifikation, die Analyse und die Bewertung der Risiken. Im Folgenden soll – wie im *Exposure-Management* dargelegt – der Fokus auf die Bewertungsmethoden im Kontext des Einflusses von Bedrohungen auf die Geschäftsprozesse gelegt werden. Hierzu erfolgt eine kurze Darstellung zum Begriff Risiko und dessen Bestandteile.

Stellvertretend für diverse Definitionen zur Verwendung des Begriffs Risiko in der Informationssicherheit lautet die Definition im BSI IT-Grundschutz-Kompendium [14]:

> „Risiko wird häufig definiert als die Kombination (also dem Produkt) aus der Häufigkeit, mit der ein Schaden auftritt und dem Ausmaß dieses Schadens. Der Schaden wird häufig als Differenz zwischen einem geplanten und ungeplanten Ergebnis dargestellt. Risiko ist eine spezielle Form der Unsicherheit oder besser Unwägbarkeit.

6.3 Risiko-Assessment

Abb. 6.3 Risk-Process

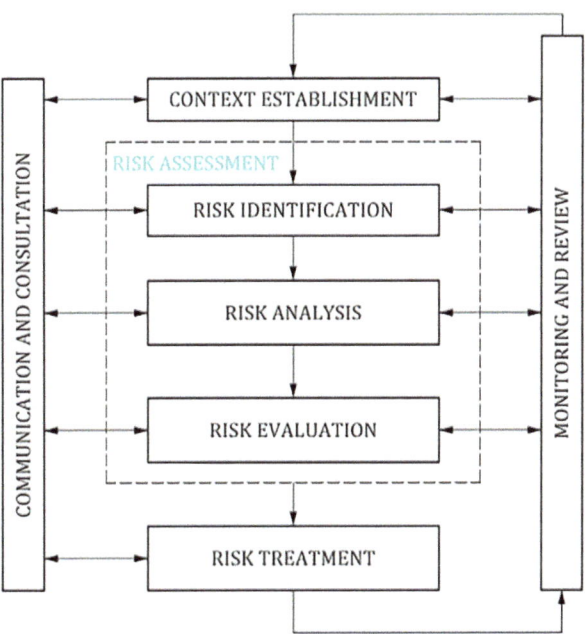

In der ISO 31000 wird Risiko auch als das Ergebnis von Unwägbarkeiten auf Zielobjekte definiert. In diesem Sinne wird daher auch von Konsequenzen statt von Schaden gesprochen, wenn Ereignisse anders eintreten als erwartet. Hierbei kann eine Konsequenz negativ (Schaden) oder positiv (Chance) sein.

Die obige Definition hat sich allerdings als gängiger in der Praxis durchgesetzt. Im Unterschied zu ‚Gefährdung' umfasst der Begriff ‚Risiko' bereits eine Bewertung, inwieweit ein bestimmtes Schadensszenario im jeweils vorliegenden Fall relevant ist."

Die erste Definition geht inhärent davon aus, dass sowohl die Häufigkeit als auch der Schaden selbst bezifferbar ist. Dies entspricht dem Ursprung des Risikobegriffes, der durch die Mathematiker Pascal und Fermat gebildet wurde (siehe bspw. Devlin [15]). Ansätze hierzu sind etwa die Hochrechnung von vorangegangenen Schadensfällen im Versicherungswesen oder die Kenntnis und das Vorhandensein von Regeln über (zulässige) Zustandsänderungen und deren Konsequenzen. Risiko muss also berechenbar sein oder wie F. Knight es ausdrückt: Zu möglichen künftigen Zuständen sind objektive Wahrscheinlichkeiten gegeben [16]. In der Informationssicherheit ist dies jedoch faktisch nicht gegeben, sodass die Interpretation gemäß ISO 31000 zutreffender erscheint. Risiken der Informationssicherheit sind nicht quantitativ, sondern eher qualitativ zu bestimmen.

Die Schadenshäufigkeit wird vielfach als Eintrittswahrscheinlichkeit bezeichnet, womit weitere Anwendungs- und Interpretationsprobleme verbunden sind. Grundlegend ist schon der Begriff Wahrscheinlichkeit und dessen Bedeutung problematisch und wird häufig unterschiedlich verwendet. Aus praktischer Sicht ist oftmals die Bestimmung aus der Häufigkeit gemeint, beispielsweise wenn von 100 betroffenen Organisationen 15 einer bestimmten Kategorie (Versorger, Dienstleister etc.) angehören, liegt die Wahrscheinlichkeit für diese bei 15/100 = 15 %. Aus Entscheidersicht wird im Risikokontext vermeintlich eher mit einer invertierten Wahrscheinlichkeit operiert; d. h. wenn die Organisation schon bei n-Ereignissen nicht betroffen war, steigt die Wahrscheinlichkeit, dass auch das nächste (n+1)-Ereignis nicht zu Problemen führt. Diese Interpretation entspricht der Logik der Regel von Laplace, die scherzhaft auch als Truthahn-Wahrscheinlichkeit bezeichnet wird [17]. Der Truthahn wird jeden Tag aufs Neue gefüttert (Fütterungsereignis), bis eben Thanksgiving ist. Entsprechend ist eben die Nicht-Betroffenheit bei n-Ereignissen keine Garantie, auch vom (n+1)-Ereignis verschont zu bleiben.

Weiterhin ist mit der fehlenden Möglichkeit des Zugriffs auf eine allgemeingültige Datenbasis in der Regel auch keine Differenzierung bzw. Verknüpfung auf Ursachen und Einflusswege von Bedrohungen (=*Exposures*) gegeben. Mit den oben definierten *Exposure-Entry-Point*, *Exposure-Vectors* sowie *Exposure-Destination* wurde gezeigt, dass zum Wirksamwerden einer Bedrohung (der Schaden tritt ein!) unterschiedliche Voraussetzungen gegeben sein müssen. Die Angabe eines einzelnen Wahrscheinlichkeitswerts für eine Bedrohung (*Exposure*) sollte idealerweise diese Voraussetzungen gebührend einschließen.

Die Berechnung von Wahrscheinlichkeiten in Abhängigkeit von Voraussetzungen wird als bedingte Wahrscheinlichkeiten bezeichnet und kann für Einzelabhängigkeiten etwa durch die Anwendung des Bayes-Theorems erfasst werden [bspw. 18]. Sollen die drei genannten Exposure-Voraussetzungen gleichzeitig berücksichtigt werden, so ist es erforderlich, eine *Verknüpfung* bedingter Wahrscheinlichkeiten herzustellen. Dies ist als Bayessches Netz oder Wahrscheinlichkeits-Graph möglich. An dieser Stelle soll auf eine eingehendere mathematische Anwendung verzichtet werden. Stattdessen soll eine allgemeine Darstellung wie folgt vorgestellt und im Folgenden verwendet werden.

Die Abhängigkeit eines Ereignisses (**E**) von einer einzelnen Voraussetzung ($\mathbf{C_i}$) (C = Condition, wie bspw. potenzieller Exposure-Entry-Point) kann durch den Operator $\partial \mathbf{E}/\partial \mathbf{C_i}$ ausgedrückt, somit kann die Eintrittswahrscheinlichkeit des Schadensereignisses als **P(E)** durch

$$P(\mathbf{E}) = \otimes \left(\partial \mathbf{E}/\partial \mathbf{C}_1, \partial \mathbf{E}/\partial \mathbf{C}_2, \partial \mathbf{E}/\partial \mathbf{C}_3, \ldots \right) \quad (6.1)$$

dargestellt werden. Die jeweiligen Abhängigkeiten sind dabei als Verknüpfung zwischen Wahrscheinlichkeitsgrößen zu interpretieren, beispielsweise dadurch, dass eine aktuelle Gefährdung auf einen „passenden" *Exposure-Entry-Point* trifft.

Auch bei der Bemessung der Schadenshöhe sind Anwendungsprobleme gegeben. Diese umfassen beispielsweise eine Differenzierung und ggf. Gewichtung nach Art und Umfang des Schadens, des Wertes des betroffenen Geschäftsprozesses bzw. der dazu erforderlichen Assets, der Schwere der Schadensbegrenzung oder der Berücksichtigung bestehender Sicherheitsmaßnahmen und deren Wirksamkeit. Auch hier ist es sinnvoll, die Bemessung am Ziel der Risikobetrachtung – nämlich der Bewertung des Einflusses die Geschäftsprozesse und damit die hierzu erforderlichen Assets – auszurichten. Wird so-

6.3 Risiko-Assessment

wohl für den Geschäftsprozess als auch die abhängigen Assets (A_i) die Schwere der Beeinflussung als der Einfluss auf den jeweiligen Wert (**V**-Value) verstanden, so kann auch hier der Einfluss als Operator (Impact) als Verknüpfung aller Wertanteile ($\partial V/\partial A_i$) aufgefasst werden.

Mit diesen Interpretationen kann das Risiko als Verknüpfung zwischen Auftreten (**Oc**curance) und Einfluss (**Impact**) pro (relevanter) Bedrohung B_i bestimmt werden.

$$\textbf{Risiko}(\text{der Bedrohung Bi}) = \textbf{Occurance}(B_i) * \textbf{Impact}(B_i) \quad (6.2)$$

Die Verknüpfung der Anteile zu einem Risikowert ist abhängig vom angewendeten Risiko-*Assessment*-Modell. Angewendet werden u. a. Zahlenwerte, die multipliziert werden oder auch in Tabellen abgestuft werden. Hierbei sind auch formale Schwierigkeiten wie Skalierungs- und Normierungsprobleme, qualitative Vergleichbarkeit von Ergebnissen etc. zu beachten. Insbesondere bei Verwendung von Risikomatrizen sollte Klarheit darüber bestehen, dass diese eine Darstellungs- und keine Analyse- bzw. Bewertungsmethode sind.

Das Ergebnis der Verknüpfung zu einem Risikowert ist aufgrund der geschilderten Schwierigkeiten eher als Unsicherheitsfaktor zu verstehen, der ein Indikator für weitere notwendige Untersuchungen und Entscheidungen ist. Der Umfang und die Art und Weise der weiteren Aktionen ist im Einklang mit den Rahmenbedingungen von definierten Schwellwerten und definierten Risikobehandlungsoptionen abhängig.

Das Verfahren FMEA – Failure Mode and Effects Analysis (deutsch als Fehlermöglichkeits- und Einflussanalyse) ist eine strukturierte Methode zur Ermittlung und Bewertung von Fehlermöglichkeiten [19, 20]. Als qualitative Methode ist das Verfahren in Design- und Entwicklungsphasen sowie zur Prozess- und Serviceanalyse mit der Zielsetzung der frühzeitigen Erfassung, Bewertung und Handlungspriorisierung etabliert. Der FMEA-Ursprung ist eng verbunden mit dem Qualitätsmerkmal *Safety*, d. h. die ursprüngliche Zielsetzung war es, mögliche (System-)Fehler *vor Nutzung* des Systems zu erkennen und behandeln. Dies sollte und hat zu einer Erhöhung der Zuverlässigkeit einerseits, aber auch zu einer Reduzierung des Aufwands zur Mängelbehebung andererseits geführt. Dies begründet die starke Entwicklung und Verbreitung im Bereich der Luft- und Raumfahrttechnik sowie Automobiltechnik, d. h. dort, wo eine Gefahr Einfluss auf Leib und Leben hat. Aufgrund der strukturierten und risikoorientierten Vorgehensweise ist eine Anwendung im Bereich Informationssicherheit grundlegend gegeben (siehe bspw. Aslani et al. [20], Schmittner et al. [21]). Eine Anwendung in der Praxis ist jedoch (noch) nicht verbreitet.

Die grundlegende Vorgehensweise der FMEA ist mit den oben dargestellten Phasen des *Exposure-Managements* in Einklang zu bringen. Diese FMEA-Phasen sind verkürzt als

- eine *Struktur- und Funktionsanalyse*, die mit der Definition des Betrachtungsbereiches korreliert;
- die *Fehleranalyse*, in der Fehlfunktionen und ihre Ursachen ermittelt werden. Im Unterschied zum *Exposure-Management* werden in FMEA erst Systemfehler bis auf

Komponentenebene identifiziert und dekliniert und danach nach möglichen Ursachen gesucht. Das *Exposure-Management* geht von Bedrohungen aus, die auf Einstiegspunkte und über *Exposure*-Vectors auf entsprechende Ziele einwirken. Im Ergebnis sind in beiden Fällen die Wirkpunkte von Fehlern/Bedrohungen bekannt.

- die *Maßnahmenanalyse*, in der die Risiken identifiziert, bewertet werden und zu einer Priorisierung von Folgeaktivitäten geordnet werden. Das Pendant im *Exposure-Management* ist auch hier die Risikobewertung in Form der Impact-Analyse.
- die *Optimierungsphase,* in der Verbesserungsmaßnahmen ermittelt und die Wirksamkeit derselben geprüft werden. Im *Exposure-Management* entspricht dies der Definition von Mitigations-Funktionen (als Rahmen bzw. Schwerpunkte der in weiteren Schritten zu definierenden Informationssicherheitsmaßnahmen). Des Weiteren erfolgt eine Vollständigkeitsanalyse zur ersten Prüfung der Qualität des *Exposure*-Prozesses. Die Wirksamkeitsanalyse der Maßnahmen ist Bestandteil weitere Prozesse zum ISMS – Informations-Sicherheits-Management-System

definiert; zu FMWA-Phasen und Inhalten siehe [22].

Zur Risikoanalyse werden in FMEA die Anteile/Attribute: SOD = S – Severity; O – Occurance und D – Detectable in einer jeweils 10-stufigen Einteilung verwendet. Mit den ermittelten Werten wird dann die sogenannte Risk-Priority-Number (RPN) ermittelt, die eine Priorisierung der weiteren Maßnahmen ermöglicht bzw. dazu genutzt wird. Die jeweiligen Werte werden in FMEA durch Experten-Teams definiert.

Zu erwähnen ist, dass der ursprüngliche Ansatz zur Ermittlung der PRN mittels linearer Multiplikation einzelner Faktoren als methodisch nicht korrekt erkannt und gekennzeichnet wurde. Dies führt auch bei der Informationssicherheit zu Problemen, da eine niedrige Eintrittswahrscheinlichkeit mit einem hohen Schadenswert den gleichen Risikowert ergibt, wie eine hohe Eintrittswahrscheinlichkeit mit einer niedrigen Schadenshöhe. Im Sinne von Auswirkungen kann Ersteres jedoch existenzielle Konsequenzen haben und Letzteres eher mit Planungsaufwand in Verbindung mit einem kontinuierlichen Verbesserungsprozess zusammenhängen. Eine Risikoanalyse kann/sollte daher eher im Sinne einer Sensitivitätsanalyse durchgeführt werden. Also nicht: Eine Bedrohung kann mit einer bestimmten Wahrscheinlichkeit eintreten, sondern: Die Auswirkungen einer Bedrohung kann ein bestimmtes Maß einnehmen, welches genauer zu untersuchen ist. Das „Maß" sollte wie oben dargestellt mit der Abhängigkeit und dem Einfluss von „bedrohten Assets" auf die Geschäftsabhängigkeit einhergehen. Dies kann planerisch bzw. rückwirkend Auswirkungen auf die Struktur und Architektur des Systems haben, in dem beispielsweise Abhängigkeiten zwischen Assets reduziert werden.

Um die Beurteilung und Priorisierung von Maßnahmen mit den drei Attributen SOD praktikabler und korrekter durchzuführen, schlägt Werdich die Verknüpfung zu einer AP – Action Priority (hier folgend „Handlungspriorität") vor [23]. Mit der Begriffswahl wird nochmals deutlicher, dass keine Risikopriorisierung, sondern eine Priorisierung von Maßnahmen/Prüfungen zur Minderung von Risiken, im Vordergrund steht.

Im Einklang mit der obigen Definition der Risikoanteile wird hier folgende Interpretation der Risikoattribute vorgeschlagen:

T-Threat
Der Fehler (FMEA) wird mit der Bedrohung (*Threat*) der Informationssicherheit verknüpft, die ja als *Exposure* auf das System einwirkt. Die Wirksamkeit der Bedrohung ist von unterschiedlichen Voraussetzungen anhängig. Diese sind mindestens

- die Gegebenheit/Charakteristik der Bedrohung selbst (*Exposure*),
- die Verbindung zum *Exposure-Destination* über *Exposure-Vectors*,
- ausreichende Berechtigungen zur Ausführung der Bedrohung,

sodass der oben grundlegend beschriebene Differenzialoperator für die Bedrohung als

$$T = \left(\partial T / \partial \mathbf{Bedrohung}\right) * \left(\partial T / \partial \mathbf{Verbindung}\right) * \left(\partial T / \partial \mathbf{Berechtigung}\right) * \left(\partial T / \partial \langle \text{weitere} \rangle\right) \quad (6.3)$$

ermittelt werden kann.

S-Severity (Value)
Mit Severity werden die Werte der für den Geschäftsprozess erforderlichen Assets bzw. deren Beeinträchtigung repräsentiert. Diese können durch

- den zu leistenden Service,
- die Art und der Umfang der Daten,
- die Anzahl Betroffener,

gekennzeichnet werden. Somit ergibt sich für den Operator Severity bzw. Value die Verknüpfung

$$V = \left(\partial V / \partial \mathbf{Service}\right) * \left(\partial V / \partial \mathbf{Daten}\right) * \left(\partial V / \partial \mathbf{Betroffene}\right) * \left(\partial O / \partial \langle \text{weitere} \rangle\right) \quad (6.4)$$

D-Detectable
Mit Detectable wird in FMEA die Wahrscheinlichkeit ausgedrückt, mit der ein Fehler entdeckt wird. Ein Äquivalent ist in der Informationssicherheit bislang nicht etabliert. Jedoch ist mit der Definition und den Anforderungen an KRITIS-Unternehmen die Implementation von „Systemen zur Angriffs**erkennung** (SzA)" gefordert. Hierunter werden technische, organisatorische, personelle und prozessuale Maßnahmen zur rechtzeitigen Erkennung von Bedrohungen verstanden, die einem möglichen Impact vorbeugen/vermeiden sollen. Insofern ist auch die Definition und Verwendung der Entdeckungswahrscheinlichkeit zutreffend. Das BSI definiert in der Orientierungshilfe zum Einsatz von Systemen zur Angriffserkennung [24], dass die Funktionalität des SzA auf die Bereiche Protokollierung, De-

tektion und Reaktion zuordenbar sind, d. h., zur effektiven Erkennung und Reaktion auf Angriffe muss das SzA Anforderungen aus diesen Bereichen erfüllen. Denkbare Abhängigkeiten und Einflüsse auf die Erkennungswahrscheinlichkeit von Bedrohungen können initial aus den MUSS-Anforderungen abgeleitet werden:

- Erfordernis zur umfangreichen *Erfassung* von Protokollierungsdaten
- Komplexität des *Regelwerks* zur Detektion von Bedrohungen
- Reaktionsgeschwindigkeit zur Reaktion auf Ereignisse/Erkenntnisse
- Umfang der *Prozesse* zur Reaktion

Auf die Darstellung eines Differenzialoperators wird an dieser Stelle verzichtet. Möglichkeiten und Grenzen im Zusammenhang mit der Fehlerentdeckung werden im nächsten Kapitel eingehender beleuchtet.

Mit den so erfassten Parametern kann die Verknüpfung zu einem Gesamtwert zur Priorisierung weitergehender Handlungen vorgenommen werden.

Abschließend ist zu beachten, dass „Risiken" im Bereich der höchsten Ergebnisse eher keine praktische Relevanz haben. Wäre dem so, dann wären die Geschäftsprozesse hochgradig unsicher bzw. nicht zuverlässig leistbar. Ein besonderer Fokus sollte eher auf Bedrohungen mit seltener/geringer Auftretenswahrscheinlichkeit, aber hohem bis sehr hohem Einfluss auf die Geschäftsprozesse gelegt werden (vgl. auch Knoll zu Risikomatrizen [25]).

6.4 Observability

Im Rahmen des *Exposure*-Managements wurde dargestellt, dass die Erfassung von Bedrohungen eine eminent wichtige und permanente Aufgabe des Betriebs des Sicherheitssystems darstellt. Betriebsstörungen müssen frühzeitig erkannt, vermieden oder begrenzt werden, wodurch die Implementation eines passenden Kontrollsystems begründet wird. Zielsetzung wäre die möglichst frühzeitige Erfassung und Behandlung anormaler Systemzustände anhand interner Zustandsinformationen unter Einbeziehung externer Gefährdungsindikatoren.

Seit einiger Zeit wird die Erfassung von Systemzuständen mit dem Begriff „Observability" propagiert; wie immer jedoch mit unterschiedlichen Intentionen und Ausprägungen. Sowohl die Erfassung als auch die Bewertung von Störungsindikatoren können grundlegend unter Engineering-Gesichtspunkten definiert bzw. verstanden werden. Daher soll diese Methode nachfolgend einmal detaillierter dargestellt werden.

Observability-Sicht
Auch wenn der Begriff „Observability" mit „Neues Monitoring" oder Prozess im Kontext eines SIEM (Security Information and Event Management) verbunden wird, wird nicht

deutlich, was denn *Observability* ist oder sein soll: eine Haltung, eine Aufgabe oder vielleicht eine Geschäfts- oder Sicherheitsmethode.

Hersteller und Anbieter von Sicherheitslösungen verknüpfen *Observability* mit der Performance-Verbesserung zum Betrieb von IT-Systemen. So definiert etwa Splunk (jetzt CISCO) *Observability* als Mittel zur Verbesserung der Kontrolle über komplexe Systeme. Verstanden wird *Observability* als „Fähigkeit, die internen Zustände eines Systems zu messen, indem man seine Ausgabewerte untersucht". Mithilfe detaillierter Einblicke durch umfangreiche Erfassung von Telemetriedaten (Metriken, Logs und Traces) stellt Splunk *Observability* als Möglichkeit zur Unterstützung eines breiten Spektrums von Problemen vor. Richtigerweise merkt Splunk an, dass *Observability* „gar nicht so neu ist und bereits vor Jahrzehnten in der Systemsteuerungstheorie geprägt wurde" [26].

Ähnlich beschreibt Wikipedia *Observability* als „Measure (Maßstab) of how well internal states of a system can be inferred from knowledge of its external outputs". Referenziert wird ebenfalls auf den Begriffsursprung aus der System(steuerungs)theorie. Es soll die Möglichkeit eröffnet werden, das Verhalten des Gesamtsystems aus den System-Outputs zu bestimmen [27]. Wesentliche Aktivitäten sind die Beobachtung, Erfassung und Interpretation des Outputs eines ansonsten „Blackbox-Systems".

Der Begriffsursprung aus der Steuerungstheorie assoziiert die ambitionierte Verknüpfung zwischen Beobachtung/Erfassung von Zustandsindikatoren, ggf. auch (System-)Steuerung und fehlerhaften/nicht intendierten Systemzustände. Doch Vorsicht: Die Aussage „What gets measured gets managed" ist simplifiziert und in ihrer Anwendung missverstanden – wenn nicht falsch (interessant [28]). Zwischen Erfassung (Measurement), Zustandsinterpretation und Steuerung/Beherrschung liegen bisweilen Welten.

Insofern ist es lohnend, ausgehend von der Ursprungsdefinition und der Herleitung des Begriffs grundlegende Eigenschaften, Prinzipien und methodische Ansätze zu erfassen. Dieses Grundwissen eröffnet dann Möglichkeiten zu einer zweck- und zielorientierten Transformation auf das Anwendungsfeld Informationssicherheit in Geschäftssystemen. Hierbei können Methoden der Systemtheorie bzw. des *Security-Engineering* hilfreich sein.

Von Anfang an
Der Begriff *Observability* wurde ursprünglich 1960 durch Rudolf E. Kálmán in dem Aufsatz „On the general theory of control systems" definiert [29]. „*Control Systems*" sind in diesem Zusammenhang Regelungssysteme mit der Eigenschaft, gewünschte Ausgangsgrößen in vorgegebener Art und Weise auf definierte Werte zu halten. Banal kann dies etwa durch das Beispiel des Heizungsthermostats verbildlicht werden, durch den die Zimmertemperatur auf einen vorgegebenen Wert „geregelt" wird. Aufgabe des „Controllings" ist es, Änderungen der Eingangsgrößen und äußere Einwirkungen möglichst zuverlässig und schnell ausgleichen. Das System ist insofern ein dynamisches System, da nicht nur Eingangsgrößen und Einwirkungen dynamischen Änderungen unterliegen, sondern die Änderung der Ausgangsgrößen zudem nicht linear und zeitlich direkt erfolgt. Die Ausgangsgrößen „folgen" den Vorgaben des Controllers unter Umständen mit zeitlich und physisch bedingten verzögerten Reaktionen.

Zur Verdeutlichung sollen die Begriffe und Zusammenhänge mit dem Modell Heizungsthermostat wiederholt werden, wodurch – wie bereits in Kap. 3 dargestellt – nochmal die Aufgaben Informationssicherheit als Regelungssystem interpretiert werden können. Es gibt nur eine Ausgangsgröße, nämlich die zu haltende Zimmertemperatur, die am Thermostat – dem „Control System" – eingestellt und repräsentativ erfasst wird. Eingangsgröße ist die Wärmeenergie (Temperatur und Wasservolumen), die von der Heizung bereitgestellt wird. In die Regelung des Wärmeenergiebedarfs nehmen direkt und indirekt eine Reihe von Faktoren Einfluss. So schwankt der aktuelle Wert der Ausgangsgröße (Raumtemperatur) beispielsweise aufgrund geschlossener oder offener Fenster und Türen, der Anwesenheit von Personen, den Umgebungsbedingungen des Raumes wie Sonneneinstrahlung oder Tageszeit. Alle Einflussgrößen verursachen eine mehr oder minder große Abweichung der Ausgangsgröße vom gewünschten Wert, sodass die Regelung die Zuführung von Wärmeenergie dynamisch steuern muss. Hierbei ist auch zu berücksichtigen, dass die Raumtemperatur nicht instantan auf den „Wunschwert" springt, sondern aufgrund physikalischer Eigenschaften eine zeitlich verzögerte Annäherung gegeben ist.

Kalman betrachtete die Regelungsvorgänge rein mathematisch mit einer (theoretisch) unendlichen Menge von Ausgangs- und Eingangsgrößen und stellte sich die Frage, ob der interne Zustand des „Control Systems", d. h. die aktuellen Werte der Eingangs- und Steuerungsgrößen ausschließlich durch Erfassung der Ausgangsgrößen bestimmt werden kann. Diese Form der Bestimmbarkeit, d. h., den Rückschluss auf interne Systemzustände durch „Beobachtung der Ausgangsgrößen", bezeichnete er als *„Observability"*.

Mit dieser Ursprungsdefinition des Begriffs für Control Systems sind allgemeine Eigenschaften und Charakteristika verbunden, die als Grundlage für die Übertragung und Anwendung in andere Systeme herangezogen werden können. Hierbei ist wesentlich, dass Ausgangsgrößen als Informationen zu Systemzuständen interpretiert werden bzw. der Interpretationsvorgang an sich, im Fokus der Bestimmung steht.

Observability im Sinne Kálmáns stellt **eine Systemeigenschaft** dar; das System kann observiert werden – um mal einen eingedeutschten Begriff zu verwenden. Dies bedingt, dass die vom System ausgegebenen Ausgangsgrößen und -daten quantitativ und qualitativ erfassbar sind. Mit Qualität ist insbesondere verbunden, dass Ausgangsgrößen (Ausgangsdaten) voneinander unabhängig sind, d. h. unterschiedliche Informationen repräsentieren. Sind zwei Ausgangsgrößen miteinander gekoppelt, sodass etwa in gleichartiger Weise auf eine oder mehrere Eingangsgröße reagiert wird, liegt unter Umständen eine Redundanz vor, wodurch der Informationsgehalt der Ausgangsgrößen reduziert ist.

Das System muss **unterschiedliche interne Zustände** einnehmen bzw. einnehmen können, die sich in Ausgangsgrößen widerspiegeln. Werden Einflussgrößen und Eingangsgrößen des Systems gesamtheitlich aufgefasst, müssen die internen Zustände mit Änderungen dieser Größen variieren.

Das System muss eine **ausreichende Anzahl von Ausgangsgrößen** ausgeben. Sowohl die Ausgangsgrößen an sich, als auch die Verknüpfung verschiedener Ausgangsgrößen stellen Informationen dar, durch die auf interne Zustände des Systems geschlossen werden kann. Je größer die Anzahl, umso mehr Informationen können gebildet werden.

6.4 Observability

Das Control System muss eine ausreichende **Anzahl an Steuerungsoptionen** haben. Aus einem zentralen Gesetz der Kybernetik, d. h. des Theoriegebäudes zu Steuerungsprozessen, ist das sogenannte Gesetz der Varietät von Ashby bekannt. Dies wird so interpretiert, dass ein Steuerungssystem um so mehr Systemeinflüsse ausgleichen kann, je mehr Steuerungsoptionen gegeben sind. Im Idealfall gibt es mehr Steuerungsoptionen als mögliche Einflussgrößen, sodass das System immer „beherrscht" wird.

Die aufgeführten Eigenschaften fokussieren gemäß der ursprünglichen Definition der *Observability* darauf, dass aus Ausgangsgrößen auf interne Zustände geschlossen wird. Diese Blickrichtung soll hier als „Inside-out"-Sicht bezeichnet werden. Aus Sicht der Systemtheorie und des System-Engineering stellt dies jedoch nur eine Hälfte des Mechanismus dar. Wie angedeutet sind zur „Erfassung" der internen Zustände die Ausgangsgrößen isoliert oder durch Verknüpfungen in „passende" Informationen zu überführen, mit denen nicht nur ein Verständnis der internen Vorgänge gebildet wird, sondern im Weiteren wirksame Aktionen zur Steuerung des Systems hergeleitet werden. Mögliche Aktionen erfordern jedoch die Einnahme der umgekehrten Perspektive, d. h. die Betrachtung von Voraussetzungen, Mechanismen und Modellen, die überhaupt erst einen Handlungsspielraum eröffnen. Diese umgekehrte Perspektive soll als „Outside-in-Sicht" bezeichnet werden. Sie repräsentiert gewissermaßen die Erkenntnisprozesse des Beobachters, zu denen ebenfalls grundlegende Eigenschaften und Voraussetzungen dargestellt werden können.

Schlüsse auf die internen Zustände eines Blackbox-Systems basieren auf einer Vorstellung von der Struktur und Funktionsweise des Systems. Die Grundlage des Beobachters ist somit ein **Systemmodell**. Unter einem Systemmodell wird die Abbildung des (Teil)Systems in Form von Komponenten, Funktionen und Zusammenhängen sowie von Prozessen und Akteuren zur Darstellung der Vorgänge verstanden werden. Ein Systemmodell der Informationssicherheit umfasst beispielsweise alle isolierten bzw. integrierten Systemanteile und -funktionen, die in Gänze die Sicherheitsanforderungen der Geschäfts-/ Unternehmensprozesse gewährleisten sollen.

Grundlegend können für Modelle folgende Klassifikationen betrachtet werden, die hier mit dem Fokus auf Anwendungen der Informationssicherheit bewertet werden:

a. Es existiert noch kein Systemmodell, d. h. das Modell wird/muss im Sinne eines Blackbox-Ansatzes ermittelt werden. Dieser metaphysische Ansatz wird hier nicht weiter betrachtet.
b. Es existiert ein Modell des Gesamtsystems, von dem die interne Struktur und die Funktionszusammenhänge zwischen Systemkomponenten bekannt ist. Der Erkenntnisprozess kann somit zur Erfassung des „Normal-Verhaltens" bzw. der Erfassung von Abweichungen zum normalen Systemverhalten dienen.
c. Es existieren mehrere Modelle bzw. Teilmodelle und der Erkenntnisprozess dient der Verifikation, welches Modell vorliegt bzw. der Bildung eines neuen (abgeleiteten) Modells. Der Modellbegriff ist hier auf einzelne Funktionsabläufe wie beispielsweise die Verifikation von Schadwareabläufen reduziert.

Zu erkennen ist, dass die dargestellten Klassen unterschiedliche Erkennungsebenen abbilden: von grundlegend zu fallspezifisch/praktisch. Dies führt dazu, dass mit dem Erkenntnisprozess unterschiedliche **Ziele und Zwecke** verfolgt werden (können). Ein und dieselben Ausgangsgrößen können je nach Blickrichtung unterschiedlich interpretiert und verwendet werden. Die Daten können somit auch einen unterschiedlichen Informationsgehalt haben.

Der Vorgang der Interpretation der Ausgangsgrößen kann als **Auswahl- und/oder Verifizierungsprozess** verstanden werden. Durch Prüfung von Korrelationen zwischen gegebenen Größen und „erwartetem Modellverhalten" erfolgt eine systematische Bestätigung oder Verwerfung der Modelleigenschaften. Zur Korrelation können die Ausgangsgrößen entweder direkt/nativ Informationen darstellen oder es kann erforderlich sein, unterschiedliche Ausgangsgrößen in einer Vorstufe geeignet zu einer Information zu verknüpfen. Dies determiniert auch die erforderlichen **Ressourcen zur Durchführung** einer unter Umständen zeitkritischen Bewertung.

Schließlich ist festzuhalten, dass je nach Ziele und Zwecke Erkenntnisprozesse **automatisiert** durchgeführt bzw. unterstützt werden können. Insbesondere bei einer erforderlichen personellen Bewertung ist es sinnvoll und erforderlich (?), hierzu mehrere Instanzen einzubinden, um unterschiedliche Denk-Verzerrungen (Biase) zu minimieren.

Zwischenfazit
Observability hat zwei Sichten, die sowohl die Systemeigenschaft (Inside-out-Sicht) als auch die Erkenntniseigenschaft (Outside-in-Sicht) repräsentieren. Beide Eigenschaften bedingen sich wechselseitig einander. Das Schließen von Erkenntnissen bedingt, dass einerseits Daten vorliegen, andererseits erfolgt das Schließen dadurch, dass zu den Daten ein „Modell" der inneren Zustände des Systems gebildet, verifiziert oder sonst wie modifiziert/aktualisiert wird. Je nach gegebener Klassifikationsebene des Modells ist hiermit auch eine (eigen-)kritische Haltung verbunden, frei nach George Box: „Im Prinzip sind alle Modelle falsch, aber manche sind nützlich."

Zur Anwendung und Nutzung der „*Observability*" in unterschiedlichen Kontexten können die dargestellten Eigenschaften und Charakteristika zugrunde gelegt und ausgeprägt werden (s. Abb. 6.4). Damit die durch die *Observability* gewonnenen Erkenntnisse zu einem effektiven Gesamtnutzen beitragen, ist der Fokus auch auf originäre Managementprozesse zu erweitern.

Kontext Security
Grundlegende Zielsetzung ist die Sicherstellung eines störungsfreien Geschäftsbetriebs, der durch den Verlust der Nutzbarkeit und Kontrollierbarkeit der Geschäftsprozessabläufe, -objekte, -assets inkl. des Verlusts von Daten und Ressourcen charakterisiert wird. Mit dem Verständnis, dass Störungen im weiten Sinne als Abweichungen vom Normalzustand definiert sind, gilt es, die Vorgänge und Zustände zu definieren, die im besonderen Fokus stehen. Die Zielsetzungen müssen mit den definierten als „Loss-of-Bedingungen" korrespondieren.

6.4 Observability

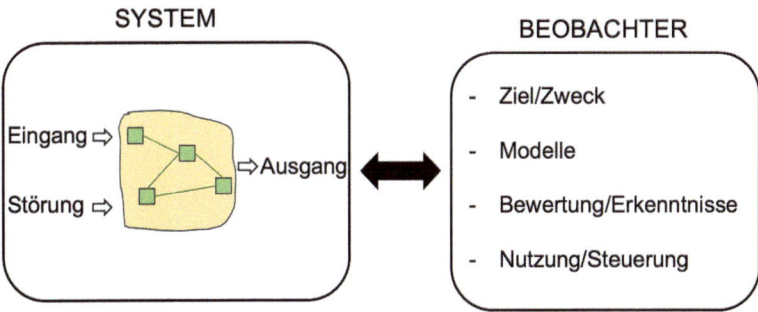

Abb. 6.4 Observability-Model

Da das *Security-System* initial durch Struktur und Funktionen bekannt ist, entfällt die Inside-out-Sicht. Im Kontext der Informationssicherheit ist somit die Outside-in-Sicht maßgeblich, d. h. der Fokus liegt im Erkenntnisprozess der Vorgänge innerhalb des *Security-Systems*. Als Übertragung der hierzu oben genannten Eigenschaften und Charakteristika kann als erste Arbeitshypothese zu dieser Sicht die Security-*Observability* wie folgt beschrieben werden:

> „*Security-Observability* ist ein System- und Betriebskonzept, welches durch umfassende Erfassung, Aus- und Bewertung von Daten der *Security-System*-Komponenten und -Funktionen eine frühzeitige Erkennung, eine effektive Verhinderung sowie im Ereignisfall eine ursachenorientierte Behebung von Systemstörungen ermöglicht. Das wesentliche Element der *Security-Observability* ist ein – möglichst automatisierter – **Erkenntnisprozess**, der Daten in relative und absolute Informationen zum Systemzustand transformiert."

Die Beurteilung der Systemzustände ist grundlegend von den Zielsetzungen abhängig. Aus umgekehrter Sicht bedeutet dies, dass mit den Zielsetzungen gleichzeitig der Detaillierungsgrad der Beobachtungen und Erkenntnisse definiert wird. In der Folge bestimmt der Detaillierungsgrad die technischen, manuellen und prozeduralen Aufwände zur Erreichung der Zielsetzungen. Allen voran sind diese durch die verwendbaren Daten und Datenquellen definiert.

Datenquellen
In Veröffentlichungen und Produktwerbungen werden oftmals drei bis fünf Datenquellen als Grundlage zur Durchführung der Kernaufgaben benannt (siehe bspw. [30, 31]). Diese werden teilweise als Telemetriedaten oder als „Pillars (Säulen der *Observability*)" bezeichnet. Umfasst sind mindestens Logdaten, Traces und Metriken der Systemkomponenten. Diese müssen zur Umsetzung der oben genannten Prozeduren um externe Daten wie Indikatoren, technische Standards und Modelle erweitert werden. Die Datenarten korrespondieren einerseits mit der oben genannten Abstufung der Erkenntnisprozesse; andererseits sind hiermit mindestens folgende – für die Abschätzung der Aufwände relevanten – Aspekte gegeben:

Der Umfang der *Logdaten* und damit der potenzielle Informationsgehalt für die Erkenntnisprozesse ist sowohl vom Systemdesign, Systemfunktionen als auch der Konfiguration der Systeme abhängig. Je nach System werden in Logdaten Systemvorgänge über alle sieben Verarbeitungsschichten des ISO/OSI Referenzmodells protokolliert. Darüber hinaus können Logdaten neben Systemvorgängen auch Ausgaben zu Systemleistungsdaten (Capabilities) wie CPU-Auslastungsdaten, Speicherkapazitäten, Warteschlangenzustände etc. umfassen.

Traces sind auf Ebene der technischen Abläufe Aufzeichnungen und Logdaten-Auswertungen gegenüber technischen Standards. Im Rahmen von Incident-Bearbeitungen erfolgen Auswertungen auch mittels parametergesteuerter Suchen nach Abläufen wie beispielsweise der chronologischen Auflistung aller Aktivitäten einer Account-Kennzeichnung. Darüber hinaus können mittels Traces auch Informationen im Sinne eines Stör-/Angriffsprofils gebildet werden.

Metriken werden in der Regel durch Datenverknüpfungen und Vergleiche zu standardisierten bzw. definierten Systemeigenschaften gebildet, wobei sich Vergleiche dynamisch auf vorherige Beobachtungszeiträume oder statisch auf definierte Schwellwerte beziehen können.

Die Besonderheit der Indikatoren wie IoC – Indicator of Compromise ist, dass diese einer ephemeralen Dynamik unterliegen und somit zur Prüfung der Betroffenheit automatisiert erfasst, genutzt und auch wieder aus Prüfroutinen gelöscht werden müssen.

Log- und Trace-Daten sind umfänglich und inhaltlich so zu konfigurieren, dass die für die Sicherheit der Geschäftsprozesse relevanten Daten zur Verfügung stehen. Im Kontext der Informationssicherheit erfolgen hierzu **Risikoabwägung auf kritische oder hoch relevante Daten**. Dies verdeutlicht auch, dass auch *Observability* ein risikoorientierter Ansatz ist. Vorgaben zu kritischen/hoch relevanten Daten können eine hohe Bandbreite umfassen und reichen etwa von Daten zu rechtlichen/vertraglichen/zertifizierungsorientierten Nachweisprozeduren bis zu Prozessen des *Exposure*Managements.

Selbstredend ist, dass ein Wechselspiel zwischen Daten und Informationen bzw. Erkenntnisse zu Systemzuständen gegeben ist. Neben der Dynamik der Nutzbarkeit von Indikatoren, Metriken und Stör-/Angriffsprofilen sind auch regelmäßige Prüfungen und Anpassungen aufgrund technologischer und geschäftlicher Entwicklungen vorzunehmen.

Erkenntnisse

Als wesentliches Element der Security-*Observability* wurde der Erkenntnisprozess zur Erfassung und Bewertung des Systemzustands angegeben, wobei hier faktische oder potenzielle Störungen erfasst werden sollen (siehe Abb. 6.5).

Die Erkenntnisse und Informationen können dabei allgemeinen Betriebsaufgaben im Kontext Performance- und Kapazitätsmanagement oder auch Aufgaben in Bezug auf SLA-, Qualitäts- und Verfügbarkeitsnachweisen dienen. Als **Kernaufgaben** gemäß der genannten Arbeitshypothese wären jedoch folgende Aspekte hervorzuheben:

6.4 Observability

Abb. 6.5 Observability-Erkenntnisprozess

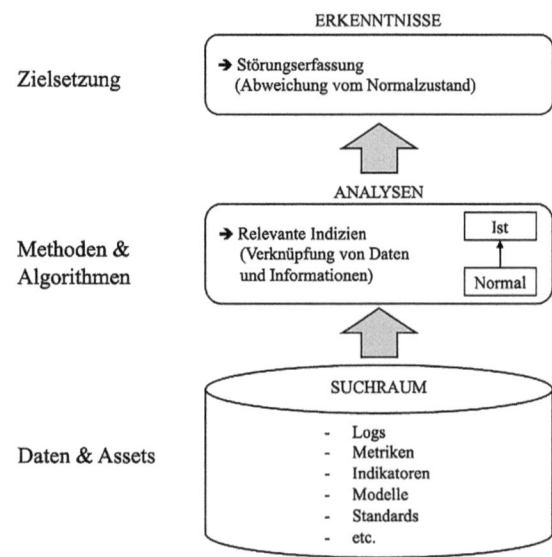

a) Security-*Observability* dient dem Security-Event-Management, in dem Zustandsmeldungen (Protokoll-/Log-Daten) der Security-Komponenten und -Funktionen erfasst werden. Zustandsmeldungen können sowohl von Herstellern vorgegebene Ausgaben sein („Fehlermeldungen") als auch konfigurierte Metriken und Schwellwerte zu System-/Funktionsauslastungen. Dies kann als **passiver Erkenntnisgewinn** bezeichnet werden, da die Ursachen zu Zustandsmeldungen in der Regel unmittelbar ableitbar sind.

b) Durch die Verknüpfung von Daten können als *aktiver Erkenntnisgewinn* Informationen über Betriebszustände gebildet werden. Verknüpfungen können hierbei manuell oder automatisiert erfolgen und können sich an chronologische, technische oder prozessuale Aktivitäten orientieren.

Chronologisch orientierte Erkenntnisse basieren beispielsweise auf Auslastungen von Übertragungskapazitäten, CPU-Auslastungen, o. Ä. zu definierten Beobachtungsperioden, die etwa durch Performance-Parameter repräsentiert werden. Durch Vergleiche der Parameter können ggf. ungewöhnliche Aktivitäten erfasst werden, die auch als Anomalien bezeichnet werden. Technische Aktivitäten sind beispielsweise Standard-Protokollabläufe (Traces), wie sie für Anmeldeprozeduren mit CHAP/PAP oder als Aufbau einer TCP-IP-Verbindung verzeichnet werden. Prozessuale Aktivitäten sind beispielsweise solche, die mit bekannten (typisierten) Abläufen böswilliger Eingriffe in die Geschäftsprozesse verbunden werden. Bei diesen sogenannten Kill-Chains erfolgt beispielsweise eine Prüfung bzw. Vergleich mit den im MITRE ATT&CK Framework strukturierten Angriffsmethoden.

Aber auch simple Zugangsversuche können den prozessualen Aktivtäten zugeordnet werden. Die Erkennung eines anormalen Verhaltens bedingt hier jedoch eine Verknüpfung und Interpretation mit Metadaten des Zugangsversuchs wie Zugangszeiten, Quell-Lokationen oder Häufigkeiten von Anmeldeversuchen.

c) Eine weitere Erkenntnisstufe kann durch Vergleich von Betriebsvorgängen mit Daten und Abläufen aus externen Quellen erfolgen (*induzierter Erkenntnisgewinn*). Derartige Erkenntnisse konzentrieren sich dann im Allgemeinen nur noch auf ungewollte negative Betriebseinflüsse, in dem etwa nach Kommunikationsparametern wie aktuellen IoC – Indicator of Compromise gesucht wird.

d) Während die Punkte a) bis c) die Prüfung aktiver, realer Vorgänge des *Security-Systems* umfassen, können Erkenntnisse schließlich auch durch potenzielle Vorgänge generiert werden (Penetrationstests und vergleichbare Simulationen). Diese Aktivitäten stellen – ähnlich wie Systemscans auf bekannte Schwachstellen – die Sicht- und Betrachtungsgrenze der Security-*Observability* dar.

Die genannten Aspekte verdeutlichen, dass der Erkenntnisgewinn in zunehmend aufwendigeren Stufen erfolgt. Verknüpfungen und Interpretationen der Daten setzen eine Suche und Verifikation entweder mit extern heranzuziehenden, teilweise hoch dynamischen Daten (Pkt. c) voraus oder aus den Daten sind komplexe Informationsketten zu bilden, die dann wiederum mit externen Datenquellen abzugleichen sind (Pkt. b). Klar wird, dass hiermit automatisierte Methoden und Prozeduren/Algorithmen verbunden sind, die entsprechend implementiert werden müssen. Dies, und die Tatsache, dass nicht alle Daten/Informationen automatisiert gewonnen werden können, verdeutlichen, dass die Erkenntnisprozesse auch von den Kenntnissen, Skills und Denkmethoden der für diese Security-Aufgaben verantwortlichen Mitarbeiter abhängig sind.

Die oben bereits benannte Risikoorientiertheit der *Observability* erhält mit den Erkenntnisprozessen zusätzliche Aspekte. Neben der offensichtlichen Abhängigkeit von Skills der Security-Mitarbeiter ist nochmals zu vergegenwärtigen, dass die Erkenntnisse letztlich als potenzielle oder tatsächliche Systemstörungen in weitere Betriebsprozesse einfließen. Als Risikokomponente sind hierbei die unzweifelhaft auftretenden „false-positiv"-Meldungen zu werten, die zu einer vermeidbaren Bindung von Ressourcen zur Bearbeitung führen. Anzustreben – und damit als permanente Aufgabe gegeben – ist die Minimierung dieser Meldungen. Risikorelevant ist, dass eine Reduzierung der Fehlschlüsse entweder eine Vergrößerung der Datenbasis oder eine Optimierung der Datenverknüpfungen nach sich zieht. Beides führt zu komplizierteren und unter Umständen komplexeren Verfahren und Algorithmen.

Eine weitere Risikorelevanz ergibt sich daraus, dass Systemstörungen als Abweichungen vom Normalzustand definiert sind; der Normalzustand an sich aber schon ein dynamischer Zustand ist. Somit ist die Interpretation, wann ein Ereignis eine – im Wortsinne – bemerkenswerte Anomalie darstellt, einer quasi permanenten Fehlinterpretation unterlegen.

Eines der **wesentlichen Details, die *Observability*** ausmachen, ist damit NICHT die Interpretation der erfassten Systemdaten als Vergleich mit Standardprozeduren, Standardprotokollen oder Ähnlichem. Die Erfassung von Abweichungen (Anomalien) ist insofern

6.4 Observability

unbestimmt, als dass keine starre/stabile Referenzen vorliegen. Referenzen sind abhängig von Nutzungsprofilen der Geschäftsprozesse und von Lern-/Anpassungsmechanismen aufgrund von Betriebsveränderungen (Life Cycle von Systemen, Änderung von Betriebsparadigmen etc.). Diese **Komplexität** des Systembetriebs wird durch die permanenten Änderungen der Gefährdungsmechanismen und „Gefährdungsmodellen" übertroffen. Letzteres ist mit dem Begriffspaar „unknown unknowns" erfasst, in dem der Zusammenhang zwischen Wissen und Bewusstheit gebildet wird (auch als „Rumsfeld-Matrix" bezeichnet). „Unkown unknowns" bedeutet auf den Erkenntnisprozess zu beobachtbaren Ereignissen bezogen, dass dem Beobachter nicht bewusst ist, dass er Anzeichen und Kriterien zu Ereignissen nicht kennt. Er hat schlicht keine Vorstellung, wonach er suchen soll bzw. sind scheinbar alle bekannten Vorstellungen und Mechanismen, die Ereignisse kennzeichnen, nicht zutreffen. Gängige Empfehlungen zur Vorgehensweise hierbei ist die Eingrenzung des möglichen Einflussraums, beispielsweise durch Abschalten von Systemen/Systemfunktionen oder Instanzen und Prüfung des Einflusses auf das Ereignis (die „Systemreaktionen").

Abschließend spielen unter Risikoaspekten neben den false-positiven Ereignissen die gravierenderen false-negativen Ereignisse eine Rolle. Bei aller Optimierung der Mechanismen und Algorithmen ist zu verinnerlichen, dass gravierende Ereignisse schlicht übersehen werden können. Die Schwachstelle „XZ-UTILS" kann hierfür als Beispiel benannt werden. Abseits der Betrachtung, dass diese Bedrohung offensichtlich als *„Vulnerability by design"* implementiert wurde, ist hier der Erkennungsvorgang von Interesse. Die Entdeckung der Schwachstelle beruhte auf der Beobachtung und Bewertung von Performance-Informationen (Benchmark-Daten) zu einer Anmeldeprozedur (SSH-login). Das Thema war hier, dass eine nur systemtechnisch merkbare Abweichung vom normalen Anmeldezeiten zu einem Aufmerksamkeitsreiz (psychologisch: Salienz) führte; das berühmte: „Moment mal, da stimmt etwas nicht." Dies führte dann durch weitere Analysen zur Aufdeckung des Nachladens von Schadcode auf. Die Verknüpfung von Anmeldeprozedur und Laden von Software ist an sich nichts Besonderes. Bemerkenswert ist, dass das Laden der Software nicht durch den gerade angemeldeten Benutzer initiiert wurde. Methodisch ist also gerade das Fehlen eines Aktionsschritts in diesem Kontext das Sicherheitsereignis.

Die Vergegenwärtigung von false-negativen Meldungen, d. h. die Nicht-Erkennung (Nicht-Meldung) gegebener Anomalien ist ein permanentes Risiko aller *Observability*-Aktivitäten. Allein die Existenz derartiger Ereignisse, die nur mit tiefgreifenden Analysen zu fassen sind, zeigt praktische und auch wirtschaftliche Grenzen zur Aufdeckung von Anomalien auf.

Observability und Monitoring

Mit den obigen Ausführungen wurde *Observability* im Allgemeinen und im Security-Kontext dargestellt, sodass nunmehr auf das Verhältnis zwischen Observability und Monitoring eingegangen werden kann. Auch hierzu wurde seitens des Autors keine Literatur gefunden, die die Unterschiede und/oder Gemeinsamkeiten aus allgemeiner Systemsicht im Detail behandelt.

Der Autor interpretiert dies so, dass eine kontinuierliche Entwicklung des Monitoring-Verständnisses und der Monitoring-Aktivitäten stattgefunden hat. Im Kontext der derzeitigen Sicherheitslagen, äußeren Einwirkungen und der Komplexität erforderlicher Maßnahmen zur Systemsicherheit wird mit dem Begriff *Observability* primär ein Wandel in der Grundhaltung zur Bewertung der Systemsicherheit eingenommen. Neben den passiven Erkenntnissen, die auf direkte Systemprobleme hinweisen, werden Daten/Informationen zu Systemvorgängen eben auch zur Erkennung von anormalen Systemvorgängen herangezogen. Die Gestaltung der Erkenntnisprozesse folgt dabei der Vielfalt möglicher negativer bzw. potenziell schadorientierter Beeinflussungsmöglichkeiten.

Grundlegende Voraussetzungen für eine effektive Nutzung der Daten/Informationen sind mindestens die Definitionen der Erkenntniszielsetzungen im Lichte formaler und geschäftlicher Anforderungen, die Bereitstellung/Nutzung aller Systemdaten im Sinne eines gemeinsamen Datentopfes („Single pane of glass") sowie die Bereitstellung/Vorhaltung technischer und personeller Ressourcen. Damit wird auch klar, dass der Aufwand zu einer „*Observability*-Lösung" nicht in der Bereitstellung von Sicherheits-Tools im Sinne von HW/SW-Anwendungen liegt.

Framework

Aus den Eigenschaften der Inside-out- bzw. Outside-in-Perspektive sowie den Ausführungen zum Security-Kontext kann zur generellen Anwendung der *Observability* ein Framework hilfreich sein. Hierzu sind die mit den Eigenschaften implizierten Aufgabenstellungen in einen zusammenhängenden Ablauf zu bringen und zu operationalisieren. Für den Kontext der Informationssicherheit wird folgender Vorschlag in Anlehnung an das Systems *Security-Engineering* Framework (ISO/IEC 15288) aufgestellt (Abb. 6.6) und nachfolgend erläutert:

Abb. 6.6 Observability-Framework

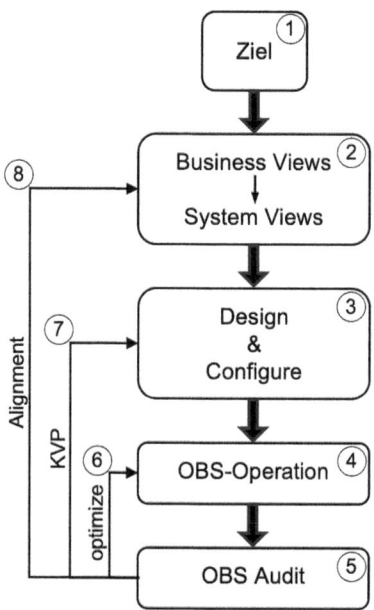

6.4 Observability

Schritt 1 dient der Definition des **Scope** zur Implementierung und zum Betrieb. Es wird hierbei davon ausgegangen, dass ein initiales System besteht, welches aus dem Geschäftsmodell entstanden ist.

Aus Praktikabilitätsgründen ist es sinnvoll, auf die Outside-in-Perspektive zu fokussieren und die Ziele und Zwecke aus den Geschäftsanforderungen abzuleiten. Typische Geschäftsanforderungen beziehen sich auf Festlegungen zur Zuverlässigkeit, Resilienz oder Sicherstellung der Kontrollierbarkeit. Neben der Operationalisierung der Anforderungen ist wesentlich auch ein Nachweis der Erfüllung durch businessorientierte Key Performance Indicators (bKPI) herzustellen.

Im *Schritt 2* sind aus Geschäftsanforderungen die allgemeinen Anforderungen bzw. im speziellen die Anforderungen an die *Observability* zu extrahieren. Diese können im Sicherheitskontext auf Basis eines Sicherheits-Management-Rahmenwerks wie ISO/IEC 27001 oder BSI IT-Grundschutz die Sicherheitsfunktionen und -prozesse bestimmt werden.

Handlungsleitend sind folgende Fragen und Prüfungen zu bearbeiten:

i. Welche **Ziele und Zwecke** werden mit *Observability* verfolgt? Welcher Nutzen soll gebildet werden?
ii. Welche (**Sicherheits-)Funktionen, -ziele und -prozesse** sind maßgebliche Faktoren zur Erzielung des Nutzens?
iii. Welche **Datengrundlage und Informationen** sind erforderlich, um die Ziele und Prozesse effektiv zu erreichen?
iv. Welche **externen Daten/Informationen** sind erforderlich?

Im Ergebnis ergeben sich in diesem Schritt die Definition der zu betrachtenden Modelle und Modelltiefen sowie die Vorgaben/Anforderungen an den Datenbedarf.

Auf Basis des vorherhergehend erfassten Informationsbedarfs erfolgt in *Schritt 3* die Definition des hierzu passenden Datenmodells, welches die *Observability*-Modelle umfasst. Hierzu wird geprüft und festgelegt,

i. welche Systemkomponenten Daten liefern können,
ii. ob und in welchem Umfang Daten aus zusätzlich bereitzustellenden Komponenten erforderlich sind,
iii. welche Daten automatisiert oder per manueller Pflege aus externen Quellen bereitgestellt werden können.

Mit dem derart unter Ziel- und wirtschaftlichen Aspekten definierten Datenmodell werden gleichzeitig die Rahmenbedingungen zu den *Observability*-Prozessen definiert. Hierbei handlungsleitende Parameter sind mindestens der manuelle Aufwand zur Pflege/Aktualisierung des Datenmodells sowie Abschätzungen und Verprobungen bzw. Design-Definitionen zu manuellen bzw. automatischen Algorithmen zur Bestimmung der Informationen, die für eine Beurteilung des Betriebszustands des Systems herangezogen werden. Diese bilden darüber hinaus auch technische Anforderungen hinsichtlich Pflege, Verknüpfung, Flexibilität und Steuerung zur Auswahl eines geplanten bzw. sinnvollen *Observability*-Tools/Anwendung.

Schritt 4 stellt den operativen *Observability*-Betrieb dar. Hier erfolgt auf Basis der implementierten Datenmodelle sowie der implementierten Algorithmen in den *Observability*-Prozessen die Erfassung und Bearbeitung von Ereignismeldungen.

Neben der Bewahrung/Wiederherstellung eines möglichst sicheren Betriebs sind zu allen Ereignisfällen umfassende und detaillierte Dokumentationen anzufertigen. Dies betrifft sowohl false-positive Meldungen als auch **vordringlicher** false-negative Meldungen. Letztere im doppelten Sinne, da zu erfassen ist, welche Störungen nicht aus dem Datenmodell heraus erkannt wurden und somit eine Erweiterung des Datenmodells erforderlich machen sowie zur Entwicklung und Optimierung der Algorithmen inkl. Meldefunktionen.

In *Schritt 5* in Verbindung mit den *Schritten 6–8* erfolgt die regelmäßige Zusammenfassung und Bewertung aller Ereignisse und Incidents in Form von Audits. Die Bewertungen erfolgen mit der Zielsetzung der Optimierung des Betriebs in Bezug auf false-positive und false-negative Ereignisse einerseits sowie der Erfassung und Bewertung gegenüber definierter *Observability*-Performance-Indikatoren. Darüber ist die Angemessenheit der implementierten Methoden und Prozesse im Hinblick auf neue, bekannt gewordene Störeinflüsse zu prüfen. Schließlich erfolgt in diesem Schritt die Prüfung der Umsetzung und Wirksamkeit definierter Verbesserungsmaßnahmen aus Bewertungen vorhergehender Audits sowie die Konsolidierung, Überarbeitung oder Neu-Definition von neuen, angemessenen Maßnahmen.

KPI Key-Performance-Indikatoren

Der Nutzen des *Observability*-Ansatzes wird in der schnelleren Erkennung sowie effizienteren Bearbeitung nicht normaler Systemzustände und Störungen gesehen. Dies sollte durch entsprechende Kenngrößen zu Bewertung der Maßnahmen repräsentiert sein. Eine einheitliche Definition von Indikatoren ist jedoch in der Literatur bislang nicht gegeben. Da insbesondere Anomalien und Manipulationen nicht unmittelbar erkennbar zu Störungen des Betriebs führen, ist eine generelle Unterscheidung zwischen Event (Ereignis) und Störung (Incident) sinnvoll. Darüber hinaus erscheint auch eine Angleichung an bzw. Ableitung mit den Phasen Detect und Respond des NIST CSF Frameworks, die mit der aktuellen Version auch in den ISO/IEC Normen 270xx integriert wurden, zielführend (siehe Abb. 6.7).

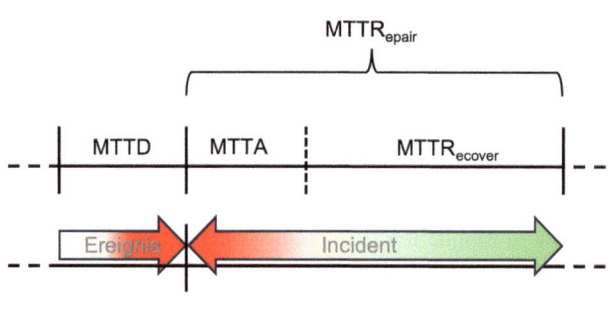

Abb. 6.7 Observability Performance Indicator

Zu den dargestellten Indikatoren wird folgende Definition bzw. Interpretation vorgeschlagen.

Die **MTTD – Mean time to detect** ist der zeitliche Abstand zwischen Eintreten des Fehlers/Events und dem ersten Bemerken desselben. Dieser Indikator ist insofern problematisch, als das erste Ereignis, die auf ein Event hindeuten könnten, nicht immer in einer direkt zuordbaren Form erscheinen. Darüber hinaus ist der MTTD kein „one for all"-Indikator; eine Differenzierung und Fokussierung auf eineindeutige Ereignis-Incident-Korrelationen ist erforderlich. Eine Optimierung/Minimierung des Indikators geht einher mit der Ausprägung und Granularität der implementierten Observability-Mechanismen.

Nachdem ein Ereignis detektiert wurde, gilt es dies zu analysieren, Ursachen (root causes) zu ermitteln und Ansatzpunkte zur Behebung zu finden. In Gänze entspricht dies der CSF – Respond-Phase, wird jedoch hier zur Unterscheidung als **MTTA – mean time to analyze** bezeichnet. Auch dieser Indikator ist problematisch, wenn eine zu pauschalierte Darstellung gewählt wird.

Der Indikator **MTTR – Mean time to Recover** ist geprägt von den Vorkehrungen zu einer Incident-Bearbeitung. Hierzu zählen alle Maßnahmen, die als spezielle oder generische Maßnahmen im laufenden Betrieb umgesetzt wurden. Letztlich sind jedoch auch verhaltensorientierte Strategien und Taktiken zum Umgang mit neuen/nicht vorgeplanten/nicht vorplanbaren Events entscheidend.

Als mögliche Zusammenfassung bietet die Bildung eines **MTTr – Mean time to repair** Indikators einen direkteren Bezug zu Incident-Prozessen von Managementsystemen.

Es sind weitere mögliche Indikatoren vorstellbar, die etwa mit den Erkenntnis-Funktionen einhergehen. Zu nennen wären beispielsweise die Aktualität der Integration von IoC/IoA oder auch die Hygiene derselben, um die Potenziale zur Vermeidung von Fehlalarmen zu bewerten. Eine Ausprägung derartiger Indikatoren ist bislang nicht erfolgt.

Literatur

1. ISO/IEC/IEEE 15288:2023, Systems and software engineering – System life cycle Processes
2. Beiträge zu einer Systemtheorie Sicherheit, acatech Diskussion, https://www.acatech.de/publikation/beitraege-zu-einer-systemtheorie-sicherheit/, letzter Abruf 26.10.2020
3. NIST SP 800-160 Vol. 1 Rev. 1, Engineering Trustworthy Secure Systems, https://csrc.nist.gov/pubs/sp/800/160/v1/r1/final, letzter Abruf 07.03.2025
4. SANS 2023 Survey: Visibility and Attack Surface; https://sansorg.egnyte.com/dl/nuzYwOsV8Z; letzter Abruf 26.11.2023
5. Gartner; Enterprise must expand from Threat to Exposure Management; https://www.gartner.com/en/documents/4021605; letzter Abruf 26.11.2023
6. OWASP, https://owasp.org/www-community/Threat_Modeling_Process, letzter Abruf 19.12.2023
7. Sindre_Obdahl_Capturing Security Requirements through Misuse Cases_Computer Science_2001
8. Sindre_Obdahl_Eliciting security requirements with misuse cases_Requirements Eng 2005_10
9. Zareen S., Akram A., Khan S.; Security Requirements Engineering Framework with BPMN 2.0.2 Extension Model for Development of Information Systems; Apple. Sci. 2020

10. STRIDE, https://learn.microsoft.com/de-de/azure/security/develop/threat-modeling-tool-threats, letzter Abruf: 27.12.2023
11. PASTA, Process for Attack Simulation & Threat Analysis, bspw.: https://cdn2.hubspot.net/hubfs/4598121/Content%20PDFs/VerSprite-PASTA-Threat-Modeling-Process-for-Attack-Simulation-Threat-Analysis.pdf, letzter Abruf, 09.03.2025
12. NIST SP 800-154, Guide to Data-Centric System Threat Modeling, https://csrc.nist.gov/files/pubs/sp/800/154/ipd/docs/sp800_154_draft.pdf, letzter Abruf 09.03.2025
13. Kepner J, Gadepally V, Michaeles: Percolation Model of Insider Threats to Assess the Optimum Number of Rules, 2014; Webabruf 06.04.2023 https://arxiv.org/pdf/1412.8699.pdf
14. BSI IT-Grundschutz-Kompendium 2023
15. Devlin K., Pascal, Fermat und die Berechnung des Glücks, Verlag C.H.Beck oHG, München, 2009
16. F. Knight (1921): Risk, uncertainty and profit; Sentry Press New York, N. Y.
17. Gigerenzer, G. *Risiko, Wie man die richtigen Entscheidungen trifft* (C. Bertelsmann Verlag, München, 2013).
18. Applying Bayes' Theorem in Cybersecurity: Risk Analysis Illustrated with Examples, https://timlaytoncybersecurity.medium.com/applying-bayes-theorem-in-cybersecurity-risk-analysis-illustrated-with-examples-be231ec82fdf#:~:text=Bayes'%20Theorem%20is%20a%20mathematical,given%20new%20data%20or%20findings., letzter Abruf 10.03.2025
19. FMEA, https://de.wikipedia.org/wiki/FMEA; letzter Abruf 02.01.20214
20. Asllani, et al.: Strengthening information technology security through the failure modes and effects analysis approach,
21. Schmittner et al. Security Application of Failure Mode and Effect Analysis (FMEA),09.2014
22. Werdich M. (Hrsg.), FMEA – Einführung und Moderation: Durch Systematische Entwicklung zur übersichtlichen Risikominimierung (inkl. Methoden im Umfeld), 1. Auflage, Vieweg+TeubnerVerlag, 2011
23. Werdich, https://www.risknet.de/themen/risknews/die-rpz-ist-tot-es-lebe-die-ap/, zuletzt abgerufen: 02.01.2024
24. BSI, Orientierungshilfe zum Einsatz von Systemen zur Angriffserkennung, Version 1.0, 26.09.2022
25. Knoll M., Praxisorientiertes IT-Risikomanagement, Konzeption, Implementierung und Überprüfung, 2. Auflage, dpunkt.Verlag, 2019
26. https://www.splunk.com/de_de/data-insider/what-is-observability.html
27. https://en.wikipedia.org/wiki/Observability
28. Caulkin S., The rule is simple. be careful what you measure, The Observer Business, 10.02.2008, https://www.theguardian.com/business/2008/feb/10/businesscomment1, letzter Abruf: 05.04.2024
29. R.E. Kálmán, On the general theory of control systems, IFAC Proceedings Volumes, Volume 1, Issue 1, August 1960, pages 491–502
30. Arfan Sharif, The Three Pillars of Observability: Logs, Metrics, and Traces, Crowdstrike Cybersecurity 101, Oktober 2023
31. Fabian Dietz, Was ist Observability: Von Telemetriedaten bis Einsatz und Software-Tools, Objektkultur Blog, September 2023, https://blog.objektkultur.de/was-ist-observability-von-telemetriedaten-bis-einsatzund-software-tools/

Security-System Model 7

George Box wird das Bonmot zugesprochen: „Letztlich sind alle Modelle falsch, aber manche sind nützlich. Auch wenn dies aufgrund seines Arbeitsumfeldes auf statistische Modelle abzielt, kennzeichnet diese Aussage auch grundlegende Probleme zu Modellen für *Security-System*e. Fraglich ist ja auch hier, welche Modelle geeignet sind, die Anforderungen aus den Geschäftsprozessen bzw. den Sicherheitsanforderungen so abzubilden, dass die richtigen Schlussfolgerungen in Form der optimalen Architektur bzw. optimalen Sicherheitsmaßnahmen definiert, umgesetzt und betrieben werden. Oder um es mit G. Box zu übersetzen: Gibt es ein (oder notwendigerweise mehrere) Modell(e), die nicht falsch sind und gleichzeitig den optimalen Nutzen für die gestellte Aufgabe darstellen?

In Abschn. 2.3 wurden aus systemtheoretischer Sicht die Grundmerkmale von Modellen wie folgt gekennzeichnet:

i. das Abbildungsmerkmal, d. h. Modelle repräsentieren natürliche oder künstliche Objekte,
ii. das Verkürzungsmerkmal, d. h. Modelle erfassen im Allgemeinen nicht alle Eigenschaften des Originals, sondern nur diejenigen, die als „relevant" definiert wurden sowie
iii. das pragmatische Merkmal, d. h. Modelle erfüllen Ersetzungsfunktionen hinsichtlich Subjekte, Zeitzusammenhängen etc.

Zu Anwendung auf ein *Security-System* sollen zunächst einige Implikationen aus den Definitionen entwickelt werden, um Kriterien zur Bildung/Auswahl nicht-falscher Modelle zu finden.

Modelle bilden etwas ab. Das bedeutet zunächst einmal, dass es etwas gibt – ein Objekt oder in unserem Fall ein System –, welches durch ein Modell repräsentiert werden soll.

Ein *Security-System* ist in erster Linie ein Zustandssystem; durch seinen Aufbau und seine Funktionen wird ein Zustand angestrebt, der den Schutz der Geschäftsprozesse gewährleistet. Während die Geschäftsprozesse das Schutzziel darstellen, sind Aspekte wie Zutritt, Zugriff etc. die betrachteten Schutzaspekte.

Modelle dieses Zustandssystems können mindestens auf zwei grundlegende Arten reduziert werden: Wenige Schutzaspekte werden in umfangreicher Ausprägung oder viele Schutzaspekte werden in reduzierter Ausprägung fokussiert. Dies jedoch immer unter dem Vorbehalt, dass das Zustandssystem nicht statisch, sondern einem permanenten Wandel hinsichtlich der Zustandsobjekte und -verbindungen unterliegt.

Erste Sicherheitsarchitekturen und -maßnahmen sind aus der Notwendigkeit entstanden, Zugriffe (als Schutzaspekt) auf Computersysteme und Daten zu organisieren; am Beginn standen also Organisationsmodelle Pate für sichere Zustände und wurden auf die Computernutzung abgebildet (etwa Saltzer und Schroeder [1]). Im Folgenden gab es weitere Maßnahmen, die mehr oder minder der Betriebs- und Nutzungspraxis der Computer folgten. Gravierende Änderungen traten mit zwei Entwicklungen ein. Einerseits mit der Durchdringung und Kommerzialisierung von Kommunikationstechniken, andererseits durch die Öffnung und Vernetzung von Computersystemen über Organisationsgrenzen hinweg. Während hier noch „Perimetermodelle" in Sinne eines „My home is my castle", gepaart mit grundlegenden Betriebsprozessen zur stetigen Aktualisierung von Betriebssystemen und Anwendungen ausreichend waren, ist die derzeitige Sicht mutmaßlich vom Aufrechterhalten des Gleichgewichts zwischen Bedrohung und Schutzmaßnahmen geprägt. Es gilt, einen Schutzzustand im Kontext von induzierten Gefährdungen auf umfangreich vernetzte und interagierende Geschäftsprozesse aufrecht zu halten. Aufgrund dieser Entwicklung und Komplexität fokussieren Abbildungen des Security-Zustandssystems derzeit primär darauf,

- Interaktionen zwischen internen und externen Komponenten zu steuern,
- die Verantwortung zum Schutz aller Geschäftsobjekte aufzuteilen sowie
- die Schutzaspekte auf einzelne Objekte innerhalb des Geschäftsprozesssystems zu reduzieren (Kapselung).

Sowohl die Begrenzung von Interaktionen sowie insbesondere die Reduzierung auf einzelne Objekte stehen mit dem zweiten grundlegenden Modellmerkmal in Zusammenhang. Betrachtet werden die Schutzzustände einzelner Objekte, das *Security-System* muss jedoch alle Objekte umfassen. Dies entspricht dem Ansatz, einerseits auf die Zustände einzelner Objekte zur spezialisieren, andererseits das *Security-System* als umfassendes System aller Zustandsausprägungen aufzufassen. Das Zustandssystem an sich muss – um praktikabel zu bleiben – somit nach dem Modell interagierender Zustands-Teil-Systeme erfasst werden.

In einer ersten Zusammenfassung lassen sich für *Security-System*-Modelle folgende Charakteristika aus dem allgemeinen Modellansatz ableiten:

a. Das abzubildende Objekt des *Security-Systems* ist nicht physisch, sondern als ein logisches Zustandssystem mit der Zielsetzung „Schutz" der Geschäftsprozesse zu verstehen.
b. Zustände orientieren sich an Schutzaspekten, d. h. den mit der Verarbeitung einhergehenden Funktionen wie Zutritt, Zugriff, Verarbeitung, Speicherung etc.
c. Das Zustandssystem ist nicht statisch, sondern muss dem permanenten Wandel des Geschäftssystems hinsichtlich Vernetzung und Interaktion folgen.
d. Das Zustandssystem ist nicht ein System, sondern selbst als Konstrukt aus Teilsystemen aufzufassen.

Bevor weiter auf *Security-System*-Modelle im Allgemeinen und im Speziellen auf einige praktische Ausprägungen eingegangen wird, soll das Konstrukt „Zustandssystem" etwas detaillierter gefasst werden. Was sind die Artefakte des Zustandssystems?

Ausprägung des Zustandssystems
Die *Security-Functions* und *Security-Services* des *Security-Systems* bilden jede für sich einen Teil des Zustandssystems. Jede der Funktionen/Services kann unterschiedliche Zustände haben, die auf den Gesamtzustand Einfluss nehmen können. Zustände können hierbei durch Merkmale wie Zuverlässigkeit, Ergebnissicherheit/Validität oder Vollständigkeit, d. h. alle Übergänge, bei denen aus einem Input ein neuer Zustand entstehen kann, gekennzeichnet werden. Werden durch Designmängel oder von außen induzierter Operationen Schwachstellen oder Mängel der Merkmale provoziert, entspricht dies einer Fehlfunktion, die sich auf das gesamte Zustandssystem auswirken kann.

Beispielsweise stellt die Funktion Identitätsprüfung die Zulässigkeit von Entitäten zur Durchführung von Datenoperationen sicher. Entsprechend der Zielsetzung sollen nur gewünschte (zulässige) Akteure an den (Geschäfts-)Prozessen des Systems mit- und einwirken. Eine positive Prüfung – in Abhängigkeit der erforderlichen Ausprägung und Schärfe der Prüfung – ändert das Zustandssystem insofern nicht, als weiterhin gewünschte bzw. zulässige Zustände bestehen. Wurde jedoch die Prüfung aufgrund von Manipulationen negativ bewertet, d. h. von einem nicht gewünschten (unzulässigen) Akteur provoziert, dann kann dies in der Folge zu einem nicht intendierten Gesamtzustand führen.

Zur Definition und Bewertung des Zustandssystems ist es zielführend, unterschiedliche *Security-Functions* und *Security-Services* in unterschiedlichen Ausprägungen und verschiedenartigen Interaktionen zu beleuchten. Da der Umfang eines derartigen Zustandsraums unübersichtlich ist, erfolgt eine Reduzierung und Gestaltung anhand indirekter (repräsentativer) Ziel- bzw. Kenngrößen, bei denen der Bezug zum Zustandssystem flüchtig ist.

Modelle
Nicht alles, was in der Informationssicherheit den Namen „Modell" trägt, ist auch eins. Im Rahmen der Umsetzung eines *Security-System*-Modells ist darüber hinaus festzuhalten, dass es „das eine Modell" nicht gibt. Oder, um die Engineering-Aufgaben zu umreißen, dass es

unterschiedliche Aspekte gibt, die in einem Modell zu integrieren sind, d. h. unterschiedliche Aspekte stellen unterschiedliche Blickwinkel auf das System, die anzuwenden sind.

Aus praktischer Sicht soll ein Modell die Möglichkeit schaffen, zur Gestaltung der Sicherheitsarchitektur und zur Auswahl angemessener Sicherheitsmaßnahmen einen Rahmen und Ausrichtung zu geben. Neben der Orientierung an den *Business Assets* ist immer auch eine Risikoorientierung gegeben, sodass die Balance zwischen Gefährdungsbeherrschung und wirtschaftlichem Betrieb gehalten werden kann.

In strukturierter Art und Weise können die unterschiedlichen Blickwinkel in einem gegliederten, hierarchischen Ebenenmodell verdeutlicht werden.

Als Startpunkt und oberster Ebene dient ein **Zielmodell**, welches auf der Grundlage der Business- und der allgemeinen Security-Anforderungen gebildet wird. Ziele können hierbei als erforderliche Muss-Bedingungen oder auch als zu vermeidende Darf-Nicht-Bedingungen definiert sein. Das Zielmodell stellt die wesentliche Transferleistung zwischen Anforderungen und dem (technischen) Realisierungsrahmen dar.

Hierauf aufbauend erfolgt im **Designmodell** die Abbildung des Zielmodells auf die Systemelemente, d. h. hier dann die *Security-Functions* und *Security-Services*. Damit einhergehend sind auch Verknüpfungen und Abhängigkeiten zwischen den Systemelementen zu bilden, was im Designmodell oder in einem separierten **Flow-Modell** erfolgen kann. Der Nutzen eines Flow-Modells besteht darin, durch Anwendung von *Use Cases* eine Transparenz zwischen geschäftlichen Betriebsabläufen und den Elementen des *Security-Systems* herzustellen. Hieraus können die für die Betriebsabläufe „kritischen" *Security-System*elemente bestimmt werden. Das sind mindestens die, die bei vielen Betriebsabläufen involviert sind sowie die, die in einzelnen Betriebsabläufen (sicherheits-)kritische Funktionen bereitstellen. Beide Aspekte sind Grundlagen eines weiterführenden **Performance-Modells** bzw. eines **Failure-/Risk-Modells**.

Es ist erforderlich und sinnvoll, diese unterschiedlichen Aspekte im Entwicklungsprozess klar zu trennen. Weiterhin wird nochmals verdeutlicht, dass die Systementwicklung iterative Prozesse auf einzelnen Systemebenen sowie zwischen Systemebenen umfasst.

Das *Security-System* als Zustandsmodell soll den Schutz der Geschäftsprozesse gewährleisten. Dieser ist gekennzeichnet von den Geschäftsanforderungen in Form der „Loss-off-Bedingungen" und den im *Exposure-Management* definierten allgemeinen/speziellen Sicherheitsanforderungen. Wie dargestellt stellen die Anforderungen somit gleichzeitig auch den Maßstab der Zielerreichung, d. h. den angestrebten Zielzustand dar. Einflüsse auf den Zielzustand werden sowohl durch Prozesse und Interaktionen der internen und externen Geschäfts-Assets (aka *Business-Use-Cases*) als auch durch die Sicherheitseinwirkungen geprägt.

Das *Security*-Modell kann in praktischer Weise ebenorientiert gegliedert werden. Grundlage sind die Sicherheitskomponenten, die eine *Security-Functions* oder einen *Security-Services* realisieren (ID-Prüfung; Datenfluss-Kontrolle, …). Diese bilden die funktionale/physische Grundlage des Zustandssystems und werden um die Komponenten ergänzt, die für den ordnungsgemäßen Betrieb der Sicherheitskomponenten erforderlich sind. Letztere stellen die sogenannten Enabling Components gem. NIST SP 800-160 [2] dar.

Sicherheitskomponenten werden in unterschiedlicher Art und Intensität durch die Komponenten des Geschäftssystems, d. h. den *Business-Assets* referenziert. Dies erfolgt über logische und funktionale Schnittstellen, die die Integration der *Security-Functions* und *Security-Services* in Geschäftsprozesse sicherstellen.

Eine klare physische Abgrenzung zwischen den Ebenen des Security-Modells und denen der Geschäfts-Assets ist nicht in jedem Fall gegeben, was am Beispiel Malware-Schutz dargestellt werden kann. Die Sicherheitskomponente ist die in den Verarbeitungsentitäten implementierte Scan-/Kontroll-Engine. Business-Komponente ist jede Verarbeitungsentität (Endgeräte, Server/Applikationssystem, …), sodass hier die Ebene der Sicherheitskomponenten und die der Geschäftssysteme zusammenfallen. Enabling-Komponenten sind beispielsweise der Lieferant, der Updates zur Verfügung stellt oder die Managementkomponente, die Updates erfasst und an die Verarbeitungsentitäten verteilt.

Zur Erreichung und Aufrechterhaltung des Zielzustands kann aus Systemsicht weiterhin eine Gliederung aus Grundlagenbereich und Regelungsbereich vorgenommen werden. Ersteres repräsentiert einerseits das Grundniveau, andererseits werden hier auch die Möglichkeiten und Umfänge zu Regelungen geschaffen. Der Regelungsbereich wiederum ist von der Dynamik der (Geschäfts-)Prozesse und Interaktionen abhängig und wird durch Sicherheits-Automatisierungs- und -Betriebsprozesse gebildet.

Eine Orientierung zu Grundlagen- und Regelungsbereichen erfolgt in der Regel an Frameworks, die eine umfassende Sicht darstellen. Beispiele sind BSI IT-Grundschutz-Kompendium, ISO/IEC 27014 i. V. m. 27001, NIST Cybersecurity Framework und CIS Critical Security *Controls* ([3–7]).

7.1 Defence in Depth

Ursprünglich ist der „Defense in Depth-Ansatz (nachfolgend auch DiD)" eine als militärische Strategie/Taktik definierte Vorgehensweise: Der Gegner soll durch diverse „Hindernisse" an einem Vormarsch gehindert, ermüdet, durch Aufteilung geschwächt oder mit hohen Verlusten an Material oder Einsatzkräften belegt werden. Wesentlich ist hier also, dass die Zielsetzung des Gegners gestört und gehindert wird, um dann durch Gegenmaßnahmen zurückgedrängt zu werden [8].

Die NSA griff in dem 2001 veröffentlichten Dokument „Defense in Depth_A practical strategy for achieving Information *Assurance* in today's highly networked environments" den Begriff auf, um hiermit eine Strategie zur Informationssicherheit zu beschreiben [9]. Anderes als im militärischen Denken verankert, wird hier eine „Best-Practice-Strategy" zur Sicherstellung der „Information *Assurance*" propagiert. Der Begriff *Assurance* wird hier definiert als den Erhalt des Schutzes von Informationen und Informationssystemen durch Anwendung der „Security Services" Verfügbarkeit, Integrität, Authentifikation, Vertraulichkeit und Nicht-Abstreitbarkeit. Eine derartige Interpretation/Definition als „Security Services" ist heute nicht mehr gegeben; derzeit werden durch die Begriffe eher Sicherheitsaspekte zur Definition und Ausrichtung von Maßnahmen repräsentiert.

Als wesentliches Prinzip des DiD-Ansatzes wurde definiert, dass die Strategie einen „ausgewogenen (balanced) Fokus auf die drei (*Assurance*) Elemente Personen, Technology und Operations legen soll. Hier unterscheidet sie sich gänzlich vom militärischen Ursprung; es wird ein flächendeckender Schutz beschrieben und kein Vorgehen zur Definition spezifischer – auf einen Angriff bezogener – Verteidigungsmaßnahmen vorgestellt. Dieses Grundprinzip wird durch zwei (2) weitere Prinzipien ergänzt. Einerseits wird dargelegt, dass ein effektiver Widerstand eine Charakterisierung der Angreifer, ein Verständnis zur Motivation derselben und eine Erfassung/Klassifizierung der Art von Angriffen erfordert. Andererseits wird schon hier der Ansatz gefordert, neben Schutzmaßnahmen (Protect) auch Maßnahmen zur Detektion (Detect) und zur Reaktion (React) zu entwickeln und zu betreiben. Dies entspricht im Kern den Anforderungen aus systemischen Ansätzen.

Die drei „*Assurance*-Elemente" werden wie folgt skizziert:

Zu **Personen** werden u. a. ein Senior Management „Commitment", effektive „Policies" und Prozeduren, die Zuordnung von Rollen und Verantwortungen sowie Schulungen und „Awareness"-Maßnahmen gefordert.

Die **Technology** umfasst mehrere Elemente. Die wichtigsten sind einerseits übergreifende Aspekte wie eine (Sicherheits-)Architektur und ein Risk-*Assessment* sowie andererseits unterschiedliche „Fokus-Ebenen" wie Infrastruktur- oder Netzwerk/Umgebungs-Ebenen.

Schließlich wird in **Operations** die Kernforderung aufgestellt, auf einer „Dy-to-Day-Basis" alle Aktivitäten zu unternehmen, die der Aufrechterhaltung des Sicherheitsniveaus dienen. Hier finden sich dann Aspekte wie Patchmanagement, Virenschutz oder auch Sicherheits-*Assessment*s wieder.

Zusammenfassend lässt sich sagen, dass mit dem ursprünglichen Defence-in-Depth-Ansatz der NSA nach heutiger Interpretation eher die Umsetzung und die Aufrechterhaltung eines Informationssicherheits-Managementsystems (ISMS) zu verstehen ist. Das dem nicht so ist und stattdessen auf den Ansatz eines gestaffelten Aufbaus von unterschiedlichen Hindernissen reduziert wird, liegt unter Umständen an der dem im Technology-Element aufgestellten Aspekt des „Layered Defenses". Ausgehend vom Ansatz, dass technische Produkte inhärente Schwachstellen haben, die früher oder später aufgedeckt und ausgenutzt werden, wird die Ausprägung multipler Verteidigungsmechanismen hervorgehoben. Jeder dieser Mechanismen soll jedoch ein eigenständiges Hindernis sein, d. h. in Wirkung und Umfang von der vorherigen „Verteidigungslinie" unterscheidbar sein. Darüber hinaus sollen sowohl Schutz- als auch Erkennungsaspekte umgesetzt werden, damit für den Angreifer das Risiko der Entdeckung steigt (Abb. 7.1).

Die Eignung des DiD-Ansatzes wird als *Security-Model* aus unterschiedlichen Richtungen infrage gestellt.

Das SANS Institute führt in einem 2012 veröffentlichten Papier aus, dass DiD nicht für die „Cyber World" geeignet ist [10]. Hierzu wird vornehmlich darauf verwiesen, dass durch die Reduktion auf das „Layered Defense" der DiD-Ansatz in der Praxis sowohl falsch angewendet wird, als auch aufgrund der Komplexität der Cyber-Welt nicht zu einem nachhaltigen Erfolg führen kann. Eine Reduktion auf singuläre Schutzmaßnahmen ist

Abb. 7.1 DiD-Layered-Defense nach NSA [9]

Examples of Layered Defenses

Class of Attack	First Line of Defense	Second Line of Defense
Passive	Link & Network Layer Encryption and Traffic Flow Security	Security Enabled Applications
Active	Defend the Enclave Boundaries	Defend the Computing Environment
Insider	Physical and Personnel Security	Authenticated Access Controls, Audit
Close-In	Physical and Personnel Security	Technical Surveillance Countermeasures
Distribution	Trusted Software Development and Distribution	Run Time Integrity Controls

nicht wirksam genug, sodass ein „*Shift from Defense in Depth to Sustained Cyber-Siege Defense*" propagiert wird. Durch den Einsatz „überlappender" Technologien" – oder „Defense in Breadth" – sollen Lücken einzelner Maßnahmen und Produkte ausgeglichen werden, sodass ein höherer Schutz realisiert werden kann. Nicht unerwähnt bleibt, dass mit der Empfehlung die Komplexität der Maßnahmen sowie die Kosten zunehmen, sodass ggf. eine Bündelung und ein Angebot spezifischer Sicherheitsfunktionen durch einzelne Anbieter sinnvoll sein kann.

In ähnlicher Weise argumentiert Cleghorn im Jahre 2013 in einem Vergleich zwischen „Defense in Depth" und „Defense in Breadth" [11]. Er kommt zu dem Schluss, dass ein Defense-Ansatz auf unterschiedlichen Stützen aufzubauen ist. Diese umfassen Ansätze wie „Fortify" (gemeint ist die Erfassung und Schutz vor offensichtlichen „Attack Vectors"), „Diversity", „Disperse" (als Strukturierung von Netzwerken und kritischen Assets" bis hin zu „Maintain" und „Monitor". Schlussendlich resümiert er jedoch, dass auch mit zusätzlichen Konzepten und Maßnahmen wie „Defense in Breadth" kein 100%iger Schutz erreicht werden kann. Er mahnt an, dass Sicherheitsmethoden nur als *Best Practices* verstanden und genutzt werden sollen und nicht als „Master Plan" zu verwenden sind.

Grundlegend wird deutlich, dass eine nicht einheitliche Verwendung der Begriffe „Defense in Depth" und „Defense in Breadth" vorgenommen wird. Darüber hinaus sind beide Ansätze nur als Leitideen bzw. als Prinzipien zu einem gesamtheitlichen *Security-System* zu verstehen. Nur in diesem Sinne sind sie bei der Definition, Umsetzung und Evaluation der Sicherheitsarchitektur anzuwenden.

7.2 Sicherheitsketten

Die im „Defense in Depth"-Ansatz beschriebene „Layered Defense"-Anforderung wird vielfach durch das sogenannte Swiss Cheese Model (SCM, Schweizer-Käse-Modell) verbildlicht. Hiermit soll verdeutlicht werden, dass getroffene oder zu treffende Sicherheitsmaßnahmen Barrieren für Gefährdungen darstellen. Da jedoch einzelne Maßnahmen keine 100%ige Sicherheit gewährleisten können, haben die Barrieren Löcher in Form von Schwachstellen und Unvollständigkeiten. Bildlich sieht eine Barriere dann aus wie eine Scheibe „Schweizer Käse". Als Metapher für die Entstehung von Sicherheitsvorfällen oder auch Notfällen/Katastrophen wird in der Regel eine durchgehende, gerade Linie durch die Lücken aller Scheiben dargestellt. Dieser auch als Trajektorie bezeichnete Durchgang stellt dann das Versagen aller Sicherheitsbarrieren in Bezug auf eine Gefährdung oder ein Ereignis dar.

Da auch Personen eine Sicherheitsbarriere darstellen, wird insbesondere in Verbindung mit „*Social-Engineering*"-Attacken der Mensch als „letzte Bastion" bezeichnet, die eine schwerwiegende Störung beispielsweise in Form eines Ransomware-Befalls verhindern kann. Dies steht jedoch in krassem Missverständnis zum Modell.

Das SCM geht auf den britischen Psychologen James Reason zurück, der dies im Jahr 2000 als Modell zur Diskussion menschlicher Fehlern vorstellte [12]. Er untersuchte die Entstehung von Fehlern im Zusammenhang mit dem Umgang von Patienten. Das Risiko eines Fehlers kann sowohl durch einzelne menschliche Handlungen als auch durch das Betriebsumfeld – also das System – entstehen, sodass Maßnahmen zum Fehlermanagement diese unterschiedlichen Sichten berücksichtigen müssen. Abhilfemaßnahmen bei menschlichen Fehlern werden lt. Reason bei einer unreflektierten Betrachtung unter dem Motto „Bad Things happen to Bad People" gesucht, was zu personenzentrierten (Abhilfe-)Maßnahmen führt, die den Bereich von Schulungen bis zu disziplinarischen Maßnahmen umfassen. Dem gegenüber werden in der Systemsicht menschliche Fehler als im Wortsinn „natürlich" eingestuft, sodass Fehler nicht als Gründe, sondern als Konsequenzen der betrieblichen Gegebenheiten betrachtet werden.

Wesentlich für das Risikomanagement von Fehlern ist eine offene Berichtskultur, nur so können wiederkehrende Fehlerquellen erfasst und behoben werden. Nur so kann aber auch eine Transparenz hergestellt werden und genauere Zuordnung zwischen menschlichen Fehlern und dem System-Kontext erfolgen. Dass Fehler in unterschiedlichen Situationen unterschiedliche Auswirkungen haben können – quasi von keine bis zur (Voll-)Katastrophe – verknüpft Reason mit dem Konzept der Löcher in Käsescheiben. Eine identische Gefährdung kann je nach aktuellen Betriebs- und persönlichen Zuständen zu einer differenzierten Auswirkung führen, da mit den unterschiedlichen Zuständen die Löcher ihre Position und Größe ändern. Eine Auswirkung ist somit das Ergebnis der Dynamik im täglichen Betrieb.

Als Gründe der Entstehung der Löcher nennt Reason einerseits „aktive Fehler", d. h. direkt mit einer Handlung bzw. Fehlhandlung entstandene Auswirkungen. Andererseits bestehen „latente (System-)Konditionen", die als direkte Einflüsse wie Zeitdruck, Unterbesetzung etc. auftreten oder latente Einflüsse, bedingt durch mangelnde Prozesse, Designmängel etc. haben (Abb. 7.2).

Die Übertragung des SCM auf die Informationssicherheit erfolgt – wie beschrieben – durch die Zuordnung der Sicherheitsmaßnahmen (*Controls*) zu den Scheiben sowie der Schwachstellen und Unvollständigkeiten zu Löchern. Diese Konstellation kann nun dazu

7.2 Sicherheitsketten

Abb. 7.2 Swiss Cheese Model nach Reason [12]

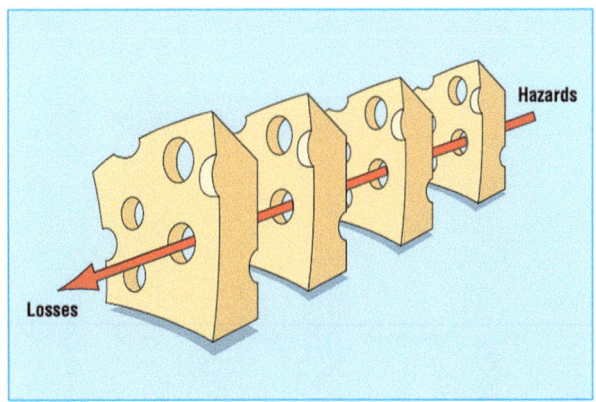

The Swiss cheese model of how defences, barriers, and safeguards may be penetrated by an accident trajectory

genutzt werden, in einer Risikoanalyse in Bezug auf einzelne Gefährdungen die passenden Schutzmaßnahmen in der richtigen Stärke zu bestimmen. Hierzu wird folgende Prozedur erforderlich:

a. Definition der Gefährdung
b. Definition des Einflusspfades der Gefährdung
c. Definition von Sicherheitsmaßnahmen (*Controls*, Relevanz)
d. Bestimmung des Restrisikos
    (Abhängigkeiten/Unabhängigkeiten, Einzel-Restrisiko vs. Verkettung; aber eben auch die Aussage, dass Maßnahmen, die ergriffen wurden, auch wirksam sein müssen).
e. Bestimmung und Behandlung von Schwachstellen

Die Anwendung der Prozedur soll exemplarisch an einem einfachen Ablauf einer Schadware-Attacke auf eine Organisation mittels E-Mail dargestellt werden (Abb. 7.3). In diesem sind Annahmen zu technischen Details ergänzt.

Einflusspfad

E1) Der Einflusspfad beginnt mit dem Empfang einer E-Mail, die entweder einen Schadware-Anhang oder einen Link zu einem präparierten Websystem enthält. Adressiert wird eine korrekte E-Mail-Adresse der Organisation; der Absender wird in der Regel als Fake-Adresse angezeigt (Alias-Funktion).
E2) Die E-Mail gelangt in die Mail-Anwendung des Adressaten/der Organisation.
E3) Der Benutzer öffnet den Anhang oder aktiviert den Link.
E4) Die Schadware wird auf dem System des Benutzers ausgeführt.
E5) Es wird weiterer Schadcode aus dem Internet nachgeladen und ausgeführt. Hierzu wird ein als Command&Control bzw. C2 bezeichnetes System mit seiner externen IP-Adresse kontaktiert.

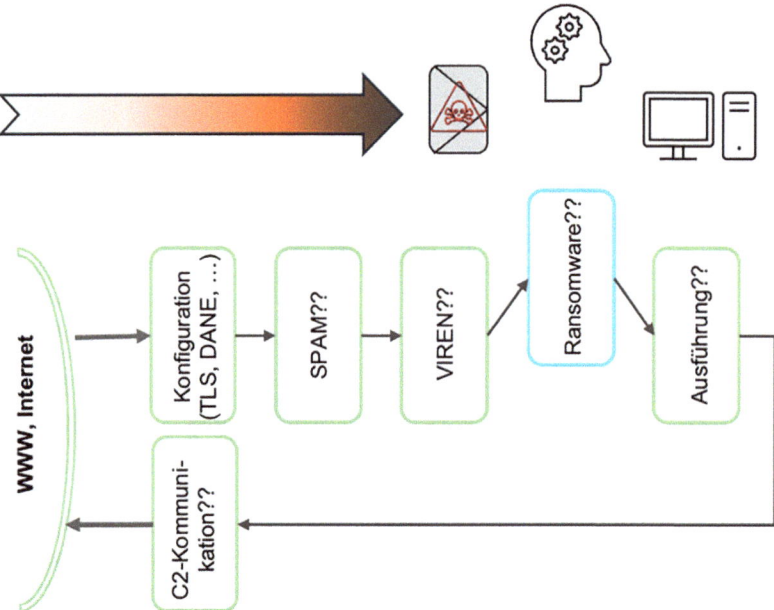

Abb. 7.3 Beispiel Swiss Cheese Model in der Informationssicherheit

Annahme/betrachtete Sicherheitsmaßnahmen

C1) Prüfung gegen E-Mail-Kommunikationseinstellungen (Start-TLS, DANE, …)
C2) SPAM-Prüfung der Mail
C3) Virenschutzprüfung (Zentral und/oder auf dem Client)
C4) Schadware-Erkennung durch den Benutzer
C5) Prüfung gegen Client-/Benutzer-Konfiguration (Benutzer-Berechtigungs-Level; Client-Programm-Ausführungsprofil)
C6) Prüfung der Kommunikation gegen eine C2-Liste

Risikobestimmung

Zur Bestimmung des Restrisikos werden den einzelnen Maßnahmen Wirkungsraten bzw. Restrisiken zugeordnet. Diese werden so verstanden, dass damit grundlegende Unsicherheiten ausgedrückt werden, die beispielsweise folgende Hintergründe erfassen:

i. Betriebsbeeinflussung
   Die Konfiguration von Sicherheitsmaßnahmen wie SPAM-Prüfung kann unter Umständen erheblichen Einfluss auf den Betrieb haben. Ist ein SPAM-Filter „zu scharf" eingestellt, kann dies unter Umständen zu viele „false negativ" Nachrichten verursachen; es werden korrekte E-Mails in einen SPAM- oder Quarantäne-Bereich verschoben und müssen mit Zusatzaufwand durch den Benutzer erfasst werden. Somit besteht ein prinzipbedingtes Restrisiko, dass unerwünschter Inhalt (Content) nicht markiert oder unterdrückt wird.

7.2 Sicherheitsketten

ii. Aktualität und Anwendungsprobleme

Die grundlegende Betriebsweise eines Virenschutzsystems erfolgt durch Abgleich des Inhalts (Contents) mit Virensignaturen, durch Anwendung von Heuristiken oder weiteren Methoden. Zur Erkennung neuartiger Virenvarianten ist es erforderlich, die Virensignaturen zu ergänzen, womit eine prinzipielle Zeitverzögerung gegeben ist, die einen Unsicherheitszeitraum für ein System darstellt. Aktuelle Virensignaturen müssen erstellt, an Kunden verteilt und auf die entsprechenden Systeme aufgespielt werden. Diese Situation kann durch die Verschlüsselung der Inhalte (Content) verschärft werden, da eine Bewertung dann nicht mehr über zentrale oder mehrstufige Systeme, sondern „nur noch" durch Kommunikationsendpunkte erfolgen werden kann.

Die nachfolgenden Angaben zu Wirkungsraten sind – wie eigentlich alle quantitativen Risikoangaben – nicht durch Statistiken o. Ä. begründet und dienen hier primär der Darstellung eines Gesamt-Restrisikos bei der Betrachtung von Sicherheitsketten. Darüber hinaus werden beispielhaft Einflüsse durch Variation von Wirkungsraten präsentiert (Tab. 7.1).

Mithilfe der angegebenen Wirkungsraten der einzelnen Kettenglieder kann nun das Restrisiko des Gesamtkonstrukts wie folgt berechnet werden:

$$RR(Rest-Risiko) = (1-0{,}9)*(1-0{,}7)*(1-0{,}5)*(1-0{,}9)*(1-0{,}9)*(1-0{,}7) \\ = 0{,}000045 \quad (7.1)$$

Tab. 7.1 Maßnahmen und Wirkungsraten; in Klammern: Variationswerte

Maßnahme	Wirkungsrate	Begründung
E-Mail-Kommunikationseinstellungen	0,9	Sofern alle Einstellungen gemäß Best-Practice-Empfehlungen vorgenommen wurden, besteht eine hohe Wirksamkeit dieser Maßnahme.
SPAM-Prüfung	0,7	Eine „zu scharfe" Einstellung von Filterkonfigurationen (bspw. Bayes-Filter) beeinflusst die nachteilige „False-Negativ" Rate.
Virenschutzprüfung	0,5	Sowohl die Erkennungsrate als auch die Aktualisierungszeiten können problematisch sein.
Benutzerspezifische Schadware-Erkennung	0,9 (0,7)	Im – für den Angreifer – optimalen Fall ist eine Schadware nur im Betriebskontext zu erkennen.
Client/Benutzer-Konfiguration	0,9 (0,5)	Restriktive Berechtigungen zur Ausführung von Software sowie restriktive Administrationsrechte schaffen grundlegende Sicherheit.
Prüfung C2-Liste	0,7 (0)	Kenntnis über C2-Systeme und die zeitgerechte Aktualisierung von C2-Listen kann einer Schadwelle „hinterher laufen".

In diesem fiktiven Beispiel beträgt das Restrisiko somit 0,045 ‰; dies bedeutet im gegebenen Beispiel, dass ca. 5 von 100.000 E-Mails erfolgreich sein können.

Betrachten wir drei Variationen
Der Einfluss des Benutzers auf die Gesamt-Wirksamkeit wird – wie oben dargestellt – teilweise als erheblich herausgestellt. Reduzieren wir die Wirkungsrate der benutzerspezifischen Erkennung von 0,9 auf 0,7 und begründen diese mit ungeschulten Benutzern oder einer systembedingten, nachlässigen Arbeitsweise, so erhöht sich das Restrisiko von 0,045 ‰ auf 0,135 ‰. Dies stellt eine *Verdreifachung* des Restrisikos dar.

Bei einer laxeren Vergabe von Berechtigungen bzw. einer nicht ausreichend restriktiven Client-Konfiguration ergibt sich mit einer Reduzierung der Wirkungsrate von 0,9 auf 0,5 eine *Verfünffachung* des Restrisikos.

Wird hingegen die Prüfung gegen eine C2-Liste nicht durchgeführt, d. h., es fällt eine komplette Barriere weg, so ergibt sich mit den gewählten Daten ebenfalls eine *Verdreifachung* des Restrisikos.

Die Varianten zeigen, dass unterschiedliche Strategien zum Umgang mit Ransomware zu Restrisiken führen, die sich in einem vergleichbaren Rahmen bewegen. Standardmaßnahmen wie Berechtigungssteuerung oder restriktive Client-Konfigurationen haben aber durchaus mehr Wirkung.

Schwachstellen
Die fiktive Definition von Wirkraten stellt, wie viele andere Kriterien zur Bestimmung von Sicherheitsrisiken auch, eine grundlegende Schwachstelle einer Risikobestimmung der Informationssicherheit dar. Aufgrund fehlender Erhebungen können dies nur individuelle Einschätzungen sein. Nicht unerheblich ist hierbei zu unterstreichen, dass die Belastbarkeit der Daten im Kontext der hohen Dynamik zu Gefährdungen prinzipiell noch verringert wird.

Weiterhin wird von einer Unabhängigkeit der Maßnahmen ausgegangen, d. h. die Wirksamkeit jeder Maßnahme als unabhängig von anderen Maßnahmen betrachtet. Dieser nicht zu vernachlässigende Aspekt wird ausführlicher in Kap. 9 betrachtet.

Deutlich grundlegender ist jedoch folgender Umstand
In der häufig gewählten Betrachtungsweise reicht im Prinzip eine E-Mail für die Wirksamkeit der Schadware aus, die dann zu einer „Katastrophe" für die Organisation führt. Das Dilemma an dieser Stelle ist, dass dieser Umstand immer eintreffen kann. Es gibt keinen 100 % Schutz; genauer gesagt, keinen 100 % präventiven Schutz. Der Schutz vor Ransomware muss somit umfassender gedacht werden:

Im Sinne der systemtechnischen Betrachtung ist es erforderlich, auf Schadware-Vorfälle vorbereitet zu sein. Dies betrifft unter anderem die Erstellung, Vorab-Prüfung und Bereithaltung von *Incident-Response*-Plänen.

Eine Minimierung der Auswirkungen durch eine schnelle und angemessene Reaktion baut grundlegend auf einer Systemarchitektur und einen Systembetrieb des „minimalen Impacts" auf.

Und schließlich erfordert eine Beherrschung eines Schadware-Vorfalls die Verfügbarkeit und Betrieb eines umfangreichen Systemmonitorings in Verbindung mit der Fokussierung auf Definition, Überwachung und Alarmierung kritischer Betriebszustände.

7.3 MBSE – Model-Based *Systems Engineering*

In der überarbeiteten Version des ISO/IEC/IEEE 15288 ist – neben einer Reihe von Klarstellungen und Verbesserungen zur Verständlichkeit – ein Anhang zu MBSE – Model-Based System Engineering eingefügt [13]. Hiermit soll die nächste Entwicklungsstufe des *Systems Engineering* in den Quasistandard aufgenommen werden, sodass eine kurze Erläuterung und ein Ansatz zur Übertragung auf den Anwendungsfall *Security-System* Engineering aufgezeigt werden soll. Das International Council on *Systems Engineering* (INCOSE) weist in seiner *Systems Engineering* Vision 2025 ebenfalls die Anwendung von „Model-based *Systems Engineering* (MBSE)" als Standard („Norm") aus [14].

Das *Systems Engineering* hat den Ansatz, die Komplexität von Systemen beherrschbar zu machen. Komplexität kann nicht (oder nur begrenzt) reduziert werden, sodass neue Herangehensweisen zum Verständnis einerseits, aber eben auch zur Entwicklung und Betrieb andererseits erforderlich sind. Eben hier setzt das *Systems Engineering* durch eine Prozessorientierung im System Life Cycle an. Eine der Problemstellungen hierzu ist, dass Anforderungen, Abhängigkeiten und Interaktionen zwischen den Prozessen konventionell als Lastenheft, Konzept, Schnittstellendefinition oder weitere textorientierte Dokumentation erstellt und zwischen unterschiedlichen Beteiligten des *System Engineering* ausgetauscht werden. Durch eine modellorientierte Vorgehensweise sollen nicht nur Fehler, Fehlinterpretationen und Abstimmungsbedarf vermieden bzw. reduziert werden, sondern auch Grundlagen geschaffen werden, die Analyse, Validierung, Verifizierung und Simulation des zu entwickelnden oder auch des zu verbessernden Systems zu standardisieren und zu automatisieren. Modelle werden somit als Arbeitsmittel eingesetzt, die – in späteren Entwicklungsstufen – gleichsam als digitale Abbilder (Digital Twins) des Systems Entwicklungen unterstützen, in dem mittels digitalisierter Struktur und Konfiguration das Verhalten, d. h. die Systemfunktionen simuliert werden können.

INCOSE definiert MBSE als „the formalized application of modeling to support *System-Requirement*s, design, analysis, verification and validation activities beginning in the conceptual design phase and continuing throughout development and later life cycle phases" [15].

Als ein Grundkonzept des MBSE wird die Untergliederung der Aufgabenbereiche (Domänen) gemäß des RFLP-Konzepts verwendet. Hierbei erfolgt eine Gliederung der Aktivitäten und *System-Engineering*-Prozesse in **R**equirements (Anforderungen), **F**unctions (Funktionen), **L**ogical (logische Architektur) und **P**hysical (physische Architektur). Bei der Verwendung dieses Konzepts im MBSE wird jeder Bereich so zerlegt bzw. aufgegliedert, dass einzelne Modellelemente des Gesamtsystems entstehen und in Beziehung gesetzt werden. Kernprinzip des MBSE ist, dass jedes dieser Elemente (oder Artefakte) nur ein einziges Mal im Modell abgelegt und gepflegt wird. Inhalte, Verknüpfungen, Abhängigkeiten und Auswirkungen von Änderungen können über unterschiedliche Sichten, den einzelnen Akteuren wie Stakeholder, Systemarchitekt etc. dargestellt werden, sodass Konsequenzen aus verschiedenen Blickwinkeln analysiert, bewertet und kommuniziert werden können.

Kann MBSE auf Security-Systems angewandt werden?
Im Kern ist MBSE durch zwei wesentliche Eigenschaften geprägt:

a) Die unterschiedlichen Prozesse des System-Engineering werden in Modellen dargestellt und
b) alle Modellelemente aller Prozesse – inkl. der Beziehungen zwischen den Elementen – sind in einem einzelnen Gesamtmodell repräsentiert, sodass die Prozesse „Sichten" auf das Gesamtmodell sind bzw. sein können, die die beteiligten Prozessakteure nutzen.

Als singuläres und integriertes Gesamtmodell ist die Möglichkeit gegeben, dass Änderungen einzelner Prozesselemente quasi direkt als Auswirkung für alle anderen Prozesse/Prozessverantwortliche SICHTBAR sind.

Der derzeitige Stand der Anwendung von MBSE für *Security-System* ist nach Kenntnisstand des Autors noch nicht auf dem Stand allgemein praxisnutzbar Tools und Entwicklungen angekommen. Denkbare und wünschenswerte Anwendungsfälle reichen von einfachen Simulationswerkzeugen für Einzelkomponenten – also beispielsweise die Simulation der Auswirkung neuer/geänderter Regeln eines Firewall-Systems – bis hin zu komplexen Werkzeugen zur Analyse, Design und Validierung von Sicherheitsanforderungen in komplexen Systemen. Erste Entwicklungen hierzu sind beispielsweise durch Mazeika und Butleris beschrieben [16].

7.4 MITRE ATT&CK

Das ATT&CK (Adversarial Tactics, Techniques & Common Knowledge) ist eine auf Beobachtungen und Erfahrung tatsächlicher Ereignisse aufgebaute Wissensdatenbank des Massachusetts Institute of Technology Research Establishment (MITRE). Hierin werden die von „Adversaries" (Widersacher, Gegner) verfolgten Ziele, Techniken und Prozeduren in einer strukturierten Art und Weise erfasst und allgemein zugänglich zur Verfügung gestellt [17].

In derzeit drei Übersichten sind die Taktiken und Techniken für Unternehmens-IT (Enterprise), Mobiltechnologie und sogenannte Pre-ATT&CK in Form von Matrizen dargestellt. Während mit Enterprise alle Windows-, Linux- und MacOS-Systeme erfasst sind, enthält die Pre-ATT&CK-Matrix Taktiken und Techniken, die in Zusammenhang mit der Vorbereitung von böswilliger/schadhafter Aktivitäten stehen.

7.4 MITRE ATT&CK

Jede Matrix ist so aufgebaut, dass pro Spalte eine der möglichen Taktiken gruppiert ist. Unterhalb der Spaltenüberschrift sind dann 1-n unterschiedene und unterscheidbare Techniken und Methoden verzeichnet.

Als Taktik wird hierbei die mit einer Zielsetzung verbundene abgrenzbare Aktivität bezeichnet, die im Rahmen eines Ablaufs einer böswilliger/schadhafter Ereignisfolge als „Teilschritt" möglich ist. Im Gegensatz zu gedachten seriellen Ablauffolgen wie der Lookheed Kill Chain [18], werden in dem MITRE-Matrizen möglicher Teilaktivitäten gelistet, auch wenn die dokumentierten Taktiken und Techniken aus beobachteten Ereignissen abstrahiert wurden.

Die gelisteten Techniken und Methoden sind derart dokumentiert, dass

- eine Kurzbeschreibung angegeben ist, die einem einheitlichen Verständnis dient,
- die durch unterschiedliche Adversarials (Gefährder) bzw. unterschiedliche Schadware verwendete Ausprägung der Technik/Methode gelistet sind,
- mögliche Maßnahmen oder Prinzipien zur Minderung/Verhinderung (Mitigation) der Ausnutzung der Technik/Methode,
- Hinweise zur Detektion sowie
- Referenzen und weitere Informationen

angegeben werden.

Der Inhalt sei am Beispiel der Taktik „Initial Access" dargestellt. Als *Initial Access* werden die Aktivitäten verstanden, die einen Zugang zum Netzwerk (IT-System) des potenziellen Geschädigten ermöglichen sollen.

Die hierunter erfassten Techniken und Methoden sind beispielsweise

- „Drive-by Compromise", d. h. Zugang durch das Aufrufen manipulierter Webseiten
- „phishing", d. h. mögliche Varianten zum Zugang auf Systeme durch die Manipulation von Benutzerverhalten
- „Supply Chain Compromise", d. h. mögliche Varianten zu indirekten Zugangsversuchen, die durch die Vernetzung zwischen Systemen bedingt sind.

Zu „Drive-by Compromise" werden dann mehr als 30 Beispiele verzeichnet, wie Gefährder oder Schadsoftware diese Technik und Methode einsetzen. Als mögliche Verhinderungsmaßnahmen werden (Stand Anfang 2023) vier mehr oder minder generische Maßnahmen aufgeführt, die u. a. die Anwendung von Sandboxverfahren für das Web-Browsing oder auch die Standardmaßnahme zum regelmäßigen Update beteiligter Systeme und Anwendungen umfassen.

Schließlich sind als Detektionsmaßnahmen Hinweise der Auswertung von Log-Dateien oder auch des Netzwerkverkehrs aufgeführt.

Es bleibt dem Anwender überlassen, die richtigen Maßnahmen in einer angemessenen Ausprägung entsprechend den eigenen Schutzbedarfsdefinitionen bzw. Risikobewertungen vorzunehmen. Im Sinne einer Vollständigkeit möglicher Maßnahmenkategorien können bzw. sind weitere Maßnahmen zu bedenken; beispielsweise gestaffelte Restriktionen und Vorkehrungen zum Internetzugriff je nach Organisationseinheit oder Sensibilität der organisationalen Funktionen. Zu bedenken sind etwa auch die Besonderheiten einzelner Organisationsabteilungen wie einer Personalabteilung.

Das Wissen um die Techniken und Prozeduren unterstützt die Verantwortlichen der *Security-System*s, diese gegen „malicious" (böswillig, widerrechtlich) Zugangsversuche und Zugänge auf Netzwerke und Systeme abzusichern. Der Nutzen des Frameworks umfasst mindestens folgende Aspekte

a) Die verwendete Strukturierung modelliert einzelne Phasen eines Ablaufs eines Zugangsversuchs/Zugangs. Dies schafft eine Basis zu einem gemeinsamen Verständnis sowie einer gemeinsamen Kommunikation.
b) Schwachstellen können sowohl technische als auch logische Schwachstellen der betriebenen Systeme sowie der umgesetzten und betriebenen Sicherheitsmaßnahmen sein.
c) Informationen zu einzelnen Techniken und Prozeduren dienen dem Risikoverständnis und der Risikoabwägung zu gemeldeten Schwachstellen.
d) Das Framework bzw. die verwendete Struktur kann zur Kategorisierung und Risikobewertung gemeldeter Ereignisse und Reports dienen.
e) Informationen zu Prozeduren dienen dem Verständnis und der Fokussierung auf die Definition und Optimierung wirksamer (Gegen-)Maßnahmen.
f) Informationen aus einzelnen Phasen einer Prozedur können als Referenz zur Detektion böswilliger Daten- und Kommunikationsströme dienen.
g) Das Framework kann zur Gestaltung von Penetrationstests verwendet werden.
h) Darüber hinaus kann das Framework zur Simulation und Test der Wirksamkeit von Detektion und Reaktionsprozeduren verwendet werden.

Wie angedeutet bildet das MITRE Framework keine Ablauffolgen ab. Darüber hinaus sind die Maßnahmen zur Verhinderung sowie zur Detektion als generische Hinweise definiert. Eine unmittelbare Ableitung bzw. Einbindung in Auswerte- und Schadware-Erkennungstools ist nicht möglich.

Bei der Anwendung des MITRE ATT&CK ist auch zu beachten, dass keine allgemein verwendete Bewertung à la CVSS (Common Vulnerability Scoring System) vorgesehen ist.

In den einzelnen Strukturkategorien werden Ausprägungen fortlaufend ergänzt, gepflegt und angepasst. Durch die Kombination möglicher Ausprägungen über die Phasen eines Zugangsversuchs/Zugangs hinaus, besteht die Möglichkeit, definierte bzw. umgesetzte Sicherheitsmaßnahmen einer Art Wirksamkeitsbandbreite zu unterziehen. Dies erweitert die Basis der „beobachteten (realen)" Ereignisse um mögliche Variationen. Hierbei besteht jedoch das Erfordernis, potenzielle von wahrscheinlichen Varianten abzugrenzen.

7.5 Zero Trust

Die Anfänge von „Zero Trust" reichen zurück in das Jahr 1994, als durch Stephen Marsh im Rahmen seiner Dissertation der Begriff „Trust" als Ergebnis einer möglichen mathematischen Beschreibung interpretiert wurde [19]. Mit Beginn der 2000er-Jahre wurde deutlich, dass der Perimeter-Ansatz zur Sicherung eines Netzwerkes nicht mehr tragbar war. Gründe hierfür waren u. a. die stärkere Vernetzung zwischen Unternehmen sowie die Erkenntnis, dass die Unterscheidung zwischen externen (unsicheren) und internen Netzen nicht mehr trennscharf möglich war. Das Sicherheitsdenken musste also von einem Netzwerkschutz (dem Burggedanken mit überwachten Zugängen) auf Schutzmechanismen übergehen, die näher mit dem *Zugang auf* und der *Nutzung von* Anwendungen und Systemen verbunden war. Der Begriff „Zero Trust Model" wird dem Forrester-Research-Analysten John Kindervag zugeschrieben, der auf eine stärkere Fokussierung von Zugangs- und Zugriffskontrollmechanismen als Lösungsansatz plädierte [19]. Der Ansatz ist, dass es kein inhärentes Vertrauen für die Nutzung von Anwendungen und Systemen gibt, nur weil ein Zugangssystem wie eine Firewall „einen Einlass in das interne Netzwerk" gewährt hat. Jedem Zugang auf Anwendungen und Systeme und jedem Zugriff auf Daten soll eine Identifikation, Authentifikation und Autorisierung vorausgehen. Der Kerngedanke ist also, dass konsequent das System, auf das zugegriffen werden soll oder die Daten, die verarbeitet werden sollen, der Maßstab für notwendige und anzuwendende Sicherheitsmaßnahmen sind.

Seitens der amerikanischen Normungsbehörde NIST wurde im Jahre 2020 das Konzept Zero Trust Architecture als „NIST SP 800-207 Zero Trust Architecture" veröffentlicht [20]. Der Begriff „Architecture" ist hier jedoch nicht (ausschließlich) auf eine Netzwerkstruktur bzw. IT-Struktur zu verstehen. NIST vermerkt hierzu, dass

> „ZT is not a single architecture but a set of guiding principles for workflow, system design and operations that can be used to improve the security posture of any classification or sensitivity level."

Hervorgehoben werden sowohl das System Design, der Betrieb/die Betriebsprozesse sowie der Workflow, d. h. die Verarbeitungs- und Geschäftsprozesse. Ziel und Zweck der mit Zero Trust verbundenen Prinzipien ist die Verbesserung der „Security-Posture", welches hier durchaus mit Sicherheits-Resilienz interpretiert werden kann. Zero Trust ist somit zuerst eine Denk- und Sichtweise zur Definition und zum Betrieb passender Sicherheitsmaßnahmen für die Geschäftsprozesse. NIST hat zur Anwendung und Umsetzung des Zero-Trust-Ansatzes sieben Grundsätze formuliert, die als Prinzipien in Design- und Betriebsphasen angewandt werden können. Die Grundsätze sollen als anzustrebende Ziele verstanden werden und stellen in ihrer Gesamtheit stufenweise die Logik des Zero Trust dar. Neben der inhaltlichen Interpretation der NIST-Grundsätze werden nachfolgend auch Hinweise zur Anwendung vorgestellt.

Ausgangspunkt ist das Prinzip, dass „sowohl Daten/Datenquellen als auch Verarbeitungsvorgänge als Ressourcen" aufzufassen sind („**All data sources and computing services are considered resources**"). Ressourcen sind die Betriebsmittel zur Bewerkstelligung der Geschäftsprozesse und sind somit die aus Sicherheitssicht zu fokussierenden Komponenten bzw. Teilsysteme. Die unterscheidbaren, einzelnen Ressourcen haben aus Sicht der Geschäftsprozesse unterschiedlich verknüpfte funktionale Anteile. Mit Wechsel der Blickrichtung vom Standpunkt der Ressource aus wird deutlich, dass die Verarbeitungsfunktionen je nach Geschäftsprozess eine unterschiedliche Ausprägung und Intensität der Sicherheitsanforderungen haben können. Ressourcen können unterschiedliche Gewichtungen und Einflüsse haben. Nicht alle Ressourcen sind „in gleichem Maße" an den Geschäftsprozessen beteilig, wodurch ggf. auch eine flexible Ausprägung einzelner Sicherheitsmaßnahmen gegeben ist. Damit dies hinreichend erfasst und unterschieden werden kann, bedingt die Anwendung dieses Grundsatzes somit, dass sowohl Datenwerte als auch Datenverarbeitungsfunktionen vorab zu klassifizieren sind, sodass unterschiedliche Anforderungen im Sinne von Sicherheitsniveaus erfasst werden können. Während Datenwerte durch die bekannten Aspekte wie Vertraulichkeit, Wiederherstellungsaufwand etc. charakterisiert werden, können Datenverarbeitungsfunktionen mit den im Datenschutz definierten Verarbeitungen wie speichern, übertragen, verändern etc. unterschieden werden.

Das Zusammenwirken der Ressourcen erfolgt als Kommunikationsverbindungen. Aus Zero-Trust-Sicht wird mit dem zweiten Grundsatz die sichere Kommunikation hervorgehoben, und zwar unabhängig vom Netzwerk-Standort der Kommunikationspartner („**all communication is secured regardless of network location**"). Eine Unterscheidung zwischen internem und externem Netzwerk wird aufgehoben. Mechanismen und Kriterien zur Bestimmung der Art und der Stärke von Sicherheitsmaßnahmen zur Kommunikation bedürfen eine geänderte Ausprägung. Maßgeblich sind das Sicherheitsbedürfnis des Empfängers, die Sicherheit des Senders sowie die davon abhängigen Sicherheitseigenschaften des Kommunikationskanals. Letztlich entscheidend ist das Sicherheitsbedürfnis des Empfängers. Dies umfasst nicht nur, dass der Sender identifiziert, authentifiziert und autorisiert werden muss, sondern auch, dass das Sicherheitsniveau des Senders – im Sinne der Freiheit von Schadenspotenzial – dem des Empfängers entsprechen muss. Schließlich ist die Art und Ausprägung des Kommunikationskanals anhängig von Sendermerkmalen und Verarbeitungsfunktionen unterschiedlich auszuprägen.

Die Flexibilität der dargelegten Kommunikation wird mit dem dritten Grundsatz weiter unterstrichen, indem die möglichen Ausprägungen auf Basis einzelner Sessions betrachtet und gesteuert werden („**access to individual enterprise resources is granted on a per-session basis**"). Neben der Steuerung pro Verbindung sind zwei Aspekte besonders hervorzuheben. „Access ist granted" bedeutet, dass konsequent die Verifikation der Sicherheitsmerkmale *vor Nutzung* der Ressource erfolgt. Hierbei können auch die Rahmenbedingungen zur Ausführung von Verarbeitungsfunktionen (Ausführungszeiten, Umfang der Verarbeitung, automatisierte Verarbeitung etc.) relevant werden. Somit wird mit Zero Trust der Empfänger in die Lage versetzt, seine Sicherheitsanforderungen im Sinne einer

7.5 Zero Trust

„Eingriffsintensität" feingranular durchzusetzen. „Access on a per-session basis" führt zu einem weiteren Aspekt. Wird Access verstanden als Zugang, dann bedeutet dies, dass die Identität und Zugangsberechtigung permanent geprüft wird. Andererseits wird mit Access auch die Zugriffssteuerung verbunden, sodass der Zero-Trust-Ansatz auch die Steuerung der klassischen Zugriffsmechanismen – Lese-, Schreib-, Lösch-, Änderungsrechte etc. – umfasst. Und auch diese sind – bei konsequenter Umsetzung des Ansatzes – „per Session" zu regeln.

Diese Feingranularität wird im vierten Grundsatz durch Umsetzungs- und Rahmendefinitionen präzisiert. Abgehoben wird darauf, dass **„access to resources is determined by dynamic policy and may include other behavioral and environmental attributes"**. Inkludiert sein sollen die **„observable state of client identity, application/service, and the requesting asset"**. Dies zielt darauf, dass nicht nur initial, sondern permanent während der Verarbeitungssession die Einhaltung der Access Rules überwacht und durchgesetzt werden soll. Wird eine Verarbeitungssession als instantane Folge von Request-Response-Verarbeitungsaktionen aufgefasst, so führt dieser Grundsatz zu einer weiteren Umsetzungsebene der Zero-Trust-Prinzipien. Die Ebene der Ressourcen und Assets wird heruntergebrochen auf die Ebene der Verarbeitungsfunktionen, sodass die Zero-Trust-Prinzipien auch auf der Software-Ebene und damit auch auf der Cloud-Funktions-Ebene Anwendung finden.

Neben der Anwendung von Zero-Trust-Prinzipien in den unterschiedlichen Verarbeitungsebenen ist selbstredend, dass „Trust" nur dann gegeben ist, wenn dies auch nachgewiesen werden kann. Folglich wird mit dem fünften Grundsatz hervorgehoben, dass ein umfangreiches Monitoring erforderlich ist. **„The enterprise monitors and measures the integrity and security posture of all owned and associated assets"**. Zielsetzung ist hierbei sowohl die Sicherstellung der Integrität der Daten als auch die Integrität der am Verarbeitungsvorgang beteiligten Assets. Letzteres so weit wie möglich auch unabhängig davon, ob dies eigene Assets sind oder nicht. Auch dieses Prinzip ist als dynamischer Ansatz zu verstehen, sodass grundlegend zwei Arbeitsrichtungen gegeben sind. Zum einen erfordert die Bewertung der Verarbeitungsvorgänge an sich eine Referenz, gegenüber der mögliche Auffälligkeiten erfasst werden können. Diese auch als Anomalie-Erkennung beschriebene Sicherheitsfunktion bedingt die Aufstellung von Kriterien, Schwellwerten und Regeln, die das „Normalniveau" definieren. Andererseits ist das „Normalniveau" kein statisches Regelwerk, sondern muss (sollte) in Abhängigkeit von der aktuellen Sicherheitslage bzw. Bedrohungslage dynamisch angepasst werden (können).

Das sechste Prinzip **„All resource authentication and autorization are dynamic and strictly enforced before access is allowed"** stellt nach Auffassung des Autors keinen grundlegenden neuen Aspekt dar, sondern ist bei konsequenter Umsetzung der sonstigen Grundsätze inhärent gegeben.

Der siebte Grundsatz **„The enterprise collects as much information as possible about the current state of assets, network infrastructure and communications and uses it to improve its security posture"** unterstreicht nochmal die Auffassung und Umsetzung des Zero-Trust-Ansatzes als Prozess. Die Sammlung und permanent Verbesserung der *Security* erfordert auch die Definition von Kriterien und die regelmäßige Bewertung der Wirksamkeit und Angemessenheit, d. h. der Effizienz und der Effektivität der Sicherheitsmaßnahmen. Dieser klassische Auditansatz bildet in der Regel den Abschluss eines PDCA-Zyklus, sodass Zero Trust auch als Managementsystemansatz verstanden werden kann und muss.

In der gegenwärtigen Ausprägung stellt Zero Trust ein Sicherheitsmodell in Bezug auf die Steuerung der Zugänge auf Ressourcen der Zugriffe auf Daten dar. Hierbei wird auf die Kommunikationsbeziehungen zwischen unterschiedlichen Entitäten abgehoben. Ausschlaggebend sind immer die Sicherheitsbedarfe der Empfänger (Ressourcen) bzw. die der Daten.

Darüber hinaus sind in den Zero-Trust-Grundsätzen auch Ansätze zur Strukturierung von Netzen sowie der Mechanismen zur Erfassung und Freigabe von Zugängen/Zugriffen ableitbar. So wird der Aufwand zur Steuerung und Kontrolle von Netzwerkverbindungen auch dadurch beherrschbar, wenn Netzwerksegmente im Sinne der Micro-Segmentierung in kleine Netze aufgeteilt werden.

Mit Zero Trust wird der Blick auf die Kommunikation und damit (Daten-)Austauschbeziehungen zwischen beliebigen Ressourcen gelenkt. Somit stellen die Zero-Trust-Ansätze ein Modell zur Erfassung, Bewertung und zur Absicherung der Datenflüsse bzw. der Datenverarbeitungsfunktionen dar.

7.6 Security-System Maturity Model

Neben den Grundlagen schaffenden Rahmenwerken (Frameworks) und den an unterschiedlichen Aspekten und Sichten ausgeprägten Umsetzungsmodellen sind eine Reihe von „Maturity"-Modellen bekannt; beispielsweise

- das DoE Cyber Capability Maturity Model [21]
- das CISA Zero Trust Maturity Model [22]
- das SANS Security Awareness Model [23]
- das AWS Security Maturity Model [24]
- das OWASP Software *Assurance* Maturity Model [25]

Der Ansatz von Maturity-Modellen ist es, eine schrittweise Implementierung und Entwicklung in Richtung eines zugrunde gelegten Optimums des jeweiligen Fokus aufzuzeigen. Die definierten Stufen sollen der Erfassung von Lücken und Maßnahmensteuerung der anwendenden Organisationen, teilweise auch mit dem Ansatz einer Zertifizierung, dienen. Festzuhalten ist, dass jedem *Maturity Model* ein *Security Model* zugrunde liegt, welches entsprechend den dargestellten Charakteristika eingeordnet werden kann. Diese sind jedoch nicht einheitlich; umfasst sind etwa der Umfang implementierter Maßnahmen, Prozessentwicklungen oder die Ausrichtung an Umsetzungsaufwänden. Das bedeutet, dass es derzeit keine allgemeine Definition gibt, wie der Sicherheitszustand eines *Security-Systems* bewertet und entwickelt werden kann.

7.6 Security-System Maturity Model

Als grundlegend kann festgehalten werden, dass ein *Maturity Model* vier Eigenschaften aufweisen muss. Dies sind das betrachtete bzw. zugrunde liegende Modellierungsobjekt, Mechanismen zur Bewertung und ggf. Klassifizierung des Reifegrades, die Definition eines Orientierung gebenden Zielzustands sowie Kennzeichen und Mechanismen zur Entwicklung in Richtung nächst höherer Reifestufen.

Nachfolgend wird ein Vorschlag zu einer möglichen Definition eines *Security-System Maturity Models* skizziert.

Modellierungsgegenstand

Das *Security-System Maturity Model* (im Folgenden als SSMM abgekürzt) umfasst die *Security-Functions* und *Security-Services*, die zur Erfüllung der Anforderungen der Geschäftsprozesse (Loss-of-Bedingungen) sowie der Sicherheits-/*Exposure*-Anforderungen erforderlich, implementiert und betrieben werden. Objekte des zu bewertenden SSMM sind somit die zur Erreichung der Sicherheitsziele erforderlichen Maßnahmen (vgl. Abb. 5.1) sowie das dazu gehörende Managementsystem. Die Bemessung und Differenzierung unterschiedlicher Reifegrade erfolgt anhand der Nachweise zur Darstellung/Vermittlung von *Trustworthiness* und *Assurance*.

Bewertung (Parameter)

Zur Bewertung des *Security-Systems* werden die Betriebsereignisse und die Betriebsprozesse herangezogen. Diese werden teilweise auch durch die *Security-KAI* repräsentiert. Als Parameter zur Bewertung des Reifegrades wurden bereits einige im Kontext „Zustandssystem" erwähnt, die ggf. zu ergänzen sind.

Zur Bewertung des Managementsystems werden die Kriterien Angemessenheit und Vollständigkeit herangezogen. Diese sind teilweise durch Konformitätsprüfungen sowie Abgleiche mit Best-Practice- oder Benchmark-Modellen zu schaffen. Besonderes Augenmerk liegt hierbei auf implementierte Regelungen und Definitionen zu Verantwortung, Strategie/Ziele, Konzept, Rahmenbedingungen und Ablaufprozessen.

Der Stand des Zielerreichungsgrads der *Security-Functions* und *Security-Services* an sich lässt sich in etwa durch die Kriterien Zuverlässigkeit und Ergebnissicherheit/Validität ermitteln. Diese lassen sich durch die darauf fokussierte Auswertung von *Incidents* bzw. durch Auswertung von Protokoll- und Betriebsdaten erfassen. Darüber hinaus können zur Verbesserung der Faktenlage auch Penetrationstests und (externe) Audits durchgeführt und bewertet werden.

Bei der Bewertung ist zu beachten, dass die beiden Pfade (Managementsystem und Umsetzung/Betrieb der Sicherheitsfunktion) ineinandergreifen und teilweise voneinander abhängig sind.

Orientierung/Ziel

Entsprechend der Orientierung an den diversen Anforderungen kann zur Definition der Zielsetzungen allgemein auf die Prozesse zur Erfassung, Umsetzung und Betrieb der Sicherheitsfunktionen zurückgegriffen werden. Aus Engineering bzw. Systemsicht ist ein

Rückgriff auf Lücken sinnvoll, die als *Knowledge-Gap*, *Policy-Gap*, *Delivery-Gap* und *Communication-Gap* im Abschn. 3.4 zu *Trustworthiness* & *Assurance* definiert wurden. Dies sollte um ein *Operational-Gap* ergänzt werden, um die internen Prozesse des *Security-Systems* zu berücksichtigen.

Als Zielsetzung ist die Minimierung der Lücken selbstredend. Eine Staffelung/Kategorisierung kann somit beispielsweise über eine Gliederung nach dem Professionalisierungs- (Ausprägungs-)Grad zu entsprechenden Managementprozessen erfolgen. Möglicherweise ist auch eine Professionalisierung in Bezug auf die Anwendung entsprechender Best Practices wie dem V-Modell sinnvoll.

Entwicklungsmechanismen

Entwicklungsschritte sind an der Maximierung des Sicherheitsgewinns auszurichten. Dies kann beispielsweise in folgenden Schritten gestaffelt werden:

i. Es sind (Basis-)Sicherheitsfunktionen implementiert, die an Best Practices ausgerichtet sind.
ii. Durch die Erfassung, Berücksichtigung und Abstimmung von Schnittstellen und Abhängigkeiten bilden die Sicherheitsfunktionen ein (Basis-)*Security-System*.
iii. Das *Security-System* reagiert zuverlässig und nachweislich auf intendierte Abläufe der Geschäftsprozesse.
iv. Das *Security-System* zeichnet sich durch ein resilientes Verhalten aus, indem außergewöhnliche Ereignisse nicht zu einem Zusammenbruch der Geschäftsprozesse führen.
v. Der Status des *Security-Systems* wird regelmäßig erfasst, bewertet und kontinuierlich verbessert. Entwicklungsmaßnahmen umfassen und steuern auch eine Orientierung an *Assurance*-Kriterien.

Wünschenswert ist aus Sicht des Autors die Definition und Entwicklung als „Best Practice" in nationalen und internationalen Standards.

Literatur

1. Saltzer, J., Schroeder, M., The Protection of Information in Computer Systems, Forth ACM Symposium, 1975
2. NIST SP 800-160 Vol. 1 Rev. 1, Engineering Trustworthy Secure Systems, https://csrc.nist.gov/pubs/sp/800/160/v1/r1/final, letzter Abruf 07.03.2025
3. BSI IT-Grundschutz-Kompendium 2023
4. ISO/IEC 27014:2020-12; „Governance von Informationssicherheit"
5. ISO/IEC 27001:2022-10, Informationssicherheit, Cybersicherheit und Datenschutz – Informationssicherheitsmanagementsysteme – Anforderungen (ISO/IEC 27001:2022); Deutsche Fassung EN ISO/IEC 27001:2023
6. NIST, Cybersecurity Framework (CSF), 2.0, https://nvlpubs.nist.gov/nistpubs/CSWP/NIST.CSWP.29.pdf, letzter Abruf 11.03.2025

7. CIS Critical Security *Controls* V8.1, https://www.cisecurity.org/*Controls*, letzter Abruf 11.03.2025
8. Wikipedia, https://en.wikipedia.org/wiki/Defence_in_depth, Abruf 01.03.2022
9. NSA, Defense in Depth, A practical strategy for achieving Information Assurance in today's highly networked environments, 2001
10. SANS.org (2012) Defense in Depth: An Impractical Strategy for a Cyber World
11. Cleghorn, Network Defense Methodology: A Comparison of Defense in Depth and Defense in Breadth, 2013
12. Reason, J., Human error: models and management, BMJ (British Medical Journal), Volume 320, 18 March 2000
13. ISO/IEC/IEEE 15288:2023, Systems and software engineering – System life cycle Processes
14. Incose, A World in Motion, Systems Engineering Vision 2025, https://www.researchgate.net/publication/277019221_A_World_in_Motion_-_Systems_Engineering_Vision_2025/link/5601804908aecb0ce880f4e2/download, letzter Abruf 29.07.2022
15. MBSE Wiki, https://www.omgwiki.org/MBSE/doku.php, letzter Abruf 03.05.2022
16. Mazeika D, Butlers R, MBSEsec: Model-Based Systems Engineering Method for Creating Secure Systems, applied sciences, 2020, 10, 09.04.2020, Licensee MDPI
17. MITRE ATT&CK Webseite, https://attack.mitre.org, letzter Abruf 12.02.2025
18. Lookheed Kill Chain, https://www.lockheedmartin.com/en-us/capabilities/cyber/cyber-kill-chain.html, letzter Abruf 12.03.2025
19. Zero Trust => WIKIPEDIA; https://en.wikipedia.org/wiki/Zero_trust_security_model; letzter Abruf: 17.10.2023
20. NIST SP 800-207: 2020, Zero Trust Architecture, https://nvlpubs.nist.gov/nistpubs/SpecialPublications/NIST.SP.800-207.pdf, letzter Abruf 13.03.2025
21. U.S. Department of Energy, Cybersecurity Capability Maturity Model (C2M2), Ver. 2.1, https://c2m2.doe.gov/C2M2%20Version%202.1%20June%202022.pdf, letzter Abruf 13.03.2025
22. CISA, Zero Trust Maturity Model, Ver. 2.0, April 2023, https://www.cisa.gov/sites/default/files/2023-04/zero_trust_maturity_model_v2_508.pdf, letzter Abruf 13.03.2025
23. SANS, Security Awareness Maturity Model, https://www.sans.org/security-awareness-training/resources/maturity-model/, letzter Abruf 13.03.2025
24. AWS Security Maturity Model v2, https://maturitymodel.security.aws.dev/en/model/, letzter Abruf 13.03.2025
25. OWASP SAMM – Software Assurance Maturity Model, https://owasp.org/www-project-samm/, letzter Abruf 13.03.2025

Sicherheitsarchitektur 8

„Architecture", „Enterprise Architecture", „Enterprise Security Architecture", „Security Architecture", „Cyber Security Architecture" – die Welt der Architekturbegriffe ist vielfältig. Das liegt auch hier daran, dass die Sicht sehr unterschiedlich sein kann und nur bedingt eine ganzheitliche Systemsicht zur Informationssicherheit unter Berücksichtigung der Geschäftsprozesse geprägt ist. Einen Eindruck zu Architekturmodellen liefert die ISO Architektur-Übersicht, in der mit Stand Mitte 2024 über 80 Exemplare von Frameworks auflistet werden [1].

8.1 Definition und Entwicklung

Ein erster Ansatz zur Definition und Erschließung des Begriffs Architektur im Kontext der Informationsvereinbarung wurde im Jahre 1987 durch J. Zachman geprägt [2]. Ausgelöst durch die zunehmende Verteilung der Datenverarbeitung, d. h. weg von monolithischen Zentralsystemen mit „dummen" Bedienterminals, verfolgte er den Ansatz eines „Disciplined Approach" zur Gestaltung einer „Information Systems Architecture". Hierbei wählte er einen Analogieansatz zu den unterschiedlichen Phasen bei der Planung und Errichtung eines Gebäudes. Mittels Verallgemeinerung und Transformation auf Kernkomponenten zur Informationsverarbeitung kam Zachmann zu dem Schluss, dass es mindestens drei fundamentale Architektursichten gib, die er als **Repräsentationen** bezeichnete.

- Die *materielle Sicht* stellt die Struktur der Architektur dar. Diese repräsentiert das Datenmodell, da Daten der Kern der Architektur sind.
- Mit der *funktionalen Sicht* wird die eigentliche Nutzung, d. h. die Verarbeitung der Daten im Sinne des Prozessmodells repräsentiert.

- Schließlich wird durch das Netzwerkmodell der jeweilige Ort der Verarbeitung repräsentiert, welche Zachman etwas umständlich als *Lokations-Sicht* bezeichnet.

Festzuhalten ist, dass Repräsentationen nicht im Sinne der Stellvertretung oder Abbildung, sondern im Sinne einer transformativen, symbolischen Sichtweise zu verstehen sind.

Zachman hält fest, dass die unterschiedlichen Sichten isoliert sind, d. h. keine direkten Verbindungen und Übergänge zwischen diesen bestehen. Hierzu führt er aus, dass den Repräsentationen innewohnende Bildungsaspekte zugrunde liegen, die jedoch jeweils unterschiedlich interpretiert werden. Beispielhaft sei erwähnt, dass ein Datenmodell durch „Entity-Relationship-Beziehungen" gebildet wird. Eine derartige Zuordnung ist auch auf einer funktionalen Business-Sicht gegeben, wenn der Begriff Entity mit „Organisationseinheiten" gleichgesetzt wird und Relationen als funktionale Austauschsicht interpretiert werden.

Zu einer Anwendung und Übertragung im *Systems-Engineering* könnte der Schluss gezogen werden, dass eine der Aufgaben darin besteht, die jeweils inhärenten Aspekte als Bindeglied zwischen Sichten und Modellen zu erfassen und entsprechend (mutatis mutandis) zu interpretieren bzw. zu transformieren.

Mit dem Zachman-Framework wurde eine erste Definition und Interpretation des Architekturbegriffs geschaffen. Dies stellt, wie Zachman in einem späteren Interview vermerkt, jedoch „nur" eine Ontologie dar und gibt keine Hinweise, WIE eine Enterprise-Architektur entwickelt werden kann [3].

Die für eine gegebene Aufgabestellung erforderliche Architektur ist immer aus Sicht des Betrachters zu verstehen.

Die Entwicklung und das aktuelle Verständnis zu Anforderungen und Aufgaben hinsichtlich der Architektur von Systemen hat zu weiteren Abstrahierungen geführt.

So weist das NIST Glossary mehrere Definitionen aus, dessen Grundlage als „Fundamental concepts or properties related to a system in its environment embodied in its elements, relationships, and in the principles of its design and evolution" erfasst werden kann [4]. Eine Architektur stellt also auf das „Fundamentale" des Systems ab, das, was essenziell ist. Ganz im Sinne des *Security-Engineerings* ist dies in den Kontext der Transformation der Business- sowie der *Security-Requirements* zu stellen. Weiterhin wird mit dem Dualismus „Konzepte oder Eigenschaften" ausgedrückt, dass unterschiedliche Sichten auf die Architektur gelegt werden. Eine Architektur ist entweder die Konzeption, d. h. die Prozesse zur Schaffung der (System-)Architektur oder die Perzeption, d. h. die Wahrnehmung der Eigenschaften des Systems. Diese grundlegenden Prozesse spiegeln auch die Sichten und Interaktionen zwischen Errichter/Betreiber und Nutzer wider.

Bei der allgemeinen Definition der „Security Architecture" geht NIST auf technische und prozessuale Umsetzungsthemen ein. Eine „Security Architecture" wird als „A set of physical and logical security-relevant representations (i. e., views) of system architecture that conveys information about how the system is partitioned into security domains and makes use of security-relevant elements to enforce security policies within and between security domains based on how data and information must be protected" verstanden. Hier wird durch Verwendung unterschiedlicher Domän-Sichten und Domän-Schichten das System einerseits unter verschiedenen Aspekten betrachtet. Andererseits sollen mit der Implementation von Sicherheitselementen zur Durchsetzung von Sicherheitsvorgaben die (zu definierenden) Sicherheitseigenschaften sichergestellt werden.

In der ergänzenden Definition der „Information Security Architecture" stellt NIST schließlich auf eine Ausrichtung und den Nutzen für bzw. die Unterstützung der Geschäftsprozesse ab. Diese, leider unterrepräsentierte Aspekt erfüllt die Erwartungshaltung des *Security-System-Engineerings*, Informationssicherheit als integralen Bestandteil einer geschäftsgetriebenen Architektur zu sehen, die nicht als Zusatz on top kommt oder lediglich einen Teilbereich wie die IT adressiert.

Die auf das System Engineering fokussierte ISO/IEC 15288 hebt nochmal hervor, dass die Anwendung der fundamentalen Konzepte und Eigenschaften im gesamten Life Cycle des Systems erfolgen muss [5]. Darüber hinaus wird mit dem System-Begriff als „Arrangement of parts or elements that together exhibit a stated behaviour or meaning that the individual constituents do not" nochmals darauf abgehoben, dass der System-Begriff über eine technische und auch eine funktionale Eigenschaften-Sicht hinausgeht. Im Kontext des hier verstandenen *Systems-Engineerings* verweist dies auch auf Begriffe wie *Trustworthiness* und *Assurance*.

Im deutschsprachigen Raum ist der Begriff „Architektur" im Kontext der Informationssicherheit nicht generell definiert. Das BSI IT-Grundschutz-Kompendium weist beispielsweise keine allgemeine Definition aus [6]. Geläufig ist die Verwendung insbesondere bei Software-Architektur sowie Netzwerk-Architektur; hier dann zur Abgrenzung von Netz-Ebenen – öffentliches Netz/Internet, Demilitarisierte Zone (DMZ), Intranet etc. – in der Regel durch sicherheitsrelevante Komponenten wie (Web Application)-Firewall, IDS/IPS oder VPN-Gateway.

Die Notwendigkeit zur strukturierten Entwicklung einer Security-Architektur im Kontext eines ISMS-Informations-Sicherheits-Management-Systems ist in der Norm ISO/IEC 27002 mit der Fassung 2022 in deutlich umfangreicherer Form als „Control" herausgestellt worden [7]. Als Teilgebiet der Security-Domäne „Protect" sollen *Engineering-Principles* entwickelt, dokumentiert, angewendet und verbessert werden, um Informationssysteme innerhalb des Life Cycle unter Sicherheitsaspekten zu gestalten, etablieren und betreiben. Der Begriff „Architecture" ist in der ISO/IEC 27000-Standard-Familie nicht eigenständig definiert. Aus der Control-Beschreibung wird jedoch deutlich, dass einerseits unterschiedliche Architekturlayer/-sichten (hier: Business, Daten, Anwendungen und Technologien) differenziert werden. Andererseits werden unterschiedliche Eigenschaften wie „Security by Design", „Defence in Depth", „Fail Security" und letztlich auch „Zero Trust" mit dem Begriff Architektur verbunden.

Aus den unterschiedlichen Ansätzen und Definitionen können für das *Security-System-Engineering* folgende Extrakte gezogen werden:

Architekturen werden nicht primär technisch verstanden, sondern als die Prinzipien zum Design, zur Entwicklung und der Life-Cycle-Prozesse. Dies passt und verallgemeinert die Sichten nach Zachmann zu Konzepten und Eigenschaften und lenkt auf Konzeptions-

und Wahrnehmungsprozesse. Als Ergänzung zu den obigen Definitionen sind zusätzlich operative Aspekte zu betrachten, d. h. eine operative Sicht einzunehmen. Erst durch das Zusammenwirken der Komponenten bzw. der „orchestrierten" Nutzung der Funktionen erfüllt das Gesamtsystem die Anforderungen. Das Zusammenspiel bzw. Verzahnung der voneinander abhängigen funktionalen und operativen Aspekte schließt darüber hinaus die Lücke zwischen Anforderungen und (operativem) Ergebnis. Mit der Formalisierung der Wahrnehmungsprozesse in Prüfung und Bewertung der Sicherheit (Prüf- und Auditprozesse) besteht die Möglichkeit der kontinuierlichen Angleichung an Sicherheitsanforderungen.

Der fundamentale Charakter der Konzepte und Eigenschaften fokussiert einerseits auf – zu definierende – Grundziele der Architektur und umfasst andererseits eine – möglichst umfassende – Robustheit/Beständigkeit in Bezug auf Erweiterungen und neue Anforderungen.

Eine Partitionierung von Systemen in unterschiedliche Domänen bzw. Architekturebene stellt eine mögliche (weitere) Strukturdimension dar. Hieraus ist mitzunehmen, dass bei der Entwicklung einer Sicherheitsarchitektur die Definition und das Zusammenspiel verschiedener Domänen zu bearbeiten ist.

Unter Systemaspekten sind die Elemente und ihre Beziehungen genauso relevant wie die Abgrenzung zwischen System und Umwelt. Die Grenze und die Interaktion zwischen dem System und der Umwelt im Sinne einer Kontextsicht begründet die Entwicklung an weitere Anforderungen und definiert mit der Gefährdungsorientierung den Rahmen und grundlegende Ziele.

8.2 Architekturprozesse

Mit dem Verständnis zum Architekturbegriff wird deutlich, dass die Gestaltung und das Design eines *Security-Systems* als eine komplexe Aufgabenstellung verstanden werden muss. ISO/IEC 15288 definiert für die erforderlichen *Engineering*-Aufgaben die Zielsetzung, Architektur-/Designalternativen zu generieren, entsprechend (Geschäfts- und System-)Anforderungen auszuwählen und dies mittels Sichten und Modellen darzustellen (ISO/IEC 15288, Abschn. 6.4.4). Des Weiteren werden in der Norm Aufgaben zur Umsetzung definiert, die jeweils vier resp. fünf grundlegende Themenbereiche für Architektur- bzw. Designprozesse umfassen, die hier als Phasen bezeichnet werden. Diese beiden Prozesse werden im Folgenden zusammengefasst, da hier die Grundstruktur des *Security-Systems* als Ergebnis erzielt werden soll (Abb. 8.1).

Im Folgenden werden sowohl die generisch definierten Aufgaben der ISO 15288 dargestellt, als auch mögliche Umsetzungen zum *Security-System-Engineering* vorgeschlagen:

In einem vorbereitenden grundlegenden Teil („Preparation") gilt es, Rahmenbedingungen zu definieren. Diese sind prozessualer Natur, in dem eine Vorgehensweise sowie Meilensteine und Entscheidungskriterien für einen stufenweisen Prozessfortschritt

8.2 Architekturprozesse

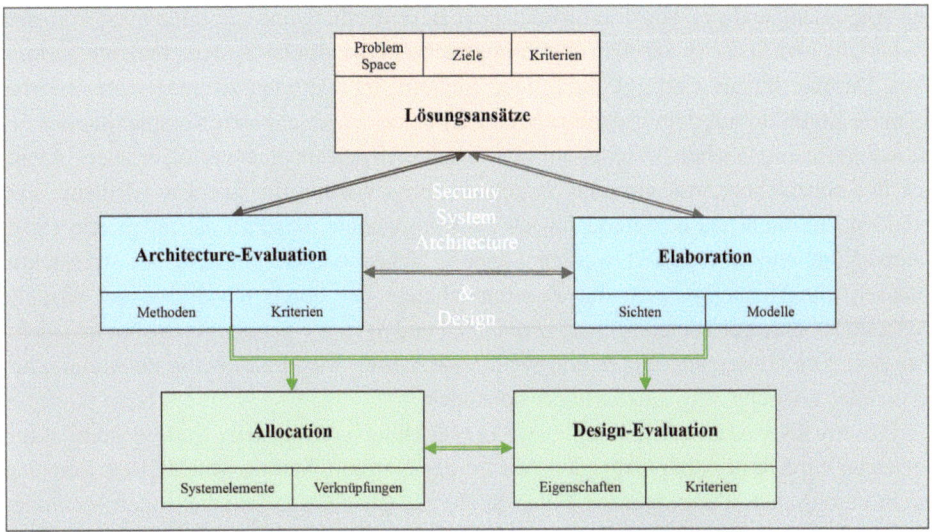

Abb. 8.1 Security-System-Architektur in Anlehnung an ISO/IEC 15288 [5]

festgelegt werden sollen. Dies geht einher mit organisatorischen Themen wie die Sicherstellung von Umsetzungs- und Entscheidungs-Ressourcen.

Die **Konzeptionsphase** („Conceptualise") zur Systemarchitektur umfasst das Kernthema der Schaffung potenzieller Lösungsansätze. Vorbereitend sind hierzu der „Problem Space" zu beschreiben sowie Ziele und Kriterien einer optimalen („erfolgreichen") Architektur zu definieren. Mögliche Lösungsansätze sind in Bezug auf adressierte Ziele und Eigenschaften zu beschreiben, sodass eine anschließende Verifizierung und ein Vergleich unterschiedlicher Ansätze möglich werden.

Der „Problem Space" wird durch die vorab definierten Geschäfts- sowie Business-Anforderungen definiert (Kap. 4). Weitere Besonderheiten sind, dass eine Abgrenzung zwischen *Security-System* und Umwelt aufgrund der geschäftlichen Interaktionen an dieser Schnittstelle sowohl

- physisch, durch unterschiedliche System-Entitäten wie Netzwerk und Endsysteme, als auch
- logisch, durch diverse Kommunikationsprozesse

gekennzeichnet ist.

Als Ziele können (müssen) auch hier die „Loss-of"-Bedingungen sowie die allg. Sicherheitsanforderungen benannt werden, die als Balance zwischen Geschäftsbetrieb und Gefährdungsbeherrschung aufgefasst werden. Als weiteres Architekturziel ist die Robustheit im Sinne einer physischen und funktionalen Erweiterbarkeit insbesondere in Bezug auf neue Gefährdungslagen zu benennen. Im Gegensatz zur Resilience als die integrierte (emergente) Eigenschaft einer gegebenen Architektur ist mit Robustheit eine Flexibilität zur Anpassung und ggf. Umstrukturierung der Bereitstellung und Abbildung von *Security-Functions* und *Security-Services* durch physische und virtuelle Systemelemente verbunden. Darüber hinaus sind ggf. auch neue Sicherheitsfunktionen zu integrieren. Hierbei können Konflikte mit dem grundlegenden Ziel einer beherrschbaren Komplexität des *Security-Systems* entstehen, welches ein wesentliches Kriterium einer „erfolgreichen" Architektur kennzeichnet. Als virtuelle Systemelemente werden die Security-Elemente verstanden, die nicht als dezidierte physische Komponente, sondern als integrierte (Software)-Komponente realisiert werden können. Neben der Gesamtsicht der Architektur müssen die Abhängigkeiten und Zusammenhänge der durch physische und virtuelle Systemelemente gebildeten *Security-Functions* und *Security-Services* erfassbar und sichtbar sein. Die Umsetzung dieses und weiterer Kriterien wird im Abschn. zu Architekturprinzipien (Abschn. 8.6) ausführlicher behandelt.

Der kreative Akt zur Findung bzw. Entwicklung von *Security-System*-Architekturansätzen wird in der überwiegenden Anzahl der Normen, Standards oder Best Practices nicht beschrieben. Daher werden dieser Stelle zunächst einige grundlegenden Methoden anhand erkennbarer Differenzen vorgestellt:

SeBOK/ISO/IEC 15288

Zur Ermittlung von Architekturansätzen greift das SeBOK auf das Hamiltonsche Prinzip zurück, wonach ein System aus Systemelementen besteht, die durch Interaktionen zu einem intendierten, ggf. auch emergenten Systemverhalten führen[8]. Der von SeBOK propagierte Architekturansatz stimmt grundlegend mit dem Ansatz der Norm ISO/IEC 15288 überein. Als Architektur-Designansatz wird ein allgemeiner mehrstufiger Prozess abgeleitet (Abb. 8.2), der in Bezug auf die Konzeptionalisierung eines *Security-Systems* folgende Hilfestellungen bietet bzw. Anwendung finden kann.

Aus den Geschäfts- sowie Security-Anforderungen erfolgt zunächst eine strukturierte Erfassung bzw. Beschreibung des gewünschten Systemverhaltens („Functional Behavior"). Hierzu ist zunächst eine Übersicht aller an Geschäftsprozessen beteiligten Instanzen erforderlich. Im Kontext des *Security-System-Engineerings* sind dies beispielsweise Benutzer, technische Entitäten oder auch Kontrollinstanzen (PEP-policy enforcement points) die als (System-)Aktoren bezeichnet werden. Zur Beschreibung des Verhaltens wird eine hierarchische Struktur verwendet, in der die Geschäftsprozesse in einer stufenweisen Feingliederung von *Use Cases* über Aktionen und Ablaufsequenzen bis hin zu Prozess- bzw. Systemzuständen erfolgt. Im Ergebnis kann dies als Matrizen zwischen Aktoren und der jeweiligen Abstraktionsebene dargestellt werden.

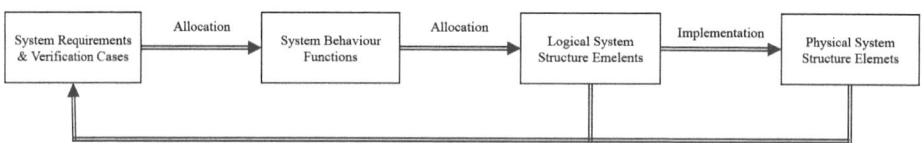

Abb. 8.2 Security-System-Prozess in Anlehnung an ISO/IEC 15288 [5]

8.2 Architekturprozesse

Gleichartige Aktionen und Sequenzen, wie Anmeldeprozeduren, Aufbau von direkter oder remote Kommunikationsverbindungen können daraufhin in logischen „Building Blocks", Schnittstellen und Datenflüssen zusammengefasst werden, sodass eine logische Systemstruktur entsteht. In diesem Schritt sind auch die Sicherheitsanforderungen der „Building Blocks" zu berücksichtigen und anzuwenden, etwa in Form der Betrachtung möglicher Bedrohungen („Threats") pro Element. Im Ergebnis ergibt dies differenzierte logische Systemstrukturen für unterschiedliche Sicherheitsanforderungen.

Als letzten Schritt erfolgt aus der logischen Struktur die Definition und Zuordnung zu physischen/virtuellen *Security-System*-Elementen sowie einer physischen *Security-System*-Struktur. Zur vollständigen Abbildung aller Anforderungen ist hierzu mindestens die parallele Definition physischer/funktionaler Eigenschaften der Systemelemente, der erforderlichen Konfigurationsausprägungen sowie von Vorgaben zu operativen Systemprozessen vorzunehmen. Letztere definieren Hilfselemente, die für den kontrollierten effizienten und effektiven Betrieb des *Security-Systems* erforderlich sind; beispielsweise Monitoring und Protokollierung. Daneben ergeben sich hieraus operative Prozesse wie das *Exposure-* und *Vulnerability-Management*.

ISACA/ISO/IEC 27001

ISACA [9] sowie im Grundsatz auch ISO/IEC 27001 [10] geht von einem Top-down-Ansatz aus, in dem im Kern eine Geschäftsrisikoanalyse sowie die zur Beherrschung erforderlichen *Security-Controls* ermittelt werden. Hierbei werden *Controls* – im ersten Schritt – abstrakt als „alle möglichen Maßnahmen" verstanden, die zur Behandlung eines identifizierten Risikos in Betracht kommen können. Dieser kreative Prozess des „Durchdenkens" der Risikominderung entspricht somit eher dem allgemeinen Begriff „Concern" als einem – abgrenzbaren – Anliegen, Interesse oder ein Aufgabenaspekt.

Controls werden dann zu unterschiedlichen Komponenten gruppiert (ISACA nennt dies konzeptionelle Architekturen), die im Wesentlichen die logischen Architekturelemente darstellen; Beispielelemente sind *Policies, Access-Control* und *Communication-Security*. Im nächsten Schritt erfolgt die Abbildung der logischen Elemente auf physikalische Elemente. Dies können sowohl separate Komponenten (Virenschutz, Firewall etc.) als auch in bestehende Geschäftssysteme integrierte Funktionen sein (bspw. *Policy-Enforcement-Functions* zur Access-Kontrolle). Ergänzend sind neben den direkt/indirekt aktiven Architekturelementen auch Funktionen und Elemente zu Erfassung und Management der Effektivität und Effizienz der Sicherheitsarchitektur zu implementieren.

Differenzielle Methoden

Neben den beiden Ansätzen nach SeBOK/ISO/IEC 15288 und ISACA/ISO/IEC 27001 wird – auch und vielfach – in der Praxis gerade der umgekehrte Ansatz verfolgt. Auf Grundlage der bestehenden Systemumgebung wird geprüft, ob *Controls* aus „Security Katalogen" und externen Anforderungen implementiert sind. Diese Vorgehensweise entbindet scheinbar von einer erforderlichen Risikoanalyse, sodass sowohl die Effektivität und Effizienz von ggf. unkoordinierten Control-Implementationen an unterschiedlichen

Stellen ungeprüft bleibt. Auch die Gesamtsicht auf die *Security-System*-Architektur bleibt in der Regel unbeachtet. Weiterhin werden implizit bzw. explizit definierten Architekturprinzipien weder bedacht, gebildet oder in konsistenter Art und Weise angewendet.

In den Folgekapiteln werden ergänzende und teilweise ausführlichere Beschreibungen zu einem theoretischen Modell („Axiomatic Design" nach Nam Suh), einem Meta-Modell (FAS – Methode – Funktionale Architektur für Systeme) sowie einem praktischen Ansatz gemäß des SABSA-Frameworks (Sherwood Applied Business Security Architecture) vorgestellt.

In der **Bewertungsphase** („Evaluation") werden die Lösungsansätze anhand vorab definierter Bewertungsmethoden und -kriterien analysiert. Fokus der Analyse der Lösungsansätze ist die Erfassung zur Vollständigkeit und zur Qualität der Berücksichtigung aller Anforderungen. Auffälligkeiten („Findings") bzw. Ergebnisse werden zu einem (Gesamt-) Votum zusammengefasst. Dies kann um Empfehlungen zur Optimierung der Ansätze ergänzt werden.

Eine offensichtliche Bewertungsmethode zur Bestimmung der vollständigen Umsetzung der Anforderungen ist grundlegend durch Selbst- und Fremdprüfungen anhand Prüflisten gegeben. Zur Prüfung der Angemessenheit und Qualität der Berücksichtigung bieten sich insbesondere simulierte Prüfungen von Sicherheitsketten (Abschn. 7.2) an. Darüber hinaus wird in Verbindung mit den grundlegenden Konzepten eine weitere theoretische und praktische Bewertungsmethode näher vorgestellt (Abschn. 8.4). Da Bewertungen immer zeitpunktbezogene Betrachtungen sind, ist grundlegend auch die Berücksichtigung bzw. Heranziehung einer Risikoanalyse bzw. Business-Impact-Analyse aus Abschn. 6.3 sinnvoll.

Aufgrund der Vielschichtigkeit unterschiedlicher Bewertungsblickwinkel ist es sinnvoll, die Bewertungsmethoden und -kriterien entsprechend den in der Simulationsphase definierten Sichten zu strukturieren.

Neben der Prüfung gegenüber Geschäfts- und Sicherheitsanforderungen sind auch hier die zur Konzeption herangezogenen Architekturprinzipien (Abschn. 8.6) relevant.

Als wesentliche Kriterien zur Bewertung der Architektur sind hier die in Verbindung mit definierten Business- und Sicherheits-KPI sowie die Nachweise zu *Trustworthiness* und *Assurance* (Abschn. 3.4) heranzuziehen.

Auf der Basis von ggf. zu definierender Architektursichten und Modellierungsansätzen umfasst die **Simulationsphase** („Elaborate") die Erfassung und Bewertung der Architekturansätze aus Sicht unterschiedlicher Architekturanwender. Zielsetzung ist hierbei die Schaffung eines einheitlichen und vollständigen Verständnisses zur Architektur über alle (organisatorischen und operativen) Entitäten.

Die Erfassung und Bewertung der Architekturansätze bedingt Klarheit darüber, wer die Architekturanwender sind und welche Interessen, Aufgaben und damit Sichten eingenommen werden. Diese grundlegende Klarheit gehört nach Auffassung des Autors bereits zu den vorbereitenden Aufgaben zur Konzeption, da diese einen Beitrag zur Strukturierung bieten. Ausgehend von der oben beschriebenen konzeptionellen SeBOK/ISO/IEC-15288-Vorgehensweise können als Architekturanwender mindestens die Nutzer, der ope-

8.2 Architekturprozesse

rative Betrieb, die Sicherheitsverantwortlichen sowie Product-und-Process-Owner der Geschäftsprozesse identifiziert werden. Diese können mit mindestens folgenden Sichten attribuiert werden:

- Nutzen-, Performance- und Impact-Sicht für Geschäftsprozesse
- Gefährdungs- und Überwachungssicht
- Operative Sicht
- Architektursicht (funktionale, logische und physische Sicht)
- Strategiesicht (Komplexität, Robustheit, Flexibilität)

Mögliche Modellierungsansätze wurden bereits behandelt. An dieser Stelle soll daher ergänzend auf den Begriff und die Anwendung des „Domänen-Modells" im Security-Kontext eingegangen werden.

Der Begriff der *Security-Domäne* ist weder einheitlich definiert noch verwendet. In ISO/IEC 27001 erfolgt eine Verwendung als Attribut zur Strukturierung der *Security-Controls* in die vier Security-Perspektiven: *Governance* und *Ecosystem*, *Protection*, *Defence* und *Resilience*. Zielsetzung ist, dass damit Sichten für unterschiedliche Organisationen/Organisationseinheiten adressiert werden. Die verwendete Gliederung kann (und muss?) jedoch durch die Organisation auf Nützlichkeit und Sinnhaftigkeit geprüft und, wie im Annex A.2 der Norm beschrieben, ggf. angepasst werden.

NIST verwendet den Begriff Security-Domän als „A set of elements, data, resources, and functions that share a commonality in combinations of (1) roles supported, (2) rules governing their use, and (3) protection needs" und verweist auf die Intention, dass damit eine schutzorientierte („protection-oriented") Partitionierung des *Security-Systems* zur Übertragung der Zusammenhänge zwischen „(Trust-) Concerns" ermöglicht werden soll.

Mit ähnlicher Zielsetzung verwendet ISO/IEC TS 19249 die Bildung von Domänen als Architektur-Designprinzip. Im Gegensatz zur NIST-Definition wird hier jedoch eine Separierung auf Basis von Sicherheitsattributen wie Zugangs- und Zugriffsrechte vorgeschlagen, sodass die Anwendung gleicher, minimaler Berechtigungen innerhalb einer Domäne angewandt werden kann; quasi als Sicherheitslevel von Sicherheitszonen. Dies kann als eine Struktur von Sicherheitszonen aufgefasst werden, mit der insbesondere die Übergänge zwischen unterschiedlichen Sicherheitsleveln erfasst und bewertet werden können.

Abschließend ist im Architekturprozess eine *Ergebnisphase* definiert. Diese schließt nochmal den Rahmen zum vorbereitenden Teil, in dem die Bearbeitung der Phasen und der anschließenden Nutzungsfähigkeit der Ergebnisse sichergestellt werden soll.

Die *Allokationsphase* („Allocation") *des Designs* baut auf dem beschriebenen Architekturprozess auf und umfasst die Transformation und Zuordnung der Architekturinhalte in physische und operative Systemelemente und ihre Verknüpfungen als „Gesamt-System". Zusammen mit der *Bewertungsphase des Designs*, die auf die Anforderungen rückkoppelt, werden hier das System als zu errichtendes und zu betreibendes Konstrukt definiert.

Erkennbar ist, dass die Architektur-/Designprozesse als zyklische, interaktive Prozesse aufgefasst werden, die zu einer optimalen Lösung führen sollen. Die Sicherheitsarchitektur stellt sich als ein komplexes Gebilde dar. Unter Betrachtung verschiedener Elemente, Prinzipien und Sichten (bzw. Domänen oder Ebenen) hat die Entwicklung einer Sicherheitsarchitektur das Ziel, Geschäftsprozesse und deren Abhängigkeiten zu identifizieren, Risiken, die auf diese einwirken, zu bewerten, und darauf basierend, unter Berücksichtigung von Prinzipien und gegenseitigen Abhängigkeiten, Anforderungen zu definieren, zu implementieren und stetig zu hinterfragen.

8.3 Axiomatic Design

Die Definition der Architektur als „fundamentales Konzept" eines Systems führt auch zur Fragestellung, ob grundlegende methodische Ansätze zu Konzepten existieren. Ein allgemeines Verständnis, was die grundlegende Struktur einer Systemarchitektur ausmacht, hat sich nach Kenntnis des Autors nicht etabliert. Mit der Vorstellung der „Axiomatic Design Theory for Systems" hat Nam P. Suh im Jahr 1998 einen Anstoß zur Entwicklung einer generellen *Design-Theory* gegeben [13]. Suh beschreibt einen Ansatz, bei dem ein beliebiges Systemdesign durch grundlegende Aktivitäten in vier Design-Domänen geschaffen wird und mittels zwei grundlegender Axiome zu einem Optimum geführt werden kann (Abb. 8.3).

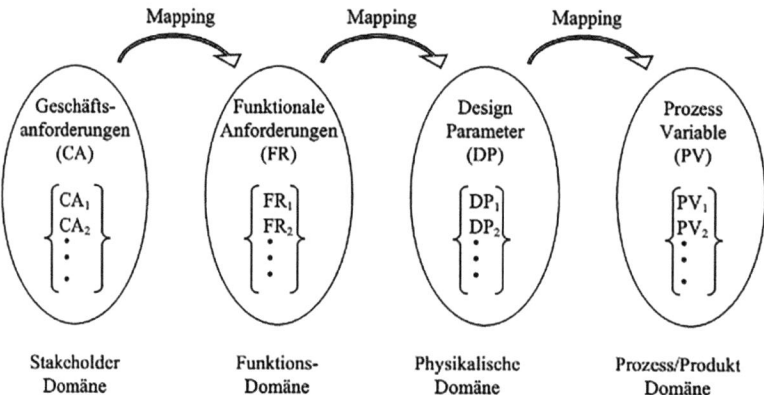

Abb. 8.3 Axiomatic Design (Darstellung nach [13])

8.3 Axiomatic Design

Das Designziel wird durch die in der Customer-Domäne definierten Attribute (CA – Customer Attributes) definiert. Als Kunden werden hier je nach System-Kontext sowohl die Nutzer eines Produkts, die Verantwortlichen einer Organisation oder auch die Betreiber/Nutzer eines Systems wie beispielsweise eines *Security-Systems* bezeichnet.

Die Kundenanforderungen werden in der funktionalen Domäne durch funktionale Anforderungen (FR – Functional Requirements) spezifiziert bzw. übersetzt. Bestandteil der FR sind Grenzen (C – Constraints), die den Lösungsraum auf ein akzeptables bzw. praktikables Niveau einengen. Demzufolge wird unterschieden in Input-Constraints, die sozusagen die Muss- von den Kann-System-Anforderungen abgrenzen und System-Constraints, die technische, logische oder funktionale Machbarkeitsgrenzen kennzeichnen. Selbstredend müssen Input- und System-Constraints im Rahmen des Designprozesses auf ein akzeptables, deckungsgleiches Niveau gebracht werden. Im *Security-System*-Kontext stellen die Geschäfts- sowie die Sicherheitsanforderungen die FR dar. Während Input-Constraints durch Vorgaben wie Performance-Einschränkungen im Verhältnis zum erzielbaren Sicherheitsniveau ausgedrückt werden können, werden System-Constraints im Rahmen der Architekturprozesse erfasst und durch Reflexion – beispielsweise im Rahmen einer Impact-Analyse – transparent.

Zur Entwicklung der Lösung erfolgt in der physikalischen Domäne die Entwicklung/Übersetzung der FR in Design-Parameter (DP). Diese definieren noch nicht das endgültige Produkt, sondern technische, logische oder funktionale Rahmenbedingungen, die ggf. mehrere Lösungsansätze zulassen. Im *Security-System*-Kontext also die in der Konzeptionsphase erarbeiteten Lösungsansätze.

Die Entscheidung und Ausprägung des endgültigen Produkts bzw. System-Designs wird in der Prozessdomäne in Form von Prozessvariablen (PV) festgelegt. Hiermit ist gleichzeitig die Rückkopplung zu den DP gegeben, in dem sowohl die Ausprägungen der DP als auch die Berücksichtigung/Umsetzung aller DP im Sinne einer Vollständigkeitsprüfung sichergestellt werden kann und muss.

Im Designprozess erfolgt sowohl ein Vorwärts-Mapping zwischen den Domänen, d. h. eine Transformation der Anforderungen und Parameter von links nach rechts als auch eine Rückwärtsprüfung von rechts nach links, wie in Bezug der Prozessvariablen bereits angedeutet. Als Kernaktivität des Designprozesses wird das Mapping zwischen Funktionalen Anforderungen (FR) und Design-Parameter (DP) verstanden, in der die Lösungsansätze entwickelt werden. Der *Axiomatic-Design*-Ansatz definiert hierzu, dass sowohl die Funktionalen Anforderungen (FR) als auch die Design-Parameter (DP) jeweils in eine hierarchische Ordnung (vertikale und horizontale Struktur) gebracht werden und die Zuordnung der Design-Parameter zu Funktionalen Anforderungen in Form einer als „ZigZagging" genannten Darstellung erfolgt. Im Kontext des *Security-Systems* kann die (hierarchische) Ordnung mit den unterschiedlichen Sichten und das „zigzagging" als Teil des Elaborationsprozesses verbunden werden.

Das Mapping zwischen Funktionalen Anforderungen (FR) und Design-Parameter (DP) sowie die Verknüpfung/Ausprägung zwischen Design-Parameter (DP) und Prozessvariablen (PV) kann durch eine mathematische Notation mittels Matrizen dargestellt und zur Analyse bzw. Bewertung des *Designs* herangezogen wird:

$$\{FRs\} = [A]\{DPs\} \quad \text{und} \quad \{DSs\} = [B]\{PVs\} \qquad (8.1)\,(8.2)$$

Hierbei wird die Matrix [A] als „Design Matrix" zur Charakterisierung des Produktdesigns und die Matrix [B] zur Charakterisierung des Prozessdesigns verwendet. Wird die erste Gleichung beispielhaft mit drei FR und drei DP einmal ausgeschrieben, so ergibt sich das Gleichungssystem

$$\begin{aligned} FR_1 &= A_{11}\,DP_1 + A_{12}\,DP_2 + A_{13}\,DP_3 \\ FR_2 &= A_{21}\,DP_1 + A_{22}\,DP_2 + A_{23}\,DP_3 \\ FR_3 &= A_{31}\,DP_1 + A_{32}\,DP_2 + A_{33}\,DP_3 \end{aligned} \qquad (8.3)$$

sodass die einzelnen Matrixelemente A_{ij} die Abhängigkeit der jeweiligen FR_i vom DP_j ausdrücken, mathematisch:

$$A_{ij} = \partial FR_i / \partial DP_j \qquad (8.4)$$

Abhängigkeiten A_{ij} können hierbei konstante Größen sein, sodass eine lineare Design-Abhängigkeit gegeben ist. In komplexen Systemen können die Abhängigkeiten A_{ij} ggf. auch nicht linear sein, was beispielsweise durch Lastabhängigkeiten von Antwortzeiten verursacht sein kann.

Gibt es für ein FR_i eine Abhängigkeit von allen DP_{ix}, d. h., sind alle A einer Zeile gegeben, so stellt dies ein nicht optimales Design dar. In einem solchen Fall führen Änderungen einer FR zu notwendigen Änderungen an mehreren Designpunkten (Aspekten). Gleichermaßen führen Schwankungen der Design-Parameter (DP) im Ergebnis zu Schwankungen oder auch Nicht-Erfüllung von FR.

Darüber hinaus ergibt sich durch die Einwirkung einzelner Design-Parameter (DP) auf mehrere Funktionale Anforderungen (FR) eine Abhängigkeit der FR untereinander. Eine solche Abhängigkeit entspricht somit keinem robusten System-Design im Sinne der oben definierten Architekturziele.

Independence Axiom

Aus den genannten Zusammenhängen hat Suh das erste der beiden Axiome zum Designprozess abgeleitet. Das **Independence Axiom** ist definiert als die Zielsetzung, dass jede Funktionale Anforderung (FR) unabhängig von anderen FR erfüllt sein soll.

Als Idealfall stellt sich somit die Abhängigkeit einer FR_i nur vom jeweiligen DP_i dar, d. h., dass die Abhängigkeit nur durch das eine jeweilige A_{ii} gegeben ist. Dieser Idealzustand wird im Axiomatic Design als nicht gekoppeltes Design („uncoupled design") bezeichnet; alle anderen Abhängigkeiten werden als gekoppeltes Design („coupled design")

8.3 Axiomatic Design

bezeichnet. Auf den Spezialfall des definierten entkoppelbaren Designs („decoupled design") soll hier nicht eingegangen werden.

Neben der Entwicklung möglicher Lösungsansätze besteht die Aufgabe zur Bestimmung und Umsetzung des „Besten Design-Ansatzes" und damit optimalen Ergebnisses (optimales Produkt oder optimales System-Design). Suh verwendet zur Bestimmung des Optimums hier den Begriff des Informationsgehalts („Information Content") und definiert hiermit das zweite Axiom, welches hier nur in Grundzügen dargestellt werden soll.

Information Axiom

Der optimale Designansatz ist durch das Design mit dem minimalen Informationsgehalt definiert.

Zur Ermittlung des Informationsgehalts eines Designansatzes wird zunächst definiert, dass der Informationsgehalt I_i für eine einzelne Funktionale Anforderung FR_i durch eine Wahrscheinlichkeit Pi als Maß der Erfüllung der FR_i ausgedrückt werden kann.

$$I_i = \log_2\left(1/P_i\right) = -\log_2 P_i \tag{8.5}$$

Verwendet wird also die Definition aus der Informationstheorie nach Shannon.

Zum Verständnis ist zu vergegenwärtigen, dass

a) von einer hierarchischen Ordnung der Funktionalen Anforderungen FR ausgegangen wird und
b) die einzelnen (SUB-)FR von Schwankungen der Design-Parameter DP abhängig sein können.

Die Funktionalen Anforderungen FR auf oberster Ebene unterliegen durch die Verknüpfung und Abhängigkeit untergeordneter (Sub-)FR somit einer Unsicherheit und damit einer Gesamt-Erfüllungswahrscheinlichkeit.

Nur für den Fall nicht gekoppelter („uncoupled") Funktionaler Anforderungen (auf oberster Ebene) ergibt sich der Informationsgehalt eines Gesamtsystems durch die Ermittlung gemäß

$$I_{SYS} = -\sum P_i \quad \text{über alle i} = (1..n) \text{ FR eines Systems} \tag{8.6}$$

Es wird ersichtlich, dass die Bestimmung des System-Informationsgehalts für gekoppelte Funktionale Anforderungen FR sowie für nicht-lineare Abhängigkeiten zwischen Design-Parameter DP und Funktionalen Anforderungen FR zu einer komplexen Aufgabe auswachsen kann. Dies unterstreicht das Grundbestreben der Reduktion von Komplexität durch diverse Ansätze wie beispielsweise dem Streben nach Robustheit. Die Architekturprinzipien im Abschn. 8.6 gehen hierauf weiter ein.

8.4 FAS-Methode

Zur Entwicklung einer passenden Architektur des *Security-Systems* aus den Definitionen des Security-Modells und den *Security-Requirements* wird teilweise eine Funktionale Architektur vorweg oder parallel entwickelt. NIST beschreibt dies als eine Möglichkeit zur Definition und Prüfung von Sicherheitsaspekten [11]. Als Beispiel wird die Segmentierung von Systemfunktionen zur Reduktion möglicher gegenseitiger Beeinflussungen genannt; womit eine Verbindung zum „Axiomatic Design" nach Suh hergestellt werden kann. Die funktionale Architekturbeschreibung umfasst die Struktur der funktionalen Systemelemente sowie deren Verknüpfungen, d. h. der Repräsentation von Datenflüssen, Aktionsflüsse o. Ä. In ihrem Artikel zur „Method for deriving functional Architectures from Use Cases" geben Lamm und Weilkiens Hilfestellungen zur Umsetzung für den von ihnen als FAS-Methode (FAS – Funktionale Architektur für Systeme) bezeichneten Prozess [14]. Als funktionale Architektur wird wie üblich die Struktur und das Zusammenwirken einzelner Elemente aufgefasst. Wesentlich bei der funktionalen Architektur ist, dass die Elemente (Systemkomponenten) ausschließlich auf die Betrachtung einzelner Input-/Output-Relationen bzw. -Transformationen zum Austausch von Informationen, Signalen etc. abstrahiert werden.

Im Kontext der FAS-Methode wird ein **Use Case** als „Beschreibung zur zielorientierten Benutzung eines Systems – durch Personen oder externe Systeme – mittels Bereitstellung unterschiedlicher (System-)Funktionen/Services" definiert. Ergänzend hierzu werden **Use-Case-Aktivitäten** als Folge von Aktionen bezeichnet, die zur Umsetzung eines Use Cases erforderlich sind (freie Übersetzungen des Autors).

Die FAS-Methode besteht aus den Schritten

a) Identifizierung der *Use Cases*,
b) Verfeinerung der *Use Cases* durch *Use*-Case-Aktivitäten,
c) Bildung funktionaler Gruppen und
d) Modellierung funktionaler Elemente

Die **Identifizierung von Use Cases** erfolgt aus Sicht der System-Nutzer („System Actors"), die sowohl Personen als auch Systeme sein können. Als *Use Case* werden die „Klammerfunktionen" eines Systems bestehend aus den Vorbedingungen (Ausgangszustände), den resultierenden Zuständen sowie Trigger und Ergebnisse verstanden. Wird beispielhaft der Vorgang zum Aufruf und zur Nutzung einer Online-Anwendung betrachtet, so können die „einzelnen Schritte" Aufruf der Web-Anwendung, Einloggen als Benutzer, Aufruf der Anwendung, ggf. Anmeldung an der Anwendung etc. als *Use Cases* erfasst werden.

Bei der **Verfeinerung durch Use-Case-Aktivitäten** erfolgt eine Auffächerung in einzelne Schritte („Case-Activities") gemäß des Informations- oder Signalflusses zur Abarbeitung des *Use Cases*. Neben den Input- und Output-Relationen werden dann Trigger und Ergebnisse erfasst. Beispielhaft kann der Vorgang der Identifikation und Authentifikation zum Einloggen des Benutzers genannt werden, bei dem der Start einer Anforderung zur Herstellung einer VPN-Verbindung (Trigger) zur Präsentation der Eingabemaske für Identifikationsdaten führt (Vorbedingung). Nach Eingabe der Daten (Aktion) werden diese durch das System geprüft und – im positiven Fall – bestätigt (Ergebnis), sodass nunmehr der Verbindungsaufbau unter Verwendung der Authentisierungskennung gestartet wird (resultierender Zustand).

Als nächster Schritt der FAS-Methode erfolgt die **Bildung funktionaler Gruppen** für die *Use-Case-Activities*. Zielsetzung ist es, möglichst viele (alle) gleichartigen Aktivitäten so zu gruppieren, dass die Anzahl der erforderlichen Funktionselemente minimiert, d. h. im besten Fall auf ein einzelnes Funktionselement reduziert wird. Wird erkannt, dass beispielsweise in unterschiedlichen Schritten die vom Benutzer eingegebenen Identifikationsdaten validiert werden – Authentisierung am VPN – Netzwerkknoten, Authentisierung an der Anwendung etc., kann dies als „Funktion Validierung" extrahiert und als eine Systemfunktion (System Function) behandelt werden.

Der abschließende Schritt der **Modellierung Funktionaler Elemente** dient der möglichst vollständigen Erfassung/Beschreibung der Systemfunktion. Am Beispiel der Validierungsfunktion umfasst dies die Vorhaltung der zugelassenen Identifikationsdaten („Benutzer-Repository"), die Bereitstellung unterschiedlicher Mechanismen und Protokolle zum Aufruf der Validierung, die Realisierung unterschiedlicher Validierungstiefen, je nachdem woher die Validierungsfunktion aufgerufen wird etc. Festzuhalten ist, dass hier sowohl elementare Funktionen als auch Schnittstellen zu anderen Funktionselementen erfasst werden, sodass die funktionale Architektur vollständig definiert wird.

Damit sind grundlegende Arbeiten zur Überführung in eine Struktur physischer/funktionaler Systemkomponenten geschaffen. Ob und in welchem Umfang die funktionale Struktur wieder aufgelöst wird, ist u. a. anhand anzuwendender Architekturprinzipien und/oder gegebener Leistungsmöglichkeiten erforderlicher IT-Technik zu entscheiden.

8.5 Frameworks

Enterprise Architecture Frameworks (EAF) sind in der Geschäftswelt weit verbreitet. Das Zachmann Framework, The Open Group Architecture Framework (kurz TOGAF) oder Department of Defense Architecture Framework (DoDAF) sind nur die populärsten Beispiele von über 50 bestehenden Rahmenwerken zur Entwicklung von Unternehmensarchitekturen. Das grundlegende Ziel ist die Ausrichtung der Unternehmens-IT an den Geschäftszielen.

Parallel dazu existiert mit der serviceorientierten Architektur, kurz SOA, ein entgegenkommender Ansatz mit dem Ziel, ein Konzept zu entwickeln, dass „[…] die Geschäftsprozesse und die IT eines Unternehmens nach (IT-)Diensten strukturiert, die modular aufgebaut sind und flexibel zur Umsetzung von Geschäftsprozessen kombiniert werden können" [15].

Bei beiden Sichtweisen stehen die Geschäftsprozesse im Fokus – die Informationssicherheit kommt jedoch zu kurz, da diese meist nur als Teilbereich in jenen Methoden vorkommt oder durch Add-on-Rahmenwerke on top betrachtet werden.

So hat beispielsweise der Bundesverband IT-Sicherheit e.V. (TeleTrusT) einen Entwurfskatalog zusammengestellt um – mit Hilfestellungen – die Abbildung der Sicherheitsziele Authentizität, Integrität, Vertraulichkeit, Nichtabstreitbarkeit und Autorisierung in der SOA unterzubringen. Eine notwendige Erweiterung.

TOGAF, oft genannt im Kontext von Enterprise-Architekturen und auch genutzt zur Entwicklung von Sicherheitsarchitekturen, erreicht erst dann einen umfassenden Blick auf die Informationssicherheit, wenn es beispielsweise um die Sherwood-Applied-Business-Security-Architecture-Methode, kurz SABSA, erweitert wird. Das dazu erhältliche Whitepaper zur TOGAF-/SABSA-Integration bildet an dieser Stelle das fehlende Puzzlestück um den TOAF-Ansatz mit Sicherheitsanforderungen anzureichern [16].

Neben SABSA oder dem Open-Security-Architecture-Ansatz, kurz OSA, gibt es keine nennenswerten prominenten Methoden zur Entwicklung einer Sicherheitsarchitektur oder finden zumindest im deutschsprachigen Raum kaum Anwendung. Ein Blick auf beide lohnt sich daher.

SABSA wurde im Jahre 1996 erstmalig unter dem Titel „SALSA: A Method of Developing the Enterprise Security Architecture and Strategy" publiziert [17]. Es basiert im Kern auf der ISO 7498-2 „Informationsverarbeitungssysteme; Kommunikation offener Systeme; Basis Referenzmodell; Teil 2: Sicherheits-Architektur", die den Fokus auf eine Sicherheitsarchitektur zur Absicherung der Kommunikation zwischen offenen Systemen legt [18]. Mit SABSA wurde die logische („Security Services"), physikalische („Security Mechanisms") und prozessuale Ebene („Security Management") der ISO 7498-2 im ersten Schritt um die unternehmerische („Business Requirements") und strategische Ebene („Major Security Strategies") ergänzt. Nach Weiterentwicklungen des Frameworks ist SABSA heute eine Methode bestehend aus verschiedenen Architektur-„Sichten", Modellen und Frameworks u. a., ergänzt um die Sicht auf das Service-Management (Abb. 8.4).

Heute trägt SABSA den Untertitel „Enterprise Security Architecture" und wird vom SABSA Institute C.I.C veröffentlicht und weiterentwickelt [19]. Der Fokus liegt auf der Entwicklung „geschäftsorientierter, risiko- und chancenorientierter Sicherheitsarchitekturen" zur Unterstützung der Unternehmensziele. Wie aus anderen Methoden und Normen bekannt, soll die stetige Weiterentwicklung der Sicherheitsarchitektur durch eine Feedbackschleife sichergestellt werden ([20]; Abb. 8.5).

Die OSA-Methode ist im Vergleich zu SABSA ein weniger komplexer und mehr IT orientierter Ansatz, in dessen Architekturlandschaft die Sichten auf Unternehmensziele und -strategie fehlen. Es basiert auf der NIST-Publikation SP 800-53 [21].

OSA gliedert sich in vier Teilbereiche, die aufeinander aufbauen:

- **„Visual patterns"**: Bestimmung von vordefinierten spezifischen Szenarien und Anwendungsbeispielen, die mit Rollen und umzusetzenden Anforderungen (s. Control catalogue) angereichert sind.

8.5 Frameworks

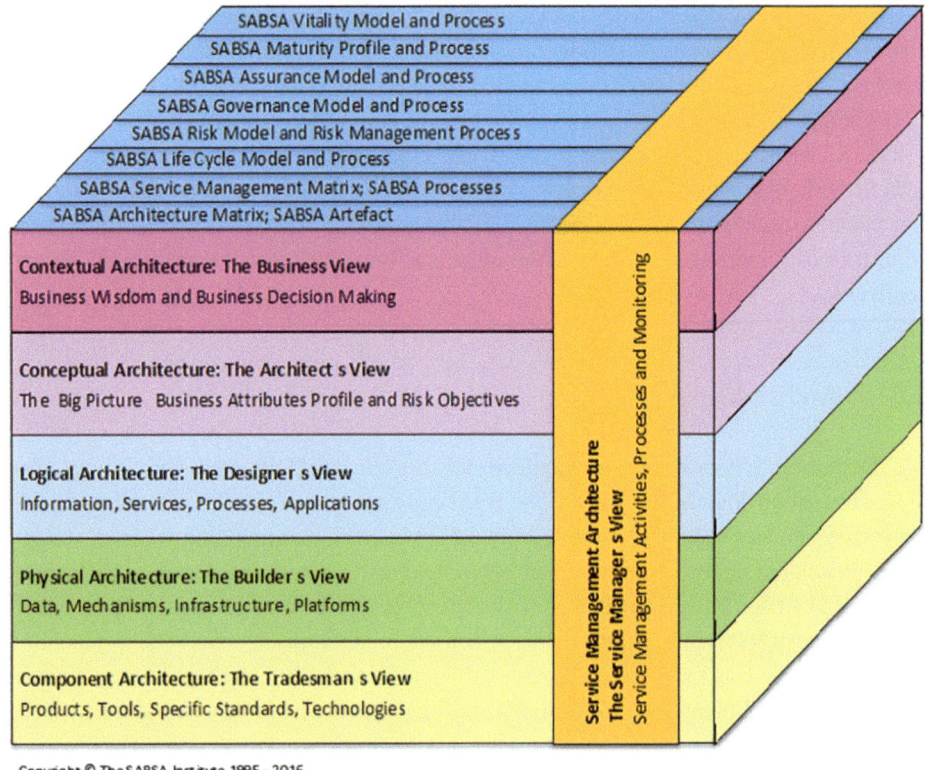

Abb. 8.4 SABSA Enterprise Architecture (Quelle: SABSA [19])

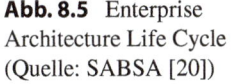
Abb. 8.5 Enterprise Architecture Life Cycle (Quelle: SABSA [20])
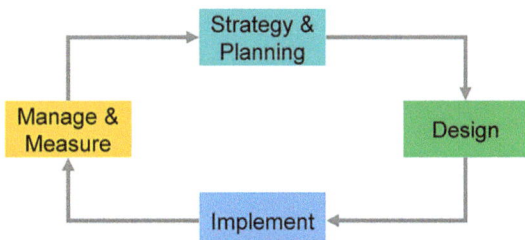

- „**Control catalogue**": Bestimmung von vordefinierten technischen und organisatorischen Anforderungen (Bezug zu Visual patterns) die gegen bestehende Standards (PCI DSS, COBIT etc.) gemappt werden (Achtung: Mapping Stand 03.2022 veraltet!).
- „*Assessment*": Kosten-Nutzen-Analyse der ermittelten Anforderungen.
- „**Security Architecture**": Anpassung und Implementation der ausgewählten Anforderungen in den Kontext der Organisation.

Der Vorteil von OSA liegt in der konkreten Beschreibung von Anwendungsszenieren und den dazugehörigen zu berücksichtigen Anforderungen. Durch die fehlende Sicht auf bzw. fehlende Integration in Unternehmensziele und Geschäftsprozesse ist OSA alleinstehend nur bedingt als eine Methode geeignet, die heutige Anforderungen erfüllt.

Die Kombination der Ansätze SABSA und OSA ist sinnhaft. Mit SABSA lässt sich eine Sicherheitsarchitektur entwickeln, die in integrierter Art und Weise den Schutz der Geschäftsprozesse sicherstellt. Der für die Umsetzung fehlende Teil, die Definition von konkreten Anforderungen und Hilfestellungen zur Implementation, kann aus OSA bezogen werden.

8.6 Architekturprinzipien

Die Definition von Architekturprinzipien vor der Entwicklung und Umsetzung einer Sicherheitsarchitektur ist essenziell. Die Prinzipien haben maßgeblichen Einfluss auf die Definition von Maßnahmen – nicht nur, welche Maßnahmen umgesetzt werden, sondern auch auf welcher Ebene und in welchen Bereichen (technisch, organisatorisch, prozessual, personell). Mit den Prinzipien lässt sich die Ausrichtung der Sicherheitsarchitektur steuern und auch innerhalb eines Unternehmens in nicht-technologischer Sprache verständlich kommunizieren. Das kann die Akzeptanz erhöhen. Es folgt eine Auswahl der gängigsten Prinzipien aus Rahmenwerken, Standards und Best Practices wie beispielsweise ISO/IEC TS 19249 [12].

i. Robustheit
   Die Funktionalen Anforderungen (FR) sind derart umzusetzen, dass die Flexibilität und das Alignment an technologischen und geschäftlichen Wandel optimiert bleibt. Abhängigkeiten zwischen FR sowie Abhängigkeiten zu einzelnen funktionalen, logischen oder physischen Architekturelementen sind zu minimieren.
ii. KISS – Keep it simple, stupid („Economy of Design")
   Die Abbildung der Funktionalen Anforderungen auf logischen und physischen Architekturelementen muss eineindeutig und nachvollziehbar erfolgen; gleichzeitig ist die Anzahl der Architekturelemente zu minimieren.
   Eine Strukturierung gemäß „Eine Sicherheitsfunktion pro Architekturelement" sowie „Ein Architekturelement pro Sicherheitsfunktion" hat Vorrang. Die Integration von Sicherheitsfunktionen in Systeme der Geschäftsprozesse ist zu minimieren.
iii. *Resilience*
   Die Architektur des *Security-Systems* ist so zu gestalten, dass Beeinträchtigungen oder Ausfälle auf einzelne Zonen oder Architekturelemente begrenzt bleibt. Hierbei ist die Transparenz der Systemzustände und die Steuerungsfähigkeit jederzeit zu erhalten.
iv. Prinzip der Ausfallsicherheit („Fail safe")
   Mit Ausfall eines Architekturelements muss die damit verbundene Sicherheitsfunktion in den sicheren Grundzustand beispielsweise der Zugangs- und Zugriffsverweigerung

wechseln. Dies gilt auch für Unterbrechungen bzw. Beendigungen bestehender Verbindungen sowie abhängige Sicherheitszonen.

v. *Separation of duties*
Die Steuerung/Konfiguration von Sicherheitsfunktionen und die Umsetzung funktionaler Anforderungen ist durch separate Architekturelemente auszuführen (Trennung von policy Definition point und policy enforcement point). Durch eine gestaffelte Sicherheit ist ein „Single Point of Control" sowie ein „Single point of Trust" zu verhindern.

Alle Architekturelemente müssen so aufgebaut sein, dass die Abhängigkeit von anderen Elementen minimiert ist.

Ein Sharing von Ressourcen erfolgt auf der Basis gleichartiger (mit gleichen Sicherheitsanforderung) Komponenten und Funktionen.

vi. Sicherheitszonen
Die hierarchische Ordnung der Funktionalen Anforderungen sowie die korrespondierenden Design-Parameter orientieren sich an Zonen mit gleichem Sicherheitskontext. Die Anzahl der Zonen sowie die Anzahl der Zonenübergänge ist zu minimieren. Externe Netze sind grundlegend mindestens als eine separate Zone zu behandeln. IT- und OT-Architekturelemente sind in separaten Zonen zu gruppieren. Innerhalb einer Zone sind Privilegien zu minimieren.

8.7 Gefährder

Bedingt durch die unterschiedlichen Sichtweisen und Ebenen die bei der Entwicklung einer Architektur betrachtet werden, sind eine Vielzahl von verschiedenen Rollen zu beteiligen (siehe Abschn. 8.2).

Diese innerhalb des Unternehmens abgebildeten/abzubildenden Rollen sind in der Regel leicht in die Architekturprozesse einzubinden. Etwas anders verhält es sich bei der Gefährdungssicht mit dem Verursacher des Risikos, d. h. dem Gefährder. Immerhin wird vor dem Hintergrund einer Gefährdung die Architektur entworfen. Das Risiko mit Blick auf die Geschäftsprozesse, was aus den Gefährdungen resultiert, ist also ein zentraler Punkt. Nicht zuletzt aus diesem Grund lohnt sich ein genauerer Blick auf den Gefährder.

Gefährder wirken anders als die bisher bekannten Rollen nicht direkt an der Entwicklung einer Sicherheitsarchitektur mit. Sie sind vielmehr der Ausgangspunkt auf die, entgegen zu den innerhalb eines Unternehmens definierten Rollen und Verantwortlichkeiten, kein Einfluss genommen werden kann. Daher ist diese Rolle anders zu fassen.

Gefährder lassen sich bekannterweise innerhalb eines Unternehmens als auch außerhalb finden. Interne Mitarbeiter können Risiken verursachen, indem vorsätzlich Richtlinien nicht befolgt werden, Entwickler können Schwachstellen produzieren, wenn der Quellcode nicht ausreichend sicher programmiert wird. Administratoren können Schwachstellen zugänglich machen, wenn Konfigurationen nicht gehärtet oder up-to-date sind. Die Liste lässt sich fortführen unter Berücksichtigung aller möglichen vorsätzlichen Handlungen. Mitarbeiter sind dann keine Gefährder, wenn ein fehlerhaftes Handeln im Sinne einer „menschlichen Fehlhandlung", Fehleinschätzung und zu einem Großteil (!) auch Unwissenheit vorliegt.

Ein externer Gefährder, welcher beispielsweise im Kontext der Cybersicherheit maßgeblich der Angreifer, „Hacker", wäre, wartet mit einer ganzen Reihe an verschiedenen Motiven, Angriffstechniken und Zielen auf. Das Wissen darüber, für welche Arten von Angreifern mit welchen Motiven das Unternehmen attraktiv ist, kann bei der Identifizierung und Bewertung von Risiken und somit dem Setzen von Schwerpunkten in der Architektur helfen. Als initialer Ansatz zur Bestimmung der „Angriffs-Attraktivität" kann mittels Bestimmung der Cybersicherheits-Exposition der Allianz für Cybersicherheit erfolgen [22].

Gefährder sollten daher bei der Entwicklung der Sicherheitsarchitektur genauer betrachtet werden. Welcher Geschäftsprozess ist für welchen Angreifer attraktiv? An welcher Stelle im Geschäftsprozess oder in der IT ist welche Angriffstechnik wahrscheinlich? Die Integration von Fragen dieser Art in die Methode zur Entwicklung der Sicherheitsarchitektur kann einen Mehrwert bringen.

8.8 Sicherheit durch Mitarbeiter

Wie bereits im Einführungskapitel zu „Akteure und Aktionen" (Abschn. 1.3) dargelegt, ist aus Sicht des Autors die überproportionale Zuschreibung einer Sicherheitsfunktion auf den „gemeinen" Benutzer, d. h. den „User vor dem Bildschirm" grundlegend falsch. Die dargelegten systemischen Gründe sollen an dieser Stelle um Aspekte der Psychologie bzw. Pädagogik ergänzt werden.

Mit dem Ansatz, dass Benutzer einen Beitrag zur Systemsicherheit leisten, ist die Notwendigkeit verbunden, die hierzu erforderlichen Kompetenzen zu vermitteln. Als Kompetenz wird hier das situativ richtige Verhalten auf den Versuch der Beeinflussung zu einem „schädlichen Verhalten" verstanden. Hervorzuheben sind beispielsweise Phishing-Versuche, die mit „gravierenden Auswirkungen" auf die Sicherheit eines kompletten Systems verbunden sind. Bei der im natürlichen Arbeitsprozess normalen und vielfältigen direkten und indirekten Kommunikation per E-Mail soll eine besondere Aufmerksamkeit auf „seltsame" Inhalte oder Absender gelegt werden, um Phishing-Versuche zu widerstehen. Um hierzu die „notwendige" Awareness und auch Kompetenz zu haben, wird in aktuellen Fällen oftmals ein Warnhinweis verteilt, der regelmäßig auch Hinweise darauf liefert, woran denn die aktuelle böswillige Absicht und Gefahr zu erkennen ist.

Mithilfe des bekannten 4-Ohren-Modells von Friedemann Schulz von Thun können auf einem einfachen Niveau die Schwierigkeiten zu Erzielung einer Cyber-Verhaltenskompetenz dargestellt werden [23]. Gemäß des Modells wird der Kommunikationsinhalt zwischen Sender und Empfänger in vier Kommunikationsaspekte zerlegt:

Neben der reinen Botschaft wird dieser regelmäßig ein Verhalten appliziert; beispielsweise kann mit dem Satz „Die Ampel ist rot" die Aufforderung zur Bremsung oder auch der Appell „Pass auf" verbunden werden. Neben diesen Aspekten der Inhaltsebene ist im Kommunikations-

8.8 Sicherheit durch Mitarbeiter

modell auch eine Beziehungsebene unterlegt. Diese besteht einerseits aus der Selbstkundgabe, die im Beispiel mit „Ich habe das gesehen" oder auch subtiler mit „Ich habe Angst" verknüpft werden kann. Ergänzt wird dies durch den Beziehungsaspekt, der hier mit „Ich möchte, dass du das weißt" oder simpel „Ich darf dir das sagen" interpretiert werden kann.

Sicherheitshinweise, ob sie nun von externen Stellen oder von den internen Sicherheitsverantwortlichen stammen, können ebenfalls durch die vier Aspekte zerlegt werden. Erfolgt dies einmal bewusst übertrieben, können hieraus Erkenntnisse abgeleitet werden, warum eine Absicht zu bestimmten Verhalten scheitert:

Die gut gemeinte Botschaft kann auch als „Traue Keinem, prüfe alles" oder subtiler „Pass auf, DU bist ein Gefährder" interpretiert werden; ein Appell kann – im Wortsinne – als Bevormundung der Art „Tue dies nicht" gedeutet werden. Aus der Selbstkundgabe des Senders kann ein „Ich habe die Kenntnis und das Wissen" und aus der Beziehungsseite dann eine Anleitung oder auch eine „Lehrer-Schüler-Beziehung" werden. Auch wenn dies bewusst übertrieben ist, ist deutlich, dass hier schnell beim Empfänger der Eindruck von Druck und mangelndem Respekt entstehen kann. Die Gegenreaktion kann dann Ignoranz der Hinweise sein, welches im euphemistischen Fachjargon dann als „Cyber Fatigue", also einer gewissen Ermüdung gegen Hinweise bezeichnet wird.

In fundierterer Art und Weise begründen Reeves et al. [24] neuere Ansätze zum Umgang mit der „Cyber Security Fatigue", dass Benutzer trotz vielfältiger und gut gemeinter Hinweise und Schulungen dem erhofften Lernerfolg trotzen und weiterhin auf potenziell gefährliche Phishing-E-Mails und weitere benutzerzentrierte Gefährdungen reagieren. Hierzu definieren sie ein 4-Komponenten-Modell, in dem die Beziehungen zwischen je zwei unterscheidbaren Fatigue-Typen und Fatigue-Quellen erfasst werden können. In Abb. 8.6 ist dies einmal als Überlagerung mit dem 4-Ohren-Modell dargestellt [23, 24].

Fatigue-Typen klassifizieren die Art und Weise, wie Benutzer auf Anforderungen reagieren: Ermüdungserscheinungen können einerseits kognitiver Natur sein, womit eine Überlastung zur Erfassung und bewusster, richtiger Reaktion auf Cyber-Gefährdungen

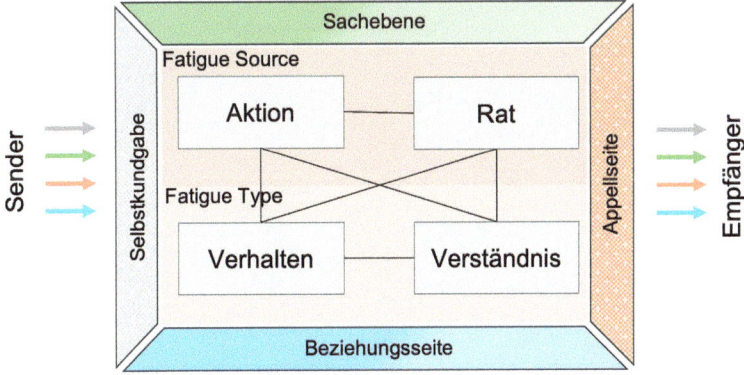

Abb. 8.6 Fatigue-Aspekte im 4-Ohren-Modell (Anlehnung an Reeves et al. und Schulz von Thun [23, XX])

umfasst sind. Andererseits stellen verhaltensorientierte Reaktionen wie „Nicht-Zuständig", „Nicht so wichtig" etc. die sogenannte „Attitudinal Fatigue" dar. Während erstere ggf. durch Dosierung und Verringerung der Hinweisfrequenz reduziert werden kann, stellt Letztere das eigentlich ernsthaftere Problem dar.

Als Fatigue-Quellen und Auslöser identifizieren Reeves et al. sowohl eine aktionsorientierte als auch eine hinweisorientierte Überfrachtung. Gemeint ist der wiederholte Appell, etwas zu tun oder eher etwas zu unterlassen („Action") sowie die Ermüdung durch umfangreiche und – aus Sicht des Anwenders – mit unnötig viel Informationen versehene Hinweise.

Ansätze zur Optimierung und Herstellung des gewünschten Verhaltens der Benutzer ergeben sich mit dem 4-Komponenten-Modell durch Erfassung und Bewertung der Erscheinungsform, d. h. durch eine gründliche Ursachenermittlung und eine daraufhin abgestimmte Definition von Maßnahmen. Dies führt ggf. auch zu Fragen und Ansätzen der vorherrschenden (Sicherheits-)Kultur einer Organisation.

Aus den Ansätzen der Forschung zur Kultur und zur Kulturveränderung in Unternehmen ist bekannt, dass das persönliche Verhalten von Mitarbeitern im Wesentlichen durch drei Eigenschaften definiert ist:

a) die persönlichen Ziele bzw. Einstellungen,
b) die Rahmenbedingungen (d. h. wer oder was entscheidet, ob die Ziele erreichbar oder Einstellungen weiterhin „gelebt" werden können) und
c) durch die Kriterien bzw. Trigger, die die Entscheidungen zu einer Verhaltensänderung führen
[25].

Die Entwicklung des Sicherheitsverhaltens sollte sowohl die Fatigue- als auch die Kultur-Eigenschaften gebührend berücksichtigen. Auf der hier nur simplifizierten Betrachtungsweise kann dies beispielhaft durch positiv-induzierte Botschaften und Maßnahmen umgesetzt werden, wie es Abb. 8.7 beispielhaft zeigt.

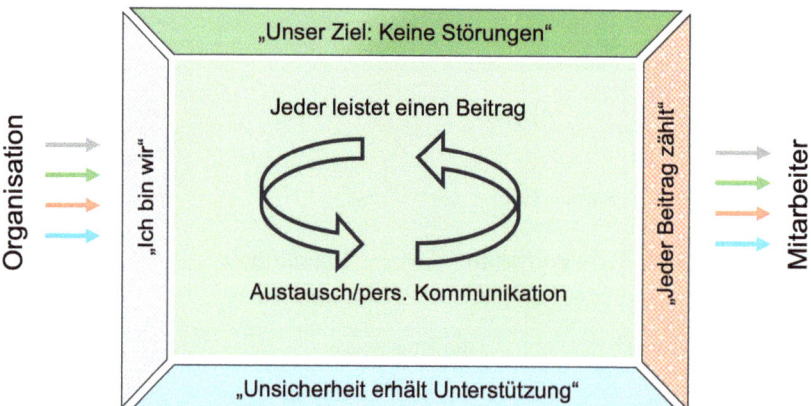

Abb. 8.7 4-Ohren-Beispiel der Security

Wichtig ist, dass die Botschaften und Maßnahmen konsequent durch ALLE Mitarbeiter getragen und auch abverlangt werden. Insbesondere Führungskräfte haben hier durch die viel beschworene – und leider nicht immer gelebte – Vorbildfunktion einen erheblichen Erfolgsanteil.

Literatur

1. ISO Architecture survey, http://www.iso-architecture.org/ieee-1471/afs/frameworks-table.html; letzter Abruf: 30.08.2024
2. Zachman J. A., A framework for information systems architecture, IMB SYSTEMS Journal, Vol. 26, No. 3, 1987, p. 276–292
3. Zachman_TOGAF; https://zachman-feac.com/resources/ea-articles-reference/164-a-historical-look-at-enterprise-architecture-with-john-zachman-an-interview-with-the-open-group; letzter Abruf: 31.08.2024
4. Architecture in NIST Glossary, https://csrc.nist.gov/glossary, letzter Abruf 13.03.2025
5. ISO/IEC/IEEE 15288:2023, Systems and software engineering – System life cycle Processes
6. BSI IT-Grundschutz-Kompendium 2023
7. ISO/IEC 27002:2022, Information security, cybersecurity and privacy protection – Information security *Controls*, Control 8.27
8. SeBoK, https://sebokwiki.org/wiki/System_Architecture_Design_Definition, letzter Abruf 13.03.2025
9. ISACA Architecture; https://www.isaca.org/resources/isaca-journal/issues/2017/volume-4/enterprise-security-architecturea-top-down-approach; letzter Abruf 31.12.2024
10. ISO/IEC 27001:2022-10, Informationssicherheit, Cybersicherheit und Datenschutz – Informationssicherheitsmanagementsysteme – Anforderungen (ISO/IEC 27001:2022); Deutsche Fassung EN ISO/IEC 27001:2023
11. NIST SP 800-160 Vol. 1 Rev. 1, Engineering Trustworthy Secure Systems, https://csrc.nist.gov/pubs/sp/800/160/v1/r1/final, letzter Abruf 07.03.2025
12. ISO/IEC 19249 TS, Information technology – Security techniques – Catalogue of architectural and design principles for secure products, systems and applications, n.d.
13. Suh Nam P.; Axiomatic Design Theory for Systems, Research in Engineering Design (1998) 10: 189–209
14. Lamm J, Weilkiens T, Method for Deriving Functional Architectures from Use Cases, Systems Engineering, Vol. 17, No. 2, 2014
15. Definition SOA nach Bitkom in „Service-orientierte Architekturen Leitfaden und Nachschlagewerk", 2. Auflage, Seite 7
16. „W117 SABSA – TOGAF Integration White Paper" (Published October 2011)
17. Sherwood J., SALSA: A method for developing the enterprise security architecture and strategy, Computers & Security, Volume 15, Issue 6, 1996
18. ISO 7498-2:1989, Information processing systems – Open Systems Interconnection – Basic Reference Model – Part 2: Security Architecture
19. The Modern SABSA Meta Model, https://sabsa.org/the-chief-architects-blog-a-brief-history-of-sabsa-21-years-old-this-year/; letzter Abruf 08.03.2022
20. SABSA Executive Summary, https://sabsa.org/sabsa-executive-summary/, letzter Abruf 04.02.2024
21. NIST SP 800-53 Rev. 5, Security and Privacy *Controls* for Information Systems and Organizations, https://csrc.nist.gov/pubs/sp/800/53/r5/upd1/final, letzter Abruf 09.03.2025

22. Allianz für Cyber-Sicherheit, Cyber-Sicherheits-Check, https://www.allianz-fuer-cybersicherheit.de/Webs/ACS/DE/Informationen-und-Empfehlungen/Informationen-und-weiterfuehrende-Angebote/Cyber-Sicherheitscheck/cyber-sicherheitscheck_node.html, letzter Abruf 13.03.2025
23. Schulz von Thun; das Kommunikationsquadrat; https://www.schulz-von-thun.de/die-modelle/das-kommunikationsquadrat; letzter Abruf 24.08.2025
24. A. Reeves, P. Delfabbro, D. Cali; Encouraging Employee Engagement With Cybersecurity: How to Tackle Cyber Fatigue; SAGE Open January-March 2021: 1–18
25. Scott-Morgan Modell in Berner W.; Culture Change, Unternehmenskultur als Wettbewerbsvorteil; Schäffer-Poeschel Verlag für Wirtschaft; 2012; S. 103

Security Controls Management 9

Wie schon in den grundlegenden Kapiteln zu Systemen und *Security-Systems* dargestellt, wird unter dem Begriff „Control" die Gesamtheit aller Gestaltungs-, Betriebs-, Überwachungs-/Mess- und Lenkungsaktivitäten zur Erreichung oder Aufrechterhaltung eines Zielzustandes verstanden. Angewandt auf das *Security-System* ist *Security-Control* als Management zur Planung, Umsetzung, Betrieb und Steuerung aller Aktivitäten zu verstehen, die den sicheren Betrieb der Geschäftssysteme und Geschäftsprozesse bewerkstelligen. Im Kontext des *Systems-Engineering* sind die vorangestellten Kapitel ein Teil dieser Managementaktivitäten. Aufbauend auf der Architektur ist der Fokus dieses Kapitels die Bestimmung der Art und des Umfangs sowie der erforderlichen Ausrichtung der Aktivitäten („*Controls*") des *Security-Systems*. Diesem wird eine Klärung der Begrifflichkeiten vorangestellt.

In der ISO/IEC 27002 Norm als auch in anderen Normen und Empfehlungen ist die Verwendung des Begriffs „Control" uneinheitlich verwendet [1]. Dies wird nach Auffassung des Autors teilweise durch die begriffliche Ambiguität hervorgerufen, da nicht ausreichend zwischen „to control" als Zielsetzung und „a control" als Maßnahme unterschieden wird. In der hier entwickelten Fokussierung auf das *Security-Engineering* wird versucht, eine Eindeutigkeit dadurch herzustellen, dass „Control" ausschließlich im Kontext der Zielorientierung bzw. des Gesamt-Systemverhaltens verwendet wird. Mit „*Controls*" sind demzufolge Maßnahmen zur Beeinflussung und Aufrechterhaltung des Zielzustands gemeint. Sofern eine Singularform erforderlich ist, ist dies als „einzelne *Controls*" zu verstehen.

Genauso deutlich sind *Controls* von „*Concerns*" zu unterscheiden: Während *Concerns* ein Anliegen (engl. „matter of interest or importance", [2]) darstellen, sind *Controls* – in diesem Fall – alle Maßnahme/Aktionen, mit denen möglichst alle Aspekte eines Anliegens abgehandelt werden.

Mit zu regelnden (Teil-)Aspekten des Systemverhaltens werden Zielsetzungen impliziert, sodass die zu wählenden *Controls* in zweifacher Hinsicht an Anforderungen ausgerichtet sind. Einerseits gibt es Anforderungen in Form von Vorgaben hinsichtlich Aspekte oder Kategorien, die „abzubilden" sind. Andererseits sind mit den Vorgaben auch Mess- oder Zielniveaus gegeben, an der sich die Effektivität und Effizienz orientieren kann und muss. Diese Input-Output-Beziehung stellt die Grundstruktur eines *Controls*-Design-Prozesses dar, der im Folgekapitel entwickelt wird.

9.1 *Controls*-Design-Prozess

Als Grundlage zur Entwicklung der Aufgaben und Zielsetzungen des *Controls-Design-*Prozesses ist eine kurze Übersicht von *Controls*-Auswahlmethoden ausgewählter Standards bzw. Best Practices hilfreich.

BSI IT-Grundschutz

Die „zuständigen" BSI-Standards zur Bestimmung von Sicherheitsmaßnahmen („*Controls*") sind die BSI-Standards 200-1 und 200-2, in denen der Aufbau des Managementsystems und die Methodik zur Auswahl und Anwendung der BSI-Bausteine (und damit der Sicherheitsmaßnahmen) definiert werden [3, 4]. Im Kern ist eine Übersicht aller IT-Systeme und interne/externe Verbindungen zu erstellen. Ausgehend von Schutzanforderungen (der Geschäftsprozesse) an die Kriterien Vertraulichkeit, Integrität und Verfügbarkeit, die auf die IT-Systeme und Verbindungen übertragen werden (Vererbung), sind für den „normalen" Schutzbedarf Maßnahmen („*Controls*") in Bausteinen gruppiert worden. Diese sind auf Basis einer inhärenten Risikoanalyse durch das BSI definiert worden. Zu Besonderheiten und hohen Schutzbedarfen ist eine erweitere Risikoanalyse durchzuführen und – je nach Risikobehandlungsmethode – Maßnahmen zu definieren [5]. Bei Risikominderung wird u. a. auf Hersteller, (weitergehende) Standards und Best Practices oder auch im IT-Grundschutz-Kompendium aufgeführte Maßnahmen als „Anhaltspunkte für weiterführende Sicherheitsmaßnahmen" verwiesen [6].

ISO/IEC 27001:2022

Die im ISO-Standard ausgewiesene Methodik ist im Kern in Norm-Abschn. 6.1.2 und 6.1.3 beschrieben. Anwender des Standards haben eine Risikoanalyse durchzuführen, in der die Risiken „im Zusammenhang mit dem Verlust der Vertraulichkeit, Integrität und Verfügbarkeit von Informationen" erfasst und priorisiert werden [7]. Darauf aufbauend sind „alle Maßnahmen, die zur Umsetzung der gewählten Option(en) für die Informationssicherheitsrisikobehandlung erforderlich sind, festzulegen" und „mit den Maßnahmen in Anhang A zu vergleichen und zu überprüfen, dass keine erforderlichen Maßnahmen ausgelassen wurden". Anhang A stellt eine Kurzfassung aller *Controls* der ISO/IEC 27002:2021 dar. In der ANMERKUNG 1wird erläutert: „Organisationen können Maßnahmen nach Bedarf gestalten oder aus einer beliebigen Quelle auswählen". In Bezug auf einen Prozess zur Auswahl von *Controls* aus ISO 27001 ist festzustellen, dass es keinen definierten Prozess gibt.

NIST

Das NIST SP 800-53 beinhaltet eine umfassende, über 400 Seiten lange Übersicht zu „Security and Privacy *Controls*" [8]. In Bezug auf den Auswahlprozess der organisationsspezifischen *Controls* wird darauf verwiesen, dass dies im Rahmen eines Risiko-Management-Prozesses, von *Systems-Engineering*-Prozessen oder *Cybersecurity Frameworks* erfolgen kann. Eine Durchsicht der Verweise auf NIST-Veröffentlichungen ergibt:

i. NIST SP 800-160 stellt in Anhang D den Prozess für ein „Trustworthy Secure Design" vor, welcher die „Loss-of"-Anforderungen adressiert. Ein Kernansatz ist die vorrangige Designoptimierung durch Engineering-Ansätze gegenüber der „übergestülpten" (overlaid) Security *Controls* [2].
ii. NIST SP 800-37r2 (Risk Management Framework) geht in Abschn. 3.3 auf die Auswahl von *Controls* ein [9]. Als Ziel dieses Auswahlschritts ist „die Auswahl, Anpassung und Dokumentation der zum Schutz des Informationssystems sowie der Organisation angemessenen *Controls* in Bezug auf Risiken des Geschäftsbetriebs und der Geschäfts-Assets, Individuen, andere Organisationen und der Nation" (freie Übersetzung des Autors). Im Detail werden zwei Ansätze zu einer initialen Auswahl von *Controls* diskutiert [Task_S1]:
   a. Ein „Baseline"-Ansatz, d. h. ein vordefiniertes Set von *Controls*, die als Ausgangspunkt zu (grundlegenden) Schutzbedürfnissen von Gruppen, Organisationen oder Gemeinschaften („Communities") zusammengestellt wurden. Hilfestellungen/Anforderungen zur Auswahl sollen u. a. aus Normwerken, Stakeholder-Anforderungen, Gesetzen, Standards und natürlich einem *Risk-Assessment* „abgeleitet" werden.
   b. Beim „Organization-generated"-Ansatz soll die Organisation einen eigenen Auswahlprozess nutzen. Dieser Ansatz soll insbesondere dann angewandt werden, wenn entweder spezielle Anforderungen bestehen (bspw. militärische) oder wenn es einen eng begrenzten Systemansatz gibt (bspw. Smart Meter).

Beide Ansätze dienen als Startpunkt. Die fortlaufende Anpassung an Bedürfnisse und Besonderheiten erfolgt in einem zyklischen Risikomanagementprozess.

Als ein Kernelement der Anforderungsdefinitionen wird auf das im Cybersecurity Framework (CSF) definierte Verfahren zur Erstellung eines organisatorischen Profils verwiesen [10]. Das Verfahren ist eine Tabelle möglicher Sicherheitsziele, die gemäß der NIST-definierten Kategorien (Governance, Identify, Protect, Detect, React/Response und Recover) strukturiert sind, sodass durch die Organisation relevante Ziele auszusuchen sind.

Fazit

In den oben beschriebenen Standards sowie in weiteren Best-Practice-Werken und Frameworks ist festzustellen, dass zur Auswahl von *Controls* keine oder nur generische

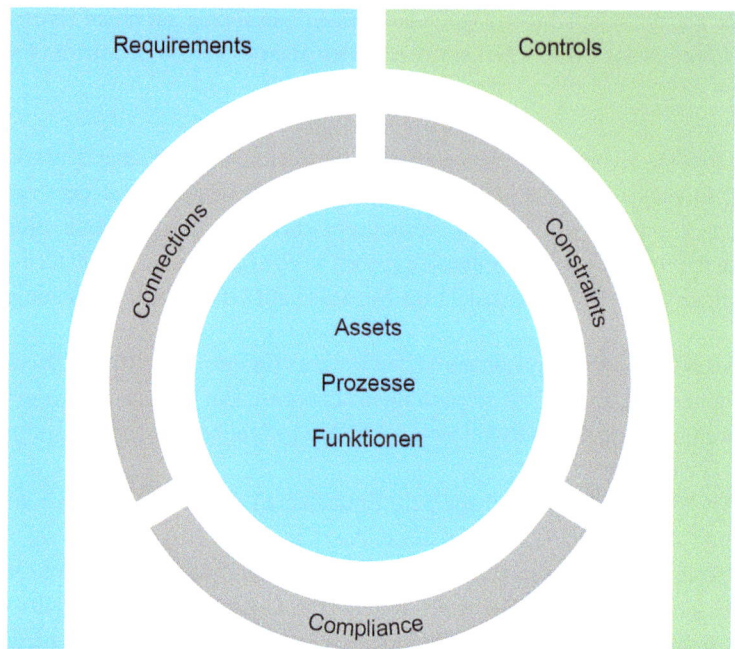

Abb. 9.1 Controls-Design-Rahmen

Hilfestellungen gegeben sind. Dies führt – sofern Maßnahmen nicht durch regulatorische Prozesse eineindeutig vorgegeben sind – oftmals zur Sichtung und Anwendung von Katalogen nach dem Gusto handelnder Akteure. Im Gegensatz zu Architekturprozessen sind dem Autor keine standardisierten oder empfohlenen Prozesse bekannt, durch die in systematischer Weise die Auswahl, Ausprägung und Optimierung von *Controls* definiert werden.

Nachfolgend wird dieser Umstand aufgegriffen und verallgemeinerte Aspekte in Prozessaspekten gemäß *Engineering-Principles* der Norm ISO/IEC 15288 (siehe Abschn. 3.1) zusammengestellt (Abb. 9.1).

9.2 Anforderungen an *Controls*

Controls dienen – neben der Erfüllung gesetzlicher, regulatorischer oder vertraglicher Pflichten – der Sicherstellung der Geschäftsprozesse. Maßgeblich hierzu wurde in Abschn. 5.1 durch die Verknüpfung von (Geschäfts-)Loss-of-Anforderungen und korrespondierenden Kontrollaspekten eine erste Kategorisierung von Sicherheitszielen aufgezeigt. Im Sinne einer Strukturierung von Anforderungen können diese als (geschäftliche) „Compliance-Anforderungen" der Geschäftsprozesse bezeichnet werden.

Eine weitere wesentliche Anforderungsquelle stellen die Sicherheitsanforderungen dar, die durch das *Exposure-Management* als „nachteilige Einwirkungen" auf Systemelemente wie Prozesse, Assets und Funktionen identifiziert werden (Abschn. 6.1). Diese adressieren das betriebliche Umfeld der Geschäftsprozesse und stellen somit Begrenzungen und Rahmenbedingungen („Boundaries/Constraints") dar.

Schließlich sind durch die nicht-funktionalen Trustworthiness-/*Assurance*-Aspekte weitere Anforderungen verbunden (siehe Abschn. 3.4). Da diese eine Brücke zwischen Geschäfts- und Security-System-Verantwortliche bilden, sind diese als „Link/Connection-Anforderungen" zu bedienen.

Fundus
Auf Basis der definierten Anforderungen gilt es, die für die Organisation und deren Geschäftsprozesse passenden *Controls* auszuwählen. Aufgrund des umfangreichen und unübersichtlichen Stands möglicher Sicherheits-*Controls* ist hierzu im ersten Schritt eine Auswahl und Eingrenzung gegebener Ansätze erforderlich (Tailoring; siehe auch Abschn. 3.3). Eine Grundlage hierzu steht beispielsweise mit dem SCF-Security-*Controls*-Framework zur Verfügung [11]. SCF versteht sich selbst als „Meta-Framework" und hat ca. 1200 *Controls* aus bestehenden Best-Practice-Frameworks gesichtet und in eine Übersicht von 33 Domänen strukturiert. Die Übersicht umfasst sowohl *Security*- als auch *Privacy-Controls*.

Als allgemeinen Ansatz zur Fokussierung wird den Auswahl- und Umsetzungsprozessen grundlegend die Definition des Scope (Betrachtungsgegenstand) und der Zielsetzungen (Objectives) vorangestellt. In ISO/IEC 15288 wird dies ergänzt um die Definition des „Level of Fidelity", was als Definition des gewillten Aufwands übersetzt werden kann [12]. Dies ist beispielsweise im SCF als Dreiteilung der Compliance-Notwendigkeit bzw. Bereitschaft in „MUST HAVE", „SHOULD HAVE" und „NICE TO HAVE" den *Controls* zugeordnet.

9.3 Auswahl und Ausprägung

Die Auswahl von *Controls* findet im Allgemeinen nicht anhand starrer Vorgaben statt. Alle Festlegungen zu *Controls* sind grundlegend an der Aufgabenstellung und dem Umfeld auszurichten. Dies Grundforderung ist einerseits Bestandteil der Managementprozesse zu Zertifizierungen, andererseits wird ein Mindestmaß an *Controls* über alle möglichen Branchen propagiert und verwendet.

Als zu regelnder Aspekt des Systemverhaltens implizieren die Zielsetzungen, dass die zu wählenden *Controls* ein den Anforderungen entsprechendes Schutzniveau bilden sollen. Bei der Auswahl und der Festlegung zu implementierender *Controls* des *Security-Systems* ist dieser Bezug prozessual, technisch, personell und organisatorisch sicherzustellen. Die Festlegung der passenden *Controls* kann als iterativer Prozess aufgefasst werden, in dem die drei Kernaktivitäten „Auswahl", „Ausprägung" und „Evaluation" verknüpft sind (Abb. 9.2). Ausprägung hat hierbei sowohl Mechanismus- bzw. Methodenaspekte – also sowohl die Zielsetzung des *Controls*, wie beispielsweise Authentifizierung

Abb. 9.2 Controls-Design-Rückkopplungen

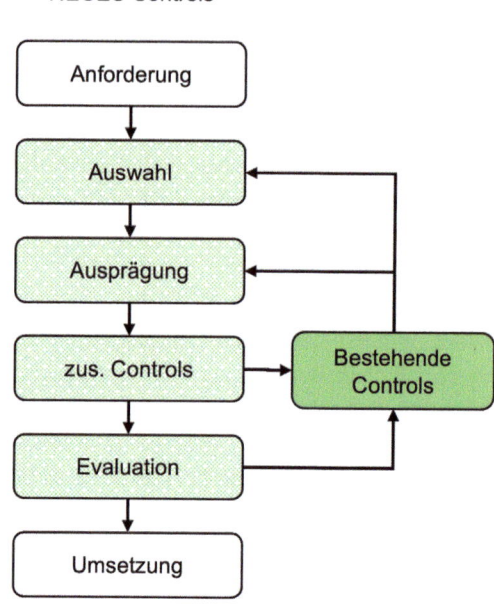

mittels Passwort- und/oder Gerätekennung – als auch das Sicherheitsniveau – wie Ein- oder Zweifaktorverfahren – im Fokus. Im Evaluationsschritt wird dann primär geprüft, ob *Controls* in Bezug auf die Anforderungen angemessen und umsetzbar sind. Darüber hinaus sind in diesem Schritt jedoch zwei weitere – oftmals nicht oder nicht ausreichend bedachte – Prüfaspekte umzusetzen. Einerseits ob und in welchem Umfang durch die Interaktion von *Controls* im Systemverbund Aus- und Rückwirkungen auf andere *Controls* entstehen und zu betrachten sind. Andererseits ob und welche ergänzenden (Teil-)*Controls* erforderlich sind, damit die Wirksamkeit eines *Controls* vollständig entfaltet wird und das inhärente Sicherheitsniveau tatsächlich erreicht wird.

Alle drei Kernaktivitäten unterliegen Auswahl- und Anwendungsorientierungen, die handlungsleitend für die Aktivitäten sind. Nachfolgend werden aus Sicht des Autors hierfür drei maßgebliche Teilaktivitäten bzw. Auswahlorientierungen dargestellt:

Risikoorientiertheit

Die Risikoorientiertheit ist eine mögliche Orientierung zur Auswahl der *Controls*. Im überarbeiteten Standard ISO/IEC 27002:2021 wird der Begriff *Controls* dahingehend verwendet, dass sie auf die Modifizierung oder Überwachung von Risiken ausgerichtet sind. Aus dem überwiegend angewandten Risikoverständnis als Verknüpfung von Eintrittswahrscheinlichkeit und Schadenshöhe ergeben sich konsequenterweise als Kriterien zur *Controls*-Auswahl die „Einflussnahme auf die potentielle Eintrittswahrscheinlichkeit" sowie die „Einflussnahme auf die potentielle Schadenshöhe".

9.3 Auswahl und Ausprägung

Zur Erfassung und Beschreibung einzelner Auswahlkriterien ist es für beide Dimensionen sinnvoll, eine Gliederung durch Begriffsbestimmungen vorzunehmen.

Der zusammengesetzte Begriff Eintrittswahrscheinlichkeit lässt sich in die Teile Eintritt und Wahrscheinlichkeit (für den Eintritt) gliedern. Weiterhin kann Eintritt in Bezug auf die Wirksamwerdung/Realisation einer Gefährdung mindestens durch die drei Aspekte *Anzahl* möglicher Eintrittspunkte des Systems, *Passung/Gleichartigkeit* der Eintrittspunkte in Bezug auf die Gefährdung sowie das gegenüber der Gefährdung *angemessene Schutzniveau* als Eintrittshürde charakterisiert werden.

Die Schadenshöhe impliziert, dass die Gefährdung den Eintritt überwunden hat. Auch zur Höhe bzw. zur Gefährdungswirkung lassen sich Ansatzpunkte zur Minderung finden. Beispiele sind eine Begrenzung in Bezug auf die Schadensumgebung *(Lokalität)*, die Begrenzung von *Übergängen* in weitere Systemumgebungen oder auch der *Verzicht* auf die geschädigte Systemfunktion.

Aus diesen generellen Überlegungen können die in Tab. 9.1 exemplarisch dargestellten primären Ansatzpunkte zur Risikominderung gebildet werden.

Mit der gegebenen Einfachheit der Herleitung von Minderungsmethoden ergeben sich Ansatzpunkte, die in vielfacher Weise ausgeprägt und verfeinert werden können. Deutlich wird aber auch, dass es Interdependenzen zwischen den Methoden gibt. Die aus den Methoden abzuleitenden *Controls* weisen somit nicht nur in Bezug auf die Geschäftsprozesse, sondern in unterschiedlicher Ausprägung auch untereinander eine Einflussnahme (einen Impact) aus.

Eine Zuordnung, ob und welche *Controls* auf die Eintrittswahrscheinlichkeit resp. Schadenshöhe einwirken können, ist in *Controls*-Katalogen nicht angegeben. Werden beispielsweise die vom BSI definierten Grundgefährdungen als Basis einer Risikobetrachtung herangezogen, können unter subjektiven Betrachtungen folgende Einwirkungskategorien extrahiert werden:

Werden die konstruktiven, standortbezogenen und umgebungsbezogenen Gefährdungen wie Ausfall Stromversorgung, Katastrophen im Umfeld einmal außer Acht gelassen, bleiben als Einflussmöglichkeiten auf die Eintrittswahrscheinlichkeit system- und

Tab. 9.1 Ansatzpunkte zur Risikominderung

Dimension	Aspekt	primäre Minderungsmethode
Eintritt	Anzahl Eintrittspunkte	- Reduktion Eintrittspunkte
	Passung/ Gleichartigkeit	- gestaffelte Schutzniveaus (der Zugänge)
	Schutzniveau	- Maximierung Schutzfunktionen (-hürden)
Schadenshöhe	Lokalität	- Verteilung von Systemfunktionen - Vermeidung von Konzentrationen
	Übergänge	- Übergangskontrolle zwischen Systemteilen/ Systemfunktionen
	Verzicht	- Redundanz

datentechnischer Gefährdungen nur wenige Ansätze übrig. Diese beziehen sich auf die Anwendung von Minderungsmaßnahmen wie Zugangshürden in Bezug auf beispielsweise Missbrauch oder auf die proaktive Suche und Behebung von Schwachstellen.

Bei der Bildung von Kategorien zur Minderung der Schadenshöhe besteht zunächst die Notwendigkeit, zwischen Minderungs- und Reaktionsprozessen im weiteren Sinne zu unterscheiden. So ist die Vorhaltung eines aktuellen, konsistenten Datenbestands hilfreich und erforderlich, um die Geschäftsprozesse wieder in Gang zu setzen, eine Reduktion des Gefährdungsumfangs beispielsweise bei Manipulation von Informationen erfolgt hierdurch jedoch nicht. Als wesentliche Kategorien zur Reduzierung des Schadensumfangs sind hier die Anwendung von Zugangshürden, Nutzungshürden sowie Kontroll- bzw. Monitoring-Prozesse zu nennen.

Festzuhalten ist, dass *Controls* in der beschriebenen Interpretation als Reaktion auf Risiken betrachtet werden. Wird auf den ursprünglichen Ansatz des Risikobegriffs zurückgegangen, nämlich als Maß für die Unsicherheit, können und müssen *Controls* auch als Maßnahmen zur Verringerung der Unsicherheit verstanden werden. Wird die Sichtweise derart umgekehrt, besteht die Zielrichtung zur Auswahl und Umsetzung von *Controls* darin, das Risiko an sich kalkulierbarer zu machen. Ausprägungen von *Controls* wären dann von Kriterien wie verstärkte Erfassung und Bewertung von tatsächlichen Gefährdungen und Gefährdungsmechanismen oder ausgeprägte Kontextorientierung geprägt. Diese wissensorientierte, d. h. evidenzbasierte Vorgehensweise wird mit Begriffen wie „Intelligence-Led Security" verbunden und führt zum Einsatz von Techniken wie Honeypots oder „Intrusion Deception" (bspw. [13]). Hierbei ist sicherzustellen, dass Risiken tatsächlich beherrschbarer werden und nicht durch false-positive Alarme konterkariert werden.

Schutzfähigkeit („Protection Capability")
Mit der Fassung des Begriffs *Security-System* in Abschn. 2.4 wurde für *Controls* mit Bezug auf NIST SP 800-53 die Eigenschaft Schutzfähigkeit („Protection Capability") benannt. NIST definiert, dass mit der Implementierung von *Controls* verschiedene sicherheitsrelevante Eigenschaften des *Security-Systems* realisiert werden sollen. Umfasst sind etwa ein Failover, Access-Control-Methoden oder auch Sicherheitsfunktionen (*Security-Functions* und *Security Services*). Die Schutzfähigkeit ist hierbei das Ergebnis der passenden Kombination von *Controls*, wobei unter Kombination in diesem Fall eine gegenseitig stützende Verknüpfung („mutually reinforcing") verstanden wird. Implizit ist Capability damit eine Grundeigenschaft eines Systems, bestehend aus Elementen und deren Vernetzung.

Aus dieser Definition sind zur Auswahl von *Controls* mindestens folgende drei Aspekte handlungsleitend:

i. Zur Erzielung sicherheitsrelevanter (Teil-)Eigenschaften des Systems sind passende, d. h. zielorientierte *Controls* auszuwählen. Dies kann und wird teilweise als Maßnahmenset definiert.

9.3 Auswahl und Ausprägung

ii. Die *Controls* müssen verknüpft und derart verknüpfbar sein, dass die (Teil-)Eigenschaften als stabiles Konstrukt entstehen.
iii. Stabilität entsteht unter Umständen erst ab Überschreitung einer Schwelle von Control-Ausprägungen bzw. Control-Verknüpfungen.

Im Kontext vernetzter industrieller Systeme, sogenanntes IACS – Industrial Automation and Control System, definiert die Normreihe IEC 62443 Anforderungen und Methoden zur Sicherheit der IACS [14]. Der Anwendungsbereich erstreckt sich u. a. auf die OT-Operational Technology, d. h. die zur Überwachung, Steuerung und Kontrolle von physischen Prozessen, Geräten und Systemen eingesetzte Hardware und Software. Somit ist OT im Fokus mehrerer KRITIS-Sektoren. Anforderungen und Methoden zu IT-/Cybersicherheit sind in den Teilen IEC 62443-3 definiert.

Eine Kernkomponente der Norm ist das Konzept der Security Level (SL), welches eine vierstufige Gliederung der Anforderungen in Bezug auf die Fertigkeiten, Motivation und Mittel potenzieller Angreifer definiert. SL können für sieben sogenannte „Fundamental Requirements" (u. a. Identifikation und Authentisierung, Nutzungskontrolle, Systemintegrität) innerhalb des Systems unterschiedlich sein, je nachdem um welche Komponente es sich handelt und wo diese im Netzwerk platziert ist. Durch diese Gliederung wird definiert, welche Fähigkeiten eine Komponente als Teil der Gesamtsicherheit bereitstellen muss. Grundlegend verankert ist, dass Fähigkeiten sowohl auf Komponentenebene („met by component") als auch auf Systemebene („met bei integration into system") definiert und aufgeteilt sein können. Als Anforderungen an IACS und die strukturierte Implementierung unterstreicht die Normreihe ISO 62443 die oben hergeleiteten Aspekte der „Protection Capability".

Die Ansätze zur Risikoorientiertheit resp. Schutzfähigkeit zeigen, dass mindestens eine zweifache Sicht auf *Controls* einzunehmen ist. Die Sicherheit des Systems entsteht durch Auswahl und Vernetzung von *Controls*, was im Umkehrschluss bedeutet, dass kein einzelnes *Controls* zur „Alleinwaffe" mutieren kann. Dies erschließt sich auch schon dadurch, dass *Controls* auf unterschiedliche Assets einwirken UND der Kritikalität des jeweiligen Assets entsprechen müssen. Ergänzend wird auch deutlich, dass jedes *Controls* eine „Schutzgrenze" hat, die sich aus der Spezifität des Assets und der Organisation ergibt. In NIST SP 800-53r5 heißt es hierzu: „*Controls can be viewed as* descriptions of the safeguards and *protection capabilities appropriate for achieving the particular security and privacy objectives of the organization* and reflecting the protection needs of organizational stakeholders [8]."

Die Beschreibung der *Controls* in NIST SP 800-53r5 folgt der Logik, dass durch die mit *Controls* erzeugten bzw. implementierten Fähigkeiten (Capabilities) ein Beitrag zum Security Control geleistet wird.

Das Schutzvermögen des *Controls* teilt sich mit den dargestellten Ansätzen grundlegend zwischen dem Sicherheitsbeitrag des *Controls* an sich sowie dem Beitrag bzw. dem Anteil am Schutzvermögen des Systems in Gänze. *Controls* nehmen somit mindestens eine funktionale Doppelrolle ein.

Die Bestimmung der Schutzfähigkeit von *Controls* führt zurück zur Aufgabe von *Controls* im Sicherheitskontext: *Controls* müssen die Fähigkeit bereitstellen (und nachweisen), dass sie Risiken der Geschäftsprozesse reduzieren. In Verbindung mit der dargestellten Doppelrolle können hierzu folgende Kennzeichen und Attribute abgeleitet werden, die einem einzelnen *Controls* bzw. einem Set of *Controls* anhaften:

i. *Controls* müssen zu den funktionalen Anforderungen und Intentionen passen.
ii. *Controls* müssen zu realen und potenziellen Sicherheitsereignissen und Schwachstellen passen.
iii. *Controls* müssen korrekt ausgeführt werden und etwas ausführen (*Effectiveness* und *Assurance*).
Hiermit ist gemeint, dass *Controls* durch eine Instanz ausgeführt werden (bspw. Firewall, Computer; manchmal auch „Agent" genannt) und als „PoP-Policy enforcement point" definierte Regelwerke und *Policies* sicherstellen.
iv. *Controls* müssen die Konsequenzen eines Ereignisses mindern.
v. *Controls* müssen gesteuert und ihre korrekte Ausführung überwacht werden. Darunter ist auch das Management im Sinne der Anpassung an neue Technologien, Sicherheitseinflussmethoden, Schwachstellen- und Ereigniserkennung etc. zu verstehen.

Die Nutzung derartiger Kennzeichen und Attribute wird nur teilweise in Katalogen zu Sicherheitsmaßnahmen unterstützt. Immerhin sind die *Controls*-Listen in den Standards NIST SP 800-53r5 und ISO/IEC 27002:2022 mit Erläuterungen wie Zweck und Anwendungs- und Umsetzungshinweisen versehen. Ergänzend werden bei NIST Verknüpfungen zwischen *Controls* aufgezeigt, die die beschriebene Doppelrolle unterstützen.

Assurance/Messbarkeit
Der Nachweisaspekt, dass die Geschäftsprozesse sicher sind, ist eine zentrale Aufgabenstellung und Abstimmungsaufgabe an der Schnittstelle zwischen Geschäftsverantwortlichen und Sicherheitsverantwortlichen. Zur Auswahl von *Controls* gilt es parallel sicherzustellen, dass die Effektivität und Effizienz der einzelnen *Controls* als auch des gesamten Systems erfasst und bewertet werden kann.

Konzeptionell ist dies in NIST SP 800-161 unter dem Titel „Adequate Security" erfasst und durch Aspekte wie die Balance zwischen tolerierbarer Unsicherheit und praktisch begründbarer Sicherheit erläutert, Hilfestellungen zu einer praktischen Umsetzbarkeit werden jedoch nicht dargelegt [2].

In ISO 27002:2023 wird mit dem „Independent review of information security" die Aufgabe ausgewiesen, die Eignung, Angemessenheit und Effektivität in regelmäßigen Abständen zu bewerten. Ein spezifischer Fokus auf einzelne *Controls* wird jedoch auch hier nicht direkt ausgeprägt.

Etwas mehr Hilfestellung wird in der Übersicht zu Sicherheits-*Controls* in NIST-Empfehlung SP 800-53r5 im Anhang C dadurch gegeben, dass spezifischen *Controls* die

Eigenschaft „*Assurance*" als Indikator zugewiesen wird. Hiermit werden *Controls* gekennzeichnet, die die Organisation dabei unterstützen (können), den „Beitrag zur Vertrauenswürdigkeit zu erfassen und für *Assessment*s zu nutzen".

Festzuhalten ist, dass Ausprägungen und Hilfestellungen zur Erfassung der *Assurance* auf der Ebene der *Controls* in Standards schwach bis gar nicht ausgeprägt sind, sodass an dieser Stelle auf die vorgeschlagene Definition und Entwicklung der sKAI (Security-Key *Assurance* Indicator) aus Abschn. 5.3 zurückverwiesen werden kann.

9.4 Control-Lücken

Controls, die aus Maßnahmen und Kombinationen von Maßnahmen gebildet werden und auf definierte Aspekte und Zielsetzungen ausgerichtet sind, sind stets mit Lücken behaftet. Schon bei der Vorstellung des Prinzips zu Sicherheitsketten wurde dargestellt, dass auch mit der Kombination unterschiedlicher Maßnahmen kein 100%iger Schutz erzielt werden kann. Somit besteht die Notwendigkeit, Methoden und Mechanismen zur Erfassung, Bewertung und Minimierung von Lücken zu erfassen.

Im Folgenden werden Lücken etwas systematischer in Bezug auf Art, Inhalt und Bewertungsmöglichkeiten dargestellt. Hierzu erfolgt eine stufenweise Betrachtung, die mit einzelnen *Controls* und deren *Wirksamkeitsvoraussetzungen* beginnt. Hiernach wird nochmal auf Sicherheitsketten und den Lücken in *Wirkketten* eingegangen. Abschließend werden am Beispiel des NIST CSF – Cybersecurity Frameworks mögliche *systemische Lücken* betrachtet.

Wirksamkeitsvoraussetzungen

Mit der Definition, Umsetzung und dem Betrieb von *Controls* soll u. a. das Risiko von Gefährdungen minimiert bzw. die Umsetzung von Anforderungen sichergestellt werden. Das damit verbundene Sicherheitsniveau stellt zunächst jedoch eine nominell erreichbare Sicherheit dar, da sicherzustellen ist, dass die Ausprägung und die operative/prozessuale Umsetzung für alle Betriebszustände zu 100 % passt. Aufgrund technischer und organisatorischer Randbedingungen, unvollständiger Ausführungs- und Betriebsmethoden, Praktikabilitätszwängen, ggf. auch nicht ausreichend kritische Bewertungen und weiteren Gegebenheiten ist vielfach jedoch keine 100%ige Wirksamkeit der *Controls* gegeben. Dies bedeutet, dass es prinzipielle Lücken zwischen dem theoretisch erreichbaren und dem tatsächlich gegebenen Schutzniveau gibt, welches als „Veneer-Security" bezeichnet wird. Hiermit ist ein Risiko verbunden, welches in der Regel nicht als solches erfasst und berücksichtigt wird; als Ergebnis und Maßnahmen zur Risikominderung werden *Controls* vielfach als vollständig wirksam angesehen.

Die Kategorisierung von Lücken kann äquivalent zur Kategorisierung der *Controls* durch technische, organisatorische, personelle und prozessuale Aspekte verdeutlicht werden. Hierzu zwei Beispiele:

a) Firewall-Regeln zur Abgrenzung und Steuerung des Datenflusses zwischen Teilnetzen sind – bei korrekter Konfiguration – autark wirksame Sicherheitsmechanismen. Mögliche Lücken können jedoch immer dann entstehen, wenn in einem Firewall-System umfangreiche Regeln implementiert sind, die ggf. teilweise eine ursprünglich nur temporäre Zielsetzung hatten. Zur Sicherstellung, dass nur die den aktuellen Anforderungen wirksamen Regeln aktiv sind, ist eine regelmäßige Prüfung und Bereinigung des Regelsets erforderlich (Firewall-Hygiene). Nur so kann das Risiko von unerwünschten Verkehrsflüssen minimiert werden.

b) Durch das Access-Management soll sichergestellt werden, dass ausschließlich identifizierte und autorisierte Entitäten mit den minimalen für die Dauer und Bewältigung der Aufgaben ausgestatteten Rechten auf Daten und Assets zugreifen können. Die hierin inkludierten organisatorischen Prozesse zur Zuordnung, Vergabe und Entzug von Berechtigungen einerseits, aber auch die technisch-organisatorischen Prozesse zur Prüfung der Gültigkeit und Reichweite der Berechtigungen verbunden mit entsprechenden Alarmierungs- und Incident-Reaktions-Prozessen stellen eine Vielfalt an Unzulänglichkeits- und Fehlerquellen und damit Umsetzungsrisiken dar.

Aus den Beispielen wird deutlich, dass Lücken durch Wirksamkeitsvoraussetzungen und Abhängigkeiten von weiteren *Controls* definiert und erfasst werden können. Als möglicher Parameter zur Berücksichtigung dieser (Wirksamkeits-)Lücken wird die Bezeichnung **Wirkmaß** mit folgender Abstufung zum Umfang der Abhängigkeit von Wirksamkeitsvoraussetzungen vorgeschlagen. Das Wirkmaß kann

- eine *hohe Abhängigkeit* beispielsweise durch die Abhängigkeit von weiteren, insbesondere prozessualen Regelungen oder und personellen Skills,
- eine *geringe Abhängigkeit* beispielsweise durch routinisier- oder teilweise automatisierbare Prozeduren,
- eine *Unabhängigkeit mit Vollständigkeitslücken* beispielsweise durch zuverlässig wirkende *Controls*, die jedoch planbare regelmäßige Reviews (Stichwort Firewall- oder Berechtigungs-Hygiene) erfordern oder
- eine *vollständige Unabhängigkeit* beispielsweise durch vollständig automatisierte *Controls* mit definierten Fail-safe-Bedingungen

repräsentieren. In entsprechend reziproker Weise kann durch diese Definition die initial optimale Risikominderung durch ein Controls auf ein „reales Maß" gebracht werden. Im Rahmen einer Risikobewertung bietet es sich an, die reale Risikominderung als bedingte Wahrscheinlichkeit mit dem Wirkmaß zu verknüpfen. Dies kann in etwa durch folgende Verknüpfung dargestellt werden:

$$\text{Risikominderung (real)} = \text{Risikominderung (optimal)} | \text{Wirkmaß} \qquad (9.1)$$

wobei der senkrechte Strich „|" als Bedingungssymbol darstellt und die Bedingung wie üblich tiefgestellt ist.

Wirkketten

Die in Abschn. 7.2 dargestellte beispielhafte Sicherheitskette kann als eine gefährdungsorientierte Ausprägung und Interoperation von *Controls* aufgefasst werden. Erfasst und bewertet wurde die Wirksamkeit einzelner „Schutzbarrieren", die jeweils unterschiedliche Artefakte einer Gefährdung fokussierten. Diese können von der binären Ebene des Vergleichs mit Viren*pattern* über eine personelle Ebene durch Bewertung der Semantik und Logik des Inhalts einer „Nachricht" bis zur Abstufung von Verarbeitungsprozeduren in Abhängigkeit vom Schutzbedarf und der Sensibilität von Daten reichen.

Modellhaft werden die unterschiedlichen Ebenen allgemein als „Layered Security" bezeichnet und anschaulich durch ein Swiss Cheese Model (SCM) dargestellt. Die hierin befindlichen Löcher der einzelnen Scheiben werden als mögliche Schwachstellen bzw. risikobehaftete Unzulänglichkeiten bezeichnet. Für einzelne Gefährdungen besteht aufgrund der Struktur und Wirkmechanismen die Wahrscheinlichkeit, einzelne Layer zu passieren bzw. durch einzelne Layer blockiert zu werden.

Zur Umsetzung des SCM-Ansatzes auf das *Security-System*-Engineering wurden in Abschn. 7.2 bereits praktische Hinweise gegeben. Die damit verbundenen Lücken und Risiken können wie folgt verallgemeinert werden:

a) Einzelne Layer sollten als *Controls* aufgefasst werden, die einen definierten Aspekt im Sinne von Zielsetzungen adressieren, beispielsweise Freiheit von Viren, Zulässigkeit vordefinierter Kommunikationsentitäten etc.
   (Einzelne Layer stellen damit auch die Teilfunktionen als Sicherheitsfunktion des *Security-Systems* dar.)
b) Die Orientierung der Reihenfolge der Layer ist grundlegend durch den Datenfluss bestimmt. Hilfreich kann eine Orientierung zwischen den Verarbeitungsendpunkten entlang des ISO/OSI-Schichtenmodells sein (V-Modell der Kommunikation). Quellen und Senken sind somit personelle oder technische Entitäten.
c) Die einzelnen Layer müssen unabhängig voneinander wirken und umfassend im Sinne der Erfassung und Regelung aller relevanten Aspekte der Zielsetzung bzw. der Anforderung sein. Dieser als Varietät bezeichneter Umfang umfasst dann auch Schutzmechanismen, die der dynamischen Vorgehensweise bei der Ausnutzung von Schwachstellen durch unerwünschte Handlungen entgegenwirken („Lateral Movement", Wechsel des Gefährdungsziels u. Ä.).
d) Die Länge einer Sicherheitskette ist so gering wie möglich zu halten, damit die Redundanz und Komplexität aufeinander abzustimmender Regelungen gering und somit beherrschbar bleiben.
   (Die aktuelle Fokussierung auf Zero-Trust-Ansätze entspricht – für die betrachteten Zielsetzungen der fortlaufenden Identitäts- und Authentisierungsbestimmung – quasi einer Minimierung der Sicherheitskette auf einzelne Assets; welches auch als „Collapsed Control" bezeichnet werden könnte).
e) Sicherheitsketten benötigen ein übergreifendes (Risiko-)Management, welches sowohl die Wirksamkeit der „Gesamt-Kette" als auch die Anteile und Gewichtung der einzelnen Layer regelmäßig erfasst, bewertet und auch gemäß aktueller Sicherheitslagen ausrichtet.

Sicherheitsketten stellen immer eine Reduzierung auf einzelne Gefährdungen und eine Konkatenation möglicher Verhinderungs- bzw. Vermeidungsmaßnahmen dar. Die Wirksamkeit von Sicherheitsketten stellt genauso wie die Wirkpfade von Gefährdungsketten (im Sinne von „Kill Chain"-Ansätzen) mögliche einzelne Risikominderungen dar. Übertragen auf das *Security-System* als Ganzes kann dieses als die Gesamtheit aller Sicherheitsketten interpretiert werden. Diese Gesamtheit kann und ist nicht vollumfänglich und abschließend, da es erforderlich ist, den „statischen" Aspekt von Ketten zu dynamisieren, um auf die Änderungen der Betriebs- und Gefährdungslagen zu reagieren. Die Wirksamkeit von Sicherheitsketten ist also systemtechnisch mit der organisatorischen Fähigkeit verbunden, Anpassungen an ändernde Gefährdungslagen vornehmen zu müssen.

Eine Er- und Zusammenfassung der Lücken von Sicherheitsketten durch einen oder mehrere Sicherheits-Parameter ist dem Autor aktuell nicht bekannt und bedarf einer separaten und umfangreichen Würdigung. Ein möglicher Ansatz wäre folgender:

Die Erfassung und Anpassung an unterschiedliche Gefährdungslagen kann ggf. mittels Gefährdungsprofilen definiert werden, sodass in die Betrachtung der Wirksamkeitsvoraussetzungen von *Controls* eine zusätzliche Dimension erscheint. Neben der Wirksamkeit der Sicherheitskette als Wirktiefe kann mit Gefährdungsprofilen die Wirkbreite erfasst werden. Eine Risikobetrachtung unter Verwendung der Wirktiefe und Wirkbreite kann ggf. als eine der *Ergodizität* äquivalenten Eigenschaft definiert werden.

Systemische Lücken
Im CSF – Cybersecurity Framework des NIST werden Sicherheits- und Best-Practice-Maßnahmen anhand von fünf Kernfunktionen strukturiert. Diese stellen laut NIST die höchste Abstraktionsebene des Frameworks dar. Als Grundelemente eines Cyber-Security-Programms, d. h. *Cyber-Security*-Management-Systems, dienen sie der Organisation zur Darstellung von Risiken sowie als Grundlage zu Sicherheitsentscheidungen.

Aus *Security-Engineering*-Sicht können die Funktionen auch als Prozessschritte interpretiert werden, die zu einer effektiven und effizienten Erfassung, Umsetzung und Betrieb des *Security-Systems* zur Sicherstellung des Geschäftsbetriebs dienen. Im Sinne einer Maximierung der Sicherheitsfunktion erfolgt auf der Grundlage der Business-Anforderungen die Identifikation der Sicherheitsanforderungen und aus diesen dann die Bestimmung und Umsetzung präventiver Maßnahmen, die Definition von detektiver Maßnahmen sowie alle weiteren Prozessaufgaben. Die jeweiligen Transformationen von Business-Anforderungen zu Sicherheitsanforderungen, von diesen dann zu präventiven Maßnahmen usw. sind aus *Engineering*-Sicht mit Lücken und Verlusten behaftet. Hervorzuheben sind hierbei zwei unterschiedliche Dimensionen: Einerseits entstehen durch die *unvollständige Anwendung* definierter Maßnahmen auf alle Assets, Entitäten oder Artefakte des Geschäftssystems hier genannte Umsetzungslücken. Andererseits entstehen Verluste bzw. *Lücken bei der Übertragung* von einem Prozessschritt zum nächsten; diese werden hier als „Vollständigkeitslücken" bezeichnet. Beiden Lücken ist gemein, dass sie sich von einem Prozessschritt zum

9.4 Control-Lücken

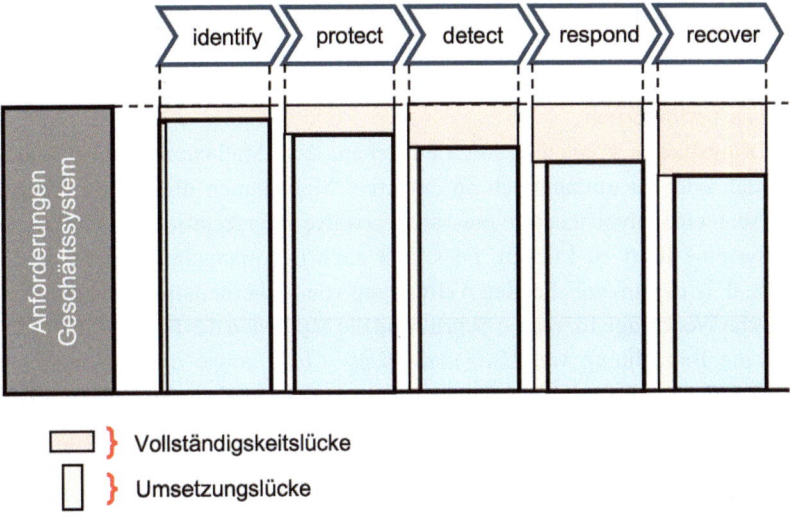

Abb. 9.3 Control-Lücken

nächsten addieren können. Im Ergebnis umfasst das *Security-System* über alle Prozessschritte hinweg unter Umständen nicht alle Anforderungen des Geschäftsbetriebs (Abb. 9.3).

Nachfolgend werden zu den fünf Prozessschritten Inhalte, mögliche Ursachen und Aspekte für Lücken sowie mögliche Abhilfemaßnahmen vorgeschlagen.

Identify
Der Identifikationsschritt dient primär dem Verständnis des Geschäftsumfelds, der Ressourcenzuordnung sowie der Grundlagen zur Bewertung der Gefährdungen in der Risikobetrachtung.

Vollständigkeitslücken können also dadurch entstehen, dass der Geschäftskontext unvollständig erfasst wird und somit der Scope des Sicherheitskontextes schlecht bzw. unzureichend definiert wird. Weitere Lücken können durch die Fehlinterpretation der Geschäftsanforderungen entstehen beispielsweise durch eine allzu einfache Abbildung in geläufige Sicherheitsansätze. Schließlich kann eine vollständige Erfassung der Anforderungen durch ein Ausblenden oder allzu „blindes Vertrauen" in Provider, Supplier, Geschäftspartnernetze etc. beeinträchtigt sein.

Mögliche Umsetzungslücken können dadurch gegeben sein, dass Vorgaben einer IT- bzw. *Security*-Governance oder auch eine Risikostrategie unzureichend ausgeprägt sind. Operative Umsetzungslücken können beispielsweise in der notwendigen zeitlichen Staffelung von Aktivitäten begründet sein.

Protect
Der Protect-Schritt dient der Ableitung, Festlegung und Umsetzung präventiver Maßnahmen. Mit der Durchführung von *Risiko-Assessment*s inkl. Kosten-Nutzen-Analysen wird in diesem Schritt die Balance zwischen präventiven und detektiven Maßnahmen gelegt.

Dieser Schritt hängt sowohl in der Risikobewertung als auch in der Umsetzung wesentlich davon ab, dass vollständige Asset-Listen inkl. der Zuordnung zu Geschäftsprozessen gegeben sind. Darüber hinaus ist eine vollständige Gefährdungsbetrachtung (*Exposure-Management*) erforderlich.

Umsetzungslücken können dadurch entstehen, dass Maßnahmen unvollständig definiert werden oder zu umfangreich an detektive Maßnahmen übertragen (übergestülpt) werden. Auch eine unvollständige oder allzu positive Interpretation der Funktionen technischer Systeme führt zu Lücken. Dies geht auch mit mangelnden Konfigurationseinstellungen, d. h. der unzureichenden Aktivierung von Sicherheitsfunktionen einher.

Hilfreiche Werkzeuge für diesen Schritt sind die Methoden des System- und Life-Cycle-Denkens, die Betrachtung von *Use- und Misuse-Cases* sowie die konsequente Durchführung von Funktions- bzw. Wirksamkeitstests zur Produktivsetzung und im operativen Betrieb.

Detect
Mit der Detektionsfunktion geht die Erfassung und Bewertung von Betriebsabweichungen (ungewöhnliche Betriebszustände) einher.

Zur Vollständigkeit ist es erforderlich, ALLE definierten Maßnahmen und Systeme aus dem vorhergehenden Schritt in der passenden Granularität zu überwachen. In Konsequenz ist zu jeder *Protect*-Maßnahme gleichermaßen zu definieren, wie die Funktion dieser Maßnahme überwacht werden kann.

Umsetzungslücken können dadurch entstehen, dass die Flut gemeldeter Ereignisse nicht ausreichend priorisiert wird (RBA-Risk Based Alerting). Dies geht bei einer Aggregation von Meldungen auch mit der konsequenten und geprüften Bildung und Anwendung kausaler Zusammenhänge (nicht Korrelationen) einher.

Im operativen Betrieb sind Detektionsmaßnahmen mit der Erfassung neuer Schwachstellenmethoden sowie der Bewertung von eigenen und fremden Incident-Ereignissen permanent auf den Prüfstand zu stellen.

Respond
Die Responsephase umfasst alle Maßnahmen zu Begrenzung der Auswirkungen – ggf. mittels automatisierter Erstmaßnahmen –, zur Organisation der Incident-Bearbeitung und zum Einleiten passender Recovery-Maßnahmen.

Die Effektivität des Responses hängt wesentlich von der Aktualität und der Vollständigkeit des Lagebilds zur Bewertung der Auswirkungen auf den Geschäftsbetrieb ab.

In Konsequenz ist es erforderlich, *Incident-Responses* vollständig zu durchdenken und eine ausreichende Vorplanung durchzuführen („Incident-Planning").

Die Erfassung und Beseitigung von Lücken in der Response-Phase gehen einher mit ausreichenden und regelmäßigen Tests zu Prozeduren und der Wirksamkeit von Sofortmaßnahmen sowie einer konsequenten Bewertung behandelter *Incidents* mit allen Stakeholdern („Lessons Learned").

9.4 Control-Lücken

Recover

Die Recovery-Phase dient der Wiederherstellung des Normalbetriebes, unter Umständen zunächst als definierter „Minimumbetrieb". Darüber hinaus dient die Recovery-Phase der Validierung und Anpassung von Recovery-Plänen.

Vollständigkeitslücken können dadurch gegeben sein, dass Recovery-Pläne nicht vorhanden, unvollständig, nicht passend oder veraltet sind. Andererseits ergeben sich Umsetzungslücken dadurch, dass nicht, nicht rechtzeitig oder nicht konsequent alle Stakeholder informiert sind oder laufend zum Bearbeitungsstand informiert werden. Hierzu gehört auch, den Abschluss der Recovery-Phase und somit die Wiederaufnahme des Normalbetriebs festzustellen und zu kommunizieren.

Zusammenfassung

In der hier dargestellten Abstufung wurde auf unterschiedliche Wirkmechanismen bzw. (Sicherheits-)Lücken eingegangen. Festzuhalten ist, dass in jeder der drei Ebenen: *Controls*, Sicherheitsketten, *Security-System* Lücken gegeben sind, die sich zur nächsthöheren Ebene fortpflanzen können. Diese Fortpflanzung nach oben kann als eine Methode zur Erfassung und Optimierung des „Information Axiom" der Axiomatic Design Theory (Abschn. 8.3) verstanden und genutzt werden. In umgekehrter Richtung können die Verknüpfungen bei der Definition eines Ansatzpunktes zur Optimierung der Sicherheit des *Security-Systems* in Gänze unterstützen. Dies kann durch die in Abschn. 3.1 vorgestellte Verknüpfungslogik als *Security-Performance* ausgedrückt werden. Ein Beispiel für die Zuordnung und Verknüpfung der Beiträge der einzelnen *Controls* oder Teilsysteme ist in Abb. 9.4 skizziert.

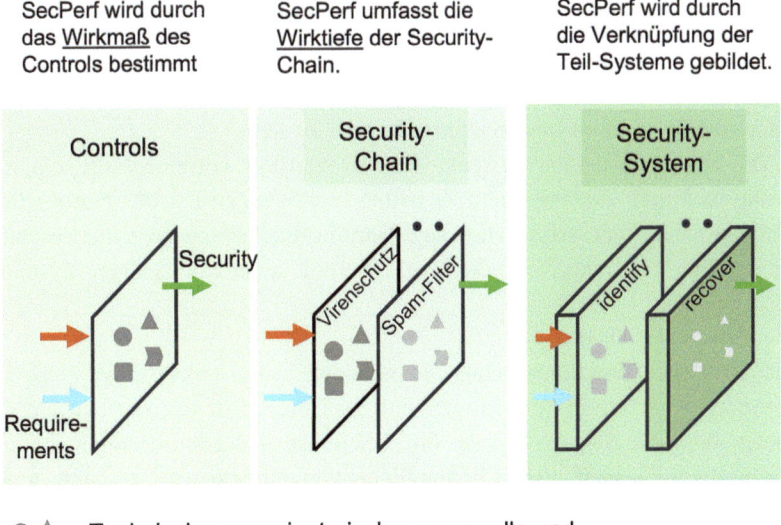

Abb. 9.4 Control-Lücken und Security-Performance

9.5 Control Principles

Zur Auswahl der passenden Sicherheitsmaßnahmen sind in Normenwerken und Best Practices eine Vielzahl von Prinzipien benannt. Zu nennen wären etwa die Auflistung in SA-8 der NIST SP 800-53r, die im Anhang E „Principles for Trustworthy Security Design" der NIST SP 800-160v1r1 sowie die in unterschiedlichen Bausteinen des BSI-Grundschutzes genannten – kontextabhängigen – Prinzipien. Hieraus wurde im Folgenden eine Auswahl von Prinzipien getroffen und ergänzt, die im Sinne des *Systems-Engineering* zur Auswahl, Vernetzung und Umsetzung von *Controls* zur handlungsleitend sein können.

i. Anwendung des Systemdenkens
Bei der Auswahl von *Controls* sind die Prinzipien und Sichtweisen des Systemdenkens anzuwenden. Wie in Abschn. 2.3.5 dargestellt kann hierzu eine Reflexion und Bewertung möglicher Vernetzungsmechanismen, „Wechselwirkungen und Rückkopplungskreise", „Hemmung/Verstärkungen" sowie „Abhängigkeiten (Reziprozität)" bei der Auswahl von *Controls* hilfreich sein.
Als Hilfestellung zur Auflösung von Komplexitäten kann die im Kontext der Cybersicherheit von OT-Systemen angewandte Methode der Zonierung sowie der Schaffung kontrollierter Übergänge zwischen Zonen dienen.
Die Anwendung der Mechanismen zum Systemdenken ist im *Systems-Engineering* umfassend ausgeprägt, sodass eher von einer Denkhaltung als einem Prinzip gesprochen werden kann.

ii. Sicherheit als Grundeinstellung (Secure Defaults)
Mit dem Prinzip „Secure Defaults" ist verbunden, dass jede einzelne Komponente des *Security-Systems* sowohl physisch als auch funktional sicher aufgebaut und konfiguriert sein muss. Unter physischer Sicherheit zählt hierbei auch die Fähigkeit, unter allen Betriebszuständen administrierbar zu sein.
Die Konfiguration der Systeme sollte so restriktiv vor-eingestellt sein, dass alle Funktionen inkl. Zugangs- und Zugriffsberechtigungen auf das Notwendigste beschränkt sind. Wenn erforderlich sind Härtungsmaßnahmen wie die Löschung voreingestellter Accounts oder die Deaktivierung nicht notwendiger Systemdienste vorzunehmen.

iii. Security-by-design-Prinzip
Die Sicherheitsfunktionen einer Komponente oder eines Teilsystems sind als notwendige und hinreichende Ergänzung des Gesamtsystems auszuwählen. Dies bedeutet, dass das *Security-System* die lückenlose und additive Bereitstellung aller erforderlichen Sicherheitsfunktionen für die Geschäftsprozesse umfassen muss. Aufgrund der Vernetzung der Sicherheitsfunktionen ist eine stringente und integrative Gestaltung der Sicherheitsketten vorzunehmen. Besonderes Augenmerk ist hierbei auf die Trennung von Nutzungs- und Administrationsfunktionen zu legen.

Ergänzend zu den strukturellen Aspekten sind prozessuale und automatische Funktionen sicher zu gestalten. Automatische Prozesse, hier etwa Update-Verfahren, müssen strenge Sicherheitsmechanismen wie Quellen-Identifikation, Integritäts-Sicherstellung etc. umfassen.

iv. Prinzip der geringsten Privilegien (Least Privilege/Distributed Privilege)
Benutzer und Systemprozesse sollen ausschließlich die für die Aufgabenstellung bzw. Funktion erforderlichen Zugangs- und Zugriffsrechte erhalten. Wo erforderlich, ist eine Abstufung der Identifikations- und Autorisierungsprozesse erforderlich. Hierbei ist insbesondere auch die zeitliche Zuordnung von Berechtigungen als Freigabekriterium heranzuziehen. So können Berechtigungen für kritische Ressourcen nicht als permanente, sondern ausschließlich zu definierten Aktionen eingeräumt werden.

Mit dem Prinzip der geringsten Rechte wird ein Systemzustand angenommen, der die Nutzungsmöglichkeiten auf autorisierte Entitäten sowie auf das aufgabenspezifische Minimum begrenzt. Dies minimiert gleichzeitig das Risiko einer Ausnutzung oder möglichen Missbrauch einer Ressource auf das organisatorische bzw. betriebliche Minimum.

v. Inverse Modification Threshold
Der Schutzbedarf der Geschäftsprozesse und die erforderliche Art und Ausprägung anzuwendender *Controls* einer Komponente stellen eine proportionale Abhängigkeit dar. Äquivalent zu höheren Schutzanforderungen muss das Schutzniveau durch restriktivere *Controls* gestaltet werden; welches eine aufwendigere Detaillierung und Strukturierung der Anforderungen voraussetzt. Hierdurch wird sowohl der Vertrauenswürdigkeit einer Komponente (*Trustworthiness*) Genüge getan als auch ein detaillierterer Nachweisprozess ermöglicht.

Dieses in NIST SP 800-53 als „Inverse Modification Threshold" definierte Prinzip korrespondiert mit dem Ansatz zur Minimierung der *Eintritts*wahrscheinlichkeit, indem Eintrittshürden bzw. das Schutzniveau bedarfsabhängig gestaltet wird.

vi. Schutz der Asset-Integrität („Control of Asset Integrity")
Ausgelöst durch gravierende Sicherheitsvorfälle wie „log4j" ist die Abhängigkeit der Anwendungssicherheit von Softwarebibliotheksbausteinen in den Vordergrund gerückt. Mittels Kenntnis aller Bausteine eines Assets durch Inventarlisten (S/BOM – Software/Bill of Materials) ist eine umfassendere Risikobewertung möglich. Das hiermit verbundene Control-Prinzip kann als „Control of Asset-Integrity" bezeichnet werden, womit eine Brücke zwischen Nutzungs-/Datenintegrität und physischer Systemintegrität gebildet wird. Im umfassenden Sinn des Integritätsbegriffs ist dies um weitergehende Aspekte wie beispielsweise die konsistente, minimalistische und widerspruchsfreie Konfiguration zu ergänzen.

vii. Hygiene *Controls*

viii. *Controls* des *Security-Systems* müssen den vollständigen Life Cycle umfassen. Als Ausprägung der „Sicherheit als Grundeinstellung" umfasst dies auch eine Konfigurationshygiene der Komponenten. Dies korrespondiert damit, dass Policies, Regeln und Funktionen einzelner Komponenten so zu dokumentieren sind, dass Bereinigungen ohne zusätzliche operative Risiken möglich sind.

Literatur

1. ISO/IEC 27002:2022, Information security, cybersecurity and privacy protection – Information security controls
2. NIST SP 800-160 Vol. 1 Rev. 1, Engineering Trustworthy Secure Systems, https://csrc.nist.gov/pubs/sp/800/160/v1/r1/final, letzter Abruf 07.03.2025
3. BSI-Standard 200-1, Managementsysteme für Informationssicherheit, Version 1.0, 15.11.2017
4. BSI-Standard 200-2, IT-Grundschutz-Methodik, Version 1.0, 15.11.2017
5. BSI-Standard 200-3, Risikoanalyse auf der Basis von IT-Grundschutz, Version 1.0, 15.11.2017
6. BSI IT-Grundschutz-Kompendium 2023
7. ISO/IEC 27001:2022-10, Informationssicherheit, Cybersicherheit und Datenschutz – Informationssicherheitsmanagementsysteme – Anforderungen (ISO/IEC 27001:2022); Deutsche Fassung EN ISO/IEC 27001:2023
8. NIST SP 800-53 Rev. 5, Security and Privacy Controls for Information Systems and Organizations, https://csrc.nist.gov/pubs/sp/800/53/r5/upd1/final, letzter Abruf 09.03.2025
9. NIST SP 800-37 Rev. 2, Risk Management Framework for Information Systems and Organizations: A System Life Cycle Approach for Security and Privacy, https://nvlpubs.nist.gov/nistpubs/SpecialPublications/NIST.SP.800-37r2.pdf, letzter Abruf 13.03.2025
10. NIST, Cybersecurity Framework (CSF), 2.0, https://nvlpubs.nist.gov/nistpubs/CSWP/NIST.CSWP.29.pdf, letzter Abruf 11.03.2025
11. SCF Overview & Practitioner Guidebook, Ver. 2024.5, SCF Council, LLC
12. ISO/IEC/IEEE 15288:2023, Systems and software engineering – System life cycle Processes
13. Liska A., Building an Intelligence-led Security Program, Elsevier, 2015
14. IEC 62443, Security for Industrial Automation and Control Systems, https://www.cyber-regulierung.de/iec-62443-security-level/, letzter Abruf 23.01.2025

Security-Systems Management   10

In bestehenden Best Practices wird Sicherheitsmanagement bislang so verstanden, dass ausgehend von Geschäftsprozessen die Schutzbedarfe von Daten/Informationen mittels einer Gefährdungs-/Risikoanalyse bewertet werden und dazu geeignete Sicherheitsmaßnahmen bestimmt, umgesetzt und deren Wirksamkeit optimiert wird. So definiert die ISO/IEC 27001 den Zweck des ISMS (Information-Security-Management-System) als

> „Das Informationssicherheitsmanagementsystem wahrt die Vertraulichkeit, Integrität und Verfügbarkeit von Informationen unter Anwendung eines Risikomanagementprozesses und verleiht interessierten Parteien das Vertrauen in eine angemessene Steuerung von Risiken." [1]

Die hierbei beschriebene Vertrauensverleihung (im Englischen: „… gives confidence to interested parties …") ist jedoch eher ein Vertrauensanzeichen und kein Vertrauensnachweis, da eine diesbezügliche „harte" Rückkopplung und Nachweisprozedur zwischen den interessierten Parteien und den Verantwortlichen der Informationssicherheit nicht definiert ist. Dies ist auch darin begründet, dass interessierte Parteien in den Aktivitäten zu einem ISMS quasi nur als Inputgeber für Anforderungen in Erscheinung treten. Eine Ausprägung der Abhängigkeiten und Aktivitäten zwischen den beteiligten Akteuren im Sinne einer strukturierten Schnittstelle ist nicht gegeben. Die (un-)mittelbare Betroffenheit bei einem Sicherheitsereignis ist zwar gegeben, führt aber in der Regel erst ex post zu Fragen der Nachweisfähigkeit der Sicherheit. Dabei zeigen die öffentlich bekannt gewordenen Sicherheitsvorfälle, dass die Art und der Umfang der Beeinflussungen beträchtliche und – im Nachhinein als vermeidbar bzw. begrenzbar identifizierte – Ausmaße annehmen können.

Darüber hinaus ist die Erfassung der Anforderungen an sich weder inhaltlich noch umfänglich weiter definiert und beinhaltet in der Regel auch keinen mess- oder bewertbaren Parameter. Im Wissenschaftsraum sind mögliche Ansätze zur Nutzung von Methoden des

Requirements-Engineering entwickelt worden, ohne jedoch Einzug in die ISO-Normung gefunden zu haben (siehe bspw. Becker et al. [2]).

Doch auch die umgekehrte Sicht, dass Beeinflussungen nicht stattfinden, da umfangreiche, teils vordefinierte Sicherheitsmaßnahmen umgesetzt werden, ist ein nicht zufriedenstellender Umstand.

Sowohl die damit vorausgehende, teilweise übertriebene Bösgläubigkeit als auch die damit quasi erzwungenen und nicht steuerbaren Investitions- und Betriebskosten widersprechen einem kontrollierten und nachvollziehbaren Managementansatz.

Zur Auswahl und Ausprägung der angemessenen Sicherheitsmaßnahmen definiert die ISO/IEC 27001 im Planungsprozess eine dreistufige Vorgehensweise. Basierend auf einer Bewertung von Risiken sollen alle Maßnahmen festgelegt werden, die für die Behandlung der Risiken erforderlich sind und abschließend eine Validierung gegen eine Auflistung von Maßnahmen des Anhangs erfolgen. Mangels Hilfestellungen und Methoden zur Auswahl von Maßnahmen und zur Festlegung der Angemessenheit derselben, erfolgt in der Praxis in der Regel die Anwendung und Umsetzung der Maßnahmen des Anhangs der ISO/IEC 27001 im Sinne einer „gesetzten Notwendigkeit". Diese Vorgehensweise stößt jedoch aufgrund der zunehmenden Komplexität der Geschäftsprozesse, der Vernetzung zwischen Organisationen und der Nutzung von Cloud-basierten Anwendungen und Funktionen an Grenzen. Eine teilweise punktuelle und additive Umsetzung weiterer Sicherheitsmaßnahmen kann zu einer inhomogenen und Mehrfachanwendung von Sicherheitslösungen führen, wenn eine Gesamtsicht aller Sicherheitsmaßnahmen ausbleibt. Im Extreme ergibt sich eine redundante, lückenhafte, unwirtschaftliche, nicht transparente und nicht kontrollierbare Sicherheitsstruktur, salopp ausgedrückt: ein Flickenteppich.

In den vorangegangenen Kapiteln wurden wesentliche Elemente dargestellt, die durch Anwendung standardisierter *Engineering*-Methoden entwickelt wurden. Handlungsleitend kann hierbei äquivalent zum oben dargestellten Zweck des ISMS für das *Security-Systems-Engineering* folgender Zweck herangezogen werden:

> „Das *Security-Systems-Engineering* steuert die Entwicklung und den Betrieb des *Security-Systems*, welches ausgehend von den Anforderungen der Geschäftsprozesse und den Sicherheitsanforderungen die effizienten, effektiven und nachgewiesenen Sicherheitsfunktionen zum Betrieb der Geschäftsprozesse bereitstellt."

Hiermit sind einige wesentliche Unterschiede gegenüber dem ISMS hervorzuheben:

a. Das *Security-System* wird im Sinne des allgemeinen Systembegriffs als eigenständige physische und funktionale Struktur aufgefasst. Wurde bisher von Sicherheitsmaßnahmen als Ergänzung (add-on, on-top) der Geschäftsprozesse und -systeme gesprochen, erfolgt hier die Fokussierung auf *Security-Functions* and *Security-Services*, die in Komponenten und deren Vernetzung zu einem Gesamtsystem ins Blickfeld genommen werden. Das *Security-System* und die Systeme der Geschäftsprozesse können im Sinne der Systemtheorie als System und seine Umwelt aufgefasst werden.

b. Schnittstellen zwischen den beiden Teilen ergeben sich durch die externen Anforderungsdefinitionen der Geschäftsprozesse (Input) und *Trustworthiness-/Assurance*-Nachweisprozessen (Output).

Darüber hinaus sind durch das *Security-System* betriebsbedingte, inhärente Anforderungen zu erfüllen, die Einfluss auf die „Konstruktion" des *Security-Systems* haben.

c. Die Ausprägung der Schnittstelle definiert auch, dass die Verantwortung für jeden der beiden Teile deutlicher abgegrenzter ist. Diese entspricht auch dem Ansatz eines internen oder externen Security-as-a-Service.

d. Fokus der *Security-Systems-Engineering* sind die Life-Cycle-Prozesse des *Security-Systems* mit den Kernaktivitäten Design, Betrieb und Nachweis, während aus Sicht des ISMS die Managementprozesse im Vordergrund stehen.

e. Die Prägung des *Security-Systems* versteht Sicherheitsmaßnahmen als „Umsetzungsmethoden" der *Security-Functions* and *Security-Services*. Hierbei ist offen, durch welche Komponenten die Maßnahmen bewerkstelligt werden, d. h. es können isolierte oder auch vorhandene Komponenten zum Einsatz kommen. Sofern Sicherheitsfunktionen durch die Systeme der Geschäftsprozesse ausgeführt werden (bspw. Identifikationsprüfung, Autorisierung), sind diese dann als Teilfunktionen des *Security-Systems* zu verstehen.

Die unterschiedlichen Sichtweisen zwischen einem ISMS und dem *Security-Engineering* stellen nach Ansicht des Autors keine Ausgrenzung dar. Im Gegenteil können durch eine Verknüpfung und Integration eine Entwicklung und Bereicherung der Umsetzungsanforderungen eines ISMS erzielt werden. Hierzu sollten Management- und System-Betriebsprozesse unterschieden werden.

Aufseiten des Systembetriebs bietet der *Engineering*-Ansatz eine deutlich stringentere und nachvollziehbarere Vorgehensweise und füllt die Umsetzungslücken des ISMS bei den Aufgaben zur Festlegung von angemessenen Sicherheitsmaßnahmen.

Die Managementprozesse der beiden Teile (Geschäftssysteme und *Security-System*) sind durch die auslösenden Anforderungen der Geschäftsprozesse sowie die erforderlichen, rückzumeldenden Nachweise miteinander verzahnt. Gleichwohl definiert die ISO/IEC 15288, dass die Engineering-Norm kein eigenständiges Managementsystem begründet; sondern kompatibel „und somit integrierbar (Anmerkung des Autors)" zu Standards wie ISO 9001, ISO/IEC 20000 und ISO 27001 entwickelt wurde [3].

In den nachfolgenden Unter-Abschnitten soll in Grundzügen der Kompatibilitätsgedanke spezifisch ausgeprägt werden und sowohl Integrationsaspekte als auch Herausforderungen und Vorteile zur Integration des Systems-Engineering in das ISMS dargestellt werden. Nach Auffassung des Autors kann dies wesentlich zur Entwicklung und Umsetzung der Informationssicherheit in Organisationen beitragen. Festzuhalten ist, dass hier ausschließlich auf ein ISMS auf Basis von ISO/IEC 27001 fokussiert wird.

10.1 Integration des Engineering in ein ISMS

Zur Definition möglicher Integrationsformen des *Systems-Engineering* ist es erforderlich, zunächst einmal die relevanten/wesentlichen, unterschiedlichen Sichtweisen, Prozesse und Methoden der beiden Ansätze zu erfassen. Werden die Anforderungen an ein ISMS als Referenz verwendet, so können Unterschiede auf folgenden Feldern ausgemacht werden:

a. ISO/IEC 27001 fokussiert auf ein Managementsystem, d. h. Managementprozesse, die inhaltlich auf die Etablierung und den Betrieb erforderlicher Sicherheitsmaßnahmen für die Informationen der GP fokussieren. Das *Security-System*-Engineering dockt mit einer strukturierten Methode zur Etablierung und Betrieb an und fokussiert auf das technische bzw. hier das physisch/funktionale *Security-System*.
b. Das *Security-System* ist als eigenständiges, physisch/funktionales System zu verstehen. Eine „Anflanschung" an die Systeme der Geschäftsprozesse findet nur begrenzt statt.
c. Mit der Fokussierung auf das *Security-System* wird eine klare Schnittstelle und Abgrenzung zwischen den Verantwortungsbereichen für die Geschäftsprozesse und die (Informations-)Sicherheit gebildet.
d. Beiden Ansätzen ist grundsätzlich ein risikoorientierter Fokus gemein. Das *Security-System* ist jedoch nicht grundsätzlich auf Attribute bzw. Kriterien wie Vertraulichkeit, Verfügbarkeit und Integrität für Informationen begrenzt, sondern fokussiert auf funktionale Komponenten und deren Zusammenwirken. Damit sind inhärent insbesondere auch die Abhängigkeiten und Beeinflussungen unterschiedlicher Sicherheitsmaßnahmen im Zusammenwirken als Gesamtsystem im Fokus.
e. Die ISO/IEC 27001 konzentriert sich primär auf die kontinuierliche Verbesserung der Managementprozesse, während die ISO/IEC 15288 auf die kontinuierliche Entwicklung und den Life Cycle des Systems abhebt. Überspitzt könnte abgeleitet werden, dass die ISO/IEC 27001 die Steuerungsprozesse des Anforderers und die ISO/IEC 15288 die Ergebnisprozesse des Bereitstellers adressiert.

Die Integration von *Systems-Engineering*-Prinzipien in das ISMS kann in verschiedenen Abstufungen erfolgen, die jeweils unterschiedliche Aspekte der Sicherheitsmaßnahmen und -prozesse abdecken.

Die erste Stufe der Integration umfasst die Nutzung des Systems-Engineering zur Bestimmung von Sicherheitsmaßnahmen und zur Schaffung von Transparenz für Security-Ressourcen und -Aufwände. In dieser Phase werden Anforderungen und Rückmeldungen/Audits verwendet, um den Kreislauf von und zum Stakeholder zu schließen. Durch die Anwendung von *Systems-Engineering*-Methoden können klare und überprüfbare Sicherheitsmaßnahmen definiert werden, die regelmäßig überwacht und angepasst werden können.

Die zweite Stufe der Integration beinhaltet die Nutzung der Prozesse und Methoden des *Systems-Engineering* zur Schaffung und zum Betrieb eines funktionalen *Security-Systems*.

Dies ermöglicht es, ein strukturiertes und effizientes Sicherheitssystem zu etablieren und zu betreiben. Gleichzeitig kann hierdurch die Komplexität reduziert werden, in dem die Systeminfrastrukturen der Geschäftssysteme und die der Sicherheitssysteme separat visualisiert und administriert werden können. Durch Einfügen einer funktionalen „Zwischenschicht" erfolgt eine Kopplung und Abstimmung von Anforderungen, Umsetzungsmöglichkeiten und Ergebnissen.

Die dritte Stufe der Integration erweitert das ISMS um die Prozesse und Aktivitäten an der Schnittstelle zwischen Geschäftsprozessen und dem Betrieb des *Security-Systems*. In dieser Phase werden Managementprozesse und Verantwortlichkeiten auf beiden Seiten klar definiert, wodurch das *Security-System* den Status eines internen Dienstleisters erhält. Dies ermöglicht auch eine beherrschbare Handlungsoption in Richtung eines externen SaaS-Providers (Security-as-a-Service). Eine derartige Integration kann zu einer besseren Kostenkontrolle und klareren Verantwortlichkeiten führen.

Abhängig von der gewählten Integrationsstufe und ggf. möglichen weitere Varianten kann der Aufwand zur Umsetzung extern induzierter Anpassungen wie neue regulatorischen Anforderungen, neue Technologien (Cloudifizierung) oder auch Sicherheits- bzw. Gefährdungsentwicklungen (KRITIS, Fokussierungen auf OT) unterschiedlich ausfallen. Je klarer die Struktur und Aufgabenteilung gestaltet werden kann, umso effektiver – im Sinne von Zeit- und Ressourcenaufwand – kann auf neue Anforderungen reagiert werden. Durch die Anwendung von *Systems-Engineering*-Methoden können Unternehmen ein robustes und anpassungsfähiges Sicherheitssystem etablieren, das sowohl den aktuellen als auch den zukünftigen Herausforderungen gewachsen ist.

10.2 Potenzielle Herausforderungen

Eine der zentralen Herausforderungen besteht in der deutlicheren Trennung der Sichtweise und Verantwortungen zwischen Stakeholdern/Verantwortlichen der Geschäftsprozesse und Sicherheitsverantwortlichen. Die Auffassung als eigenständiges *Security-System* kann leicht zu einer ablehnenden Haltung führen, wenn damit „ein weiteres System" kreiert bzw. ausgewiesen wird, zu dem Anforderungen an separierbare Investitionen und Personalressourcen erhoben werden sollen. Andererseits werden durch die Erhöhung der Sichtbarkeit Ressourcen und Aufwände sowohl transparenter als auch steuerbarer. Letzteres ggf. auch, in dem branchenspezifische Benchmarks besser vergleichbarer sind.

Damit zusammenhängend kann die klare, strukturierte Erfassung der Anforderungen aus Geschäftsprozesssicht problematisch sein, da beide Seiten die „Sprache des Anderen" verstehen und in Auswirkungen für den eigenen Verantwortungsbereich transparenter kommunizieren müssen.

Hilfreich ist für beide Seiten eine Standardisierung der Anforderungen bzw. der Lösungsansätze. Der Aufwand der Identifizierung, Strukturierung und Bündelung von Anforderungen aufseiten des Geschäftsprozessverantwortlichen und Abstimmung abgestufter

Sicherheitsprofile bedingt sicherlich einen iterativen und je nach Organisationsgröße und -zweck langwierigen Prozess.

Darüber hinaus erweitert sich der Verantwortungsbereich zur Informationssicherheit von der „reinen" Definitions- und Policy-Seite zu einer echten Betriebsverantwortung aller Sicherheitsmaßnahmen bzw. eben des *Security-Systems*. Dies erfordert ggf. zusätzliche Schulungen und Ressourcen, um sicherzustellen, dass alle Sicherheitsmaßnahmen im täglichen Betrieb eingehalten werden. Andererseits können damit die für die Bearbeitung von *Incidents* und Notfällen aufgrund höherer Fachlichkeit erforderlichen personeller Ressourcen ggf. effektiver gebündelt werden.

Schließlich sind die Schaffung und Etablierung des Know-hows und der Denkweisen des *Systems-Engineering*, wie Systemdenken und *Engineering-Life-Cycle*-Prozesse, von entscheidender Bedeutung. Die hierbei gewonnenen Kenntnisse sind jedoch aufgrund der stetig zunehmenden Komplexität der Organisations- und Betriebswelt per se eine für alle Verantwortlichen sinnhafte methodische Fertigkeit.

10.3 Potenzielle Vorteile

Auf der anderen Seite bietet die Ausprägung von *Systems-Engineering*-Prinzipien zahlreiche Vorteile. Die erforderlichen Sicherheitsmaßnahmen können besser und eindeutiger definiert werden, was zu einer verbesserten Nachvollziehbarkeit und Steuerbarkeit führt. Durch die Anwendung von *Systems-Engineering*-Methoden können Unternehmen klare und überprüfbare Sicherheitsmaßnahmen definieren, die regelmäßig überwacht und angepasst werden können.

Darüber hinaus ist die Anpassungsfähigkeit des *Security-Systems* an Änderungen der Geschäftsprozesse, der Technologie oder der externen Sicherheitslage durch die *Engineering*-Prozesse inhärent gegeben. Unternehmen können ihr Sicherheitssystem schnell an neue Bedrohungen oder technologische Entwicklungen anpassen, ohne den gesamten Sicherheitsansatz überarbeiten zu müssen.

Die Verwendung von *Engineering*-Methoden verbessert auch den Umgang und die Beherrschbarkeit der stetig steigenden Komplexität der Systemlandschaften. Modellbasierte Ansätze ermöglichen es Unternehmen, die Komplexität ihrer IT-Infrastruktur zu visualisieren und besser zu verwalten.

Entscheidungen können auf Basis klarer Anforderungen und Umsetzungsvarianten getroffen werden, was zu fundierteren und weniger subjektiven Entscheidungen führt.

Schließlich schafft die Etablierung der Informationssicherheit als Managementdisziplin klarere Kosten- und Ergebnisverantwortungen. Durch die Integration der Informationssicherheit in die Managementprozesse können Unternehmen eine bessere Kostenkontrolle und klarere Verantwortlichkeiten erreichen.

Letztlich kann die Integration von *Systems-Engineering*-Prinzipien durch eine einheitliche Begriffswelt und klare Prozessaufgaben die Zusammenarbeit zwischen verschiedenen Organisationsbereichen verbessern und somit die Effizienz der Prozesse erhöhen.

Literatur

1. ISO/IEC 27001:2022-10, Informationssicherheit, Cybersicherheit und Datenschutz – Informationssicherheitsmanagementsysteme – Anforderungen (ISO/IEC 27001:2022); Deutsche Fassung EN ISO/IEC 27001:2023
2. Beckers K., Faßbender S., Heisel F. and Schmidt H., „Using Security Requirements Engineering Approaches to Support ISO 27001 Information Security Management Systems Development and Documentation," 2012 Seventh International Conference on Availability, Reliability and Security, Prague, Czech Republic, 2012
3. ISO/IEC/IEEE 15288:2023, Systems and software engineering – System life cycle Processes

Stichwortverzeichnis

A
Area of Concern 47
Asset
    Geschäfts- 71
    Security-System- 71
Assurance 25, 78
    Confidence 19
    Level 79
    Management 82
Asymmetrie
    Erfolgs- /Verhinderungs- 48
Audit
    Effectiveness- 70
    Performance- 70
Autarkie 25
Axiom
    Independence 182
    Information 183, 211

B
Best-Practice-Empfehlung 1

C
Capability
    Business- 89
Case
    Misuse 115
    Use 116, 184
Composability 24, 69, 83
Composable 83
Constraint
    Methoden 40
Constraint 49

Control-Management 22
Cybernetics 24
Cybersecurity 18, 23

D
Daten 3
Defense in Breadth 153
Defense in Depth 151
Denken
    linear 37
    System- 37
    systemische 22
Design
    Axiomatic 180
    fail-safe 42
    Principles 17

E
Eigenschaften
    „Well-formed-" 67
Eigenschaften
    dual-use- 34
    misuse- 34
Engineering
    Social- 20
Engineering 20
Entität 66
Erkenntnisgewinn
    aktiver 139
    induzierter 140
    passiver 139
Erkenntnisprozess 137
Expectation

Experienced-based 80
Information-based 80
Personal interested-based 80
Value-based 80
Exposure
   Assessment 114
   Destination 118
   Entry-Point 118
   Management 112, 114
   Reifegrad 124
   Surface 117
   Vector 117

F
Failure Mode and Effects Analysis 129

G
Gap
   Communication- 87
   Customer- 87
   Delivery- 87
   Knowledge- 86
   Policy- 86
Governance Prozess 97

I
Impact Analysis
   Exposure- 85
Integrität 3, 17
   systemische 23
ISO/OSI Referenzmodell 138

L
Layered Defenses 152
Loop
   Feedback- 38
Loss
   Addressing; Confidence in Addressing 92
   Cause of 92
   Context of 91
   Significance of 92
Loss of–Bedingungen 51
Lücke
   Umsetzungs- 208
   Vollständigkeits- 208

M
Meldung
   false-negativ 141
   false-positiv 140
Modell
   analytisches 41
   konstruktives 41
   Maturity- 166
   Swiss Cheese 153
   Security-System Maturity- 167

O
Overconfidence in Defenses 113

P
Peer-to-Peer 110
Posture
   Security- 26, 163
   Exposure- 27
Prinzip
   Axiomatisches 26
   Frege- 83
   Kerckhoffs 106
   Prinzipientreue 106
   Scientific Systems 101
   Sicherheits- 100
   Trustworthiness- 83

R
Regel-Hygiene 38
Reliability 79
Requirements 66
Resilience 19, 25, 79
Reziprozität 38
Risiko
   Analyse 84, 130, 155
   Analyse, inhärente 196
   Bewertung 11
   Risikogenese 110

S
Safety 78
Schutzziele 8
Schwachstellen
   Vulnerabilities 12

Security 79
    as-a-Service 217
    Veneer 86, 115, 205
    Single Point of 24
Security-Engineering
    Kernstruktur 62
Security-Engineering 7, 57
Security-Governance 95
Security-Perfomance 63
Security-System 14
    als Overlay-System 45
    als Secured-IT-System 44
    funktionales 21
    im Blickwinkel der „Angreifer" 48
    im Blickwinkel der
        Sicherheitsereignisse 49
    im techno-sozialen Blickwinkel 47
    Zustandssystem 148
    funktionale Sicht 53
Separation of Concerns 62, 68
Sicherheitsgewinn 11, 24
Sicherheitskatalog 1
Sicherheitsmodell 4
Sicherheitsniveau 3
Sicht
    asset-centric 98
    data-centric 98
    Gefährdung 112
    inside-out 98, 135
    outside-in 98, 135
    risk-centric 98
    Sicherheitsbedarf 112
    threat-centric 98
System
    zur Angriffserkennung 131

System Engineering
    Model-Based 159
System of Interest 90
System of Systems 64
Systemgewinn 36
Systems-Engineering
    Model-Based 77
System-Zustand
    anormaler 132

T
Tailoring 75
Trusted Operation 3
Trustworthiness 16, 19, 26

U
Usability Impact 64

V
Validierung 69
Verfügbarkeitsfunktion 9
Verifikation 69

W
Wirkbreite 208
Wirkkette 207
Wirkmaß 206
Wirktiefe 208

Z
Zugriff 17

If you have any concerns about our products,
you can contact us on
ProductSafety@springernature.com

In case Publisher is established outside the EU,
the EU authorized representative is:
**Springer Nature Customer Service Center GmbH
Europaplatz 3, 69115 Heidelberg, Germany**

Printed by Libri Plureos GmbH
in Hamburg, Germany